HISTOIRE PARLEMENTAIRE

DE LA

RÉVOLUTION FRANÇAISE,

OU

JOURNAL DES ASSEMBLÉES NATIONALES,

DEPUIS 1789 JUSQU'EN 1815.

PARIS. — TYPOGRAPHIE D'ÉVERAT,
Rue du Cadran, n. 16

HISTOIRE PARLEMENTAIRE

DE LA

RÉVOLUTION FRANÇAISE,

OU

JOURNAL DES ASSEMBLÉES NATIONALES,

DEPUIS 1789 JUSQU'EN 1815,

CONTENANT

La Narration des événemens; les Débats des Assemblées; les Discussions des principales Sociétés populaires, et particulièrement de la Société des Jacobins; les Procès-verbaux de la commune de Paris; les Séances du Tribunal révolutionnaire; le Compte-rendu des principaux procès politiques; le Détail des budgets annuels; le Tableau du mouvement moral, extrait des journaux de chaque époque, etc.; précédée d'une Introduction sur l'histoire de France jusqu'à la convocation des États-généraux,

PAR P.-J.-B. BUCHEZ ET P.-C. ROUX.

TOME TREIZIÈME.

PARIS.

PAULIN, LIBRAIRE,

RUE DE SEINE, N° 6, HÔTEL MIRABEAU.

—

M. DCCC XXXIV.

PRÉFACE.

Quelques personnes ont cru remarquer que, dans nos annales, nous donnions la plus petite place à la presse royaliste, tandis qu'au contraire nous recueillions avec un soin minutieux tous les écrits révolutionnaires. Il leur a semblé que la cause du premier parti était moins bien défendue que celle du second; moins bien, s'il est possible, qu'elle n'avait droit à l'être : et elles ont attribué ce fait à une sorte de partialité à laquelle nous n'avions su échapper, et qui cependant, selon nous, serait une faute grave dans un ouvrage tel que celui-ci.

Il nous serait facile d'écarter cette observation par quelques mots auxquels nulle opinion, nous le croyons, ne trouverait une réfutation convaincante à opposer, et, à plus forte raison, ceux auxquels nous devons la remarque, et qui sont du nombre de nos lecteurs dont la sympathie est le mieux acquise aux tendances de la civilisation moderne : il suffirait d'exposer notre profession de foi. Nous admettons que dans la révolution, les fautes, les erreurs, les crimes, quelque soit le nom qu'on leur donne, furent le fait des individus, et que la nation française en masse est à l'abri de toute accusation. Nous avons dû rechercher les causes qui déterminèrent et dirigèrent son activité, et mentionner les efforts de la presse, non en raison du parti dont ils émanaient, mais en raison de l'influence qu'ils avaient exercée. S'il en résulte, pour nos lecteurs, la conviction que tout ce que fit le peuple fut justement fait; cela sera la preuve que notre histoire est une représentation parfaitement exacte de cette importante et glorieuse période; et nous devons accepter la remarque comme le plus grand éloge que nous ayons jamais pu espérer.

Mais nous ne nous bornerons pas à cette réponse; nous profiterons au contraire de l'occasion qui nous est offerte, pour nous expliquer, et sur le caractère général des matériaux que nous consultons et sur la méthode que nous suivons.

Nous ne nous sommes pas proposé seulement d'exposer la progression révolutionnaire; nous avons voulu en même temps faire apercevoir la raison morale des événemens, l'origine et le caractère des partis, de telle sorte qu'on y pût voir sous quel point de vue notre révolution diffère de ses analogues dans les autres nations et dans les autres temps, soit quant aux faits européens dont elle fut l'origine, soit quant à l'avenir qu'elle commande, et sous quel point de vue aussi elle leur ressemble.

Pour mettre en évidence la cause des faits, la raison morale de la progression, notre attention a dû s'enquérir surtout des écrits que la nation avait écoutés, et qu'elle avait traduits en actes. Ainsi, tant que le mouvement révolutionnaire sera en croissance, ce seront les publications qui offrent cette tendance, qui la devancent et qui la poussent, que nous aurons à recueillir; aussitôt qu'il paraîtra s'arrêter, nous devrons rechercher, au contraire, les causes de cette halte momentanée; et nous trouverons sans doute de grandes modifications dans la presse. Au reste, jusqu'à ce jour, cette méthode ne nous a pas manqué : elle nous a mis en exacte conformité avec les faits. Ainsi, de 1788 à 1792, le nombre et la valeur des écrits révolutionnaires l'emportèrent de beaucoup sur ceux de l'opposition, soit royaliste, soit constitutionnelle. Pour vérifier cette assertion, il suffit de compter et de comparer les journaux des deux partis.

Au moment où nous sommes, la presse révolutionnaire est presque la seule qui fournisse des citations d'un intérêt historique. Elle s'adressait à des croyances nationales; elle était écrite avec des convictions sérieuses, des convictions de doctrine. Les écrivains partageaient les passions sociales qui remuaient les masses; ils se croyaient appelés à les instruire et à les guider. L'opposition royaliste au contraire se sentait en minorité; elle avait, en général, les mêmes croyances que ses adversaires; car elle avait reçu la même éducation philosophique; mais elle différait d'intérêts. Ne pouvant faire la guerre de doctrines, elle fit celle des personnes. Certaine de ne point trouver d'auditeurs en parlant l'ancienne langue de la foi monarchique; elle crut en trouver par le scandale. Elle usa surtout du mode d'argumentation *ad hominem*. Elle pensa qu'elle aurait bon marché du peuple, si elle lui ôtait la confiance qu'il avait dans ses chefs; et elle chercha à faire périr ceux-ci sous le poids du ridicule, des sarcasmes et des accusations de toute espèce. C'est dans ce sens que furent rédigés la plupart de ses premiers écrits, les actes des apôtres, les déjeûners du vicomte de Mirabeau, etc.; c'est dans ce but qu'elle mit en vogue ce style ordurier qui a rendu fameux les *Père Duchêne*. Ne sachant du peuple que ce que Vadé et ses pareils lui en avaient appris, elle pensa se faire comprendre de lui en se servant d'un jargon dépravé qui n'était pas même celui des halles. Or, de ces choses, l'histoire n'a presque rien à recueillir. Ce ne sont certainement pas des monumens littéraires qui méritent d'être conservés; et ce furent aussi des œuvres sans influence. L'opposition royaliste eut des succès de tribune; mais elle agit plus, d'ailleurs, qu'elle ne parla. Et tel était son rôle; elle ne pouvait espérer de salut que de la discipline et du silence, tandis que ses adversaires attendaient tout de la publicité et du nombre.

Au reste, l'histoire de la presse patriote est celle des opinions qui gouvernèrent la France pendant toute la durée de la ferveur révolutionnaire. A ce titre seul elle méritait une attention particulière; mais de plus, c'est dans ses publications autant que dans les discours des clubs, qu'il faut chercher l'origine des divisions qui éclatèrent parmi les hommes qui présidaient aux destinées de notre patrie. Nos lecteurs verront que le 31 mai et ses suites étaient prévoyables long-temps à l'avance; ils verront comment, parce que la nécessité d'un renversement dominait toutes choses, des hommes séparés par les croyances, se trouvèrent unis par les actes. A cause de cela, le public les confondra dans une pareille faveur, comme défenseurs de la même opinion; et cette erreur sera fatale; car bientôt la différence des buts les armera les uns contre les autres, et les bons périront avec les méchans.

Notre manière de procéder n'est donc pas seulement en rapport assez exact avec les faits; elle nous paraît de plus particulièrement appropriée à faire connaître ce que le *Moniteur* lui-même ne contient pas, tous ces détails qui nous révèlent la physionomie d'une époque, et nous font acquérir, dans une lecture de quelques jours, l'expérience que nos devanciers ont achetée au prix de toute leur vie. Nous pouvons donc rendre témoignage de notre impartialité, quelque difficile qu'elle paraisse vis-à-vis des doctrines qui sont encore toutes vivantes de notre temps. Aussi, lorsque nous sommes impartiaux, ce n'est pas indifférence; mais, c'est parce que nos convictions scientifiques nous en font un devoir. Nous poursuivons en effet, dans cette histoire, un autre but que celui de simples annalistes; nous recherchons une fin plus philosophique et plus élevée.

L'histoire de nos quarante-cinq dernières années est une page importante de l'histoire générale du monde. C'est une grande expérience qui peut servir puissamment à fixer le véritable caractère de la vie politique du genre humain. Car les révolutions sont des crises dans lesquelles doivent apparaître tous les ressorts de la progression sociale avec une énergie proportionnée à la puissance même du mouvement.

Il est une classe d'historiens qui ont avancé et se sont appliqués à prouver que les révolutions sociales étaient circulaires, ou, en termes plus explicites, qu'elles étaient composées d'un nombre à peu près semblable de périodes qui s'engendraient les unes les autres, et dont, par suite, chacune se trouvait toujours à la même place, produite par les mêmes causes, donnant lieu aux mêmes conséquences. Selon cette doctrine, chaque époque d'un mouvement révolutionnaire ou d'une durée nationale est, en même temps, et toujours de la même manière, effet et cause. Ce système est celui de *Machiavel*; il est également celui de *Vico*. Le premier a dit que les sociétés humaines allaient du mauvais au pire, et du pire au mauvais, changeant de gouvernement sans autre motif que le désir d'éloigner une souffrance présente, et l'espérance d'atteindre un mieux qui ne venait jamais. Le second a dit que les hommes étaient, par leur nature, destinés à parcourir perpétuellement le cercle des mêmes systèmes politiques, la théocratie, l'aristocratie, la démocratie et la monarchie.

De la première opinion, on a conclu que l'art des gouvernans, et, ce qui est bien plus, le devoir de tout homme auquel le pouvoir est échu, était de résister autant qu'il était en lui, à ces tendances révolutionnaires, à ces désirs modificateurs qui coûtent si cher, et dont le gain est, en définitive, nul. De la seconde, on a conclu qu'il existait une combinaison possible entre les diverses politiques absolues, sous lesquelles les peuples avaient jusqu'à ce jour vécu; qu'il fallait chercher un système où les causes de révolution propres à chacune d'elles, fussent mises en équation et balancées de telle sorte que l'on acquît la plus grande probabilité de stabilité sociale que les hommes fussent en droit d'espérer.

Ces deux doctrines ont encore de nombreux partisans. Nous avons quelque raison de croire que la cour de Rome fut, pendant un temps bien important pour elle, conduite par la théorie de Machiavel, et que ce fut, en partie, à cause de cette fausse idée qu'elle avait des choses humaines, qu'elle adopta la marche politique qui lui fut si fatale alors que la réforme était prêchée par Luther.

Quant à la seconde des doctrines, c'est celle de l'école qui gouverne aujourd'hui la France. Nous nous souvenons très-bien que M. Cousin, dans ses cours, a défendu précisément cette conclusion que nous présentons tout à l'heure comme ressortant directement de l'hypothèse de Vico. Au reste, une telle théorie politique est en parfait rapport avec le sens moral de la philosophie éclectique et protestante. Son principe premier est, que toute vérité émane de la raison individuelle; elle ajoute, avec Luther, qu'il appartient à cette raison individuelle de choisir ce qui lui convient en toutes choses, convictions, sciences ou faits. La conséquence directe de ces prémisses, la preuve de la foi en cette philosophie, c'est de ne croire qu'aux choses individuelles, et de douter de tout le reste, surtout de l'avenir, qui est de toutes les conceptions la moins personnelle. Douter, c'est hésiter; hésiter, c'est accepter tous les faits comme étant d'égale valeur; c'est aller incessamment de l'un à l'autre, pour les opposer incessamment l'un à l'autre. Dans cette alternative, on ne peut avoir de sympathie que pour les choses où l'égoïsme trouve profit, de haine que pour celles où il faudrait un sacrifice. En un mot, hésiter, c'est combiner les contraires dans les affaires gouvernementales; c'est unir la monarchie, l'aristocratie et la démocratie ensemble, etc.

Que la fin du protestantisme soit l'éclectisme, que la fin de l'un et de l'autre soit de n'admettre dans les affaires sociales de vrai et de possible que le fatalisme et l'aristocratie, ce sont des choses faciles à faire comprendre. Car on sait déjà que tout homme qui pose son moi avant toutes choses, celui-là n'appartient pas seulement à la philosophie que nous poursuivons; il est de plus nécessairement aristocrate; il fait plus cas de lui-même que de tous les autres; il trouve sa raison, ses œuvres, supérieures à toutes les autres; il veut qu'on respecte tout ce qui vient de lui. Il n'invente rien sans doute; mais, à cause de cela précisément, il s'en estime davantage; il n'est pas, lui, du nombre de ces fous qui croient à tout ce qu'ils trouvent; et quand il pille leurs idées, et fait parade de leurs découvertes, il trouve encore là une occasion de se glorifier; il est fier et content du pouvoir qu'il croit appartenir à lui seul, de choisir entre le bon et le mauvais.

Le protestantisme arrive aux mêmes conséquences, par une voie plus détournée, mais non moins sûre; et ce qui paraîtra singulier, c'est de sa théologie qu'il déduit de pareilles conséquences. Certains individus ont *la grâce*; c'est un don gratuit de Dieu, et toujours *efficace*, sans lequel il est impossible soit de connaître, soit de faire le bien. La possession de la grâce est en philosophie la condition du libre arbitre: selon les protestans, elle constitue le droit de faire tout ce qui plaît, sans cesser d'être *agréable à Dieu*. Quant aux hommes, et c'est la très-grande majorité, qui n'ont pas reçu ce bienfait, ils sont soumis à l'éternelle fatalité des choses. Quoi qu'ils fassent, ils sont condamnés. Les premiers, au contraire, sont sauvés quelles que soient leurs œuvres. Ainsi, voilà une aristocratie qui non-seulement est prédestinée à régner sur terre, mais à laquelle l'éternelle félicité est promise; ainsi, voilà l'égoïsme éclectique autorisé.

Quelque extraordinaire que paraisse la doctrine que nous venons d'exposer, elle existe cependant. Les livres des théologiens en font foi. Il y a aujourd'hui, sous le nom de *méthodisme* une secte qui a poussé ces principes à l'exagération. Elle a de nombreux adeptes en France; et si nous citions les principaux, nos lecteurs seraient étonnés d'y trouver la plupart des notabilités qui ont le plus d'influence sur les destinées actuelles de notre France bien-aimée.

Ces idées premières ont conduit naturellement aux principes professés par Machiavel et Vico. Car l'égoïsme, quelle que soit son origine, ne veut voir dans les choses que ce qui ne l'oblige pas, que ce qui ne lui impose aucun frein moral, que ce qu'il peut toujours toucher et saisir et faire servir à ses satisfactions. Cependant selon la vérité, la théorie de Machiavel, celle de Vico et toutes leurs conséquences sont de pures hypothèses dont une vérification exacte démontre la fausseté. Les révolutions n'ont rien de semblable entre elles, quant à leur signification morale, quant à l'avenir qu'elles annoncent et préparent, quelle que soit d'ailleurs la similitude de formes qu'elles pourraient revêtir. S'il en était ainsi que les deux auteurs italiens l'ont écrit, la doctrine du progrès que la France a trouvée, pour laquelle nous luttons et nous travaillons, serait une erreur; et toute cette richesse de vérifications que nous possédons serait mensonge. Il ne nous aurait servi de rien d'avoir étudié les sciences avant la philosophie, et la philosophie avant l'histoire. Nous serions des produits de notre siècle, espèce de végétation donnant des idées comme un arbre donne des fruits, sans conscience de leur valeur, sans conscience de leur destinée, sans liberté. Notre foi, nos dévouemens seraient délire. Machiavel et Vico seraient plus que Bacon, Pascal, Turgot, saint Paul, l'Eglise toute entière, toute la France, toute l'Europe. Le doute stérile, la crainte de l'eunuque, seraient préférables à l'audace qui invente, à la confiance qui féconde; l'hésitation, la peur et l'ignorance, vaudraient mieux que la foi, le courage et la science. Non, certes, les rêves tristes de deux hommes malheureux ne peuvent prévaloir sur les sentimens de l'humanité entière; et nous allons voir que là où l'éclectisme a trouvé place, là est l'erreur.

Nous présenterons d'abord les raisons de ceux que nous prenons pour adversaires; nous exposerons l'idée philosophique de leur conduite. Nous ferons ensuite connaître nos objections, sans cependant sortir du terrain de cette histoire; si quelque partie de notre argumentation restait obscure, nous renverrions à nos préfaces précédentes.

Les révolutions sociales se ressemblent, dit-on, dans leurs formes; et, pour preuve, on cite la révolution anglaise de 1640, qui présente des périodes très-analogues à la nôtre. En effet, en Angleterre comme chez nous, après des difficultés sur les finances, il y eut une insurrection puritaine. Charles Ier perdit la tête sur l'échafaud; après, il y eut un semblant de république; puis un protectorat plus absolu que notre empire; plus tard, la famille déchue remonta sur le trône; enfin, sous le règne du second de ces monarques, une conspiration amena une nouvelle dynastie. Voici donc, à ce qu'il paraît, dans les deux révolutions, six époques qui, si elles ne sont pas absolument pareilles, sont au moins très-analogues.

Dès que l'on veut admettre que les choses sont ainsi, on put prévoir, lors de la proclamation de la constitution à Madrid, lors de cette révolution qu'une armée bourbonnienne fit avorter en Espagne, que le respect constitutionnel pour le roi, tournerait inévitablement en une haine démocratique qui le perdrait. On dut donc se hâter d'arrêter le mouvement. Il en fut de même à Naples. Aujourd'hui, on ne peut pas davantage hésiter à porter la même prédiction sur ce qui commence en Espagne. Aussi, l'école Machiavélique et *Viconienne* des cours du Nord, manquerait de logique si elle ne s'efforçait d'arrêter une marche politique dont elle croit connaître le dénoûment.

Quelle raison sérieuse nos éclectiques auraient-ils à opposer à ce raisonnement? la science qu'ils se sont faite, leur montre que la prévoyance est juste; et leur assure de plus que les résultats de la révolution seraient sans bénéfices réels et durables pour la nation elle-même et pour l'humanité.

Vous répondrez, vous, que le bénéfice ne fût-il que de mettre l'Espagne au niveau de la France, il serait déjà très-grand ; mais vous ne savez pas que l'éclectisme, parmi les fragmens dont il a composé son dogme politique a choisi la théorie de Montesquieu sur les climats ; de telle sorte qu'il admet que l'état des nations est en harmonie parfaite avec certaines exigences attachées au sol. Nous ignorons si les maîtres de la doctrine avouent ce principe ; mais nous savons qu'il est professé à l'école normale, et dans les ouvrages de ses adeptes les plus dévoués et les plus instruits. Ainsi, selon l'éclectisme, une révolution ne peut contrebalancer les effets du climat ; elle ne peut pas changer l'état moral d'un peuple, pas plus en Espagne qu'ailleurs.

Si donc l'école éclectique se montre favorable au peuple espagnol, ce sera une affaire de calcul, dans laquelle elle mettra de côté toute sympathie, toute la pitié dont elle est capable pour les souffrances humaines, afin de s'acquérir un allié militaire, en le laissant s'engager dans les voies, stériles selon elle, où nous sommes entrés.

En effet, les élèves de Machiavel et de Vico, en regardant ainsi que nous l'avons dit, l'histoire de la révolution anglaise, ont dû conclure que le peuple n'y avait rien gagné. Ils peuvent voir que la hiérarchie ecclésiastique, l'aristocratie, la royauté, sont restées entières après comme avant. Et ne pourra-t-on pas dire, un jour, la même chose de la nôtre ; ne remarque-t-on pas chez nous, tous les germes d'une aristocratie nouvelle. Arrière donc tout désir de changement par amour des hommes, évitons des secousses et des efforts qui ne sont que douloureux.

Rien, au reste, ne contredit cette conclusion dans la plupart des histoires que nous possédons sur la révolution de 1640, non plus que sur celle de 1789. Au contraire, on y retrouve à chaque page, une vérification des principes généraux de Machiavel et de Vico. Soit que l'écrivain ait préféré la forme dramatique, soit qu'il ait choisi celle plus explicative de la science ; les événemens sont toujours présentés comme dominés par une sorte de fatalité qui prend origine tantôt dans le contact des passions individuelles, tantôt dans le contact des faits. Les mémoires nombreux publiés par les spectateurs et les acteurs de ces drames ne nous apprennent rien de plus. Les curiosités anecdotiques, les panégyriques, les justifications, les accusations et plus souvent les calomnies y abondent ; mais tout cela est tellement marqué au cachet de la personnalité qu'il est difficile d'y voir autre chose. Or, dans les affaires humaines, ce qui ne varie pas c'est le mode personnel, ce sont les modes de l'amour de soi-même. Ce qui varie ce sont les conditions imposées à l'égoïsme, ce sont les occasions et les moyens qui lui sont donnés, ce sont ses conséquences.

Il est cependant faux que les sociétés humaines roulent dans un cercle perpétuel de causes et d'effets toujours les mêmes, toujours émanant du principe individuel et y retournant. Un coup d'œil moins borné sur l'histoire, un coup d'œil qui comprit en même temps tous les peuples et toutes les époques était assez pour en donner la preuve ; le sentiment seul de notre temps suffisait pour faire douter de pareilles conséquences. Quant à nous, nous ne les avons jamais envisagées qu'avec horreur. Nous avons donc conçu le projet de notre ouvrage sur un tout autre plan que ceux suivis jusqu'à ce jour; nous avons voulu faire vivre nos lecteurs dans notre passé révolutionnaire comme ils vivent dans notre politique présente, afin qu'ils comprissent le sentiment moral qui produisit tant et de si différentes choses. Nous avons fait là l'expérience de notre manière de procéder, qui est de juger et d'apprécier les faits par leur motif moral, de montrer partout l'activité humaine présente et libre, ayant le pouvoir de choisir entre le bien et le mal, et dans de telles limites, cependant, qu'en faisant le choix défendu il ne lui est pas permis de reculer et de produire plus qu'un mal individuel, local et momentané. Nous avons voulu montrer que derrière les hommes et les assemblées dont les noms sont en quelque sorte la signature d'une époque, il y a un principe moteur déposé dans les masses, un *verbe* populaire qui commande et qui pousse. Certes, l'histoire que nous avons choisie, était celle qui offrait le plus de difficultés sous ce rapport. C'était un sujet bien scabreux pour une telle entreprise que celui dans lequel tant de passions encore vivantes et tant d'intérêts présens sont attachés. Nous croyons néanmoins, que l'expérience réussira.

Mais il nous reste maintenant à rappeler en quelques mots, les raisons que nous avons déjà données contre les théories de Machiavel et de Vico, et d'où il résulte qu'elles sont en contradiction avec la majorité des faits.

Il faut d'abord, afin d'avoir une idée nette des formes des révolutions sociales, distinguer l'histoire de l'Europe, (nous ne nous occuperons que de celle-là), en deux époques : celle antérieure au christianisme qui fut grecque et romaine; et celle qui est postérieure au christianisme et qui en émane.

De l'une de ces époques à l'autre, le sentiment moral qui guide l'activité progressive des hommes ne se ressemble pas. Dans la première, c'est le sentiment de race; dans la seconde, c'est le sentiment de fraternité entre les hommes qui ont la même croyance.

Nous avons déjà défié nos adversaires, quels qu'ils fussent, de trouver, dans les temps antérieurs à Jésus-Christ, un mot pareil à ceux-ci : « Tous les hommes sont enfans d'un même père, qui est Dieu; les » hommes et les femmes, les nobles et les esclaves sont également des » anges de Dieu; hommes et femmes sont tous frères et sœurs; » aimez donc votre prochain comme vous-même, et la loi de Dieu » par-dessus tout; et que celui qui voudra être le premier parmi vous » se fasse le serviteur de tous les autres. »

Il n'y a rien de semblable, rien qui ne soit absolument opposé à ces principes, dans les ouvrages si souvent cités de Platon, d'Aristote et de l'école d'Alexandrie. Les auteurs grecs ont matérialisé sous forme d'axiomes philosophiques ou de principes de sagesse, les dogmes religieux d'où sortait la civilisation à laquelle ils appartenaient, et dont ils occupaient la toute dernière période. Nous ne retrouvons dans leurs livrés rien de plus que dans les théologies de leurs ancêtres. En effet, qu'était la Grèce ? tout le monde sait que sa population était en général d'origine celtique, c'est-à-dire, selon nous, de cette civilisation qui était fondée sur la pensée qu'il y avait sur terre des dieux mortels auxquels appartenaient le commandement et l'immortalité de l'ame, et des hommes, matière esclave, troupeau sans ame fait pour obéir et être frappé. Tout le monde sait qu'au milieu de cette population furent implantés sous forme de colonies ou d'enseignemens scientifiques, les idées orientales importées de l'Asie et de l'Egypte. Là on disait que tous les hommes étaient des anges déchus, et de ces prémisses on déduisit la loi des races et des castes. Les livres de Platon et d'Aristote nous offrent la combinaison de ces deux doctrines; c'est en réalité une pensée syncrétique qui a conduit leur esprit à tel point que, si c'était ici la place, nous pourrions rapporter chaque mot de leurs théories, à l'un des principes de l'une des deux théologies antérieures. De tous ces emprunts, il n'en est qu'un dont la citation soit nécessaire ici : c'est la doctrine des races. Platon l'admet implicitement dans sa république, puisqu'il place en dehors de sa cité les artisans et les esclaves; son projet n'est qu'une copie inférieure de la réalisation opérée par Lycurgue à Sparte. Aristote n'est pas moins précis; il n'y a, dit-il, société qu'entre les hommes de même origine (συγγενεια φυσει).

Il est très-vrai que le christianisme s'implanta dans une société où régnait la loi des races ; mais ce n'était pas lui qui l'avait ainsi faite, et, dans son développement, il tendit directement à la faire disparaître et à lui substituer la loi de la fraternité. Jamais même l'Eglise n'admit le droit de naissance comme un principe de hiérarchie dans son sein ; elle y substitua le droit du mérite et des œuvres.

Puisque les points de départ des civilisations des deux époques sont si contradictoires, les révolutions particulières par lesquelles le progrès s'accomplit dans chacune d'elles doivent revêtir des formes proportionnellement différentes; et telle est en effet la réalité. Comparez par exemple les révolutions romaines qui semblent avoir le plus d'analogie dans le but, avec celles de notre temps, celle par laquelle la plèbe obtint le droit de famille, les discussions sur la loi agraire, etc., avec une de nos révolution modernes, vous ne trouverez pas le moindre rapport dans les formes. Ainsi la raison morale, le principe moteur manifeste ses différences jusque dans ses actions politiques.

Si la révolution de 1640 et celle de 1789, offrent des similitudes, c'est surtout parce qu'elles ont été produites sur un fonds semblable d'institutions. Si les Anglais avaient un parlement, nous avons eu nos états-généraux ; dans les deux pays, il y avait un roi, une noblesse, un clergé, une bourgeoisie, et, dans le peuple, une passion chrétienne qui s'appelait puritanisme en 1640, et jacobinisme en 1790.

Le système général de l'organisation sociale française fut importé en Angleterre par Guillaume-le-Conquérant. Quelques différences de détail, quelques différences de mots ne peuvent dissimuler la similitude du fond. Les cités s'appelèrent comtés du nom du préposé chargé de veiller à leur administration. Le roi eut son plaid composé ainsi qu'en France, des hauts barons du royaume et des évêques. Ce fut en 1215 que la grande Charte fut conquise par les nobles Bretons; c'est-à-dire, qu'ils acquirent le droit de voter annuellement les subsides. Ce fut en 1226 que les communes reçurent le droit d'envoyer leurs députés au parlement.

La même chose se faisait en France vers le même temps. Les rois cherchaient à s'appuyer des communes pour subalterniser la noblesse. On peut voir, dans les lois de saint Louis, qu'il s'ouvrait annuellement un plaid général où étaient tenus d'assister les pairs du royaume et du roi, certains dignitaires ecclésiastiques et les élus des communes. Si cette institution n'acquit pas chez nous la continuité qu'elle présenta en Angleterre, il faut l'attribuer aux troubles funestes du règne de Charles VI, et à la prédominance que reconquit alors la noblesse. Et ce fut une chose heureuse pour l'avenir de notre nation, car le peuple apprit à séparer à jamais sa cause de celle de l'aristocratie. Il fit pour toujours divorce avec l'esprit de fédéralisme. Il n'en fut pas ainsi chez nos voisins.

Le système gouvernemental Anglais n'avait pas éprouvé de modifications graves lorsque la réforme fit son apparition, et, pour prouver ce fait, nous pourrions citer des usages parlementaires encore subsistans sous le règne d'Élisabeth. Les rois et les nobles la favorisèrent par esprit de pur égoïsme. Qui ne sait que ce fut une misérable question de divorce qui détermina Henri VIII à rompre avec le saint-siége? La réformation religieuse fut donc réglée conformément aux intérêts royaux et à ceux des grandes familles. La hiérarchie ecclésiastique fut conservée.

En France, la réforme fut aussi adoptée par une partie de la noblesse; elle y vit une occasion de reconquérir une puissance que le roi, avec l'appui du peuple, réussissait à amoindrir chaque jour. Ses chefs se lièren t par un pacte dans lequel ils s'engageaient à partager le pays en cercles, afin de constituer une fédération de petites souverainetés semblables à celles d'Allemagne. Mais une énorme majorité se leva contre ce projet; les prétentions arisrocratiques périrent dans la sanglante exécution de la St-Barthélemy et dans les guerres de la Ligue. Le peuple français resta catholique par sentiment de l'unité nationale; ou, pour parler plus vrai, se conserva *un* par sa foi catholique.

Ce fut plusieurs années après que la révolution éclata en Angleterre. Ce serait une erreur de croire qu'elle fut une pure affaire religieuse. La religion en fut la forme, le prétexte, le moyen; mais le but fut tout autre. Examinons en effet : La querelle s'éleva entre le parlement et la royauté à l'occasion des subsides; elle s'envenima par des empiétemens réciproques, dans lesquels le roi fut obligé de reculer, et fut enfin poussé jusqu'à prendre les armes. Sans doute, le parlement n'eût osé accepter la guerre civile sans l'appui de l'insurrection religieuse; il n'eût point vaincu sans elle : mais cette insurrection n'était point anglaise; elle venait d'Ecosse. La fin particulière que cherchaient les meneurs anglais ne paraît pas avoir été autre qu'une pensée d'intérêts et de fédéralisme individuel en opposition avec la pensée de l'unité monarchique. Aussi après le triomphe, sans l'intervention de Cromwel, le corps de la Grande-Bretagne eût été rompu en morceaux; aussi, on ne s'occupa nullement de changer la législation civile; et le gain de la révolution fut de donner le gouvernement à l'aristocratie et à la bourgeoisie; ce fut une modification dans les formes gouvernementales qui mit au pouvoir un intérêt à la place d'un autre.

Telle ne fut pas notre révolution. Les nécessités financières furent l'intérêt principal qui poussa la cour à assembler les états-généraux; ceux-ci tinrent peu de compte de cet intérêt : dès leur première séance, ils manifestèrent le sentiment d'égalité qui devait présider à toutes les œuvres qui suivirent. La querelle ne roula pas sur des questions de finances ou de droit, mais sur des doctrines morales : et la fin de la révolution annonça devoir être la suppression de la noblesse et des droits féodaux, un changement complet dans la législation civile, administrative et pénale, un affermissement de l'unité nationale par l'éducation et l'administration, enfin une révolution européenne.

Si, d'ailleurs, on compare attentivement les périodes des deux révolutions, on trouve qu'elles ne se ressemblent pas. Autant elles diffèrent au début, autant elles diffèrent dans leur durée. Nous réservons cet examen pour une prochaine préface, car nous avons encore, sans sortir de ce sujet, une longue route à parcourir. Il nous faut en effet, afin de rendre notre démonstration complete, mettre sous les yeux de nos lecteurs, l'exemple des autres révolutions européennes.

HISTOIRE PARLEMENTAIRE

DE LA

RÉVOLUTION

FRANÇAISE.

JANVIER 1792.

L'année qui commence est une des pages les plus extraordinaires que la France ait écrites de sa main dans les traditions de l'humanité. Quelle nation et quelles œuvres ! Jamais la loi du destin, jamais ce fatalisme sombre et intrépide, sous l'empire duquel les patriciens de Sparte et de Rome accomplirent de si grandes choses, jamais le devoir d'où était né le droit aristocratique, n'exaltèrent à ce point dans les ames l'amour de la patrie. Il était réservé à la morale de Jésus-Christ, à la parole de la fraternité par le dévoûment, de montrer que l'activité humaine, mue par le sentiment du sacrifice, est infatigable et invincible. Et ici, nous parlons du peuple et de la spontanéité soudaine qui manifestait en lui le fils aîné de l'Évangile. La nationalité rendait témoignage d'elle-même par le concours simultané de toutes les énergies sociales que le christianisme y avait déposées. Un seul caractère domine dans les actes de ce temps-là, c'est celui de la volonté. Aussi les luttes que nous allons raconter présentent-elles nettement le bien d'un côté et le mal de l'autre; le bien et le mal librement choisis, librement voulus; les réalisateurs révolutionnaires ne furent point des panthéistes.

La déclaration de la patrie en danger, la pétition du 20 juin, la fédération du 14 juillet, le 10 août, les journées de septembre, l'ouverture de la convention nationale : tels sont les événemens capitaux que la révolution jette, en courant, sur sa route. Le terrain sur lequel s'engagent toutes les collisions, tous ces combats dans lesquels nous verrons succomber la royauté, et, après elle, le fédéralisme, est un terrain purement national. La question principale, celle dont les conséquences seront sanctionnées par l'émeute, par l'insurrection, par la guerre, par la loi, n'appartient, ni à une théorie, ni à une doctrine politique quelconque : la science et la logique n'ont pas fait verser peut-être une goutte de sang. Le dogme absolu, c'est la France s'affirmant elle-même par ces mots : unité, égalité, liberté. La question se pose toujours entre ceux qui croient à ce dogme et ceux qui n'y croient pas, ou veulent l'examiner et y choisir ce qui leur convient, la liberté, par exemple. Ainsi, ce sera à titre d'incrédules (on disait autrefois hérétiques) qu'il y aura d'abord des suspects; et ce sera l'incrédulité se produisant par ses fruits, par la trahison et par les conspirations, qui provoquera le régime de la terreur. La philosophie spéculative n'est en cause dans aucune des crises terribles où la France fut engagée. « Toutes nos querelles, disait Robespierre (*Défenseur de la Constitution*, n° IV), ne sont que la lutte de l'intérêt privé contre l'intérêt général, de la cupidité et de l'ambition contre la justice et contre l'humanité; pour savoir ce que chacun doit penser et faire dans notre révolution, il suffit d'adopter, dans les affaires publiques, les principes d'équité que tout homme probe suit dans les affaires privées et domestiques. »

Nous entrerons dans l'année 1792 par une citation que nous empruntons à l'avant dernier numéro de l'*Ami du Peuple*. A la veille de suspendre son journal, Marat *dévoilait l'avenir*. L'article, qu'il intitule ainsi, débute par un résumé de situation dans lequel sont signalés tous les symptômes d'un vaste complot. Il continue de la sorte :

« A cette conjuration formidable des représentans de la nation, des princes, des ministres, des fonctionnaires publics, des chefs de l'armée et des gardes nationaux, du corps des officiers et des suppôts du despotisme, quels défenseurs de la patrie avez-vous à opposer ? Une cohue de clubistes, de bavards et de vaniteux pétitionnaires qui se cachent dans les momens de crise, laissant lâchement égorger leurs concitoyens, et viennent ensuite en bravaches à la barre du sénat, assurer gravement les pères conscripts que bientôt *la liberté roulera dans la poussière tous les tyrans de l'univers*. Peuple, voilà les héros qui doivent prendre votre défense et vous faire triompher ; comme s'il suffisait de quelques phrases ridicules pour écraser les armées innombrables des ennemis de la liberté. O nation insensée ! que n'as-tu renoncé à ton vain babil pour suivre les conseils de ton ami, t'armer de bouts de corde, de poignards, et terminer les jours de ceux de tes ennemis abattus qui auraient eu l'audace de se relever.

» Oui, la liberté est perdue parmi nous, et perdue sans retour ; mais, en attendant que le despote soit rétabli dans toute sa puissance, jetons un coup d'œil sur les excès du despotisme qui amèneront bientôt la chute de nos tyrans.

» Il est certain que le despote se hâtera de rétablir la noblesse : mais il ne rétablira ni le clergé ni la robe, deux barrières redoutables qui limitaient son autorité. Tant que le trésor public, dont il a la clef, se remplira de la vente des biens nationaux, et tant que la confiance au papier-monnaie, dont il a le moule, ne sera pas détruite, Louis Capet aura à sa solde une armée innombrable de satellites, formée de tous les fripons, mouchards et coupe-jarrets prêts à se vendre, et de tous les intrigans jaloux de partager la puissance. Ce sont eux qui soutiendront quelque temps son tyrannique empire. Mais dès que ces ressources seront épuisées, et le terme n'en est point éloigné, une banqueroute honteuse lui enlèvera tous les créanciers de l'état qui se joindront aux nuées d'opprimés. Bientôt les impôts onéreux dont on accablera les citoyens pour satisfaire les satellites soudoyés, révolteront les artisans, les marchands, les cultivateurs qui grossiront d'une foule de mécontens le parti des citoyens opprimés et dépouillés. Ensuite se jetteront dans ce parti, tous les ambitieux dont la cour ne pourra plus satisfaire la cupidité, et tous les fonctionnaires publics qu'elle ne pourra plus corrompre. Les soulèvemens successifs seront suivis d'un soulèvement général ; les satellites et les suppôts privilégiés du prince tomberont sous les coups des mécontens, lui-même sera précipité du trône et proscrit avec son indigne famille ; le royaume sera déchiré par différentes factions ; du feu des dissentions civiles naîtront plusieurs républiques fédérées ; les citoyens les plus audacieux et les plus adroits usurperont l'empire, soumettront la multitude à un nouveau joug, et le gouvernement aura changé de forme sans avoir rétabli la liberté.

» O ma patrie ! quel sort épouvantable l'avenir te réserve ! un décret fatal de l'impitoyable destin tiendra donc toujours attaché sur ton front le bandeau de l'illusion et de l'erreur, pour t'empêcher de profiter de tes ressources, et te livrer sans défense entre les mains de tes cruels ennemis ! Que n'ai-je pas fait pour te dessiller les yeux ? Aujourd'hui, il ne reste aucun moyen de prévenir ta ruine ; et ton fidèle ami n'a plus d'autres devoirs à te rendre que celui de déplorer tes tristes destinées, que celui de verser, sur tes trop longs désastres, des larmes de sang. » (*L'ami du Peuple*, du 14 décembre 1791.)

Le mois de janvier 1792 contient virtuellement tous les germes que nous allons voir grandir et se développer. La discussion sur la guerre s'aigrit à mesure qu'elle se personnalise. Malgré une apparence de rapprochement ménagée aux jacobins, entre Brissot et Robespierre, par Dussaulx, les deux adversaires ne renoncent à aucune de leurs opinions émises. Le club penche évidemment pour le système de Robespierre ; il s'y range de plus en plus, ainsi que l'atteste l'accueil unanime qu'il fait à tous les discours écrits pour la guerre défensive.

La presse la plus révolutionnaire, Prudhomme, l'*Orateur du peuple*, les dernières pages de Marat, et bientôt Desmoulins dans la *Tribune des Patriotes*, se déclarent également pour Robespierre, et parlent de Brissot, de ses projets et de ses adhérens, comme ils parlaient naguère de Barnave et des Lameth.

Marat s'expliquait ainsi sur Brissot dès le 10 décembre 1791 : « Vous fûtes toujours loin de mériter les éloges dont les badauds payèrent vos grimaces patriotiques ; ils peuvent donc à leur aise crier sur vous à l'apostat ; quant à moi, qui vous connais à fond, je m'attendais bien à voir un jour tomber votre masque, quoiqu'en prédisant votre défection dans mon numéro DCXII (Voir le tome XII de l'*Histoire parlementaire*, ÉLECTIONS.), je n'eusse pas cru être si près du terme. Vous voilà donc aujourd'hui un ministériel mitigé ; si vous avez plus d'énergie, au train dont vous y allez, je ne désespère pas de vous voir, sous quelques mois, une des plus viles créatures du cabinet des Tuileries. »

L'*Orateur du peuple* disait : « Si tous les Français étaient éclairés, s'ils étaient tous vertueux, M. Brissot se serait bien gardé de produire une opinion dangereuse. C'est parce qu'il y a des coquins, une infinité de coquins, et de coquins en crédit, que M. Brissot s'est hasardé à le faire. Quoi ! un homme que j'ai cru patriote, que j'ai préconisé comme tel, s'avise aujourd'hui, qu'il a tout ce qu'il désire, de nous ôter ce que nous avons de plus cher, l'honneur ! Après un faux exposé de la situation de l'Europe, il nous amène insensiblement à déclarer la guerre à nos voisins, sous prétexte de la faire à des brigands dont la France est purgée ; il entre dans les vues du ministère. Qu'on ne vienne pas me dire que chacun a son opinion ; quand un homme est aussi éclairé que l'est M. Brissot, on ne pèche pas par ignorance. Aussi est-il à mes yeux le plus criminel de nos assassins d'outre-Rhin. Je vais le lui prouver en peu de mots : » Suit une longue démonstration qui aboutit à ce dilemme : « De deux choses l'une, ou le crime de lèse-nation est avéré, ou il ne l'est pas : s'il l'est, vous êtes coupables de ne point faire des lois pour sauver la patrie. Sans avoir recours à la guerre, il est possible, et vous le savez bien, de nous tirer d'embarras. Vous savez bien qu'en saisissant leurs biens, qu'en les mettant en vente au profit de la nation, qu'en les exilant à jamais de nos murs, qu'en leur ôtant le nom de Français, qu'en armant purement et simplement tous les citoyens, et en dressant des échafauds autour du royaume pour tous ceux qui, fatigués d'errer, comme des vagabonds, chez les autres peuples, oseraient mettre les pieds sur notre terre sacrée; vous savez.... mais non, vous voulez faire triompher la cause des rois; vous voulez, en nous mettant en contradiction avec notre constitution, nous faire détester des peuples qui sont prêts à nous imiter. » — Nous avons transcrit ce morceau, parce que l'*Orateur du peuple* se tenant très-bien à la suite des hommes qui jouissaient de la confiance publique, répétait tout haut, en les exagérant, les argumens par lesquels ceux-ci appuyaient leurs vues, soit dans les conversations intimes, soit dans les clubs. Il y avait, nous n'en doutons pas, une bonne raison dite au peuple autrement que par la presse et par la tribune des clubs, pour qu'il eût déserté si vite les partisans de la guerre. Cette raison circula oralement avant de servir de base avouée aux discussions officielles des jacobins. Il nous paraît que l'article cité est le commentaire de cet argument : Si les émigrés étaient, à vos yeux, des traîtres, vous devriez d'abord confisquer leurs biens. La déclaration de guerre ne peut et ne doit venir qu'après certaines mesures que vous ne prenez pas.

L'Orateur finit en disant : « Je ne vous estime plus, monsieur Brissot. Dès aujourd'hui, je vous regarde comme un traître; vous avez trop d'esprit pour que je vous pardonne. Des hommes comme vous, qui ne marchent pas dans la bonne route, on peut dire hardiment qu'ils sont nés avec toutes les dispositions de mal faire. Vous m'avez trompé, mais vous ne me tromperez plus. Je vous observerai, non plus comme autrefois avec l'indulgence et l'espérance de l'amitié, mais avec l'œil de l'indignation qui me fera voir tous les replis de votre cœur. Pour sauver ma patrie...., hélas ! je serais moi-même mon propre bourreau ! Oui... si je croyais qu'il pût jamais me venir dans l'idée de la trahir, je n'existerais pas deux heures. Tout homme qui aime la liberté doit être vertueux, et tout homme qui ment à sa conscience est un scélérat. Je vous donne la vôtre pour juge, et je vous condamne à la consulter deux fois par jour, si vous préférez l'honneur de vos concitoyens aux frivoles promesses de Louis Sanguinola. » (*L'Orateur du Peuple*, t. 9, n° XLVIII.)

Prudhomme publia de longs articles contre la guerre offensive. Il inséra tout entiers quelques discours de Robespierre, et notamment celui prononcé le 11 janvier au club des jacobins. Il ne garde déjà aucune mesure envers Brissot. A l'occasion d'un débat ouvert à la législative pour savoir si quelques articles, destinés à compléter l'organisation de la haute cour nationale, tombaient sous la sanction, il y eut, le 9 janvier, des rassemblemens sur la terrasse des Feuillans, d'où l'on fit entendre le cri : *Point de veto !* Brissot (*Patriote Français* du 10 janvier.) accusa ce mouvement de tenir à la liste civile. Là-dessus Prudhomme s'écrie : « Nous avons lu avec indignation, dans la partie du journal de M. Brissot, rédigée par lui, que les patriotes rassemblés sur la terrasse des Feuillans pourraient bien être salariés par la liste civile. Ce langage n'expliquerait-il pas l'obstination du partisan effréné de la guerre ? La liste civile dans les mains de ceux qui criaient *point de veto* ? Ah ! M. Brissot, ceux qui ne voulaient pas du *veto* ne veulent pas non plus de la guerre offensive. » (*Révolution de Paris*, n CXXXI.) — Nous verrons que le moyen nouveau mis en œuvre par Brissot et ses partisans pour démontrer la nécessité de la guerre d'attaque, consistait à soutenir que la cour ne l'avait jamais voulue sérieusement.

Les faits principaux dont se compose l'histoire du mois, sont :

Les actes parlementaires, plusieurs émeutes à Paris provoquées par des accapareurs de denrées coloniales, des troubles à Perpignan, où l'on voit figurer les acteurs d'une conspiration qui ne tardera pas à ressusciter le camp de Jalès.

Les actes parlementaires renferment : 1° la suite des délibérations sur la guerre ; 2° quelques articles complémentaires de la haute-cour nationale ; 3° une poursuite très-active dirigée contre Bertrand de Molleville, et dont la conclusion n'a lieu qu'en février ; 4° des pétitions contre les accapareurs de sucre, et diverses protestations y relatives ; 5° des nouvelles de provinces dont les plus importantes sont celles de Perpignan.—Nous ferons entrer dans le cadre même des travaux de l'assemblée les récits qui expliqueront ces derniers incidens. Nous terminerons par une analyse des séances du club des Jacobins.

SUITE DES DÉLIBÉRATIONS SUR LA GUERRE.

Le 25 décembre, J.-B. Louvet (l'auteur de *Faublas*), au nom de la section des Lombards, provoqua l'accusation contre les princes émigrés, et la guerre contre les ennemis de la France. Isnard convertit cette demande en motion. Guadet réclama l'ajournement jusqu'au 1er janvier. Le 27, Vergniaud présenta un projet d'adresse au peuple Français : l'assemblée ne l'adopta point.

Le 29, Brissot fit un discours sur les rapports des puissances étrangères avec la France, et sur la nécessité de déployer les forces nationales contre les ennemis extérieurs et intérieurs. Il discuta les intérêts respectifs des différens souverains de l'Europe, et s'attacha surtout à prouver qu'il n'y en avait aucun qui pût penser sérieusement à faire la guerre et qui eût les moyens de la soutenir. Condorcet parla sur le même objet ; il présenta une déclaration solennelle pour faire connaître aux rois les principes et la politique de la France régénérée. Elle fut unanimement adoptée ; on en demanda même l'envoi aux puissances, ce qui fut d'abord décrété, et ensuite ajourné sur la proposition de MM. Barrère, Condorcet, Reboul, Gensonné et Dumas. Le jour même elle fut envoyée à Louis XVI, et Condorcet rendit ainsi compte de la députation.

[*M. Condorcet monte à la tribune.* (La salle retentit d'applaudissemens.) La députation que vous avez envoyée près du roi a été reçue dans la salle du conseil; elle a présenté la déclaration qui vous a été lue ce matin. Le roi a répondu que l'assemblée nationale pouvait être sûre qu'il soutiendrait toujours la dignité de la nation. (On applaudit.)]

L'assemblée ordonna l'insertion au procès-verbal de la réponse du roi.

Le 31, le roi communiqua par un message un second office de l'empereur, daté de Vienne, le 21 décembre. Cet office portait en substance que le prince électeur de Trèves avait rendu compte à l'empereur de la déclaration que lui avait faite le roi des Français relativement aux rassemblemens des émigrés dans ses états ; que l'électeur de Trèves avait répondu à cette déclaration qu'il avait suivi les réglemens mis en vigueur dans les Pays-Bas autrichiens; que l'électeur de Trèves, redoutant la réalisation des inquiétudes que lui donnait cette déclaration, avait réclamé l'assistance de l'empereur; que l'empereur, convaincu des intentions modérées de sa majesté très-chrétienne, mais n'étant point rassuré par son expérience journalière sur l'adoption générale de ses intentions modérées, et craignant que, malgré les principes du roi, il ne fût commis des voies de fait contre l'électeur de Trèves, avait cru devoir enjoindre au maréchal Bender de lui porter les secours les plus efficaces ; mais que sa majesté était trop sincèrement attachée à sa majesté très-chrétienne pour ne pas désirer que ces mesures fussent inutiles, par le maintien de la tranquillité publique et la continuation de la bonne intelligence entre les couronnes.

A cet office était joint une lettre de Louis XVI à l'assemblée, dont le ministre Duport fit lecture. En voici la teneur :

Paris, 31 *décembre*. — « J'ai chargé le ministre des affaires étrangères, messieurs, de vous communiquer l'office que l'empereur a fait remettre à l'ambassadeur de France à Vienne. Cet office, je dois le dire, m'a causé le plus grand étonnement. J'avais droit de compter sur les sentimens de l'empereur, et sur son désir de conserver avec la France la bonne intelligence et tous les rapports qui doivent régner entre deux alliés. Je ne peux pas croire encore que ses dispositions soient changées; j'aime à me persuader qu'il a été trompé sur la vérité des faits; qu'il a cru que l'électeur de Trèves avait satisfait aux devoirs de la justice et du bon voisinage; et que néanmoins ce prince avait à craindre que ses états ne fussent exposés à des violences et à des incursions particulières.

» Dans la réponse que je fais à l'empereur, je lui répète que je n'ai rien demandé que de juste à l'électeur de Trèves, rien dont l'empereur n'ait lui-même donné l'exemple. Je lui rappelle le soin que la nation française a pris de prévenir sur-le-champ les rassemblemens des Brabançons qui paraissaient vouloir se former dans le voisinage des Pays-Bas autrichiens; enfin je lui renouvelle le vœu de la France pour la conservation de la paix; mais en même temps je lui déclare que si, à l'époque que j'ai fixée, l'électeur de Trèves n'a pas effectivement et réellement dissipé les rassemblemens qui existent dans ses états, rien ne m'empêchera de proposer à l'assemblée nationale, comme je l'ai annoncé, d'employer la force des armes pour l'y contraindre. (On applaudit.)

» Si cette déclaration ne produit pas l'effet que je dois espérer, si la destinée de la France est d'avoir à combattre ses enfans et ses alliés, je ferai connaître à l'Europe la justice de notre cause; le peuple français la soutiendra par son courage, et la nation verra que je n'ai point d'autres intérêts que les siens, et que je regarderai toujours le maintien de sa dignité et de sa sûreté comme le plus essentiel de mes devoirs. » (On applaudit.)

Tels furent les actes qui précédèrent le rapport que Gensonné devait faire le 1er janvier. Avant de transcrire cette pièce, nous avons à mentionner une détermination de l'assemblée, relative au cérémonial du jour de l'an. Le 31 décembre Pastoret fit détruire l'usage des félicitations de vive voix ou par écrit au sujet du renouvellement de l'année. Goupilleau et Fauchet demandèrent par suite que l'assemblée n'allât point faire de félicitations, ce qui fut adopté.

SÉANCE DU 1er JANVIER 1792.

[*M. Gensonné.* Votre comité diplomatique, en adhérant à l'amendement de M. Brissot (1), m'a chargé de vous présenter ses vues à cet égard, et d'entrer dans quelques développemens. La question se réduit à cette simple proposition : Y a-t-il lieu à accusation ? Sur quelles personnes l'accusation doit-elle porter ? Déjà vous avez accusé des hommes comme complices. Pouvez-vous garder le silence sur les principaux agens de la conjuration ? Quelle inégalité existerait donc encore parmi les hommes ! Les princes seraient-ils moins coupables, parce que la nation a plus fait pour eux ? Vous ne pouvez faire grace ; vous n'avez ni le droit de punir ni celui d'absoudre : vos fonctions se bornent à accuser ; et quand la loi l'exige, quand l'opinion le commande, quand l'existence du crime n'est pas douteuse, votre silence serait une trahison. La sûreté de l'état est-elle compromise ? C'est de la vérification de ce fait que dépend le décret d'accusation. Eh bien ! ce fait, de concert avec le roi, vous l'avez déclaré à l'Europe entière. Vos armées sont prêtes à marcher contre les princes qui protégent les rebelles. La rébellion est donc évidente ; il y a donc lieu à accusation.

Votre comité a pensé que dans les circonstances actuelles, vous deviez vous borner à mettre en état d'accusation les deux frères du roi, et MM. Condé, Calonne, Laqueille et Mirabeau. Le comité fera son rapport sur la question particulière à M. le cardinal Rohan ; quant à MM. Bouillé, Dautichamp, Breteuil et autres principaux agens présumés de la conjuration, le comité n'a pu se procurer des renseignemens assez positifs sur les faits postérieurs à la loi de l'amnistie pour porter le décret d'accusation. Il proposera seulement une mesure accessoire tendante à faire demander à tous nos ministres chez les puissances étrangères toutes les notes qu'ils pourront fournir sur les démarches officielles

---

(1) Cet amendement consistait en ce qu'un décret d'accusation fût porté contre les chefs des émigrés, et que le roi réclamât, au nom de la nation, contre les insultes qu'elle avait reçue. (*Note des auteurs.*)

faites au nom des princes pour solliciter des secours contre leur patrie. Voici le projet de décret que je suis chargé de vous présenter.

« L'assemblée nationale, considérant que les représentans du peuple français, chargés de poursuivre en son nom les attentats contre la sûreté générale de l'état, n'ont pas la liberté de suspendre ou de modérer à leur gré l'exercice de ce droit; qu'il ne leur est permis de punir ni d'absoudre ; que organe impassible de la volonté nationale, ils trahiraient la confiance publique, si, convaincus de l'existence du crime, ils n'appelaient pas sur tous les coupables indistinctement les regards sévères de la justice et la vengeance de la loi;

» Considérant que la notoriété publique et des actes extérieurs connus de l'Europe entière, ne permettent plus de douter que les Français fugitifs ne soient coupables du projet d'attaquer leur patrie; que les princes français sont déclarés les chefs de cette conspiration; qu'ils ont calomnié l'assemblée nationale, ses représentans et son roi; qu'ils ont tenté d'élever des doutes sur la sincérité de l'acceptation que Louis XVI a solennellement proclamée; qu'ils ont appelé autour d'eux une foule de Français, fait des préparatifs hostiles, suivi des négociations auprès des puissances étrangères, sollicité d'elles des secours en hommes, argent, ouvertement destinés contre la France ; fomenté dans le sein du royaume des divisions funestes, tenté d'ébranler la fidélité des principaux agens de la force publique à qui la garde des frontières est confiée, fait enrôler et recruter jusque dans le sein de la France ;

» Considérant que les mesures projetées par l'assemblée nationale au commencement du mois de novembre dernier, et le délai qu'elle avait accordé, n'ont fait qu'accroître l'audace des rebelles, provoqué des réponses insolentes aux invitations fraternelles du roi; que ces dispositions nécessitent des armemens considérables, entretiennent au milieu de l'empire des inquiétudes funestes au crédit, et une fermentation dangereuse à la tranquillité française;

» Considérant que cet état de choses ayant porté l'assemblée nationale et le roi à prendre de concert des mesures décisives pour faire enfin expliquer les princes étrangers qui favorisent ces dispositions hostiles; que de plus longs ménagemens compromettraient la dignité de la nation et seraient regardés à juste titre comme une prévarication coupable;

» Considérant enfin qu'il est de son devoir de prendre des précautions indispensables pour assurer l'effet de ces démarches; que les agens du pouvoir exécutif lui doivent compte de tous les éclaircissemens qu'ils peuvent avoir sur les circonstances qui ont accompagné ce complot; qu'ils lui doivent la désignation des principaux agens et de leurs complices;

» Décrète qu'il y a lieu à accusation contre Louis-Stanislas-Xavier, Charles-Philippe et Louis-Joseph, ci-devant Condé, princes français; les sieurs Calonne, ci-devant contrôleur-général, Laqueille l'aîné, ci-devant député à l'assemblée constituante, Riquetti cadet, comme prévenus d'attentat et de conjuration contre la sûreté générale de l'état et la constitution; ordonne que, dans le délai de trois jours, les comités diplomatique et de législation réunis lui présenteront un projet d'acte d'accusation contre eux;

» Ordonne que le ministre des affaires étrangères sera tenu, sous sa responsabilité, de remettre dans le même délai au comité diplomatique toutes les notes et éclaircissemens relatifs à l'existence et à la poursuite desdits complots, que les agens de la nation auprès des puissances étrangères ont dû lui faire parvenir; comme aussi de dénoncer à l'assemblée nationale ceux d'entre eux qui se seraient rendus coupables de connivence avec les révoltés, soit en les favorisant ouvertement, soit en gardant le silence sur les démarches criminelles qu'ils se sont permises sous leurs yeux, à peine d'en demeurer personnellement responsables. »

Grangeneuve, Lequinio et Jean Debry appuyèrent ce projet. Gentil, Hua, Moriceau réclamèrent l'ajournement. Le décret d'accusation fut prononcé contre les princes français, contre

Laqueille et Mirabeau cadet. Les autres mesures furent ajournées. A la séance du 2 janvier, Gensonné fit décréter que les comités présenteraient, sous trois jours, l'acte d'accusation.

Le 4 on afficha une proclamation du roi concernant le maintien du bon ordre sur les frontières.

Le 5, Isnard fit un discours sur les dangers de la patrie, sur les mesures les plus propres à les prévenir, et sur la nécessité de réunir dans un même esprit tous les citoyens de la France. L'assemblée ordonna l'impression de ce discours.

Brissot en rend compte en ces termes : « A des débats arides sur la dette publique a succédé un long discours de M. Isnard, où l'on a trouvé de bonnes idées, mais où l'on n'a pas retrouvé son talent. Le principal défaut, c'est de n'offrir aucun but bien décidé. M. Isnard exhorte ses confrères à l'union, au concert : il est impossible. — Il faut pour qu'un pareil concert existe, que tous les hommes soient ou des anges, ou des hommes corrompus ; il a fait le tableau des divisions actuelles des esprits, il a bien caractérisé la guerre qui va se faire ; c'est celle du patriciat contre l'égalité. — Il a insisté sur la nécessité de chercher des alliances étrangères, si l'empereur rompt avec nous ; il a proposé de mander le ministre pour savoir où en est cette partie de la diplomatie. On a demandé l'impression de ce discours ; elle a été appuyée par le ci-devant côté droit (1), et combattue par le côté

---

(1) Cette expression de Brissot, *le ci-devant côté droit*, est justifiée par une innovation récente dans la disposition de la salle. Voici ce que nous trouvons là-dessus dans le *Journal de Paris* du 29 décembre 1791 : « On n'entendra plus d'indécentes adresses distinguer l'assemblée nationale en *côté gauche* et en *côté droit*, quand les élémens dont elle est composée ne doivent pas permettre de croire qu'un autre esprit que celui du patriotisme le plus pur anime ses membres. Les commissaires de la salle ont anéanti le *côté droit*, dont on n'aurait dû conserver le souvenir, après l'assemblée nationale, que pour se rassurer contre la possibilité d'y voir jamais siéger des ennemis, ou même des amis froids de la liberté. La salle va changer de forme ; entre les principales innovations qui s'effectueront, on remarque celles qui placeront la tribune à l'extrémité du côté gauche, le bureau du président au milieu du côté droit à peu près, de telle manière que la salle sera raccourcie, et que le président et l'orateur, au lieu d'être placés vis à vis l'un de l'autre dans la largeur et au milieu, seront dans la même position respectivement, mais aux deux bouts de la salle, diminuée dans sa longueur. Puisse ce rapprochement nécessaire et forcé des individus ne laisser

opposé; à coup sûr, ce dernier entendait mieux les intérêts de l'orateur; l'impression a cependant été ordonnée. M. Lacretelle, s'emparant aussitôt de la tribune, a observé qu'il manquait à ce discours patriotique une fin digne de lui. On attendait cette fin; elle consistait à aller renouveler le serment au jeu de paume. Ce projet de pèlerinage a excité les brouhahas, et on est passé à l'ordre du jour. — On ne conçoit pas comment ces superstitions politiques se glissent encore dans des esprits qui ont la réputation d'être justes; il est temps qu'on soit attaché à la constitution par la tête et non pas par l'imagination, par la raison et non pas par les spectacles ». (*Patriote français du 6 janvier.*)

Le 5 au soir, Carnot jeune fit un discours, sur un nouveau système d'organisation de gendarmerie nationale, qui fut renvoyé, à titre de mémoire, au comité militaire. Plusieurs membres proposèrent de fixer à vingt-quatre le *maximum* des brigades de chaque département. Albite redoutait pour la liberté l'augmentation de cette force armée. L'assemblée adopta le projet présenté par le comité militaire, pour la répartition de quinze cents brigades entre tous les départemens, de manière qu'il n'y en eût pas moins de quinze, ni plus de vingt-une dans chaque département.

A la séance du 6, le ministre Delessart communiqua à l'assemblée par ordre du roi, le résultat des dépêches que lui adressait M. de Sainte-Croix envoyé auprès de l'électeur de Trèves. Il lui avait été remis le 1ᵉʳ janvier, au nom de l'électeur, l'office suivant :

bientôt régner qu'une seule opinion, et rallier au même objet, au désir de faire triompher la constitution et la liberté, l'immense majorité, ou plutôt la totalité des membres de l'Assemblée, qui ne peuvent être divisés que sur les moyens de succès ! »

Dans le préambule de l'article qui donne occasion à cette note, Brissot répond ainsi à l'appel du *Journal de Paris*. « C'est une bien pauvre idée que d'imaginer faire cesser la division entre les patriotes et les modérés par un changement dans la salle de l'assemblée nationale. La division est et sera durable comme la constitution, comme la société, comme l'humanité; et le parti opposé au peuple sera toujours honni, conspué, quelque côté qu'il habite. On ne doit donc que rire de la petite espièglerie qu'on a faite aux patriotes, en plaçant le fauteuil du président où était la tribune. Ainsi les patriotes sont à droite; mais qu'importe ! La droite sera maintenant honorable. » (*Note des auteurs.*)

« Je soussigné, ministre de son altesse électorale, assure à son excellence M. de Sainte-Croix, que M. l'électeur est sensible aux marques de confiance manifestées dans l'office de sa majesté très-chrétienne. Comme son altesse électorale a l'assurance que l'empereur défendra l'électorat contre toute hostilité, la déclaration suivante est une marque de son désir sincère de conserver l'harmonie entre la France et l'électorat.

« 1° Son altesse s'engage à faire quitter dans huit jours, dans ses états, tout ce qui porte la dénomination de corps militaire.

» 2° Ceux qui dérogeront à cet ordre seront tenus de quitter dans trois jours les états de l'électeur.

» 3° Les recruteurs, autres que ceux de l'empereur, qui enrôleraient dans l'Électorat, seront arrêtés et condamnés aux travaux publics et à la forteresse, pour deux ans.

» 4° Il sera défendu, sous peine de deux ans de travaux publics, de fournir aucunes munitions de guerre aux Français émigrés.

» 5° On défendra l'entrée, dans les états de l'électeur, aux chevaux de remonte pour les Français émigrés.

» 6° Les émigrés cantonnés près de Trèves, rentreront sous huit jours dans la ville; on défendra les rassemblemens à quatre lieues de la ville.

» 7° Les émigrés seront traités suivant les réglemens de police publiés dans les états de l'empereur.

» Son altesse électorale se flatte que S. M. T. C. sera convaincue de son désir de conserver la bonne harmonie entre la France et l'Électorat, et elle se flatte en même temps d'avoir rempli ses vœux. »

L'assemblée ordonna le renvoi de cette pièce à son Comité diplomatique.

Le 8, Delessart transmit une note nouvelle de l'électeur de Trèves, datée du 3 janvier, elle portait que les réglemens rendus par l'empereur relativement aux Français émigrés étaient publiés dans les états de l'électeur.

Brissot commente ainsi l'office communiqué le 6 : « Les patriotes qui ont cru que la cour voulait la guerre, et qu'on aurait la guerre, le croiront-ils encore, après avoir entendu les communications faites par le ministre des affaires étrangères? — Il veut être l'ami de la France. — Il a donné les ordres pour dissiper les rassemblemens, etc., etc. Comment a-t-on pu si long-temps être dupe de cette farce diplomatique? on voulait nous faire peur. — Mais l'assemblée ne s'arrêtera pas à ces démonstrations. » (*Patriote français du* 7 janvier.) Sur la note du 8, Brissot répétait les mêmes réflexions. « Nous ne voulons pas la guerre offensive, disaient quelques patriotes égarés, parce que la cour la demande. — Oui la cour l'a demandée un instant, ou plutôt a semblé la demander; mais jamais elle ne l'a désirée, mais aujourd'hui elle la désire moins que jamais. Tel est le sens de ces notifications adroitement ménagées qui sont venues tour à tour adoucir ou effrayer l'assemblée nationale pour la détourner d'un parti vigoureux ». (*Patriote français du* 9 janvier.)

SÉANCE DU 11 JANVIER.

RAPPORT *du ministre de la guerre, Louis de Narbonne, sur l'état des frontières.*

Le ministre venait d'inspecter les frontières, par ordre du roi; le 8, il informa l'assemblée de son retour; le 11, il se présenta à la barre et dit:

M. Narbonne. Messieurs, avant de vous parler des résultats de mon voyage sur l'état des frontières et des dispositions de l'armée, j'ai besoin de rendre en présence des représentans de la nation un témoignage éclatant au courage et au patriotisme des garnisons que j'ai visitées, et cette manière de commencer le compte que je vous dois déjoue déjà bien des espérances.

J'ai été obligé de voyager rapidement; mais l'empressement qu'ont mis tous les chefs militaires à me donner les éclaircissemens dont j'avais besoin a suppléé à l'indispensable célérité de mon voyage. J'ai dû me concerter avec les élus du peuple dans tout ce qui exigeait sa confiance : les corps administratifs m'ont secondé avec une bienveillance dont je ne peux être trop reconnaissant, et j'ai pu remarquer que le ministre du roi de la constitution trouvait dans les agens du pouvoir exécutif les mêmes égards et plus de zèle que dans le temps où la faveur obtenait ce qu'aujourd'hui l'intérêt public commande. J'ai trouvé de grands secours aussi dans mes compagnons de voyage ; M. d'Arçon, un des plus habiles officiers du génie, et dont vous reconnaîtrez sans peine le travail dans les observations sur l'état des places frontières que je vais vous soumettre; M. d'Arblay, officier d'artillerie, qui, déjà connu dans ce corps d'une manière avantageuse, s'est distingué depuis par les services qu'il a rendus dans la révolution; M. Desmottes, aide-de-camp et ami de M. de La Fayette, près de qui il est resté à Metz; M. Dedelay d'Agier, dont l'assemblée constituante a connu et estimé le mérite, et M. Mathieu de Montmorency, qu'il était heureux pour moi de montrer aux officiers de l'armée, quand sa présence servait de réponse à tous les préjugés. J'avais donné ordre à M. de Tolozan, dont l'intégrité est connue, de se rendre à Metz et à Strasbourg pour nous éclairer de son expérience dans la partie des vivres.

Il m'était ordonné de restreindre l'objet de ma tournée pour la rendre plus utile : les affaires du département qui m'est confié ne me permettaient point de m'en éloigner long-temps : le but que je m'étais proposé, et que je crois avoir atteint, était de m'assurer des dispositions des troupes.

Le roi m'avait permis, m'avait ordonné d'employer son nom de toutes les manières que je croirais les plus utiles : j'ai ajouté au respect que l'armée doit à l'assemblée nationale et au roi, en protestant de la réunion de leurs intentions et de leurs desseins.

Je vais soumettre à l'assemblée tous les détails qui importent à la connaissance de l'exacte situation de nos forces, et je garantirai l'authenticité de ceux que je n'ai pu observer moi-même. Il serait aussi téméraire qu'inutile de vouloir faire sur les fortifications du royaume un travail différent de celui que Vauban et après lui les plus grands ingénieurs ont consacré.

Les fortifications des places dont j'ai pu juger par moi-même, ainsi que celles dont j'ai recueilli et comparé les états de situation, présentent généralement des dispositions satisfaisantes. Il m'a été précieux de n'avoir sur cette partie intéressante de nos forces qu'à applaudir aux mesures qui ont été prises, et presque toujours à confirmer celles qui n'étaient que projetées et dont le roi m'avait expressément ordonné de presser l'exécution : j'ai trouvé à cet égard de très-grands secours dans le résultat des comptes rendus au mois d'octobre dernier par les commissaires-inspecteurs de l'artillerie et du génie, nommés en vertu des décrets de l'assemblée constituante. Ma confiance a dû se raffermir encore lorsqu'à mon retour j'ai reconnu que la plupart de ces vues étaient confirmées dans l'excellent rapport qui vient de vous être présenté par votre comité militaire sur l'état des frontières du royaume.

Je me bornerai donc aux considérations relatives aux points capitaux qui, par leurs rapports avec les positions des armées, peuvent influer le plus puissamment dans la balance de nos forces.

La place de Lille, par exemple, nous a montré de plus grandes ressources que l'opinion ne lui en attribue communément : c'est avec des monumens de ce genre que nous pourrons adopter la maxime *que les bons secrets en matière militaire sont ceux dont on peut faire confidence à ses ennemis.* Nous ne craindrons donc pas de dire que, malgré l'état de perfection et d'achèvement complet des ouvrages de cette place, il existe cependant une partie faible, et il le faut bien lorsqu'on vient à les apprécier comparativement ; mais cette partie faible.... (qu'un attaquant pourrait bien ne pas saisir) est encore bien forte par l'obligation de faire quatre opérations majeures et successives avant de parvenir au terme définitif de tous les siéges. La citadelle, qui n'est véritablement attaquable que du côté de la ville, servirait ensuite de retraite, non pour capituler, mais pour donner le temps de recouvrer tous les avantages que la nature des choses aurait fait perdre dans les attaques de la place. Cette observation doit écarter toute espèce d'ombrage sur les citadelles, que quelques-uns prétendent menacer la liberté des citoyens : j'en appelle à cet égard à la révolution ;

il n'est pas une citadelle, pas un seul réduit qui ait seulement essayé ni pu essayer d'opposer la plus légère résistance à la volonté prononcée des citoyens. Que produirait en effet le foudroiement supposé de quelques maisons qui se trouvent en butte au feu des citadelles ? La masse des habitans n'en serait pas moins en sûreté; ils ne seraient... qu'avertis des mesures à prendre, et qui ne peuvent leur échapper : ces mesures consistent à n'approvisionner les citadelles en vivres que par les magasins de la ville, et au moment même où ces citadelles doivent commencer à être utiles.

Lille doit être aussi considérée sous les rapports offensifs, c'est dans ce vaste dépôt de nos forces qu'on trouvera les plus importantes ressources, la sûreté des magasins et des munitions de tout genre, un appui redoutable dans les positions d'attente, un asile dans les revers, qu'il faut prévoir, mais dont les suites seraient d'autant moins à craindre que les débris d'une armée battue y seraient encore invincibles; ils le seraient par la seule proportion numérique des assiégeans aux assiégés, proportion qui, comme on sait, dans une place de cet ordre doit être au moins de six à un ; ainsi vingt mille hommes dans Lille seraient encore forts contre cent vingt mille attaquans.

Ce que nous venons d'apercevoir sur les propriétés de la place de Lille est applicable avec plus ou moins d'avantage aux places de Douai, Valenciennes, Maubeuge, Charlemont, Sedan, Metz, Landau, Strasbourg, Besançon, et à une partie de celles dont le comité militaire vous a présenté le rapport : j'en adopte les résultats, et je ne fais ici que vous en rappeler les conséquences.

Sous ce point de vue le camp retranché sous Maubeuge, proposé par M. de Rochambeau et exécuté par les officiers du génie, m'a paru suppléer au défaut d'espace de cette place. Une armée occupée sur un grand développement doit avoir nécessairement des instans de faiblesse ; il faut donc lui ménager des moyens de les soutenir, de reprendre haleine, de se maintenir par des communications sûres, et d'attendre le moment de reprendre le ton offensif. Sur ce qui concerne la défense propre de la place de Maubeuge nous n'avons pu qu'en approuver les dispositions.

Charlemont est dans le meilleur état de défense; les Givet et le Mont-d'Haure, qui n'en sont que des accessoires ne paraissent pas répondre au point capital; mais en les considérant comme des extentions propres à divers établissemens nécessaires, ils prennent le caractère de camp retranché, et sous ce rapport on a pu se borner aux précautions qui y ont été prises.

Les projets sur Mézières sont excellens: on doit cependant les borner pour le moment à l'achèvement de la couronne de Champagne.

Le grand défaut de la place de Sedan est d'être obstruée par des maisons cumulées pour contenir des manufactures précieuses et une population proportionnée: j'ai été frappé de l'utilité d'un projet qui ferait disparaître ce défaut essentiel, en donnant à cette ville des emplacemens d'une grande étendue, par une extension de l'enceinte du côté de la prairie: cette partie, déjà garantie par une inondation sûre, exigerait peu de dépense et nous procurerait une place du grand ordre. Comme ce n'est pas ici le moment de s'occuper de ce projet, M. le maréchal de Rochambeau y a suppléé par l'adoption d'un camp retranché sur la hauteur de la Garenne. Cette position est un diminutif d'une autre beaucoup plus étendue en avant: celle-ci est fortifiée par la nature; mais comme elle exigerait de très-grandes forces, j'ai fait, d'après les ordres du roi, travailler sur-le-champ aux ouvrages du camp plus rapproché, sans renoncer à profiter de la grande position lorsque la proportion des forces à la disposition des généraux leur permettrait de l'occuper.

Je passe sur les places et postes intermédiaires sur lesquels on a fixé d'une manière fort exacte l'attention de l'assemblée.

La place de Metz est dans l'état le plus respectable par l'étendue des positions qu'embrassent de grands fronts d'une disposition savante et d'une exécution achevée; aussi cette place est-elle regardée comme l'un des boulevarts de l'empire, comme un centre de forces propre à fournir à tous les moyens d'une guerre offensive dans cette partie, et comme l'asile le plus sûr et le point le plus utile de réunion en cas de revers.

Ce grand appareil de moyens fortifians présente cependant encore un défaut d'équilibre sensible, les grands fronts de la Moselle et de Belle-Croix paraîtraient en effet d'une force surabondante, tant que l'ennemi aurait la liberté de se porter à son gré sur des parties faibles ou négligées; tel est le front de la place qui correspond à la hauteur de Montigny. C'est par cette raison qu'on avait projeté depuis long-temps de couronner cette hauteur par un grand ouvrage en avant de celui de Belle-Croix; mais les dépenses considérables d'une pareille entreprise en ont toujours fait différer l'exécution. Il s'agit donc aujourd'hui de corriger ce défaut; il s'agit surtout d'en sauver les dépenses énormes ainsi que la perte de temps qu'exigerait un si grand étalage : cela est d'autant plus nécessaire encore que l'on s'est trouvé dans l'obligation de relever le corps de la place en cette partie, en le reprenant depuis ses fondations; cette opération ne peut être que très-lente, et semble laisser une porte ouverte qui a déjà causé des inquiétudes. Il m'a paru qu'il ne suffisait pas de bonifier l'ouvrage à corne qui couvre cette partie défectueuse; outre que cette bonification ajouterait peu aux moyens de la défense, elle entraînerait des bouleversemens longs à réparer, et prêterait peut-être à l'espèce de scandale de défaire pour refaire; c'est donc ici le cas de s'emparer promptement de la hauteur de Montigny par un ouvrage tirant sa défense de lui-même : par cette position on découvre tous les points couverts qui pourraient favoriser les approches de l'ennemi dans cette partie. Quoique peu consistant en apparence, un ouvrage de ce genre forcerait l'assiégeant aux détails longs et meurtriers d'une attaque régulière; cette disposition imposerait d'ailleurs fortement à l'opinion; elle déroberait le faible actuel de la place, et en donnant le temps d'en relever les défectuosités elle remplirait le but d'une résistance réelle par le développement de toutes les ressources de la guerre souterraine, favorisant les retours offensifs pour lesquels ce genre d'ouvrage est surtout disposé.

La nécessité indispensable d'un prompt retour à Paris m'a forcé à me faire rendre compte de la place de Bitche. Ce poste, considéré individuellement, est excellent, et il est dans le meilleur état; mais les généraux m'ayant fait observer l'importance de sa situation relativement aux communications de la Lorraine avec la première tête de nos frontières à Landau, nous avons regretté que le temps ne permît pas d'y compléter les dispositions d'un camp retranché propre à couvrir des troupes, des munitions et de grands magasins de tout genre: j'ai cependant ordonné aux officiers du génie de s'occuper promptement de cet objet, et de proposer les moyens les plus rapides de perfectionner cette position.

Également condamné à ne pas voir Landau, je me suis assuré que ce chef-d'œuvre de Vauban promet une résistance prolongée au-delà du terme d'une campagne, et c'est bien plus que n'en exige le temps de rassembler des forces suffisantes pour en faire lever le siége.

On trouve de nouveaux motifs de confiance dans la place de Strasbourg. On y voit une armée retranchée, et même si bien fortifiée que l'attaquant serait ramené à concentrer ses dispositions sur la seule esplanade des fronts attaquables; on a renforcé ces fronts par des galeries de mines et par différentes mesures; on a proposé en outre de porter un ouvrage en avant pour attirer à lui seul tous les efforts de l'assiégeant, et pour éloigner d'autant ses attaques: comme on hésitait à entreprendre cet ouvrage avancé, dans la crainte qu'il ne pût pas être prêt pour le moment utile, j'ai cru devoir trancher cette question en adoptant des moyens d'industrie qui permettent la plus grande célérité, me fondant d'ailleurs sur les mesures offensives qui nous occupent, et qui donnent aux opérations défensives tout le temps qu'elles exigent.

Sur ce qui concerne les places de Lauterbourg, Fort-Louis, Schelestadt, Brisach, Huningue, Béfort, Bélamont, Besançon, etc., je n'ai rien trouvé à changer aux mesures qui ont été prises; on en va poursuivre l'exécution avec d'autant plus de confiance qu'elles se trouvent en tout conformes à celles qui vous ont été présentées dans le rapport de votre comité militaire.

Dans toutes les places que je viens de passer en revue l'artillerie est dans l'état le plus respectable. Je me suis assuré de l'exécution des ordres donnés par les commissaires du génie et de l'artillerie, et les comptes que je me suis fait rendre m'ont prouvé que ce qu'il reste à faire ne souffrira aucun retard.

Dans ces places, presque toutes les bouches à feu, déjà mises en batterie, sont exposées à toutes les injures de l'air : je m'occupe des moyens de rendre moins destructive pour les affûts cette mesure, uniquement commandée par le besoin de calmer des inquiétudes.

Les fonderies et les arsenaux sont en pleine activité, et de nouvelles découvertes ou des applications ingénieuses de celles dues aux puissances voisines sont la meilleure preuve du patriotisme éclairé d'un corps qui jusqu'à présent a servi de modèle à tous les autres.

Au nombre des inventions utiles est celle qui, sans avoir aucun des inconvéniens justement reprochés aux couvre-platines, réunit tous leurs avantages : j'ai donné l'ordre d'en envoyer sur-le-champ des modèles dans les manufactures d'armes à feu.

Je dois aussi les plus grands éloges à l'activité que le corps de l'artillerie a mise dans ses essais pour perfectionner le système d'une *artillerie volante*, déjà adoptée par les Prussiens et les Autrichiens. Ces essais, dont j'ai moi-même été témoin, ne laissent rien à désirer sur l'utilité dont peut être cette manière nouvelle de servir une arme dont la prodigieuse influence à la guerre est déjà si connue ; cette artillerie a d'ailleurs pour elle le suffrage imposant des généraux, qui la regardent comme indispensablement nécessaire dans les circonstances actuelles : soumise à une discussion éclairée, elle fera l'objet d'un mémoire particulier que je mettrai incessamment sous les yeux de l'assemblée, en lui proposant son organisation.

Je crois inutile d'entrer dans des détails sur les munitions de guerre ; je me bornerai donc à dire que l'exposé qu'en a fait votre comité est plutôt affaibli qu'exagéré.

A l'égard des vivres, effets de campemens et d'hôpital, et

autres objets de tout genre, les précautions ont été prises pour que celles des places qui dans l'état actuel des choses pourraient être investies soient approvisionnées complétement; on s'est borné pour les autres à disposer tellement les grands dépôts que l'on soit toujours en mesure de les pourvoir au moment utile.

Vous voyez, messieurs, combien sont imposans nos moyens de défense contre toute attaque étrangère, de quelque manière qu'elle soit combinée; mais, en restant toujours fidèles au principe qui vous interdit toute conquête, à ce principe qui est un des plus beaux titres de la constitution à l'amour des peuples, les circonstances doivent nous forcer à porter nos troupes sur le territoire ennemi si nous nous voyons condamnés à une guerre, qui, provoqués comme nous le sommes, ne peut plus être depuis long-temps pour nous qu'une guerre défensive ; et c'est d'après cette idée que j'ai dirigé les observations de mon voyage.

L'armée du Nord, dans les garnisons dont il vient de vous être rendu compte, est la première que j'ai vue, et je dois dire, à l'honneur de M. de Rochambeau, qu'elle est dans un état bien supérieur à celui qu'on pouvait attendre des circonstances orageuses qui l'ont troublée, et que ce général a su trouver dans la confiance qu'inspire son amour pour la liberté les moyens de faire exécuter les ordres nécessaires au maintien de la discipline.

Parmi les officiers qui ont puissamment secondé ce général, qu'il me soit permis de citer M. de Biron comme un des hommes les plus dignes de l'amour des soldats et de l'estime des patriotes.

A Metz, l'élève de M. de Rochambeau, M. Berthier, au zèle et aux services duquel j'aime à rendre ici un hommage public, m'a remis la lettre du roi et le décret de l'assemblée qui permettait de nommer maréchaux de France MM. de Rochambeau et Luckner : je me félicite d'avoir désiré ce décret ; il associe l'assemblée nationale à la faveur qu'accorde le roi, et lui donne des droits personnels sur la reconnaissance des généraux de l'armée. Je les ai proclamés maréchaux de France à la tête de la garnison, en présence des corps administratifs et de la garde nationale : les troupes m'ont paru fières de la récompense de leurs chefs. C'est à Metz, dans une conférence que sa majesté m'avait ordonné d'avoir avec MM. Luckner, Rochambeau et La Fayette, que des plans de campagne, d'après différentes hypothèses, ont été proposés. Le secret est nécessaire à tous ces plans ; mais ce qui peut, ce qui doit être dit à l'assemblée nationale, c'est la force actuelle de nos trois armées, et la certitude de leurs approvisionnemens.

Depuis Dunkerque jusqu'à Besançon, l'armée présente une masse de deux cent quarante bataillons et cent soixante escadrons, avec l'artillerie nécessaire pour deux cent mille hommes ; les magasins, tant en vivres qu'en fourrages, assurent la subsistance de deux cent trente mille hommes et vingt-deux mille chevaux pendant six mois ; on travaille avec la plus grande activité à les augmenter encore.

Indépendamment des effets de campement qui se trouvent dans les places frontières, il en sera incessamment rendu dans les magasins de seconde ligne pour cent mille hommes.

Six mille chevaux sont déjà rassemblés pour le service de l'artillerie et des vivres ; on travaille au rassemblement de six mille autres : j'ai pris des mesures pour compléter le nombre nécessaire aux différens services de l'armée, et la construction des caissons et attirails qu'ils entraînent est en grande partie terminée.

Le service des hôpitaux ambulans est également assuré pour cent cinquante mille hommes.

Enfin, tous les approvisionnemens ont été prévus, et les mesures ont été prises pour l'activité qu'exigeraient les campagnes.

Un des objets sur lesquels devait surtout porter mon attention était le dépôt des remontes générales. Ce nouvel établissement, qui doit préparer et fournir en tout temps à la cavalerie de promptes ressources pour la porter au complet, a déjà vaincu les principaux obstacles à sa parfaite organisation, celui de l'emplacement et celui, si délicat, d'une distribution impartiale des chevaux aux divers régimens : je me suis assuré que les règles établies au dépôt général pour cette répartition prévenaient jusqu'au soupçon de la plus légère faveur.

Lunéville, centre de ce dépôt, offre de vastes écuries pour deux mille chevaux ; des lieux très-rapprochés, et qu'un même chef surveille, peuvent ajouter une nouvelle ressource de douze cents places. A de si grands moyens pour les logemens se joignent encore l'abondance des fourrages à un prix très-modéré, et l'heureux avantage de se trouver tout à la fois à portée et des armées qui doivent s'y recruter et des pays où nous serons condamnés long-temps sans doute à acheter la majeure partie de nos remontes.

Ce n'est pas ici le lieu de vous présenter, messieurs, les encouragemens que vous devez à une mesure aussi économique que politique dont la Prusse éprouve l'utilité, et à laquelle elle doit en grande partie la supériorité de sa cavalerie ; mais je ne puis me dispenser de vous observer que si, sous le régime sévère de ce gouvernement, il a fallu une espèce de courage pour lutter avec succès contre tous les intérêts individuels, les combats de l'amour-propre, disons même l'excès du zèle de certains régimens, qui ne pouvaient plus se dessaisir du prétendu droit de faire partiellement leurs remontes, vous devez vous attendre dans les circonstances actuelles à des réclamations dont vous saurez apprécier les motifs. Mon objet en cet instant est de vous présenter les avantages que vous offre déjà cet établissement, dû aux soins de mon prédécesseur ; il a fourni les moyens d'acheter et de rassembler à la fois une très-grande quantité de chevaux. Déjà près de quatre mille sont entrés en France, malgré les obstacles de tout genre, de la concurrence d'achats faits en même temps par les autres puissances, et de la difficulté de les faire arriver.

La réception de ces chevaux s'accélère sous l'inspection d'un officier-général, de plusieurs officiers expérimentés, et d'un artiste vétérinaire depuis long-temps célèbre. Deux mille quatre cents chevaux sont déjà reçus ; près de sept cents sont distribués aux régimens des différentes armes, et neuf cents sont prêts à l'être, l'incomplet en hommes dans la cavalerie ayant nécessité quelque retard dans cette distribution.

Comme je partais de Metz pour me rendre à Longwy, j'ai reçu un courrier de M. Delessart, qui m'a apporté le dernier office de l'empereur. Cette nouvelle pouvant changer les plans de campagne politiques et militaires, je me suis hâté d'aller à Strasbourg pour revenir plus tôt à Paris; j'ai chargé M. de La Fayette de visiter les places des départemens où il commande, et dans cette circonstance, comme dans toutes celles où il s'agira de guerre et de liberté, j'engagerai toujours ma responsabilité sur la parole de M. de La Fayette.

J'ai reconnu à Strasbourg que la place la plus importante du royaume était en même temps la plus redoutable par sa garnison et par la garde nationale, que le ministre de la guerre lui-même pouvait confondre avec des troupes de ligne. L'infatigable activité de M. de Luckner, sa surveillance continuelle sur toutes les parties de l'art militaire, le patriotisme et les talens de M. Diétrick, maire de la ville, donnent toutes les raisons possibles de sécurité sur cette place.

En quittant Strasbourg, j'ai pu me dispenser de voir Huningue et Neuw-Brisach, villes que j'ai habitées récemment comme colonel, et que je connais dans tous leurs détails.

Je suis arrivé à Béfort; j'ai appris qu'on y retenait encore près de 500,000 liv. que des décrets de l'assemblée constituante et un de cette assemblée ordonnaient de rendre à l'état de Soleure. J'ai demandé qu'on donnât force à la loi; et l'assemblée me pardonnera d'avoir oublié dans cette occasion l'ancienne gravité ministérielle pour me souvenir que j'avais été garde national depuis 1789, et pour en faire le service avec mes compagnons de voyage et les troupes de ligne. Comme ministre de la guerre j'ai dû jouir aussi de pouvoir faire rendre justice à l'un des cantons suisses; car je ne dois pas méconnaître le prix de l'alliance d'une nation dont les troupes sont à la fois si courageuses et si fidèles.

De Béfort j'ai été à Besançon; j'y étais appelé par l'affaire dont l'assemblée m'avait ordonné de lui rendre compte. M. de Montesquiou, commissaire nommé par le roi, l'avait terminée; car en la remettant entre les mains de la justice, il l'avait arrachée à la lutte de toutes les préventions. Il m'était nécessaire toutefois de revoir mes premiers amis dans la cause de la révolution, ceux à qui je dois peut-être le périlleux honneur auquel j'ai osé me dévouer.

Dans le cours du voyage que je viens de tracer rapidement à l'assemblée, je me suis arrêté partout pour parler aux officiers et aux soldats, ainsi qu'aux volontaires nationaux, au nom de la constitution et du roi; j'invoque à cet égard tous les témoignages sans en redouter aucun; j'ai donc le droit de parler avec sincérité sur les dispositions que j'ai rencontrées.

Les gardes nationales ont un sentiment si vif d'amour pour la liberté, une si grande ardeur pour la défendre, qu'il faut se commander, pour ainsi dire, d'écouter les plaintes qui ont été faites contre les désordres que quelques bataillons volontaires sont accusés d'avoir commis sur leur route et dans leurs garnisons. Il faut convenir aussi que la précipitation des mesures qui les ont portés sur les frontières n'avait pas permis de prendre toutes les précautions nécessaires pour soulager les habitans qui étaient tenus de les recevoir; les citoyens fatigués ont pu quelquefois les juger avec sévérité.

Autrefois nos jeunes officiers passaient pour aimer à se battre, à inquiéter leurs hôtes et à casser les vitres. Nos gardes nationales, jeunes militaires, ont à cet égard un peu trop adopté les manières anciennes. (On rit.) Je leur ai fortement demandé l'exemple du respect pour la loi, dont ils sont l'armée, et j'ose compter sur l'effet de mes discours.

Leur habillement étant confié, par les décrets de l'assemblée nationale, aux soins des directoires de département, je me suis empressé de faire passer à ces directoires les fonds qui leur étaient nécessaires, et j'ai lieu d'espérer que la totalité des bataillons sera incessamment habillée; quant à leur équipement, la rareté du buffle avait ralenti cette fabrication; mais les mesures que j'ai prises y ont suppléé : les gardes nationales n'éprouveront plus de retard sur cette partie.

Toutes les dispositions ont été faites pour leur armement ; les réparations ordonnées aux fusils qui en ont besoin sont dans la plus grande activité : non-seulement j'ai donné ordre à cet effet aux directeurs de l'artillerie d'employer tous les moyens qui sont à leur disposition pour accélérer ces réparations, mais encore j'ai autorisé les commandans de bataillon à faire réparer les armes qui auraient pu éprouver quelques dégradations dans leur transport.

A l'égard des sabres, il avait été fait, en vertu de la loi du 10 septembre dernier, une adjudication au rabais de cette fourniture aux fourbisseurs de Paris ; mais la trop grande concurrence les ayant fait adjuger à des prix fort au-dessous de la valeur du travail, les adjudicataires demandent aujourd'hui la résiliation de leur marché, et pour y suppléer j'ai donné sur-le-champ des ordres dans les principales villes qui présentent le plus de ressources pour cette fabrication ; mais je ne puis encore déterminer à l'assemblée les époques auxquelles elle pourra être faite.

Le décret que vous venez de rendre préviendra pour l'avenir une grande partie des autres réclamations des gardes nationales ; il est cependant un article de ce décret qui peut-être mérite de nouveau l'attention de l'assemblée : ne trouvera-t-elle pas, en y apportant un plus sévère examen, que c'est à ceux qui ont long-temps appris et pratiqué l'art difficile de la guerre à conduire, à commander les autres ? Ce n'est ni la convenance des individus, ni celle de quelque troupe qui doit décerner le commandement ; le courage vraiment patriotique est celui qui appelle l'expérience et qui demande qu'elle lui serve de guide.

J'ai recueilli avec la plus scrupuleuse attention toutes les plaintes que les bataillons de volontaires m'ont adressées ; je dois m'en souvenir pour eux, car ils les ont complétement oubliées dès l'instant où je leur ai promis des coups de fusil.

Il faut donc regarder les volontaires comme donnant à l'armée le plus imposant des caractères, celui de la force et de la volonté nationale.

Les soldats savent trop bien qu'ils vont défendre leur propre cause pour qu'il ait été nécessaire d'affermir leurs résolutions. Je n'ai pu juger qu'imparfaitement de leur instruction ; mais pour eux tout le secret de la guerre est dans la discipline, et, si elle fut quelques instans relâchée, mon opinion est que la confiance dans les chefs suffira pour la rétablir. Les insurrections excitées par des causes politiques, en éloignant les subordonnés de l'obéissance, avaient nécessairement dégoûté les officiers du commandement ; j'ai cru voir dans les soldats un sincère désir de se soumettre désormais aux ordres de leurs chefs, et je ne doute pas des heureuses suites de ces dispositions si l'assemblée veut bien regarder, comme je l'ai annoncé, la désobéissance envers les officiers comme un crime de lèze-nation, puisqu'elle peut mettre en péril la cause de la liberté. Toutefois, je dois le dire, l'insubordination dans plusieurs régimens a été provoquée par les préventions que les circonstances semblaient quelquefois autoriser ; les chefs dont les opinions sont les plus constitutionnelles sont en même temps ceux dont les régimens donnent l'exemple du plus grand ordre et de la plus exacte discipline. J'ai dû regarder comme le principal but de mon voyage d'interroger la loyauté des officiers ; je leur ai cité jusqu'à l'exemple de leurs camarades absens. Il en est qui, ne partageant pas nos opinions, ont refusé de s'engager par le serment qui nous y attache ; mais les sacrifices mêmes qu'ils ont faits à ce refus sont une preuve du mépris dont ils couvriraient ceux qui auraient prêté ce serment sans vouloir le tenir, et seulement pour ménager tous leurs intérêts jusqu'à la veille d'une trahison.

Il est une partie des officiers qui nous restent que leurs propres opinions et leurs propres sentimens lient à notre cause ; il en est une autre que l'acceptation du roi a décidée à le servir. J'ai été utile auprès de ceux-ci en ajoutant à leur certitude sur la loyauté des intentions de sa majesté. Ces officiers méritent l'estime et toute la confiance de l'assemblée ; ils respectent le serment qu'ils ont faits ; ils n'ont pas craint de voir le nom du roi devenu garant de la sincérité de leur attachement à la constitution; ils ne forment plus de doute sur ses vrais sentimens.

Je voudrais maintenant répondre qu'il n'existe plus un seul officier dans l'armée dont on puisse craindre la défection; que ceux qui pensent encore que leur devoir ne les oblige pas de marcher sous les drapeaux de la nation et du roi, suivront dès ce moment l'exemple de quelques officiers qui m'ont donné ou envoyé leur démission, convaincus par moi, j'ose le dire, de l'impossibilité de rester honorablement à leur poste sans être résolus à respecter leur serment. Je le voudrais, je le garantirais sur la foi de l'honneur français si par cet acte de loyauté je ne compromettais que moi; mais je peux au moins répondre que s'il reste encore quelques désertions à craindre, elles n'entraîneront aucun corps, et que l'horreur même qu'elles inspireront redoublera le vrai courage. Je peux répondre que la très-grande majorité de l'armée est invariablement attachée à la constitution et au roi; que je surveillerai, que le roi repoussera par des refus constans, ceux dont on peut douter encore, et que les remplacemens n'introduiront dans l'armée que les meilleurs citoyens; mais pour lui donner toute sa force il faut, j'ose le dire, que l'assemblée nationale s'attache les officiers en encourageant ceux qui, restés fidèles, ont droit à la confiance des soldats, et ne la demandent que pour les conduire plus sûrement à la victoire.

Dans des temps orageux la défiance est peut-être le plus naturel, mais le plus dangereux des sentimens! Plus une nation a de rebelles à combattre, plus il lui importe d'engager par son estime tous ceux qui se rallient à sa cause; une nation qui veut la liberté n'aurait pas le sentiment de sa force si elle se livrait à des terreurs sur les intentions de quelques individus. Quand la volonté générale est aussi fortement prononcée qu'elle l'est en France, en arrêter l'effet n'est au pouvoir de personne. La confiance fût-elle même un acte de courage, il importerait au peuple comme aux individus de croire à la prudence de la hardiesse.

Voici dans l'état actuel le nombre de troupes que l'on peut porter hors des frontières sans exposer la sûreté des places.

Quatre-vingt-huit bataillons et quarante-huit escadrons étant nécessaires à la sûreté des places frontières et des différens postes, il nous reste pour entrer en campagne cent cinquante bataillons et cent treize escadrons, lesquels, en les comptant sur le pied de cinq cents hommes par bataillon et de cent vingt par escadron, nous donneront soixante-quinze mille hommes d'infanterie et treize mille cinq cents de cavalerie. Ces corps, portés au complet de guerre, présenteront un total de cent dix mille hommes d'infanterie, et de vingt mille de cavalerie.

Ce résultat doit prouver à l'assemblée que si l'intérêt national exige la guerre, elle peut être entreprise et soutenue avec honneur. Le roi et l'assemblée, d'après cet état de situation, voudront sans doute une paix éclatante autant qu'assurée, ou une guerre prochaine; il doit leur être démontré que tout nous est possible, excepté de supporter la honte d'un traité qui permettrait aux étrangers de s'immiscer dans nos débats politiques.

Il est des observations importantes que je vais soumettre à l'assemblée; il dépend d'elle de lever les difficultés que je lui présente. Si pour les décider je ne me sers jamais d'aucun motif de crainte, c'est que si j'ai pu espérer de lui offrir la démonstration de la raison, j'ai dû me croire dispensé d'y ajouter l'appui d'aucun genre de terreur.

Messieurs, il m'est pénible sans doute de vous annoncer que l'armée, qui par vos décrets doit être portée au complet de guerre, cette armée, à qui, dans la cause qu'elle va défendre, il n'est pas permis de compter le nombre de ses ennemis, présente un déficit de cinquante-un mille hommes; et vous concevrez facilement la presque impossibilité du recrutement depuis que la formation des volontaires nationaux a porté vers ce genre de service la classe précieuse d'hommes qui fournissait le plus généralement aux recrues. Je dois ajouter que l'établissement des auxiliaires n'offre par la même raison aucune ressource majeure, et que le travail du recrutement, suspendu partout, ne donne aucun espoir d'être ranimé avec succès, à moins de se soumettre à des conditions ruineuses pour nos finances par un prix excessif dans les engagemens.

Mon devoir me prescrit donc de mettre sous vos yeux le résultat de mes observations sur cet objet, aussi délicat qu'urgent.

J'ai remarqué dans tous les bataillons de volontaires nationaux placés sur ma route un zèle si unanimement manifesté, que, profondément occupé des moyens de recruter les troupes, j'ai pressenti ces soldats de la liberté sur mon désir de les voir concourir à renforcer les troupes de ligne et à accélérer l'instant qui doit assurer à l'armée et sa force et sa gloire.

J'ai été rassuré, messieurs, sur la crainte qui s'est d'abord présentée à mon esprit de voir s'affaiblir des corps en qui réside à si juste titre l'espérance de la nation; mais le décret qui les organise ayant chargé les départemens des remplacemens, pour qu'ils existent toujours sur le pied du complet, les ressources aussi promptes qu'heureuses qu'ils présenteraient à l'armée de ligne assureraient encore à la patrie de nouveaux défenseurs par l'exactitude et le zèle des départemens à leur donner des successeurs.

Cette mesure, je me plais à le croire, peut devenir l'objet de vos délibérations, et peut-être même que, soumise à votre discussion et renfermée dans de justes bornes, vous la placerez au rang de ces moyens, tout à la fois vastes et simples, de maintenir toujours au complet et nos bataillons de volontaires et nos régimens de ligne.

Les volontaires nationaux, dont il m'est commandé par tant de raisons de surveiller les intérêts, n'éprouveraient dans cette destination momentanée qu'une différence bien légère; par leur dévouement ils sont engagés comme de véritables soldats de ligne et soumis au même régime tant que la patrie réclamera leur secours, et ceux qui seraient placés dans les régimens de ligne devraient n'être soumis que pour le temps où les volontaires nationaux seraient en activité.

Oui, messieurs, les gardes nationales, créées avec la liberté, désireront avant tout le triomphe de sa cause: ce n'est pas pour obtenir tels ou tels avantages qu'on les voit tout quitter pour la défense de nos frontières; la place la plus utile est leur poste de gloire; elles doivent être avides des sacrifices que leurs ennemis redoutent, des sacrifices dont ils aiment à les défier, des sacrifices qui, n'appartenant pas à l'élan d'un moment, présentent à l'Europe le sentiment qui doit le plus imposer, la persévérance!

Soit que l'assemblée nationale daigne s'arrêter sur ce que je viens d'avoir l'honneur de lui soumettre, soit qu'elle préfère d'autres mesures pour rendre l'activité aux travaux des recrues, je la supplie de vouloir bien considérer que rien n'est plus urgent qu'une détermination quelconque, si elle veut rendre possible l'exécution de son décret sur le complet de l'armée.

La loi du 10 juillet dernier, qui fait passer le commandement des places à l'officier le plus ancien, a déchargé le trésor public d'une dépense onéreuse et perpétuelle. Les officiers pourvus inamoviblement de ces emplois ne servaient jamais militairement; on était même obligé de les remplacer lorsqu'il s'agissait de servir; mais ce commandement sans choix, passant de droit au plus ancien, est tombé par le fait dans une sorte de nullité; ces commissions éventuelles existent sans considération, sans intérêt, et avec une si grande mobilité qu'il en résulte nécessairement, dans ceux qui les occupent passagèrement, une indifférence absolue. Ainsi donc, pour faire valoir la loi de suppression du 10 juillet, et pour remédier aux inconvéniens qu'elle produit en faisant languir le commandement des places entre des mains auxquelles il est toujours près d'échapper, ne serait-il pas à désirer, et seulement dans ce temps de crise, que ce commandement fût confié à des hommes choisis dans la partie active de l'armée, en leur donnant des lettres de commandement à temps, avec des traitemens qui seraient nécessairement modiques, puisqu'ils n'existeraient que pour le moment du besoin?

Je prépare les élémens nécessaires au remplacement des officiers, afin de le terminer aussitôt que le travail des revues municipales, ordonné par votre décret du 11 décembre, aura fourni l'état positif des places vacantes au 10 janvier, délai fixé par ce même décret.

Mais ce décret, en traitant du mode de ce remplacement, qui

exige un service dans la garde nationale, n'explique point assez clairement si les citoyens que leur zèle a placés comme volontaires dans la troupe de ligne sont compris dans cette disposition, de même que les frères et parens des officiers patriotes demeurés à leur poste, lesquels sont encore dans les diverses écoles, où les derniers instans de leur éducation militaire étaient autrefois considérés comme un véritable service.

Il devient indispensable, messieurs, que vous vouliez bien, par une décision prompte, éclairer mon travail, afin que je puisse me conformer à ce que vous aurez regardé comme le plus utile à son succès, et ne pas perdre un seul instant pour consommer une opération dont dépend la force de l'armée.

J'ai déjà demandé dans mes différens mémoires à l'assemblée nationale, une augmentation de huit lieutenans-généraux, douze maréchaux de camp, quatre adjudans-généraux, deux aides-de-camp généraux attachés au ministre, et huit commissaires des guerres : je renouvelle aujourd'hui la même demande, qui devient plus instante encore ; je n'en répéterai pas les motifs, qui sont développés dans mon dernier mémoire.

La difficulté que le soldat éprouve, surtout dans les garnisons frontières, à échanger les assignats de cinq livres qu'on lui donne sur son prêt, et la perte qui en résulte pour lui, me font un devoir de vous représenter combien il est instant que l'assemblée nationale vienne à son secours : je crois que le seul parti à prendre serait de lui procurer des moyens d'échange, soit par de la monnaie de cuivre, soit par des assignats au-dessous de cinq livres : l'assemblée sentira sûrement que rien n'est plus pressant que cette mesure.

Si l'assemblée nationale daigne avoir égard à ces considérations, j'ose lui répondre d'une armée redoutable, qui, si elle éprouvait des revers, saurait toujours s'en relever, et ne se croira jamais vaincue, parce que sa cause ne peut pas se perdre ! Cette armée n'est pas cependant le seul élément de force sur lequel reposent nos espérances ; c'est au sein de cette assemblée que sont les plus grandes ressources de la France : le décret sur les

Brabançons, grand exemple de la justice que la France réclame pour elle, le manifeste que vous avez adopté à l'unamité, voilà aussi de véritables armes, et si vous étiez condamnés à la guerre, c'est par des préjugés détruits que vous marqueriez votre passage !

Si la paix de l'Europe est troublée, il est fortement à désirer que nous formions des alliances : en rétablissant l'ordre vous deviendrez une puissance que tous les autres rechercheront : quoi qu'on en puisse dire, ce qui leur importe uniquement pour s'unir à vous, c'est de compter sur la force et la stabilité de notre gouvernement; la cause de notre noblesse est étrangère aux rois comme aux peuples. L'assemblée constituante a renversé toutes les erreurs; la gloire qui vous reste doit se composer de bienfaits réels : c'est vous qui pouvez par la sagesse de vos délibérations assurer d'avance tous les succès auxquels nous aspirons. Les soldats, les gardes nationales, les départemens que j'ai vus, tous m'ont paru animés du même esprit, tous sont attachés à la Constitution, tous deviendraient ennemis du pouvoir qui voudrait empiéter sur l'autre; et si des esprits exagérés croyaient voir par-delà la Constitution des idées de liberté plus étendues, il importe qu'ils sachent que la Constitution seule peut rallier la France !

Ceux qui ont eu le bonheur de contribuer à la révolution, ceux dont les noms ont mérité depuis la proscription de vos ennemis, cette armée enfin qui va combattre pour l'inébranlable établissement de la Constitution tout entière, ont le droit de vous demander de consacrer tous vos momens et toutes vos lumières aux grandes mesures qu'exige le succès de notre cause.

Rejetons tous les moyens qui n'ont ni utilité ni grandeur? et faisons perdre deux fois à la noblesse sa cause en nous emparant des vertus généreuses dont elle osait se croire la possession exclusive ! Toutefois ne pensez pas, messieurs, qu'en me livrant ainsi à vous exprimer ce que je crois nécessaire à notre triomphe, je puisse en douter un instant; tous les efforts réunis l'assureront, et le plus insensé comme le plus coupable des ministres, serait celui qui croirait à la possibilité d'une gloire indépendante de la vôtre. Ne soyons donc point effrayés de la grandeur de la circonstance. L'assemblée nationale et le roi veulent marcher à l'affermissement de la Constitution : la paix ou la guerre se trouveront sur cette route : n'importe; le but est marqué ; nous l'atteindrons ! Il n'est aucun moment depuis la révolution dans lequel on ait dû trouver autant de bonheur à la défendre : il a pu en coûter peut-être d'être d'un parti tout puissant, alors qu'il pouvait abuser de sa force; mais on nous menace d'un assez grand nombre d'ennemis pour faire cesser ce scrupule de la fierté, et quand le danger ennoblit encore une cause elle n'a plus que des soutiens dignes d'elle !

Brissot, disait de ce rapport, dans sa feuille du 12 janvier : « Parmi les éloges trop nombreux que M. Narbonne a donnés à tous les partis, on a remarqué celui de M. La Fayette, pour lequel il s'est rendu responsable. La responsabilité d'un ministre n'est-elle donc pas assez grande, pour se charger si légèrement d'une responsabilité étrangère? M. La Fayette, a répondu un jour sur sa tête de Bouillé et du roi. Il est impossible d'entrer aujourd'hui dans des détails sur ce rapport, qui mérite qu'on y revienne avec quelque attention. On y a distingué des traits brillans d'esprit, beaucoup trop d'adresse et de pente à flatter les passions des divers partis, et à provoquer les applaudissemens ; mais ces défauts doivent disparaître devant l'idée consolante pour des Français, qu'ils ont des forces capables de dompter les despotes, qui voudaient attaquer leur constitution. — On a ordonné l'impression de ce discours et l'envoi aux quatre-vingt-trois départemens. »

Les Révolutions de Paris publient deux articles sur le même objet. Nous en transcrivons quelques passages :

« Avant de parler des résultats de son voyage, M. de Narbonne a besoin de rendre un éclatant témoignage au patriotisme des garnisons qu'il a visitées ; et cette manière de commencer, dit-il, déjoue bien des espérances ; il déjoue spécialement celles du ministre. Mais écoutons-le : il n'a pas encore perdu tout espoir, et il le fonde sur les corps administratifs et sur ses compagnons de voyage. Or, savez-vous quel est le corps administratif vanté par M. de Narbonne? C'est le directoire du département de la Moselle, directoire influencé par Bouillé, directoire accusé vingt fois de félonie, directoire qui n'existe encore que par l'éclatante protection de la cour, dont il favorise tous les complots. Savez-vous quels sont les compagnons de voyage de M. de Narbonne? C'est le petit Montmorency, ce prétendu patriote de la minorité de la noblesse, qui n'a plus dit un mot, dès que l'assemblée nationale constituante eût sérieusement proscrit l'aristocratie des deux chambres; c'est un aide-de-camp de La Fayette, c'est Desmottes....

» Nous passerons sous silence tout ce que le ministre a dit de l'état de nos places frontières; il n'a fait que répéter le rapport qui nous a été donné il y a quinze jours (le 27 décembre), par le comité militaire, et cela est tout simple. Le comité militaire a dit n'avoir fait ce rapport que sur les pièces communiquées par le ministre de la guerre. Le ministre de la guerre pouvait-il démentir ce qu'il avait avoué par l'organe du comité militaire? Du reste, il est bien affligeant pour la nation de n'avoir que de semblables attestations de ses forces. »

Ici le rédacteur cite l'endroit du rapport où le ministre, en parlant du grade de maréchal conféré à MM. Luckner et Rochambeau, dit : *Je me félicite d'avoir désiré ce décret, il associe l'assemblée nationale à la faveur qu'accorde le roi.* « Valet insolent! que nous parles-tu d'associer l'assemblée nationale aux faveurs de ton maître? Connais-tu bien le degré de bassesse où tu veux faire descendre les représentans du souverain? Apprends que l'assemblée nationale serait à jamais déshonorée, si elle s'associait aux faveurs qu'accorde le roi. A elle seule appartient ce droit d'en accorder des faveurs; mais un roi ne doit qu'obéir et les ministres se taire.

» Quel est l'homme qui lira encore sans indignation que le bâton de maréchal, délivré par le roi, donne à l'assemblée nationale *des droits personnels à la reconnaissance des généraux de l'armée.* Pourquoi, au lieu des *droits à la reconnaissance*, ne pas dire tout d'un coup *droits à la protection* des généraux ? Que ces ministres, ces anciens guerriers, que tous ces hommes de cour et de guerre sont loin des idées de la liberté! C'est outrager la nation, c'est offenser l'assemblée nationale, que de lui parler de la reconnaissance de deux individus. Le sénat des Français, est au-dessus de tout sentiment individuel; jamais il n'agit, jamais du moins il n'est censé agir que pour la généralité des citoyens; et celui qui lui exprime de la reconnaissance pour un décret particulier, suppose qu'il a fait une injustice; car s'il n'a fait que son devoir, on ne lui doit pas de reconnaissance : *Les troupes m'ont paru fières de la récompense de leurs chefs.* Cela ne peut pas être vrai; l'homme libre n'est fier que de la gloire de la patrie, ou des récompenses qu'il en obtient lui-même. Attacher sa gloire à la gloire d'un autre, c'est tomber dans la dégradation. Des plans de campagne ont été proposés à Metz entre les deux maréchaux La Fayette et Narbonne, et le secret est nécessaire à tous ces plans. Oui, voilà le véritable nœud gordien, voilà le sujet du voyage de Narbonne, voilà ce qui a fait donner deux bâtons de maréchal de France, qui a fait nommer La Fayette général; c'est afin d'arriver à cette conférence à Metz, et pour que tout le monde y soit d'accord. Qui ne voit que les plans adoptés à Metz sont des plans de contre-révolution? La Fayette.... Narbonne.... et deux soldats de l'ancien despotisme.... dépositaires d'un secret d'où dépendent les destinées de l'empire. Juste ciel ! cette idée fait frémir; et l'on parle encore de faire la guerre? C'est pour l'obtenir que Narbonne promet à l'assemblée nationale la reconnaissance des généraux.

» Il annonce que les magasins, tant en vivres qu'en fourrages, assurent la subsistance de l'armée pendant six mois; et il n'y a pas vingt jours qu'on nous attestait qu'elle était assurée pour plus d'une année. Jugez de la foi qu'on doit ajouter à tous ces rapports ministériels.

» Arrivé à Béfort, le ministre a joué la comédie; il s'est déguisé en garde national, et a fait le service avec ses compagnons de voyage. Lecteurs! vous verrez dans tous les papiers qu'à ce récit on a battu des mains et applaudi à plusieurs reprises ; mais, ne vous y trompez pas, les applaudissemens ne sont partis que du ci-devant côté droit, et des mains de cette petite armée de mouchards salariés par la liste civile (1) : quant au bon peuple des tribunes et à la majorité patriote de l'assemblée nationale, ils n'ont vu que l'histoire, et ils ont ri de pitié. » (*Révolutions de Paris*, n° CXXXI.)

(1) Il était de notoriété publique que la cour soldait une bande d'applaudisseurs, à qui le mot était donné, soit qu'il fallût se trouver sur le passage du roi, soit qu'il fallût aller au spectacle y applaudir la famille royale, soit enfin qu'il s'agît d'assister le ministère à l'heure de ses comparutions à la barre de l'assemblée. Voici les preuves acquises à l'époque même.

A la séance du 2 janvier, Bertrand de Molleville ayant achevé de lire un long mémoire en réponse aux accusations portées contre lui à l'occasion des nombreuses désertions parmi les officiers de marine, désertions qu'il avait dissimulées, de vigoureux applaudissemens partirent des tribunes. L'abbé Fauchet demanda aussitôt à communiquer une lettre par laquelle on l'avertissait et de la manœuvre qui devait avoir lieu, et des moyens mis en usage pour la préparer. Les murmures empêchèrent la communication de Fauchet ; nous emprunterons là-dessus un article du *Courrier* de Gorsas, numéro du 4 janvier. « Pendant la séance, un huissier de la salle remet à M. Fauchet une lettre, de la part d'un homme qui attendait la réponse à la porte. » — *Copie de la lettre.* — « Monsieur Fauchet, je suis invité de venir demain matin avec plusieurs de mes camarades, pour applaudir pour le ministre de la marine, et pour vous improuver. La coalition est faite d'ouvriers payés ; je vous demande rendez-vous à l'instant ; je vous donnerai la manière de connaître le signal : un patriote peut en avertir un autre. Je vous attends à la porte. Je suis, avec tout le respect possible, votre serviteur et fidèle à la patrie. » — « (Cette lettre est déposée au comité de surveillance ; le signataire donne son adresse à la suite de son nom ; il travaille dans un atelier très-connu.) — M. Fauchet va trouver l'auteur de cette lettre, qui lui confirme de vive voix les faits dénoncés par sa lettre, et qui ajoute que le signal des applaudissemens et des bravos devait être l'élévation d'un mouchoir blanc du milieu de la tribune. Cet honnête citoyen a confirmé qu'il avait touché sa quote-part, et demanda s'il devait y aller. Il s'y rendit sur l'avis de M. Fauchet. Tout s'est passé ainsi qu'il avait été convenu : le mouchoir s'est élevé, et les ouvriers payés ont gagné leur argent en conscience. »

Le même Gorsas, dans son *Courrier* du 8 janvier, dit : « Hier M. Cronier, ancien cultivateur, bon citoyen, a découvert un complot tramé pour garnir aujourd'hui les tribunes de gens payés afin d'applaudir au projet du comité tendant à donner au roi le droit de *veto* sur l'organisation de la haute cour nationale. Le sieur Cochin, maître d'écriture, rue des Ciseaux, faubourg Saint-Germain, était chargé de distribuer l'argent. On avait promis 3 liv. à chaque individu ; la somme devait être reçue en prenant les numéros d'entrée. Au moment où nous écrivons ceci (dix heures du soir), plus de soixante personnes déposent de ce fait au bureau de police. »

Les preuves acquises aujourd'hui sont les aveux de Bertrand de Molleville, dans ses *Mémoires*. (*Note des auteurs.*)

Le même journal, n° CXXXII, attaque de nouveau le ministre, et dévoile en même temps un grand complot dont le comité de surveillance tenait tous les fils. Toutes les feuilles, y compris le *Moniteur*, racontent à peu près les mêmes faits. Le projet d'une seconde évasion du roi, projet que nous avons déjà vu généralement soupçonné, était aujourd'hui exposé par la presse dans ses moindres détails. Ce qui ne contribuait pas peu à donner de la vraisemblance à ce plan, c'était la manière dont le ministre Delessart composait la maison constitutionnelle de Louis XVI. Comme, sauf quelques circonstances tout-à-fait indifférentes, le récit de la conspiration est identique dans tous les journaux. Nous nous arrêtons à celui de Prudhomme.

« Avant de partir pour la frontière, Narbonne avait fait la confidence mystique à l'assemblée. J'ai, disait-il, formé un grand projet; je l'exécuterai, et l'on dira que je n'ai pas mal employé mon temps. Or, quel était le projet de Narbonne, ou plutôt de la cour, pour cette fois, sous les auspices de Narbonne? Ce projet était vaste, adroitement conçu, plus adroitement confié. Nous allons le dire dans tous ses détails.

» Le même noyau de contre-révolution qui a favorisé la fuite du 21 juin existe aujourd'hui à Paris. Une certaine partie de la garde nationale, des légions de mouchards sont toujours là qui n'attendent que le signal de la cour pour agir. Le roi vient enfin de composer sa garde; et comment l'est-elle? de quelques soldats patriotes; de quelques gardes nationaux de bonne foi, et de beaucoup d'intrigans qui ne se sont fait nommer que pour mériter les faveurs de la cour; voilà pour la partie de cette garde, extraite des quatre-vingt-trois départemens; des bataillons parisiens et de tous les régimens de l'armée de ligne; encore le département de Paris a-t-il choisi, parmi ceux qui lui ont été présentés, tous hommes non suspects de chaleur de patriotisme; mais ce n'est rien que cette première composition. La seconde partie des gardes-du-corps, la partie nommée par le roi, et c'est la plus nombreuse, ne compte que d'anciens gendarmes, tous les coryphées des orgies de Versailles, beaucoup de ci-devant gentilshommes, et une infinité de capitaines de cavalerie qui quittent leurs escadrons pour venir s'enrôler dans la valetaille armée du château des Tuileries. Fidèle *à la lettre* de la constitution, qui n'accorde que dix-huit cents hommes pour la garde du roi, Louis XVI n'a délivré en effet que dix-huit cents brevets et cartouches d'activité; mais il compte plus de dix mille surnuméraires qui ne lui sont pas moins dévoués que les premiers dix-huit cents. Et où veut-on caserner cette troupe de janissaires? à l'École militaire, c'est-à-dire au Champ-de-Mars ; et à l'Arsenal, c'est-à-dire au dépôt des poudres. Et qu'on ne croie pas que la cour n'a pour elle que ces douze mille hommes ! Et les chasseurs soldés des barrières qui ont commis le massacre de La Chapelle, et une partie de la cavalerie parisienne soldée, qui s'est distinguée, le 17 juillet, par une férocité tout extraordinaire, et les deux mille hommes de gardes suisses, au commandement de d'Affry ; compte-t-on tout cela pour rien ? tout cela est cependant vendu à la cour. Ajoutons cette nuée de joueurs, de bandits, de gens sans aveu, à qui la police donne en vain la chasse depuis deux mois ; ajoutons les aristocrates réfugiés de toutes parts dans nos murs ; ajoutons la moitié de Coblentz arrivée depuis quinze jours à Paris ; ajoutons les prêtres, les dévots, les dévotes et les fanatiques de toute espèce et de tout sexe : voilà ce qui compose ici les forces de la cour, voilà ce qui servait de base principale aux vues de l'entreprenant Narbonne. Forts de ces moyens, les conjurés ont fait nommer La Fayette commandant général... (Ici l'auteur résume l'article précédent et les circonstances du voyage de Narbonne.) Mais, ajoute-t-il, ce que nous ignorions tous c'est qu'il ne devait pas revenir à Paris. Les choses étaient disposées de manière qu'à un certain jour donné, les hommes de la liste civile devaient s'emparer de toutes les tribunes de l'assemblée nationale, et de la terrasse des Feuillans : or, toutes les avenues étant prises par cette bande de scélérats, le poste de l'assemblée nationale eût été confié au plus vil rebut de la garde nationale ; les surnuméraires de la garde du roi eussent été apostés dans tous les cabarets qui avoisinent le manége, et le premier député patriote qui passait sur la terrasse était insulté, hué, maltraité, assassiné. L'assemblée nationale apprenait cette horrible nouvelle, prenait des mesures rigoureuses, lançait un décret d'accusation ; les spadassins placés dans les tribunes se précipitaient au sein de l'assemblée, égorgeaient tous les députés que n'a pu gagner la liste civile ; on criait *au meurtre! aux armes!* les brigands sortaient des cabarets, se précipitaient en avant, et contenaient le premier mouvement du peuple ; aussitôt se répandait dans Paris le bruit que c'était le peuple lui-même qui avait assassiné ses députés ; la garde nationale prenait encore une fois parti contre le peuple ; Pétion était appelé *factieux*, on en faisait justice ; sa tête devait être le signal de la terreur ; le sang coulait dans Paris ; le roi fuyait ; il allait à Pontoise, de Pontoise à Dieppe, de Dieppe à Ostende, d'Ostende à Metz, où il rejoignait enfin les trois généraux et le ministre de la guerre. Le département de Paris, c'est-à-dire Beaumetz, Desmeuniers, Garnier, Talleyrand, etc. s'emparaient de toute l'autorité de la capitale, et même de l'empire, rassemblaient les membres du corps législatif, qu'on eût avertis de ne pas se rendre à la séance, les membres de l'assemblée constituante qui sont restés à Paris, et cette nouvelle assemblée s'investissait tout à coup d'un nouveau pouvoir constituant ; on se défaisait de tous les patriotes incommodes ; on s'emparait de tous les magasins ; la poudre, les armes, toutes les munitions tombaient entre les mains des royalistes, et, enfin, le prétendu corps constituant faisait afficher, dans tous les lieux de l'empire, une proclamation portant que la ville de Paris, séduite par des chefs perfides, par des *factieux*, des républicains, était en insurrection contre la loi ; et La Fayette, accompagné du roi, partait de Metz, à la tête de cinquante mille hommes, pour venir rétablir le calme et le bon ordre, comme au Champ-de-Mars le 17 juillet.

» Oui, Français! oui, Parisiens! telle a été votre position, telle elle est encore, car les conjurés n'ont pas renoncé à leur entreprise, ils n'en ont que différé l'exécution. Les succès sanglans d'Avignon, le petit massacre de Caen, la contrefaçon des assignats, la fabrication de la fausse monnaie, l'agiotage de la rue Vivienne, l'inexécution des lois, l'inertie des ministres, le retard de l'installation de la nouvelle municipalité, le vol tenté au trésor national, les efforts du fanatisme, l'anarchie des tribunaux, la mauvaise répartition des impôts, les lettres de Coblentz, les offices de l'électeur de Trèves, le manifeste de l'empereur, la proposition du ministre de la guerre et du roi, l'ouverture des prisons aux plus grands coupables, les appositions réitérées des *veto*, tous ces faits particuliers ne sont que des ramifications du grand complot. — Ce qu'il y a peut-être de plus effrayant dans cette entreprise hardiment combinée, c'est qu'on assure que le parti du roi a dans Paris soixante canons tout prêts à opposer à ceux des anciens districts. Ces canons doivent avoir été coulés dans des caves, et fabriqués avec la matière des cloches qu'on est censé mettre en fusion aux Barnabites, faubourg Saint-Antoine, et que des contre-révolutionnaires, déguisés en paysans pour acheter, vont porter ensuite dans ces fonderies souterraines. »

Afin de ne pas revenir, dans notre narration du mois de janvier, sur le complot dont le but était l'enlèvement du roi et la ruine de la constitution, nous transcrirons sans nous interrompre une lettre adressée à tous les journaux par G. Feydel, le même qui rédigea d'abord l'*Observateur*, journal dont nous avons cité quelques articles (Il commence le 1er août 1789, et finit le 12 octobre 1790.), le même qui rédigea ensuite avec Laclos et après Laclos le *Journal de la correspondance des Amis de la constitution*. Voici cette lettre :

20 *janvier*. — « Hâtez-vous, je vous prie, d'informer le public, *et le roi lui-même*, que depuis quelques jours, il part tous les matins de la petite-écurie des voitures chargées d'équipages, comme il en partait l'année dernière dans les mois de février, d'avril et de *juin*. Tous les voisins s'en aperçurent alors, et ils s'en aperçoivent encore aujourd'hui. » A cette lettre que nous copions dans Gorsas, numéro du 21 janvier, celui-ci ajoute les deux notes suivantes : — « A l'époque de la fuite du roi, un des

principaux agens de la liste civile cherchait partout et prenait à tout prix des *traites sur l'étranger*. Eh bien ! depuis quelques jours (*et nous attestons ce fait*), le même agent cherche à se procurer, et se procure partout et à tout prix *des traites sur l'étranger*. — « A l'époque de la fuite de Louis XVI, la fabrication des louis d'or, faits à la Monnaie, qui n'avait été en mars que de 1,200,000 livres, avait été portée en mai et juin à 8,709,000 (520 marcs). Nous en avons l'état sous les yeux. On invite les curieux et les surveillans de s'informer de la fabrication qui s'est faite à la même Monnaie depuis qu'il est question d'une nouvelle fuite du *veto royal*. »

— Nous reprenons la suite des opérations parlementaires relatives à la guerre. A la séance du 14 janvier, Gensonné fit un rapport sur la situation politique de la France à l'égard de l'empereur. Brissot analyse ainsi cette pièce :

« Le rapporteur a tracé un tableau rapide et fidèle de tous les griefs de la France contre l'empereur ; protection ouverte accordée aux émigrans, faveurs à la cocarde des révoltés, tandis que la couleur nationale était proscrite; refus d'interposer ses bons offices et d'employer ses troupes, suivant le traité de 1756, pour faire cesser les rassemblemens dans les électorats, protection accordée à l'électeur de Trèves, traités faits avec diverses puissances contre la révolution française, et sous prétexte de défendre *la dignité du roi de France et le maintien de sa couronne* : M. Gensonné n'a rien omis. Il a conclu de ce tableau qu'il était temps que la nation française vengeât son indépendance outragée par tant d'actes d'hostilité, et prévînt surtout ce congrès ridicule dont l'objet était de modifier la Constitution française.

» Après avoir peint la politique astucieuse de la maison d'Autriche, les intrigues de ses correspondans en France, la nécessité de se préparer à une guerre vigoureuse; le rapporteur a conclu à ce que :

« 1° Le roi fût invité à demander à l'empereur une explication nette sur ces deux points : s'il s'engage à ne rien entreprendre contre la nation française, ni contre son indépendance; s'il s'engage à secourir la France dans le cas d'attaque, en conséquence du traité de 1756 ;

» 2° A demander à l'empereur cette réponse avant le 11 février, faute de quoi, son silence, ou sa réponse si elle était peu satisfaisante, serait regardée comme une hostilité.

» 3° A ce que le roi pressât les préparatifs, de manière à agir dans le plus bref délai. » (*Patriote français du* 15 janvier.)

Après que le rapporteur du comité diplomatique eut quitté la tribune, Guadet qui présidait l'assemblée en qualité de vice-président quitta le fauteuil pour faire une motion. Nous empruntons à Royon, n° du 16 janvier, l'analyse suivante qui termina la séance du 14 depuis l'endroit où nous avons fermé la citation du *Patriote français.*

« On a essayé, dans cette séance, d'agiter les sens engourdis de ce pauvre peuple qui périt de faim, de froid, de misères de tout genre ; M. Guadet a imaginé une nouvelle parade. Déclarons, dit-il, infâmes et traîtres à la patrie tous ceux qui pourraient prendre part à un congrès (1) qui aurait pour objet de modifier la Constitution, à une transaction avec les émigrés, ou au rétablissement des droits que nous avons enlevés à des étrangers dans deux de nos provinces (les princes possessionnés). Que ce dernier soit porté au roi, communiqué aux puissances étrangères, en leur déclarant que nous regarderons comme ennemies toutes celles qui n'y obéiront pas. M. Guadet écumait, criait, hurlait; oui, pour défendre la constitution nous mourrons tous ici. Oui, s'écria M. Isnard, en levant la main vers le ciel indigné,

---

(1) Le bruit d'un futur congrès était public, depuis plusieurs jours, à Paris. Une gazette allemande du 6 janvier y avait apporté cette nouvelle. Voici dans quels termes elle s'exprimait : — « Le parti de Breteuil, qui veut deux chambres à l'assemblée nationale, triomphe, et l'on procédera bientôt à raccommoder les affaires par ce système, sur lequel sont d'accord toutes les personnes. Dans très-peu de temps, il sera question d'un congrès, et si les Jacobins continuent à s'y opposer, il y aura une guerre sanglante et des scènes de carnage. » — Nous empruntons cette citation à Carra. Gorsas attestait presque en même temps, d'après une autre gazette allemande qu'il avait sous les yeux, « que pour aider ce projet Louis XVI s'évaderait de Paris, et se rendrait dans une place frontière; ce départ ne devait être clandestin que pour la sortie de Paris; car on avait prévu pour la route tous les inconvéniens. » (*Note des auteurs.*)

dont il fait profession de méconnaître le créateur. Aussitôt toutes les mains de la salle et des sans-culottes de la tribune sont en l'air. M. le garde des sceaux (Duport) fait l'effort de jurer foi et fidélité à une constitution qui l'a tiré d'une piètre posture, et d'un cabinet fort solitaire pour le placer dans un palais, avec cent mille francs de rente. Du matin au soir, le roi a sanctionné, sans la moindre objection, ce décret qui lui a été apporté en pompe par vingt-quatre ambassadeurs.

» La joie a été un peu troublée par un office de l'empereur que le ministre Cahier, surnommé Gerville, a fait connaître à l'assemblée (ce n'était pas Cahier Gerville, ministre de l'intérieur, mais Delessart, ministre des affaires étrangères qui fit cette communication. Voir *Moniteur* du 15 janvier). Et l'empereur qui ne fait pas de phrases, ou du moins qui n'en fait pas d'inutiles, a donné ordre au général Bender, la terreur des révolutionnaires, de marcher au secours de l'électeur de Trèves, si après qu'il a fait exécuter le règlement de sa majesté impériale dans ses états, et satisfait à toutes les lois du voisinage, les jacobins osent l'inquiétter. Voilà *un mauvais office*, a-t-on dit, et la joie qu'avait répandue dans les tribunes la petite singerie de la farce du jeu de paume s'est évanouie à l'instant. Cette misérable parodie n'a produit dans Paris aucune sensation, et ne sert qu'à déprécier de plus en plus nos pauvres constitutionnels. *Imitatores servum pecus!* disent les écoliers. Les aboyeurs de journaux du soir s'égosillent à crier : *Grand serment de l'assemblée nationale, tout comme celui du jeu de paume*. Personne ne s'arrête pour les écouter, et pour acheter la comédie du serment. Je conseillerais aux législateurs de relire un petit pamphlet de Voltaire, intitulé l'*apropos*, ils verraient qu'en toute chose il faut prendre son temps».

Ce qui prouve et explique peut être l'erreur de personnes commise par Royon, que nous avons relevée dans son texte, c'est le passage suivant de Gorsas, n° du 17 janvier. — « M. Delessart a notifié, samedi 14, à l'assemblée nationale des dépêches *qu'il avait depuis huit jours*. M. Delessart électrisé, ou plutôt entraîné par l'enthousiasme universel qu'avait inspiré M. Guadet, s'est mis à crier : Oui ! oui ! oui ! *et moi aussi je jure !....* oui ! oui ! oui ! *la Constitution ou la mort !* M Delessart enfin s'est échauffé

« Tant qu'à la fin, tombant en défaillance
» Son teint pâlit et sa gorge s'enfla. »

»Au point qu'il n'a pu dire que *la mort*. La nuit même un courrier de M. de Noailles lui avait apporté des dépêches extraordinaires auxquelles il avait répondu sur-le-champ. Nous nous empressons de consigner cette omission du ministre intègre qui avait protesté sur son honneur à l'assemblée nationale *qu'il ne savait pas cela.*»

A la séance du 16 l'assemblée renvoya au comité militaire une lettre adressée au député Loustalot, annonçant une attaque prochaine de la part des Espagnols. Immédiatement après, sur la proposition de Jean Debry, ou décréta que Louis-Stanislas-Xavier était déchu de son droit à la régence. A cette même séance Delessart communiqua des dépêches de Sainte-Croix, d'où il résultait que la dispersion des rassemblemens formés par les émigrés dans l'électorat de Trèves était positive. Le ministre de la guerre fit aussi de nouvelles demandes de fonds pour les besoins de l'armée. — Renvoi au comité militaire.

A la séance du 17, Koch, au nom du comité diplomatique, fit un rapport sur la déclaration pacifique de l'électeur de Trèves, et de quelques autres princes de l'empire. Il rendit compte de nouveaux ordres donnés par l'empereur à l'ancien évêque de Strasbourg de dissiper les rassemblemens des réfugiés.

A ce rapport succéda la lecture d'une lettre du roi, qui appelait l'attention de l'assemblée sur un nouveau mode de recrutement propre à mettre l'armée au complet, et sur la nomination de quelques officiers généraux.

Après cette lettre, le ministre de la guerre prit la parole pour faire quelques remarques sur divers objets. Relativement aux craintes manifestées à l'égard de l'Espagne, il dit qu'il répondait de vingt-un mille hommes toujours prêts à se porter où le besoin les appellerait.

La discussion du projet de décret présenté par Gensonné, le

14, avait été mise à l'ordre du 17. Au moment où elle allait s'ouvrir, Delessart la fit précéder de quelques observations dont l'objet principal était d'engager les orateurs à de grands ménagemens parce que le défaut de ménagemens pourrait blesser l'amour-propre et rompre des traités ; il insista surtout contre *le terme fixe* porté par le projet, et finit par des réflexions sur les calamités qui suivent la guerre la plus heureuse.

Comme il cessait de parler, Brissot parut à la tribune ; on demanda que la discussion fût ajournée ; l'assemblée passa outre, et Brissot lut un discours d'une heure ; il occupe huit colonnes du *Moniteur*, numéro du 19 janvier. Dans cet immense mémoire, Brissot s'attache à prouver deux points principaux : d'abord, que l'empereur est en état d'hostilité ouverte avec la France, et qu'il faut l'attaquer, en lui fixant un délai convenable s'il veut donner la satisfaction que la France a droit d'exiger ; ensuite, que l'empereur a violé le traité de 1756, que d'ailleurs ce traité est inconstitutionnel, et qu'il faut le rompre.

Nous plaçons ici ce traité tel que nous le trouvons dans le discours de Brissot :

« Art. Ier S. M. l'impératrice reine, promet et s'engage de garantir et défendre tous les états, provinces et domaines actuellement possédés par Sa Majesté Très-Chrétienne en Europe, tant pour elle que pour ses successeurs et héritiers, sans exception, contre les attaques de quelque puissance que ce soit, et pour toujours......

L'article IV porte réciprocité de la France à l'empire.

» V. Par une suite de cette garantie réciproque, les deux hautes parties contractantes travailleront toujours de concert aux mesures qui leur paraîtront les plus propres au maintien de la paix, et emploieront, dans le cas où les états de l'une ou de l'autre d'entre elles seraient menacés d'une invasion, leurs bons offices les plus efficaces pour l'empêcher.

» VI. Mais comme les bons offices qu'elles se promettent pourraient ne point avoir l'effet désiré, Leurs Majestés s'obligent dès à présent à se secourir mutuellement avec un corps de 24,000 hommes, au cas que l'une ou l'autre d'entre elles vînt à être attaquée par qui que ce soit, et sous quelque prétexte que ce puisse être.....

» VII. Le secours sera composé de 18,000 hommes d'infanterie, et de 6,000 de cavalerie, et il se mettra en marche six semaines, ou deux mois au plus tard, après la réquisition qui en sera faite par celle des deux parties contractantes qui se trouvera attaquée ou menacée d'une invasion dans ses possessions. »

Il proposait de remplacer le projet du comité diplomatique par le décret suivant :

« Art. Ier Le roi sera invité à notifier à l'empereur, au nom de la nation française, qu'elle regarde le traité du 1er mai 1756, comme anéanti, et parce que l'empereur l'a violé, et parce qu'il est incompatible avec la Constitution française ;

A lui notifier en même temps que la nation française lui offre, s'il donne satisfaction sur les griefs ci-après, de conserver avec lui la bonne intelligence, l'amitié, la fraternité qu'elle a juré de maintenir avec tous les peuples.

» II. Le roi sera pareillement invité à notifier à l'empereur, au nom de la nation française, qu'elle regarde comme acte d'hostilité son refus d'interposer ses bons offices, et d'employer ses troupes pour faire cesser les rassemblemens dans les électorats, la protection et les secours qu'il a accordés aux électeurs, son accession à la coalition formée entre diverses puissances contre la nation française.

En conséquence, les mesures militaires vont être prises pour être en état d'agir offensivement contre lui, au 10 février prochain, à moins qu'avant cette époque l'empereur n'ait donné à la France une satisfaction qui lui ôte toute inquiétude.

» III. Le roi sera pareillement invité à donner les ordres les plus précis pour que les troupes soient en état d'entrer en compagne dans le plus bref délai possible. »

A la séance du 18, Dumas appelé le premier à la tribune demanda la question préalable sur le projet du comité diplomatique. Il voulait en outre que le message au roi n'eût d'autre objet que la manifestation de l'harmonie qui régnait entre les deux pouvoirs. Vergniaud déclara que la France était sans alliés ; il réclama la communication d'un travail de Condorcet sur les moyens de s'unir aux puissances les plus intéressées à conserver l'équilibre de l'Europe ; il finit en disant :

« Une pensée échappe dans ce moment à mon cœur, et je terminerai par elle. Il me semble que les mânes des générations passées viennent se presser dans ce temple pour vous conjurer au nom des maux que l'esclavage leur a fait éprouver, d'en préserver les générations futures dont les destinées sont entre vos mains. Exaucez cette prière ; soyez à l'avenir une nouvelle providence ; associez-vous à la justice éternelle qui protége les Français ; en méritant le titre de bienfaiteurs de votre patrie, vous mériterez aussi celui de bienfaiteurs du genre humain. (Vifs et nombreux applaudissemens qui se renouvellent à plusieurs reprises.) Je me borne à demander la priorité pour le projet de M. Brissot, sauf quelques amendemens que je proposerai dans la suite de la discussion. »

M. Ramond vint ensuite proposer de notifier aux puissances étrangères le principe de la souveraineté du peuple. Il examina les relations de la France avec l'Angleterre, et pensa qu'on n'avait rien de bon à espérer de ce côté-là ; il appuya le projet du comité. L'impression de tous ces discours fut ordonnée par l'assemblée. A la fin de la séance, Narbonne donna des détails de situation touchant la frontière des Pyrénées ; il parla de la grande activité qu'il déployait dans son département, et pria l'assemblée d'y répondre en se hâtant de traiter la question du recrutement : elle fut ajournée au lendemain.

Le 19 au matin, fut communiquée une nouvelle dépêche de Sainte-Croix, ministre plénipotentiaire à Coblentz. Il annonçait la mise à exécution définitive du réglement de l'électeur de Trèves à l'égard des émigrés français. Le 19 au soir, Dumas, au nom du comité militaire, fit un rapport sur les moyens de porter l'armée au complet. Il proposa, pour faciliter les recrues, de fixer à deux ou trois ans au plus la durée des engagemens. Comme plusieurs membres réclamaient contre la grandeur des dépenses qu'entraîneraient les dispositions développées par Dumas, Lacombe s'écria : « N'épargnez rien ; avec de l'argent on obtient la victoire, avec la victoire on ramène l'argent ; ne marchandons pas avec la liberté ! » Le projet fut ajourné ainsi que celui fait immédiatement par Lacroix pour l'augmentation des lieutenans-généraux et des maréchaux-de-camp.

A la séance du 20, la discussion se rouvrit sur le projet du comité diplomatique. Quatre orateurs furent entendus : MM. Beugnot, Fauchet, Becquet et Isnard. — Beugnot combattit les vues de Brissot, et insista pour faire demander des explications à l'empereur. — Fauchet voulait que la France n'eût désormais pour alliés que les peuples libres, et ne s'alliât à l'avenir avec les autres, que lorsqu'ils auraient conquis la liberté ; il vota pour la déclaration de guerre. — Becquet, tout en craignant que si les troupes françaises entraient sur le territoire étranger, le contact de l'aristocratie ne leur fît perdre de leur amour pour la liberté, opina néanmoins pour le projet du comité. — Isnard redoutait la réunion de l'empereur et de la Prusse ; il termina ainsi :

« Trois choses peuvent mettre obstacle à nos succès ; l'une, si les citoyens étaient désunis ; l'autre si nos ministres nous trahissaient ; la troisième, si le roi se laisse égarer par des conseils perfides ; mais quant à la désunion, j'espère qu'au premier son de la trompette tous les Français se réuniront, et j'en ai pour augure le jour où soudain l'assemblée se leva tout entière pour jurer de mourir plutôt que d'effacer un mot de la Constitution, et pour déclarer infâme tout Français qui voudrait capituler avec nos ennemis ; et le jour encore où la garde nationale vint jurer dans ce temple la victoire ou la mort. Que n'étaient-ils présens à ce spectacle les rois qui veulent nous asservir ; [une juste crainte eût détruit leurs vains projets !

» Pour ce qui est des ministres, il est des moyens pour les forcer au devoir. Il faut d'abord, par un code nouveau sur la responsabilité, bien aiguiser pour eux le glaive des lois : ensuite les rassembler tous dans ce lieu, et leur déclarer solennellement, au nom du peuple, que nous comblerons de gloire ceux qui feront bien, et que nous ferons décapiter celui qui voudra nous trahir. Car il ne faut pas qu'un seul individu s'avise de jouer toute une nation.

» Quant au roi, son cœur est bon, et je me persuade qu'il fera ce qu'il doit. Certes, il est le plus intéressé ; il doit bien voir que la nation qui a déjà oublié deux fautes n'en oubliera pas trois. Enfin, que chacun apprenne que nul citoyen, prêtre, général, ministre, roi, ou autre, ne nous tromperait impunément. Le sort en est jeté ; nous voulons l'égalité, dussions-nous ne la trouver que dans la tombe ; mais avant d'y descendre, nous y précipiterons tous les traîtres. Il faut que l'égalité et la liberté triomphent en dépit de l'aristocratie, de la théocratie et du despotisme, parce que telle est la résolution du peuple Français, et que sa volonté ne reconnaît de volonté supérieure à la sienne, que celle de Dieu.

» Je conclus donc non-seulement à ce que l'assemblée adopte le projet de décret présenté par M. Brissot, mais encore que le roi soit prié de réclamer de l'empereur qu'il fasse retirer une partie des forces militaires qui menacent nos frontières, et qu'il ne laisse dans la Belgique que le nombre de troupes qu'il doit y avoir d'après les traités. (On applaudit). »

A la séance du 21, Lamarque fit une motion pour le séquestre des biens de tous les traîtres conjurés contre la Constitution et l'état. Ni le *Patriote Français*, ni le *Courrier* de Gorsas, ni aucun des journaux qui voulaient la guerre d'attaque, ne parlent de cette importante motion. Le silence absolu, à cet égard, des feuilles que nous désignerons bientôt sous le nom de Girondines, a dû être relevé par nous. Il prouve combien était fondé l'argument des Jacobins : « Si vous vouliez la guerre, vous confisqueriez préalablement les biens des émigrés. » — Voici la motion de Lamarque telle que nous la trouvons dans le *Moniteur* du 22.— Ce qui nous a le plus étonné, c'est que Royon lui-même, qui ne néglige aucune occasion de commenter les mesures révolutionnaires, ait aussi entièrement omis celle-ci :

[*M. Lamarque.* Je demande à faire une motion d'ordre. La grande mesure que vous allez prendre, soit à l'égard de l'empereur, soit à l'égard des autres puissances, je parle de la guerre, vous est commandée pour ainsi dire par l'opinion publique. Il en est une cependant dont vous devez la faire précéder, c'est de séquestrer les biens de tous les traîtres conjurés contre la Constitution et l'état, et d'annoncer dans les départemens que ceux qui provoquent la guerre en supporteront les frais, et que les citoyens qui s'y dévouent en seront indemnisés. Alors vous verrez des milliers de défenseurs voler aux frontières. Dans le département de la Dordogne, il est un district qui seul vient de faire fabriquer 5,000 piques, et qui vous envoie une députation pour se plaindre de ce qu'on le laisse dans l'inaction. Dans le voisinage de ce district, les habitans des campagnes ont fait une liste de tous les émigrés de leurs cantons, et menacent de brûler leurs châteaux aux premiers mouvemens qu'ils feront contre la France. (Les tribunes applaudissent.)

Plusieurs membres réclament l'ordre du jour. — Il s'élève une vive agitation.

M. Dubayet. Je demande que les tribunes soient rappelées à l'ordre. (On murmure. — L'agitation redouble).

M. Lamarque. J'ai été fort mal entendu, et des membres qui ont demandé l'ordre du jour, et des tribunes qui ont applaudi. Ce serait calomnier mes principes que de croire que j'approuve l'intention qu'on manifeste ; mais c'est précisément parce qu'il peut se trouver des citoyens égarés par leur zèle, qu'il faut substituer aux mesures arbitraires qu'ils pourraient prendre une mesure juste et légale. Je demande donc que le comité de législation fasse mardi prochain son rapport sur le séquestre.

M. Bigot. Je fais aussi une motion d'ordre bien importante, c'est que les propriétés des femmes et des enfans des rebelles soient mises sous la sauvegarde de la nation.

N..... Je demande que, sans s'arrêter à ces motions d'ordre, qui font perdre le temps de l'assemblée, on passe à la discussion du projet du comité militaire.

M. Dumas. Je crois que l'assemblée doit s'occuper de la motion de M. Lamarque. Il n'a parlé que des violateurs de la loi. (On murmure. — L'agitation recommence.)

M. Merlin. Monsieur le président, vous ne pouvez vous refuser au vœu de l'assemblée. On demande l'ordre du jour. Faites votre devoir.

Après quelques débats, l'assemblée ajourne à mardi matin (24) le rapport du comité de législation sur le séquestre des biens appartenant aux rebelles.]

A la suite de cette motion, le projet du comité militaire sur le mode de recrutement, fut mis en discussion. L'ordre du jour était bien la suite de la délibération sur la guerre; mais Narbonne était venu solliciter la priorité pour la loi de recrutement. « Nous n'avons, avait-il dit, que vingt jours d'ici au 10 février, et je vois avec douleur que le silence de l'assemblée sur mes propositions, me réduit à l'impuissance d'agir. » Cette réclamation fut admise; Dumas relut son projet, et Jean Debry monta à la tribune. Il combattit l'incorporation des gardes nationales dans les troupes de ligne; c'était là le grand point que Narbonne désirait emporter, et sur lequel la presse révolutionnaire lui adressait, parmi ses autres attaques, une rude polémique. Taillefer demanda la question préalable sur ce projet. — De tous ceux, dit Gorsas (n° du 22 janvier), qui ont mis à l'épreuve la patience du ministre, aucun n'a parlé avec plus d'énergie que M. Albite. Le portrait qu'il en fait n'est pas flatté; nous le trouvons au moins assez ressemblant. « Des paroles dorées ne m'en imposent pas, a-t-il dit, j'ai entendu ce ministre, qui, après avoir fait en poste un voyage de la plus grande importance, est accouru en poste nous dire, comme César, qu'il était allé, qu'il avait tout vu, et qu'il vaincrait. — Grand merci de la comparaison, » dit M. de Narbonne, avec ce ton grimacier d'un petit maître de l'OEil-de-Bœuf; on a beaucoup ri de la gaieté ministérielle; mais *plaisanter et saluer* n'est pas *répondre.*—«Non, reprend l'orateur, avec plus de force, M. Narbonne n'est point un franc patriote. Il n'a point le langage loyal qui convient au patriotisme, et qu'il ne fait que bégayer. » Cette phrase a été vivement applaudie. M. Albite a demandé que les remplacemens fussent faits par des volontaires fournis par les départemens qui n'ont pas envoyé des bataillons aux frontières. Jaucourt, Dubayet et Carnot jeune furent encore entendus. Le soir, l'assemblée se fit lire tous les projets présentés par les différens orateurs, mais aucun n'avait rempli ses vues et ne lui parut mériter la priorité. Pour sortir de cet embarras, un membre demanda qu'on décrétât pour principe, que l'infanterie, la cavalerie et l'artillerie de ligne ne pourraient se recruter dans les bataillons nationaux. Cette proposition fut divisée, et, après avoir successivement décrété que, ni l'infanterie, ni la cavalerie de ligne ne pourraient se recruter dans les bataillons de volontaires, l'assemblée alla aux voix sur la troisième partie. — « Elle ne pouvait, dit Brissot (P. F. du 23 janvier), souffrir de difficulté; c'était une application du même principe; il n'y avait pas de raison pour que l'artillerie, plutôt que les autres parties de l'armée, se recrutât parmi les volontaires. Cependant je ne sais par quelle manœuvre l'affirmative a été décrétée, après deux épreuves et au milieu du tumulte. Le tumulte a été croissant : le président lève la séance; une partie de l'assemblée refuse de se retirer, et elle ne s'y résout qu'après être restée assez long-temps en place. »

Le lendemain, le côté gauche profita de la tactique dont les Feuillans avaient plusieurs fois usé en semblable rencontre; à la lecture du procès-verbal, Rouyer demanda que la dernière partie du décret de la veille fût rapportée. Malgré une opposition très-vive, l'assemblée se rangea de cet avis; elle décréta que *dans aucun cas, et sous aucun prétexte*, l'artillerie ne pourrait se recruter dans les bataillons de volontaires en activité de service.

Le 23, Narbonne vint exposer divers besoins de son département; il lut ensuite quelques observations sur le plan de recrutement qui avait été proposé, et sur les objections qui avaient été faites. Il déclara que, si l'assemblée ne lui accordait pas les moyens de réunir le nombre d'hommes qu'il croyait indispensable pour soutenir la guerre, se refusant alors à attendre la honte comme ministre, il irait chercher la mort comme soldat de la Constitution. — « Certes, remarque Brissot (P. F., du 24), il y avait de la franchise dans sa déclaration, mais peut-être ne convenait-elle pas d'un autre côté; car elle avait l'air d'une menace imaginée pour intimider l'assemblée et la forcer à adopter la mesure proposée. Or, une assemblée ne peut se déterminer que par des raisons et non pas par des considérations semblables. » — La question du recrutement fut traitée dans cette séance par MM. Rouyer, Lacroix, Carnot jeune et quelques autres. La discussion ayant été fermée sur le fond du projet, on arrêta de le mettre aux voix article par article. Après la lecture du premier, Rouyer fit une motion vivement applaudie. Elle consistait à rappeler les soldats chassés de leurs corps par des ordres arbitraires. Il répondait de plus de vingt mille qui rentreraient si ce décret était rendu, et qui formeraient une armée formidable et bien exercée. — Lacroix voulait, de son côté, qu'on abolît les conseils de discipline, qui peuvent chasser un soldat sans aucun motif; il observait avec raison qu'une armée ne pouvait subsister à côté d'une pareille loi. — Carnot, en appuyant la motion de Rouyer, croyait, qu'au lieu de rappeler les soldats dans leurs anciens corps, il valait mieux former de nouveaux corps sous le titre de légions. Il annonça un projet du comité militaire sur la formation de six légions, où l'on recevrait les déserteurs des autres nations. On arrêta d'entendre ce rapport le lendemain, et de renvoyer au comité la motion précédente.

Les articles qui excitèrent ensuite le plus de débats, concernaient l'enregistrement, le temps et le prix des engagemens. On décida que les engagemens pour l'infanterie seraient pour trois ans, et de quatre ans pour la cavalerie et l'artillerie; que les enregistremens seraient faits dans chaque municipalité, et que le prix des engagemens serait de 80 livres pour l'infanterie et de 120 liv. pour la cavalerie. L'âge requis pour les enrôlemens volontaires était entre dix-huit et cinquante ans.

Le 24, à l'occasion de la désertion de plusieurs soldats de Rouergue par Saint-Malo et Jersey, Thuriot fit décréter la défense de sortir du royaume sans passeport. — Vers la fin de la séance, le président fit lecture d'une lettre que le ministre de la guerre lui remettait de la part du roi. Voici cette lettre :

« Occupé, monsieur le président, des moyens de concilier avec l'intérêt de l'ordre public celui des troupes, j'ai chargé le ministre de la guerre de proposer à l'assemblée une mesure qui, en attendant l'émission de petits billets, pourrait y suppléer. Je crois aussi que les circonstances rendent nécessaire l'établissement de huit légions, pour composer notre avant-garde et assurer le terrain à nos armées : cette mesure est concertée avec tous les généraux. Je crois aussi qu'il serait convenable d'établir un corps d'artillerie à cheval. Je vous prie de mettre sous les yeux de l'assemblée ces trois dispositions, qui seront développées par le ministre de la guerre. *Signé*, LOUIS. »

Le ministre de la guerre présenta à l'assemblée tous les détails de ces opérations. L'assemblée en renvoya l'examen à son comité militaire.

A la séance du 25, on reprit la discussion sur la guerre. Daverhoult chercha à établir que ce n'était ni contre la France ni contre la constitution, mais contre la philosophie que Léopold dirigeait toutes ses mesures. « Soyons vrais, dit-il, les amis de la liberté voudraient venir au secours de la philosophie ; ils voudraient former une ligue pour répandre dans tous les états de l'Europe une sainte insurrection. Laissez à la philosophie le soin d'éclairer l'univers, et plaignez le sort de l'humanité souffrante s'il faut que la lumière sorte des malheurs et de la destruction des peuples. » Il vota pour le projet du comité diplomatique, avec quelques amendemens, et demanda la question préalable sur celui de Brissot. — Condorcet lui succéda. « Aucun écrivain, dit le *Patriote français* du 26 janvier, ne connaît mieux que lui le secret d'appliquer avec finesse la philosophie à la politique. Il s'est attaché à poser les bases qui devaient soutenir la diplomatie d'un peuple libre ; il a prouvé surtout qu'il nous convenait de nous allier avec la Pologne, l'Angleterre et l'Amérique. »
Pour compléter cette analyse du discours de Condorcet, nous

ajouterons qu'il signala la nullité de nos négociations comme la cause des projets malveillans formés contre la France. « Annonçons à l'Europe, s'écria-t-il, que nous sommes toujours disposés à la paix, toujours prêts à faire une alliance digne d'un peuple libre ; que la liberté et l'égalité, bases de notre constitution, le soient aussi de nos traités ; et qu'entre les peuples et nous, elles deviennent les liens d'une éternelle fraternité. » Il demanda que le roi fût prié d'envoyer auprès des puissances des hommes dignes de la confiance du peuple français, et de les charger de proposer et de négocier des traités d'alliance, de commerce et de garantie capables d'assurer la paix et la prospérité de l'empire. — Hérault-Séchelles prit la parole après Condorcet ; il voulait qu'on interpellât positivement l'empereur pour qu'il déclarât s'il entendait demeurer ami et allié de la nation française ; que le roi continuât de prendre les mesures les plus vigoureuses sur la défense des frontières, et qu'il fût fait un rapport sur le traité de 1756. Rouyer, Mailhe et Gensonné appuyèrent cette proposition. Varennes demanda qu'il y fût ajouté la protestation formelle de ne déposer les armes qu'après avoir donné la liberté à tous les peuples. Les tribunes applaudirent avec transport. L'assemblée adopta en ces termes le projet d'Hérault-Séchelles :

« L'assemblée nationale, considérant que l'empereur, par sa circulaire du 25 novembre 1791, par la conclusion d'un nouveau traité arrêté entre lui et le roi de Prusse le 25 juillet 1791, et notifié à la diète de Ratisbonne le 6 décembre, par sa réponse au roi des Français sur la notification à lui faite de l'acceptation de l'acte constitutionnel, et par l'office de son chancelier de cour et d'état, en date du 21 décembre 1791, a enfreint le traité du 1er mai 1756, et cherché à exciter entre diverses puissances un concert attentatoire à la souveraineté et à la sûreté de la nation ;

» Considérant que la nation française, après avoir manifesté sa résolution de ne s'immiscer dans le gouvernement d'aucune nation étrangère, a le droit d'attendre pour elle-même une juste réciprocité, à laquelle elle ne souffrira jamais qu'il soit porté la moindre atteinte ;

» Applaudissant à la fermeté avec laquelle le roi des Français a répondu à l'office de l'empereur ;

» Après avoir entendu le rapport de son comité diplomatique, décrète ce qui suit :

» Art. Ier. Le roi sera invité par une députation à déclarer à l'empereur qu'il ne peut traiter avec aucune puissance qu'au nom de la nation française, et en vertu des pouvoirs qui lui sont délégués par la constitution.

» II. Le roi sera invité de demander à l'empereur si, comme chef de la maison d'Autriche, il entend vivre en paix et bonne intelligence avec la nation française, et s'il renonce à tout traité et convention dirigés contre la souveraineté, l'indépendance et la sûreté de la nation.

» III. Le roi sera invité de déclarer à l'empereur qu'à défaut par lui de donner à la nation avant le 1er mars prochain pleine et entière satisfaction sur tous les points ci-dessus rapportés, son silence, ainsi que toute réponse évasive ou dilatoire, seront regardés comme une déclaration de guerre.

» IV. Le roi sera invité à continuer de prendre les mesures les plus promptes pour que les troupes françaises soient en état d'entrer en campagne au premier ordre qui leur en sera donné. »

Ce décret fut transmis le jour même au pouvoir exécutif. Louis XVI y répondit par le message suivant :

Paris, le 28 janvier 1792. — « J'ai examiné, messieurs, l'invitation en forme de décret que vous m'avez fait présenter le 25 de mois. Vous savez que par la constitution c'est à moi seul qu'il appartient d'entretenir les relations politiques au dehors, de conduire les négociations, et que le corps-législatif ne peut délibérer sur la guerre que sur ma proposition formelle et nécessaire. Sans doute vous pouvez me demander de prendre en considération tout ce qui intéresse la sûreté et la dignité nationale : mais la forme que vous avez adoptée est susceptible d'observations importantes. Je ne les développerai point aujourd'hui : la gravité des circonstances exige que je m'occupe encore plus de maintenir l'accord de nos sentimens, que de discuter continuellement mes droits. Je dois donc vous faire connaître que j'ai demandé depuis quinze jours à l'empereur une explication positive sur les principaux articles qui font l'objet de votre invitation. J'ai conservé avec lui les égards que se doivent respectivement les puissances. Si nous avons la guerre, n'ayons à nous reprocher aucun tort qui l'ait provoquée; cette certitude peut seule nous aider à soutenir les maux inévitables qu'elle entraîne. Je sens qu'il est glorieux pour moi de parler au nom d'une nation qui montre un si grand courage, et je saurai faire valoir cet incalculable moyen de force.

» Quelle preuve plus sincère puis-je donner de mon attachement à la constitution que de mettre autant de mesure dans les négociations qui tendent à la paix, que de célérité dans les préparatifs qui permettront, s'il le faut, d'entrer en campagne avant six semaines. La plus inquiète méfiance ne peut trouver dans cette conduite que la conciliation de tous mes devoirs. Je le rappelle à l'assemblée, l'humanité défend de mêler aucun mouvement d'enthousiasme à la décision de la guerre; une telle détermination doit être l'acte le plus mûrement réfléchi; car c'est prononcer, au nom de la patrie, que son intérêt exige d'elle le sacrifice d'un grand nombre de ses enfans. Je veille cependant à l'honneur et à la sûreté de la nation, et je hâterai de tout mon pouvoir le moment de faire connaître à l'assemblée si elle peut compter sur la paix, ou s'il faut se résoudre à la guerre. *Signé*, Louis. *Et plus bas*, Duport. »

Pendant la discussion du projet de Hérault-Séchelles, le maréchal Rochambeau, admis dans l'assemblée, présenta quelques observations sur l'état des frontières et sur les gardes nationales; il renouvela son serment civique. Son discours et la réponse du président furent envoyés aux armées.

Le 27, le même Rochambeau demanda par une lettre qu'il fût permis à Crublier, Daverhoult et Dumas de joindre l'armée du Nord. Là-dessus Beugnot fit observer qu'il n'y avait qu'un moyen pour les membres de l'assemblée de prendre du service dans l'armée, c'était de donner leur démission. Crublier s'en remit à la sagesse de l'assemblée. Lacuée rappela la loi du 11 juin qui s'opposait à ce que les membres de l'assemblée pussent quitter leurs fonctions. Dumas demanda un congé pour rejoindre Rochambeau. Daverhoult déclara qu'il croyait de son devoir de rester à son poste. La question fut soumise au comité militaire, qui, le 31 au soir, par l'organe de son rapporteur Choudieu, fit refuser le congé à Dumas, et au général Rochambeau, l'adjonction de trois membres pris dans le corps-législatif. — A la même séance du 27, l'assemblée répondit à l'une des propositions antérieures de Narbonne, en adoptant un projet présenté par Lacroix, pour l'augmentation de huit lieutenans-généraux et de douze maréchaux-de-camp.

Le 28 janvier, Narbonne présenta à l'assemblée législative les officiers des troupes de ligne formées de la garde nationale soldée de Paris. Ce fut en leur présence que Vaublanc, au nom du comité d'instruction, fit un rapport sur les récompenses militaires. Entre autres dispositions de ce projet, on y remarquait celle d'établir en France le triomphe des Romains. L'assemblée ajourna. — Nous venons d'exposer tout ce que renferment de relatif à la guerre les travaux parlementaires de janvier, soit directement, soit indirectement. Il faut ranger dans les incidences ce que nous avons mentionné touchant le recrutement et les passeports. Cette dernière question ne fut vidée qu'en février; posée par Thuriot le 24 janvier, rappelée par Duhem à la séance du 27, Codet, au nom du comité de législation, en fit le rapport séance tenante, et le justifia à celle du 30. Après lui Lemontey dénonça une bande d'aventuriers qui parcouraient l'Europe, et qui venaient se répandre en France; il combattit le projet du comité, et proposa d'attacher à la culture des terrains en friche les bras de la horde de brigands qu'il avait désignés. Broussonet demanda une loi sur la déportation. Lecoz répondit aux objections, et l'assemblée décréta ce qui suit :

« Art. Ier. Toute personne qui voudra voyager dans le royaume sera tenue, jusqu'à ce qu'il en ait été autrement ordonné, de se munir d'un passeport.

» II. Les passeports contiendront le nom des personnes à qui ils seront donnés, leur âge, leur profession, leur signalement, le lieu de leur domicile, et leur qualité de français ou d'étranger. Chaque passeport sera individuel.

L'article III était ainsi conçu :

» III. Ils contiendront en outre l'extrait de la déclaration faite aux municipalités par chaque habitant, en exécution de la loi municipale du 19 janvier 1791. »

[*M. Thuriot.* Voici la rédaction que je propose : « Les Français ou étrangers qui voudront sortir du royaume seront tenus de remplir les formalités prescrites par les articles précédens, *et si leur intention est de sortir du royaume, ils seront tenus de le faire énoncer sur leurs passeports*, etc. »

On demande la question préalable sur cet amendement.

L'assemblée décide qu'il y a lieu à délibérer.

L'amendement est mis aux voix. —Trois épreuves successives paraissent douteuses. — On procède à une quatrième épreuve. — M. le président déclare que l'assemblée adopte l'amendement. (Les tribunes applaudissent.)

Une grande partie de l'assemblée réclame contre l'épreuve.

On demande l'appel nominal.

M. Girardin. Je demande qu'on ne détruise ni le commerce ni la liberté......

L'agitation continue.

M. le président (Guadet), s'adressant à M. Tarbé, placé à sa gauche. Monsieur, je vous rappelle à l'ordre, et au nom de l'assemblée j'ordonne à messieurs les secrétaires d'écrire votre nom sur le procès-verbal.

Une partie de l'assemblée et les tribunes applaudissent. — L'autre s'élève contre la censure prononcée par M. le président.

M. le président. J'ai ordonné d'inscrire le nom de monsieur sur le procès-verbal, parce que le réglement m'en donne le pouvoir. (On entend ces mots dans diverses parties de la salle : *Oui.* —*Non.*)

Un de messieurs les secrétaires fait lecture du réglement. —Il porte que si après trois interpellations successives, dont la dernière doit être faite nominativement, le membre interpellé persiste à ne pas vouloir rentrer dans l'ordre, M. le président ordonnera, au nom de l'assemblée, que son nom soit inscrit au procès-verbal.

M. le président. J'observe que j'ai rappelé trois fois Monsieur à l'ordre, et si je n'ai point prononcé son nom, c'est que je ne le sais pas. (Les murmures d'une partie de l'assemblée redoublent.)

M. Tarbé paraît à la tribune.

Plusieurs voix. Vous n'avez pas la parole.

M. Tarbé. Lorsque M. le président a déclaré que l'assemblée adoptait l'amendement de M. Thuriot, les tribunes se sont permis d'applaudir. Plusieurs fois j'ai interpellé M. le président de les rappeler à l'observation du décret qui a dû être affiché dans tous les lieux qui avoisinent cette enceinte : M. le président n'en a tenu aucun compte.... (Plusieurs voix : *Il a bien fait.*) Alors, avec son habitude ordinaire de rappeler à l'ordre.... (Les cris de *L'ordre du jour!* long-temps répétés dans une partie de la salle, empêchent l'opinant de se faire entendre. — Une voix s'élève : *Monsieur le président, faites donc faire silence!*)

M. Lacroix, désignant les membres placés à la gauche de M. le président : Il n'y a pas de décence dans cette partie de l'assemblée..... (Quelques membres et les tribunes applaudissent.) J'y ai entendu prononcer les mots de bourreau..... (L'agitation est très-vive. — M. Lacroix s'élance à la tribune. — Les galeries retentissent d'applaudissemens. — M. Calvet paraît à la tribune à côté de M. Lacroix.)

M. Calvet. C'est moi qui ai dit que la rédaction présentée par M. Thuriot était sanguinaire, et j'ai parlé d'après ma conscience ; j'ai demandé l'appel nominal, motivé sur ce que ceux qui n'étaient pas de l'avis de la rédaction ne voulaient pas passer pour des bourreaux.....

L'assemblée passe à l'ordre du jour.

N..... L'amendement de M. Thuriot est destructif de la liberté du commerce et de l'industrie, et contraire même aux intérêts du peuple.

M. Thuriot. Il est étonnant qu'on calomnie ainsi des personnes qui ont fait tous les sacrifices possibles pour la révolution. Je crois qu'il est nécessaire qu'un homme déjà suspect, et il y en a beaucoup (Quelques voix : *Ici?*), soit soumis à une surveillance particulière.

L'assemblée adopte, après quelques minutes d'agitation, l'amendement de M. Thuriot.]

Le 31, on reprit la discussion sur les passe-ports. Daverhoult et Girardin ne voulaient pas qu'on imposât l'obligation des passe-ports aux étrangers entrant dans le royaume, parce que c'était entraver le commerce. Lacroix n'y trouva qu'un motif de sûreté et de recommandation. La mesure fut adoptée. Dumas fit décréter ensuite que les ordres des généraux équivaudraient aux passe-ports. — Là s'arrêta la délibération sur cette matière en janvier; afin de n'y pas revenir nous dirons que le 1er février, quelques dispositions ultérieures complétèrent cette loi.

Presse. Nous allons placer ici la polémique des journaux contre les décrets dont nous venons d'écrire l'histoire. La loi sur les passe-ports fut attaquée par la presse royaliste et par la presse révolutionnaire:—Nous lisons dans Royon, n° du 5 février : « On achève d'organiser notre liberté, en ajoutant quelques articles au décret qui nous permet d'aller de Paris dîner à Saint-Denis, moyennant un passe-port sur papier timbré. Si on s'avise, pour se soustraire à la rage jacobite, de prendre un faux nom, ou, ce qui est la même chose, si le maire de votre village écrit mal votre nom, ce qui vous sera imputé comme un faux commis à dessein, vous en serez quitte pour un an de prison au plus; et même si e maire n'est pas trop méchant, ou si son cœur est tendre aux assignats, vous pouvez en être quitte à meilleur marché, pourvu que cela aille au moins à trois mois. C'est le *minimum*; et cette réclusion se nommera police correctionnelle. Dans des temps calmes et ordinaires, celui qui cache son nom est suspect. Mais dans des tourbillons d'anarchie, dans les doux momens de la ligue, de la fronde, de la révolution, des *conventions*, des proscriptions, le nom d'un honnête homme est presque toujours un arrêt de mort; celui d'un scélérat un titre de recommandation. Si on ne peut sortir qu'avec un passe-port, il faudra faire son testament avant d'aller à la campagne, ou bien se faire affilier aux Jacobins. Elle est bien lâche, bien digne de son avilissement, la nation à laquelle on peut, je ne dis pas imposer, je dis proposer une loi si infame. Il est si naturel de cacher son nom pour soustraire sa personne à la persécution !

» Que ce nom soit caché puisqu'on le persécute,

» Dit Tancrède. Voilà le cri de la nature; c'est l'offenser, c'est l'outrager que de forcer qui que ce soit à conserver une enseigne de mort et de proscription. »

Nous lisons dans les *Révolutions de Paris*, n° 134 : « Sur une motion insidieuse de La Fayette, l'assemblée constituante décréta une amnistie et la liberté de voyager en France et d'en sortir à volonté. Cette loi, qu'on présenta comme d'un beau mouvement digne d'une grande nation qui a la conscience de sa force, ne fut alors qu'un acte d'imprudence insigne. Il est beau d'être généreux avec un ennemi loyal; mais avec de lâches escrocs!... Ceux-ci en profitèrent pour nous enlever tout le numéraire, pour se communiquer avec promptitude, et presque à découvert, leurs plans divers de contre-révolution, que notre vigilance a successivement déjoués, et pour former des rassemblemens intérieurs qui ont troublé instantanément l'ordre et le repos public. Tout ce mal qu'ils pouvaient nous faire est fait, et c'est dans cet état de choses que le corps législatif s'avise de rétablir les passe-ports. Nos ennemis, en se soumettant aux nouvelles formes prescrites pour voyager, ne seront-ils pas tout aussi libres qu'auparavant? Ils pourront même se livrer, avec plus de sécurité et d'effronterie que jamais, à leurs criminelles spéculations. Qu'on se rappelle si ces entraves ont embarrassé un moment la cour dans sa fuite. » L'auteur discute tout le décret article par article, et finit ainsi : « C'est bien le cas d'appliquer le refrain de cette chanson moderne : *Voyage, voyage désormais qui voudra.*

» En nous résumant, nous estimons que ce nouveau décret sur les passe-ports est impolitique, en ce qu'il donne de l'importance à des gens qui se croyaient au bout de leur rôle; inutile, en ce que ceux contre lesquels il est principalement dirigé l'éluderont sans peine, et indigne d'un peuple dont la masse imposante doit reposer sur des bases proportionnées; de petits réglemens prohibitifs ne sont plus de mesure. Le chêne robuste se ressent-il des rassemblemens de plusieurs milliers d'insectes qui rampent ou s'agitent le long de son écorce? »

Le même journal fait un article sur la loi du recrutement, qu'il approuve surtout en ce que sa propre doctrine sur la non-incorporation des gardes nationales avec les troupes de ligne y a été proclamée. Nous bornerons nos extraits aux passages suivans :

« Le Washington de notre révolution, disait naguère un grand homme, est peut-être encore dans l'obscurité, peut-être est-il tambour en ce moment. Cette vérité est frappante; notre révolution n'est pas faite, ceux qui l'achèveront sont encore inconnus; tout ce qu'il y a de certain, c'est qu'elle ne peut s'achever que par des hommes du peuple. » — « J. P. Brissot nous dit qu'il veut la guerre, parce qu'il sait que le roi ne la veut pas. Mais J. P. Brissot n'a qu'à lire la constitution; elle soumet toutes les décisions de guerre à l'empire tyrannique du *veto*, et si le roi ne veut pas la guerre, il est inutile de discuter plus long-temps, la constitution lui donne le droit extravagant de ne pas la faire, quand bien même les 25 millions d'individus qui composent la France eussent juré d'une voix unanime qu'ils veulent la guerre. » (*Révol. de Paris*, n° 135.)

Ce numéro de Prudhomme renferme aussi une critique très-amère du décret sur l'office de l'empereur. « Ce décret, rendu au milieu des applaudissemens des tribunes, ne nous a pas fait la même impression à la lecture. Nous l'avons trouvé insignifiant dans quelques articles, dangereux dans plusieurs, et partout inconséquent à la déclaration des droits de l'homme. Le comité diplomatique n'a pas touché la bonne corde. S'il voulait faire une réquisition, ce n'était pas tant à Léopold chef de la maison d'Autriche, qu'il fallait la faire, qu'à Léopold empereur d'Allemagne, et chef suprême de l'empire. Léopold chef de la maison d'Autriche va nous dire qu'il a dispersé les émigrés et qu'il a donné pleine satisfaction à la France. Mais il ne nous dira pas que comme chef de l'empire il veut maintenir les droits des princes possessionnés en *Alsace* et en *Lorraine*, et voilà sur quoi le comité diplomatique devait le faire expliquer. Cette question, maladroitement écartée, laisse subsister le germe de la guerre, tandis qu'un seul mot aurait pu le détruire. *Voulez-vous ou ne voulez-vous pas recevoir des indemnités en remplacement de vos droits féodaux supprimés?* Telle est la demande catégorique que l'assemblée nationale devait faire à l'empereur. Tant qu'ils n'auront pas fait une réponse précise à cet égard, la France ne sera pas sûre des intentions de ses voisins. »

Narbonne n'était pas oublié dans la controverse soutenue par la presse à l'égard de certaines mesures de l'assemblée. Le n° de Gorsas du 24 janvier renferme un article que nous allons transcrire parce qu'il est confirmatif des faits énoncés plus haut dans notre citation des mémoires d'un homme d'état.

« On paraît encore douter du complot exécrable formé par le *club monarchique* pour faire assassiner les patriotes de l'assemblée et établir le *gouvernement britannique*. Voici de nouvelles preuves de ce projet consignées dans le paragraphe suivant, extrait d'un nouveau journal aristocratique. Il est heureux que les Clermont-Tonnerre, les Barnave, les Lameth soient aussi haïs, aussi méprisés par les *fous* de l'ancien régime que par les vrais amis de l'égalité. »

§. « L'arrivée de madame la princesse de Lamballe a tout changé; les intrigans ont remplacé les politiques, et madame de Stael a dirigé toute la machine du gouvernement depuis le mois de décembre. C'est elle qui a porté M. Narbonne, son amant, au ministère de la guerre. Le but de cette nomination était de se servir de M. de Narbonne, de son esprit, de sa gentillesse pour électriser l'armée *sous le masque du patriotisme*, et en faire un instrument dont le roi aurait pu se servir pour renverser tous les clubs du royaume : en faisant déclarer la guerre à l'empire, en allant visiter nos frontières, en échauffant les esprits sur nos moyens, on comptait au point, où les armées étant en présence, les patriotes se seraient aperçus de leur faiblesse, et la crainte eût consenti à une médiation armée de toutes les puissances, qui auraient modifié la constitution au gré de notre gouvernement. La reine trouvait ce plan d'autant mieux conçu, qu'elle y apercevait le moyen de conserver à Léopold l'influence que l'Autriche a sur les affaires de France depuis plus de trente ans. — Tel était le plan de la reine, de madame Lamballe et de madame de Stael ; tandis que le roi, tremblant à chaque instant qu'on ne portât la moindre atteinte à la constitution, parce que la mort lui paraissait inévitable si on l'attaquait, ne s'occupait qu'à faire la cour à l'assemblée nationale, et que ses ministres bornaient leur tactique à soudoyer de misérables journalistes pour crier qu'il fallait renforcer le pouvoir exécutif et disserter sur la bonté et la nécessité d'un *veto* suspensif. »

Nous lisons dans Carra : — « Il est temps et plus que temps de déchirer, sur toute la figure de ce roué de cour (le ministre de la guerre), le masque dont il veut se couvrir, et de le faire connaître sous tous les rapports. Déjà les patriotes de Besançon, de Béfort et des départemens voisins, nous ont donné des preuves nombreuses et suffisantes de son impudence, de son faux patriotisme et de sa profonde perversité ; nous nous contenterons dans cet article de citer quelques-unes des mille et une plaintes faites contre lui sur les frontières, nous réservant de dévoiler, à la tribune des Jacobins (nous l'y trouverons en effet le 4 février), et ensuite dans ces mêmes feuilles, tous les projets et toutes les intrigues nouvelles de MIEL de Narbonne, avec MIMI de Stael, sa bonne amie, et autres personnages que nous nommerons en toutes lettres, sans rien cacher de leur système de corruption entrepris envers les députés et même les Jacobins, de toutes les manœuvres qu'ils préparent pour perdre la France et la livrer à des Cromwel et à des Monk.

» En attendant, voici ce que les volontaires nationaux des bataillons du Loiret, en garnison à Château-sur-Aisne et à Château-Porcien, nous écrivent. (Les lettres originales et signées sont dans nos mains). — « Vous avez bien raison de ne pas vous fier aux paroles doucereuses du ministre Narbonne; le miel qu'il fait couler avec profusion de ses lèvres, n'est qu'afin de mieux cacher le fiel que renferme son cœur corrompu. Voici de quelle manière il remplit avec fidélité à notre égard le poste qui lui est confié : les bataillons de volontaires qu'il dit être en bon état, sont, les uns sans gibernes et munis de cartouches; les autres avec des gibernes, sans cartouches; d'autres enfin ont ces deux objets et n'ont pas de pierres à fusil, et le nôtre est dans cette dernière position. Il semble même qu'elles ont été accaparées; car à Rhetel, chef-lieu de notre garnison, et qu'on a mis, dans un rapport fait à l'assemblée nationale, au nombre des villes fortifiées, il n'est pas même possible d'en trouver. Nous ne savons pas quels sont les forts de cette place; si nous en exceptons nos corps qui serviront toujours de rempart aux incursions des ennemis, il n'existe rien qui puisse en interdire l'entrée. Ce mielleux imposteur dit que tous les bataillons sont en bon état; mais leur bon état, selon son système, est celui où ils pourront être écharpés sans pouvoir se défendre, etc., etc. »

« N. B. Les deux lettres d'où nous tirons cet extrait seront déposées au comité militaire. »

« On nous écrit de Moyenvil, du 25 janvier dernier, que le ministre de la guerre s'est bien gardé de visiter Marsal, forteresse de seconde ligne, dont les fortifications sont entièrement délabrées et où l'on trouve cependant cent trente-trois mille livres pesant de poudre de la meilleure qualité, quoiqu'il n'y ait pas un seul fusil dans les magasins, et tout au plus trente-cinq citoyens armés, avec cent hommes du régiment ci-devant Rouergue. La ville de Vic est dans le même cas ; mais on sait, et nous en avons des preuves, que le menteur Narbonne a évité toutes les places délabrées, afin de n'avoir que de belles phrases à faire sur les places fortifiées, et aucune réclamation à essuyer dans celles qui manquent de tout. Qu'on le suive partout, et on verra le plus fourbe et le plus traître de tous les ministres passés, présens et avenir. »

« Dans une adresse des braves citoyens de Lure à l'assemblée nationale, on trouve ce paragraphe au sujet de Narbonne : « Ne vous fiez pas à ce nouvel enfant de la faveur, et à cet homme affamé de réputation, qui se remue, s'agite, parcourt le royaume pour s'exposer aux regards du peuple ; qui a fait une apparition à Béfort pour y commettre une injustice ; qui a placé, contre la disposition de la loi et au préjudice de plusieurs officiers de chasseurs, un protégé du sieur Cadignan, lieutenant-colonel distingué par sa seule ineptie et son aristocratie dégoûtante. » — Mais tout cela n'est rien en comparaison des projets que nous dévoilerons bientôt. » CARRA.

Pour n'omettre aucune des incidences parlementaires importantes comprises dans la question de la guerre, nous n'avons plus qu'à dire en peu de mots ce qui précéda et ce qui suivit la mesure prise à l'égard des anciennes gardes françaises. On a vu plus haut que Narbonne présenta à l'assemblée nationale les officiers de ces troupes converties en régiment de ligne. Les sociétés populaires et les sections de la capitale firent de nombreuses démarches auprès du corps législatif pour conserver un corps dont le patriotisme avait éclaté en tant de rencontres. Parmi les sections qui montrèrent le plus d'empressement, nous citerons celle du Palais-Royal, présidée alors par E. J. B. Maillard ; depuis la pétition du Champ-de-Mars, nous retrouvons pour la première fois ce personnage. Son nom est au bas d'un procès-verbal de la section dont il s'agit, pièce datée du 31 janvier et insérée dans les *Annales patriotiques* du 4 février. Le 26 janvier, l'assemblée législative reçut une députation des gardes françaises, se plaignant des vexations que leur faisaient éprouver leurs officiers. Fauchet les appuya fortement. Il dit que l'on voulait détruire la première armée de la liberté, et que l'on donnait à ces soldats des cartouches du 12 janvier, signées Bailly; il demanda que Bailly fût entendu à la barre. Rouyer parla dans le même sens, mais, sur la proposition de Thuriot, l'assemblée renvoya la pétition au comité militaire et le chargea de prendre des renseignemens sur ces cartouches.

La veille, le club des Jacobins avait témoigné à ces vétérans une sympathie unanime. Gorsas, n° du 28 janvier, résume ainsi cette séance : « Les gardes françaises, les premiers soldats de la liberté, sont, *à ce titre*, tourmentés, vilipendés par la canaille aristocratique *à doubles épaulettes*. Beaucoup de ces braves gens reçoivent des congés *qu'ils ne demandent pas*, *qu'on a même motif, de leur offrir*. Avant-hier, plusieurs se trouvaient sans gîte. Le patriote Collot peignit leur sort à la société des Jacobins, et il le peignit en traits de feu. La société, dans l'instant, et d'après une députation nombreuse de ces braves gens, qui prouvaient, pièces en main, la perfidie de leurs chefs vendus à la cour, ouvrit un registre pour inscrire les noms de ceux qui voudraient offrir l'hospitalité à ces victimes du despotisme. La liste fut aussitôt remplie, et les membres de la société qui ne purent point faire de soumission pour le logement, sempressèrent au moins de contribuer. Les tribunes ne se contentèrent pas d'applaudissemens stériles. Enfin, le résultat de cette contribution, plus honorable encore pour ceux à qui elle était destinée que pour ceux qui l'ouvraient, s'est montée en un instant au-delà de 600 liv. » Le *Journal des Débats* des Jacobins, qui porte la date du mois depuis le 17 janvier seulement, ne diffère de ce récit que sur la somme, il dit (n° du 28 janvier, séance du 25) que le résultat de la contribution a été de 430 liv.

Notre dernier mot sur les gardes françaises sera l'insertion de la pièce suivante, extraite de Gorsas, n° du 30 janvier :

Adieu des gardes-françaises aux quarante-huit sections de Paris.

« Parisiens, les gardes françaises vous disent un éternel adieu.

Les actions qui leur méritent votre indifférence, sont en effet dans ce moment très-criminelles.

Premier crime. — « Nous avons refusé de tirer sur le peuple à Versailles.

Deuxième crime. — « Nous avons coopéré essentiellement à la prise de la Bastille. Nous avons maintenu la paix dans la capitale sans effusion de sang.

Troisième crime. — « Nous avons déterminé, pour ne pas dire forcé le général de La Fayette à partir pour Versailles.

Quatrième crime. — « Nous avons conduit le pouvoir exécutif à Paris.

Cinquième crime. — « Nous avons méprisé les offres séduisantes de l'aristocratie.

Sixième crime. — « Nous avons contribué à empêcher le fameux voyage de Saint-Cloud.

Septième crime. — « Nous avons fait avec vous le service avec la plus grande fraternité.

Huitième crime. — « Nous avons fait une police sévère dans votre corps.

» Aujourd'hui que la machine à *veto* se prépare à jouer, nous pourrions être de nuisibles acteurs; on nous chasse du lieu de la scène. Cependant le même amour pour la patrie dominera nos sentimens, et notre dernier cri sera toujours: LIBERTÉ OU MORT.

» Jeunesse parisienne, ouvrez donc les yeux, et répondez à vos anciens amis que vous avez si long-temps traités de protecteurs: Qu'étiez-vous en juillet 1789? des femmelettes poudrées, musquées, fiers d'un habit et de vos bonnes fortunes, débauchés ou joueurs, singes des valets de cour, et vous faisant marquiser pour de l'argent: voilà vos qualités sous l'ancien régime. Quels sont les instructeurs qui ont ressuscité vos cadavres efféminés? de qui tenez-vous l'art de manier les armes, qui a imbibé vos ames de l'énergie d'un soldat patriote? qui a ouvert vos cœurs aux douceurs de l'amitié fraternelle? enfin, qui vous a créés hommes? Répondez: sans nous, vos bras ne seraient-ils pas encore chargés des chaînes de l'esclavage?

» Ecrivains pour ou contre la révolution, de qui tenez-vous la liberté de la presse? Français patriotes, aristocrates, modérés, égoïstes ou nuls, qui vous a donné le droit d'avoir une opinion? Sans nous, le cachet du despotisme ne serait-il pas sur vos bouches pures ou impures? Peuple, qui a épargné ton sang quand les conspirateurs en avaient une soif si dévorante? Faubourg Saint-Antoine, surtout, qui, au moindre choc, seras le point de réunion de tous les patriotes, rappelle à ta mémoire la journée de Vincennes; cette journée devait être pour toi la nuit du tombeau, mais les gardes françaises sont tes amis. Dans cette journée d'horreur et de sang, au Champ-de-Mars, qu'ont fait les gardes françaises? Comme Caton, ils se sont enveloppé le visage, et ont versé des larmes sur leur malheureuse patrie.

» Parisiens, les tyrans français et étrangers n'apprendront pas, sans se livrer à la plus féroce joie, et les peuples qui se préparent à la liberté ne verront pas, sans l'indignation la plus amère, que *les hommes du 11 juillet*, pour prix des services rendus à la cause commune, sont forcés d'aller mendier le long d'un royaume que leur valeur a rendu libre. — Parisiens, écoutez pour la dernière fois les avis de l'amitié. — Si vous aimez vos propriétés, vos femmes, vos enfans, veillez, veillez; l'heure du sommeil est à jamais perdue pour vous; trois régimens de ligne vont se former au complet. Vous n'aurez au sein de la capitale que des hommes choisis par le despotisme, souples et obéissans à la voix du *veto*, tandis que l'injustice et la haine ont détruit le plus beau corps de France, ce corps qui, le 11 juillet, prit une attitude fière; le 12, proclama à tout l'univers la liberté; et depuis, n'a obéi qu'à la raison et aux lois constitutionnelles de l'état.

» Législateurs, l'univers crie : Représentans, souffrirez-vous que les besoins naissent sous les pas des hommes du 11 juillet, qui ont créé les hommes du 14? souffrirez-vous que la verge ministérielle les poursuive, les affame, les égorge jusque dans leurs chaumières? Employez leurs bras à votre défense, à votre sûreté; ils seront invincibles.

» Amis de la Constitution, l'univers crie : Vous, que l'on dit justes; vous, dont nous aimons les principes sacrés; vous, les défenseurs des citoyens vexés, ce n'est donc que pour les seules gardes françaises que l'humanité et l'énergie ont disparu de vos ames ? Pétion, Robespierre.... vous gardez le silence ! — Quoi ! toute la France se tait pour nous, quand tout l'univers parle de nous (1) !

» O Louis XVI ! père du peuple, restaurateur de la liberté française, en vertu d'un décret de l'assemblée nationale constituante, sur lequel les ministériels ne vous ont pas ordonné d'apposer votre *veto*, soyez content, les gardes françaises ne sont plus.

» Ministres, que la capitale vous remercie; vous l'avez privée de quatre mille bras, de quatre mille bras du 14 juillet.

» Narbonne, toi qui, la baguette magique à la main, peux conduire à ton gré l'assemblée nationale, suis tes projets; tu triomphes; les gardes françaises, épars çà et là, ne pourront plus se rallier pour combattre avec leurs anciens amis.

» Municipalité de Paris, qui voulez, contre les décrets, rendre vos plans héréditaires; les gardes françaises ne pourront plus vous faire les reproches mérités d'avoir passé à l'ordre du jour sur une motion tendante à présenter vos respects à l'assemblée nationale, au nom de tous les citoyens de Paris; vous les avez abandonnés, parce qu'ils étaient trop patriotes.

» Etat-major de la garde nationale parisienne, les gardes françaises ont toujours apprécié vos promesses mensongères; et pour toute punition, ils vous ordonnent d'être aussi insatiables vautours de la liste civile, que vous étiez sangsues dévorantes des deniers de la commune.

» Chevaliers, barons, marquis entassés à Coblentz ou rentrés dans l'hôtel garni du Louvre, jadis le palais des rois, fabriquez à votre aise vos libelles incendiaires, colportez les faux assignats de la planche Calonne, méditez à loisir vos crimes et vos for-

(1) Depuis que ces adieux nous ont été adressés, la société des Amis de la Constitution a parlé. (*Note de Gorsas*.)

faits, nous ne pouvons plus dire aux commissaires de se faire apporter le livre du logeur, et de faire une belle nuit l'appel nominal de tous ces brigands qui arrivent des quatre coins de l'empire pour faire égorger le peuple, et appuyer le système des deux chambres par des assassinats.

» Section des Quinze-Vingts, — Faubourg Saint-Antoine, reçois tous nos remerciemens pour l'une de tes délibérations, par laquelle tu demandais à l'assemblée nationale un mode d'imposition sur les habitans de Paris pour nous conserver; tu demandais à faire un fonds suffisant pour que, au déclin de l'âge, il y eût un moyen sûr d'alimenter nos corps usés au service de la patrie : que le Dieu des hommes libres te laisse jouir en paix de cette liberté dont tu es si digne. — Adieu.... nous partons, en souhaitant à tous les aristocrates le tombeau qu'ils nous ont refusé au sein de la capitale. »

Organisation de la haute cour nationale.

Le projet d'organisation de la haute cour nationale fut présenté par Delmas, le 30 décembre. Pastoret proposa de former différentes hautes cours, d'après les différentes natures de délits. Le 3 janvier on ouvrit la discussion. — La haute cour serait-elle permanente comme la législature qui l'aurait convoquée, et connaîtrait-elle de toutes les accusations qui seraient portées pendant le temps de la session? les quatre grands juges seraient-ils renouvelés à chaque jugement? les jurés qui auraient prononcé une fois, seraient-ils rayés de la liste du jury? tel était l'état de la question.

L'esprit de la Constitution, l'établissement des jurés paraissaient contraires à la permanence de la haute cour nationale. Beaucoup de membres ne lui voyaient pas accorder sans effroi le droit de toutes les affaires subséquentes à celle qui aurait provoqué sa formation. La liberté, demandaient-ils, n'aurait-elle rien à craindre d'un corps revêtu d'un pouvoir immense, planant, pour ainsi dire, au-dessus de toutes les autorités constituées? — Goujon vota pour que la haute cour ne pût connaître que d'une seule accusation, et qu'à chaque jugement on changeât les procurateurs, les juges et tout le grand jury. Les adversaires de Goujon s'appuyèrent principalement de ces deux réflexions : L'humanité veut que les accusés ne gémissent pas long-temps dans les cachots; le salut du peuple exige que l'on prévienne les crimes. — Après quelques autres débats sans importance, le projet du comité fut adopté en ces termes :

[L'assemblée nationale, après avoir entendu le rapport de son comité de législation, et décrété l'urgence, décrète ce qui suit :

ART. Ier La haute cour nationale, formée et convoquée pour juger une première accusation, connaîtra de toutes les accusations subséquentes qui seront portées par le corps législatif, avant qu'elle se sépare, et tant qu'elle sera en activité.

II. Son existence ne pourra néanmoins être prolongée au-delà de la session du corps législatif qui l'aura établie : aux cas et cependant si les accusations portées par le corps législatif n'ont pu être jugées dans l'intervalle de la session, une nouvelle haute cour nationale sera formée sans délai par la législature suivante, et la première continuera ses fonctions jusqu'à son remplacement effectif.

III. Dans chaque accusation, la composition du haut-juré se fera par le tirage au sort sur les cent soixante-six membres formant le tableau du haut-juré.

Ceux qui auraient déjà été employés en cette qualité, ne pourront, pendant le cours de la législature, s'excuser, par ce motif, d'entrer dans la composition de nouveaux jurés, si le sort les y appelle.

IV. Il sera remis aux grands procurateurs, par les secrétaires de l'assemblée nationale, et aux grands juges par la voie du ministre de la justice, des expéditions des actes respectifs constatant leurs nominations.

V. Les grands procurateurs communiqueront directement avec l'assemblée nationale, sans l'intermédiaire du pouvoir exécutif.

VI. Les fonctions de commissaires du roi auprès de la haute

cour nationale seront exercées par le commissaire du roi auprès du tribunal criminel du département dans le territoire duquel elle s'assemblera.

VII. Le ministre de la justice aura, avec le commissaire du roi auprès de la haute cour nationale, la même correspondance qu'avec les commissaires du roi auprès des autres tribunaux.

VIII. Les grands procurateurs pourront agir, concurremment ou séparément, dans le cas d'une suspension momentanée et forcée des fonctions de l'un d'eux.

Ils auront une place distinguée dans l'intérieur du parquet, à la droite du tribunal, en face de celle occupée par le commissaire du roi.

IX. Un greffier sera établi auprès de la haute cour nationale. Il sera âgé de vingt-cinq ans au moins. Les grands juges le nommeront au scrutin. Il pourra choisir les commis nécessaires pour le service du tribunal, et il en sera civilement responsable. Ils prêteront, ainsi que lui, entre les mains des juges, avant d'entrer en fonctions, le serment d'être fidèles à la nation, à la loi et au roi, et d'exercer avec exactitude leurs fonctions.

Le greffier ne sera révocable que pour prévarication jugée ; mais ses fonctions cesseront avec celles du tribunal.

Son traitement, indépendamment des frais de commis, dont le nombre sera fixé par les juges, sera de 100 écus par mois.

X. Quatre huissiers seront établis auprès de la haute cour nationale; ils seront nommés par les grands juges, et prêteront devant eux le même serment que le greffier et ses commis ; le traitement de chacun des huissiers sera de 125 livres par mois.

XI. Les grands juges, le commissaire du roi, le greffier et les huissiers, auront le même costume que les juges, commissaire du roi, greffiers et huissiers des autres tribunaux. Les grands procurateurs n'auront aucun costume.

XII. Dès que la haute cour nationale se séparera, les pièces et procédures des affaires jugées et terminées, seront incessamment transférées, à la diligence des grands procurateurs, aux archives de l'assemblée nationale.

XIII. La loi du 15 mai, concernant la haute cour nationale, sera exécutée dans toutes les dispositions auxquelles il n'a pas été dérogé par le présent décret.]

A la séance du 7 janvier, Delmas fit un rapport sur la question de savoir si les décrets relatifs à la composition de la haute cour nationale, devaient être sanctionnés. Il soutint l'affirmative et demanda la question préalable sur l'opinion contraire. Le rapporteur du comité de législation raisonnait ainsi : « Pourquoi les décrets d'accusation sont-ils exempts de sanction ? C'est qu'alors l'assemblée exerce le pouvoir judiciaire et devient haut-juré. Elle reprend le pouvoir législatif lorsqu'elle organise un tribunal, et alors la sanction redevient nécessaire. » — Lecointre-Puyraveau et Couthon s'élevèrent avec force contre la proposition du comité. — « L'ajournement que vous avez prononcé, disait ce dernier, m'a donné le temps de me convaincre de plus en plus de l'immoralité de ce système, puisqu'il tend à établir tous les pouvoirs dans les mains d'un seul homme. De toutes les propositions qui auraient pu être faites, il me paraît la plus dangereuse, la plus attentoire aux droits du peuple et la plus favorable au despotisme. » (Il s'éleva des applaudissemens dans l'assemblée et dans les tribunes.)

Bigot-Préameneu et Navier appuyèrent l'opinion du comité ; après eux, Vergniaud parut à la tribune. En demandant l'ajournement de la question qu'il jugeait digne du plus profond examen, il dénonça l'existence d'un système ministériel, dont le but était d'embarrasser la marche de la Constitution ; système qui s'était montré dans cette proclamation du roi, où le corps législatif était accusé d'avoir méconnu la Constitution ; système qui se dévoilait encore dans la négligence à expédier les décrets sur l'impôt, et dans une foule d'autres démarches et omissions du ministère ; système qui préparait à ces modifications de la Constitution, dont les intrigans prêchaient déjà ouvertement la nécessité. A la dénonciation de ce projet, Vergniaud joignit le développement de cette pensée, savoir ; que la Constitution avait voulu rendre indépendant du pouvoir exécutif tout ce qui con-

cernait la haute cour nationale. Il exhorta l'assemblée à examiner si la doctrine du *veto* sur la haute cour, n'était pas une des principales branches du système ministériel qu'il venait de dénoncer.
— « Ce *veto*, s'écria-t-il, absoudrait les accusés de Coblentz; ce *veto* donnerait au roi le droit de grace en faveur, non pas de coupables obscurs, mais de grands scélérats. Non, entre le crime et l'échafaud, il ne peut pas exister de puissance rivale de la justice. » — La discussion fut continuée au 9.

Ce jour, il se forma sur la terrasse des feuillans, des groupes très-animés, d'où partaient les cris : *Point de sanction !* Brissot, comme nous le lui avons déjà vu reprocher par Prudhomme, soupçonna dans cette démarche une manœuvre des stipendiés de la liste civile. Gorsas affirme au contraire que les plus bruyans étaient ceux qui venaient forcer l'assemblée à adopter les projets du comité. « Ce serait un crime, dit-il, de ne pas faire mention d'une petite phrase jetée à dessein de la tribune par l'auteur du *Chant du Coq*. « On veut, s'est écrié M. Ramond, gêner la liberté des opinions. Oui, messieurs, il y a dans les Tuileries des gens qui vous crient de porter atteinte au droit de sanction ! » On ne peut mentir avec plus d'impudence. Le comité de police poursuit les embaucheurs d'applaudissemens, et les *coquins* en seront pour leurs frais. » (*Le Courrier des 83 départemens*, n° du 10 janvier.) L'assemblée entendit, dans la séance du 9, Gohier pour l'affirmative, et de Lagraverole pour la négative. Girardin déclara cette discussion impolitique, et demanda l'ajournement. Il fut appuyé par MM. Isnard, Gensonné, Cambon, Ducos, Merlin, Grangeneuve, Dubayet et Lasource; combattu par MM. Becquet, Ducastel et Ramond. L'assemblée ajourna et chargea le ministre de la justice, sur sa responsabilité, de faire exécuter le décret, relatif à la haute-cour, porté les 15 et 17 mai 1791, par le corps constituant. — Le 17, les grands procurateurs informèrent l'assemblée de leur installation à Orléans ; ils la prièrent également de leur envoyer les pièces relatives aux différens décrets d'accusation.

Dénonciations contre Bertrand de Molleville.

Le 29 décembre, Cavelier, au nom du comité de marine, présenta, à la suite d'un rapport, des conclusions tendantes à déclarer que le ministre Bertrand avait perdu la confiance de la nation. Les tribunes accueillirent cette proposition par de longs applaudissemens.

Le 2 janvier, le ministre inculpé vint lire à la barre un mémoire justificatif. Il divisa l'accusation portée contre lui en cinq chefs et le comité de marine, ne lui en opposait qu'un, celui d'avoir annoncé que pas un seul officier de marine n'était absent, tandis qu'il y en avait près de deux cents. Il entra dans de longs détails sur ce qui n'était pas en question, et répondit par une dissertation sur le *mensonge officieux*, en ce qui concernait l'absence des officiers de marine. « Il a prétendu, dit Brissot, *Patriote Français* du 3 janvier, que s'il avoit trompé c'était pour le bien public. Le murmure général lui a appris que c'était une idée étroite et insultante, que de faire reposer le salut de la France, sur un mensonge. Il s'est perdu ensuite dans des calculs pour prouver qu'il n'y avait pas deux cents officiers absens, puisqu'il n'avait entendu parler que d'une certaine époque, etc., etc. Pitoyables excuses qui ont prouvé son embarras! Son ton soumis d'ailleurs était assez adroit pour porter à la clémence. Deux vérités résultent de son apologie; d'abord, c'est que ce ministre est bien novice dans la marine, comme il l'a avoué; ensuite, c'est qu'il ne savait ni les anciennes ordonnances, parce qu'il les croyait abrogées; ni les nouvelles, pour la commodité des officiers de Coblentz. —Cette étrange justification était à peine finie que du fond d'une galerie partit une nuée d'applaudissemens assez extraordinaires pour les galeries anti-ministérielles. M. l'abbé Fauchet a révélé à l'assemblée le secret de cette énigme. (Voir plus haut notre note sur un article de Prudhomme.) Il a présenté une lettre *signée d'un particulier connu*, qui attestait que le ministre de la marine, pour appuyer *sa conscience irréprochable*, avait loué des battoirs et caserné des ouvriers à sa dévotion dans cette tribune.

— Le *factum* du ministre a été envoyé au comité de la marine. »

A la séance du 13, le comité de la marine, discuta le mémoire justificatif du ministre, et persista dans ses conclusions. — Parmi les nombreux orateurs qui prirent part à la discussion subséquente, Rouyer et Vergniaud la réduisirent aux termes les plus simples. Vergniaud disait : « Le ministre est convaincu de mensonge ; or un ministre menteur est indigne de la confiance de la nation ; donc, etc. » Plusieurs défenseurs du ministre cherchèrent à réfuter la majeure de Vergniaud ; Serres, membre du comité de marine, la démontrait ainsi : « Le ministre n'est pas coupable parce qu'on l'accuse, mais parce qu'il s'accuse lui-même. Son délit est constaté par deux pièces sorties de sa main. Dans une proclamation contre-signée de lui, il convient que beaucoup d'officiers ne sont pas à leur poste ; et il a dit à l'assemblée nationale, et il a imprimé sous son nom, qu'aucun officier de marine n'a quitté son poste. Il a donc trompé l'assemblée nationale. » Rouyer, demandait le décret d'accusation ; il rappela la persécution récemment exercée contre Bonjour. (Voir *l'Histoire parlementaire*, avril 1781.) « Son prédécesseur, dit Rouyer, lui a légué sa haine contre un commis qui avait osé dénoncer un ministre fripon, et il lui a légué le soin de sa vengeance. Il faut convenir que M. Bertrand a bien rempli son attente, puisqu'il a osé ôter son état à un père de famille que l'assemblée constituante avait mis sous la sauve garde de la loi. » — « A peine l'orateur avait-il quitté la tribune, dit Gorsas, numéro du 14 janvier, que la salle se remplit d'une fumée épaisse............ Les ministériels profitent de cette circonstance..... « Nous étouffons, s'écrient-ils, nous étouffons.... Levez la séance... » Les patriotes, indignés d'un tel subterfuge, ont fait ouvrir les fenêtres. *Il n'est pas inutile d'observer qu'un des panégyristes de M. Bertrand, le sieur d'Haussy, est chargé de la direction des poêles.* » —Brissot, *Patriote Français* du 14, remarque à ce sujet qu'il avait fallu décréter qu'on décréterait nonobstant la fumée. « Cependant, poursuit-il, avec ces manœuvres, on était arrivé à cinq heures et demie ; la faim pressait, et la faim est un mauvais conseiller, quand il s'agit de prendre une décision vigoureuse ; on a épouvanté les ames timorées de la crainte de rendre des décrets trop précipités ; et l'ajournement proposé a été adopté.

A la séance du 19, le ministre lut un nouveau mémoire justificatif. Sa principale argumentation consistait dans une distinction, dans *une pauvre petite chicane*, comme dit Brissot, sur le mot *poste*. « Peu importe, ajoute-t-il, la manière dont M. Bertrand entend les mots, car ce n'est pas ici une discussion grammaticale. Toute la question se réduit à ceci : les officiers devaient-ils ou non être à Brest ? S'ils devaient y être, Brest est leur *poste* ; s'ils n'y étaient pas, ils n'étaient pas à leur *poste*, et le ministre est un imposteur, quel que soit le sens qu'il attache à ce mot.—(*Patriote Français* du 20 janvier).—Cette affaire fut terminée à la séance du 1ᵉʳ février ; nous la placerons ici, afin de ne pas revenir sur cette première accusation.

SÉANCE DU 1ᵉʳ FÉVRIER.

[*M. Cavelier*, rapporteur. Votre comité de marine a lu avec attention la dernière lettre du ministre ; il y a trouvé des motifs de persister dans son opinion : il croit que le ministre est répréhensible de n'avoir pas mis plus tôt à exécution la loi sur l'organisation de la marine, et que c'est ce retard qui a été cause de la défection d'un grand nombre d'officiers. Une copie en forme de l'expédition de la dernière revue de Brest, prouve qu'à cette revue il n'y avait qu'un capitaine, un major, treize lieutenans, tandis qu'il y a plus de sept cents officiers attachés à ce département. Soit ensuite que le ministre entende par poste la présence dans le royaume, soit qu'il entende par ce mot l'exercice de fonctions actives dans les ports et arsenaux, il en résulte toujours qu'il a voulu dissimuler des désertions réellement existantes. Il est répréhensible encore d'avoir donné des congés dans des circonstances où son prédécesseur les avait suspendus, parce qu'en effet il était nécessaire de les suspendre pour parvenir à effectuer l'organisation de la marine ; il est répréhensible surtout d'avoir accordé des congés pour des prétextes ridicules : par exemple d'avoir donné un congé pour aller en Hollande à un inspecteur-général de la marine, qui, par la nature de ses fonctions, devrait toujours être en tournée ou à Paris, et cela parce qu'il ne pouvait vivre à Paris avec 30,000 liv.; d'avoir donné des congés à plusieurs autres, parce que les troubles de Brest ne leur permettaient pas de rester en fonctions, et il est prouvé qu'alors tout était rentré dans l'ordre.

Votre comité persiste donc à vous proposer de déclarer au roi que son ministre de la marine a perdu la confiance de la nation.

M. Grangeneuve. Je pense que ce n'est point une pareille décision qu'il convient à l'assemblée de rendre, mais bien un décret d'accusation. (Une partie de l'assemblée et les tribunes applaudissent.) Vous permettrez que l'on vous rappelle l'état de la question : vous aviez rendu un décret contre les émigrés rassemblés au-delà du Rhin ; le roi a refusé son consentement à ce décret. Le ministre de la justice vint vous annoncer le *veto* du roi; il voulut en expliquer les motifs. Sur le refus de l'assemblée d'entendre ces explications, le ministre se borna à dire que les mesures prises par le roi produiraient le même effet. Le ministre de la marine ajouta de son côté en propres termes, quant à son département, « que les mesures prises par sa majesté rendraient le décret inutile. » Le *Moniteur* rend compte de cette séance; il rapporte fidèlement ce qu'a dit le ministre. Sur cela le ministre de la marine écrivit au rédacteur une lettre dans laquelle il dit « qu'aucune mesure n'a été prise dans son département, parce qu'aucun officier de la marine n'avait quitté son poste. » On s'est étonné que le ministre ait pu attester qu'aucun officier n'avait quitté son poste, alors même que l'émigration des officiers de la marine était notoire. On a vu avec peine encore le ministre être réduit à chercher sa justification dans une discussion grammaticale sur le mot poste. J'avoue que je n'ai pas été satisfait de ses réponses.

Au mois d'octobre le roi écrivit une lettre à tous les commandans des ports; elle fut contresignée Bertrand. Par cette lettre le roi invite tous les officiers *émigrés* à rentrer, et leur dit qu'il est de leur devoir de rester fidèlement à leur poste. Si aucun n'eût quitté son poste, à quoi eût servi cette lettre? N'est-il pas évident qu'alors le roi et le ministre lui-même entendaient par le mot poste ce qu'entend la France entière, la résidence ordonnée par la loi? Il y a quelque chose de plus fort : dans son premier discours à l'assemblée nationale, le ministre dit : « Je sais trop bien qu'un grand nombre d'officiers ont abusé de leurs congés ou de la faculté de s'absenter pour émigrer. » Or, comment un ministre qui sait très-bien que des officiers ont abusé de leurs congés, dit-il qu'ils n'ont pas quitté leur poste?

Si je n'avais cependant que ces considérations à vous présenter, je ne me déterminerais pas à vous proposer un décret d'accusation ; mais en voici bien de plus importantes :

Le ministre a constamment éludé l'exécution du décret relatif à la nouvelle organisation de la marine; le ministre n'est donc pas excusable, parce qu'il vous a dit, le 31 octobre, qu'il était bon d'ajouter à la loi quelques articles additionnels. Lorsque les deux pouvoirs ont fait une loi, il est révoltant, il est scandaleux qu'un ministre se croyant à lui seul plus de sagesse que n'en ont mise dans la confection de la loi les deux autorités supérieures, se mette au-dessus d'elles, et que, sous le prétexte de quelques articles additionnels, il suspende l'exécution d'une loi que les représentans de la nation et le roi ont jugée suffisante et indispensable. (On applaudit.)

Dans la lettre adressée au *Moniteur*, le ministre a dit : « Qu'un grand nombre d'officiers émigrés n'avaient quitté leur patrie que parce qu'ils y avaient été forcés par les attentats commis contre les personnes et les propriétés, et qu'ils n'y rentreraient que lorsque l'ordre et la tranquillité seraient rétablis en France. » Ainsi le 14 novembre il excusait les officiers émigrés, tandis que, dans une proclamation du 12 novembre, le roi disait à ces émigrés « qu'il voyait avec douleur une conduite qui seule pouvait contribuer à troubler la tranquillité publique; qu'on n'avait plus le droit d'accuser les troubles de sa patrie, lorsqu'on en était la seule cause; de gémir sur l'inexécution des lois, quand soi-même on donnait l'exemple de la désobéissance; que lui-même leur *garantissait*, au nom de la loi, s'ils rentraient dans le royaume, *la tranquillité et la sûreté.* »

Croyez-vous encore que nous le jugeons par prévention? Non; car il vous a manifestement déclaré quelles sont ses intentions; il vous a dit : « J'ai fait la liste de la nouvelle organisation; j'y ai placé plusieurs des anciens officiers, tous ceux que j'ai cru pouvoir y être utiles. Je sais que l'opinion publique en désigne beaucoup comme émigrés; mais je n'en ai pas de preuves, et d'ailleurs j'ai espéré qu'ils rejoindraient leur poste quand ils sauraient qu'ils y sont appelés. » Voici donc une intention bien formelle du ministre que j'attaque, parce qu'elle est contraire à la loi.

Comment a-t-il l'audace de vous dire qu'il confiera le commandement de vos forces navales à tous les émigrés qui voudront revenir, lorsque la loi du 15 décembre 1790, confirmée par plusieurs subséquentes, ordonne précisément le contraire? Cette loi porte que « tous Français fonctionnaires publics, recevant une pension ou traitement quelconque de l'État, qui ne seront pas présens et résidens dans le royaume, et qui n'auront pas prêté le serment civique après la publication de cette loi, et qui ne seront pas retenus hors du royaume par une mission du gouvernement, seront, par le seul fait de leur absence, déchus *de tous grades et emplois.* » Bien loin d'exécuter cette loi, il est prouvé que le ministre a retardé l'organisation de la marine pour donner aux émigrés le temps de rentrer. Comment après une résistance à la loi si bien combinée, si publiquement avouée, le corps-législatif n'accuserait-il pas l'agent qui s'en est rendu coupable? S'il se déterminait à pardonner, je verrais dans cette détermination le découragement du peuple, qui toujours a été ruiné par les ministres, et à la vengeance duquel les ministres ont toujours su échapper par des subterfuges, par des acceptions à double sens, par des astuces. Si malheureusement ils avaient encore dans l'assemblée nationale les mêmes avantages, la nation perdrait tout espoir. (On applaudit.) Si un ministre peut impunément déclarer qu'il ne veut pas la loi, s'il peut calomnier le peuple pour donner aux émigrés des excuses, aux puissances étrangères le prétexte de dire que tout est bouleversé en France, et l'occasion de prêter l'oreille aux insinuations de ces monstres de Condé et d'Artois (les tribunes applaudissent), si, dis-je, cette connivence entre les rebelles et l'un des agens du pouvoir exécutif reste impunie, alors la confiance de la nation dans ses représentans élus va disparaître, le peuple se livrera à l'abattement, ou peut-être, ce qui aurait des conséquences bien plus funestes, son ressentiment le portera à des mouvemens d'insurrection...... (Les tribunes applaudissent. — Il s'élève de très-grandes rumeurs dans l'assemblée. — M. le président rappelle M. Grangeneuve à l'ordre. — Une partie de l'assemblée insiste pour qu'il soit noté au procès-verbal. — Elle est très-agitée. — Enfin la voix du président parvient à rétablir l'ordre.)

M. le président (Guadet). Puisqu'enfin, après une demi-heure d'efforts, je parviens à me faire entendre, je dois, après avoir rappelé l'orateur à l'ordre pour avoir pu croire que le peuple français régénéré était capable de se porter à des mouvemens d'insurrection, je dois, dis-je, rappeler enfin à l'ordre tous les membres qui m'ont aussi long-temps et aussi indécemment interrompu. (Une grande partie de l'assemblée applaudit. — De violens murmures éclatent dans la partie que M. le président a désignée.) Si le président de l'assemblée nationale peut être menacé, si on peut lui porter le poing au nez, je ne sais ce que deviendront vos délibérations.

On remarque un soulèvement général.

Un grand nombre de voix: A l'Abbaye les ministériels ! à l'Abbaye M. Genty !

M. le président. J'aime infiniment mieux que tous les membres se pénètrent à la fois de leurs devoirs de représentans de la nation et de la soumission qu'ils doivent à leur réglement, que de voir donner une suite à cette affaire. Je les prie donc tous de faire pour moi l'oubli absolu de tout ce qui s'est passé.

M. Grangeneuve. Je rends également hommage et à la dignité de l'assemblée quand elle me rappelle à l'ordre, et à sa bienveillance quand elle me conserve son attention. Si on ne m'eût pas interrompu, on aurait vu que j'entendais parler d'une insurrection de la nation entière. Je ne vois comme elle que désordre dans l'insurrection d'une portion du peuple; je vois un noble soulèvement dans l'insurrection de la nation entière.

J'ai donc pensé que c'était un décret d'accusation qu'il fallait porter contre le ministre de la marine, plutôt qu'une déclaration à faire au roi qu'il aurait perdu la confiance de la nation. La faculté de rendre des décrets d'accusation est un droit qui vous a été délégué par le peuple; il n'est en votre pouvoir de négliger l'exercice de ce droit pour suivre une mesure qui n'est pas indiquée par la constitution, et dont l'événement est incertain; car une démarche qui ne produit aucun effet tend toujours à diminuer la considération de l'autorité qui y a eu recours.]

Le discours de Grangeneuve fut suivi d'une longue dissertation de Ducos en faveur du projet du comité. Quatre-Mère vint ensuite plaider pour le ministre. Nous ne pouvons trouver dans son discours une seule raison pour ou contre la question elle-même.

[*M. Isnard.* Je demande qu'on entende quelqu'un pour le ministre; car M. Quatre-Mère a parlé contre l'assemblée, contre ses comités, contre les tribunes, sans rien dire en faveur du ministre.

La proposition de M. Isnard est unanimement adoptée.

M. Lagrevole. Je ne parlerai point de la lettre au *Moniteur*, un ministre ne peut prévariquer que dans l'exercice de ses fonctions. Quant aux congés, pour pouvoir accuser le ministre, il faudrait désigner les lois d'après lesquelles chacun d'eux peut être regardé comme illégitime; on n'a fait à cet égard qu'une inculpation vague. Il a aussi communiqué à l'assemblée les motifs qui lui paraissaient devoir faire différer l'organisation de la marine, et le silence de l'assemblée me paraît l'avoir suffisamment autorisé à ce délai. Je demande donc que vous ne preniez pas une mesure qui pourrait n'avoir d'autre effet que de diffamer le ministre, ou même d'ôter la considération à l'assemblée.

On ferme la discussion.

La proposition du décret d'accusation est rejetée à une très-grande majorité.

Sur le projet de décret du comité, deux délibérations successives ne donnent aucun résultat.

On passe à l'appel nominal.

L'assemblée décide, à une majorité de 208 voix contre 193, qu'il n'y a pas lieu à délibérer sur le projet du comité de marine.

La séance est levée à minuit.]

Il se manifesta en cette circonstance une tendance d'un caractère tout nouveau dans les habitudes de la presse révolutionnaire elle-même. On pouvait déjà prévoir à quelle responsabilité personnelle les mandataires du peuple seraient progressivement assujétis. Tous les journaux patriotes publièrent la liste des députés qui avaient voté pour et contre le ministre de la marine. Nous citerons là-dessus les *Annales patriotiques* du 5 février.

Les faux amis du peuple et de la justice, dans l'assemblée nationale, démasqués pour toujours par l'appel nominal.

« Ceux qui, dans cet appel, ont voté pour le ministre Bertrand et son impunité, sont à coup sûr pour la plupart des hommes corrompus, faux et menteurs comme le ministre lui-même ; et susceptibles comme lui de trahir la cause du peuple à la moindre occasion ; c'est parce qu'ils ont senti dans leur conscience qu'ils étoient capables de la même imposture et des mêmes trahisons, que leur indulgence s'est portée sur l'homme avec lequel ils avaient la même identité de principes. (Ce rapprochement est pris dans le fond du cœur humain.) La plupart d'entre eux ont regardé les délits du ministre contre la nation comme des peccadilles ; les autres, vendus dès long-temps à la cour, n'ont pas daigné seulement raisonner avec eux-mêmes sur ce vote ; et d'autres enfin, tremblant au seul nom de ministre, et n'ayant aucune idée de la dignité de représentant de la nation, ont craint s'ils votaient CONTRE UN MINISTRE !!! Nous recommandons à leurs commettans tous ces votans ministériels, qui mèneraient la nation à sa ruine entière par leur lâcheté et leur indulgence criminelle, si nous n'avions pas lieu d'espérer que les députés absens, lors de la décision de cette affaire, au nombre de près de trois cents, seront plus exacts dorénavant. Voici le nom des lâches votans : chaque district et chaque département reconnaîtront le leur. Nous soulignerons les plus fourbes et les plus ministériels.

» Adam, Adam, Amat, Anseaume, Aveline, Baert, Ballue, Béjot, Belle, Belleroche, *Beugnot*, *Bigot-Préameneu*, de Paris, Blanchard, Bonnemère, Bosc, Boullenger, Bousquet, Bravet, Bremontier, Bruley, *Brunck*, créature du cardinal Collier, *Calvet*, Caminet, Carlier, Carnot le jeune, Caubère, *Champion*, Chasteau, Chazot, Chéron, Chevalier, Chirat, Claye, Codet, Collomb, Constans, *Coppens*, Coubé, Couget, Croichet, Croizé, Crublier d'Opterre, Cael, Cunin, Damourette, Danthon, *Daverhoult*, de Brangès, de la Fond, Delaizire, Dupère, Derrien, Deschamps, Desportes, Desprez, Destrem, Dongois, *Dorizy*, Douyet, *Ducastel*, *Dumas*, *Dumolard*, Dupertuis, Duval de Vitré, Duvant, Duvoisin, Escanyé, Esperon, Fabre de Carcassonne, Fauré, Fayolle, Ferrus, *Foissey*, *Forfait*, *Fossart*, *Fouquet*, Français, François de Bunneville, Gastellier, Gausseraud, *Genty*, *Gérardin*, Girard, Giraud, Golzard, Goubert, Goujon, Gouvion, Gros, Grégoire, *Guilard*, *Guilon-Morveau*, Hausselin, Hebert de Précy, Hebret, Henry, Hochet, Hugau, Ille, *Jahan*, *Jollivet*, Jouffret, Jouneau, Juglar, la Bastie, *Lacépède*, *Lacretelle*, Lacuée, Lafont-la-Débat, Lafont, Lagrévol, la Rochette, Lambert de Latiterbourg, *Lamethy* Longlois, Langlois, Lassabathie, *Lavigne*, le Bœuf, le Cointre-Puyravaux, Leconte, le Gras, le Jeune, le Maistre, Lemêfre, *Lemontey*, le Pigeon, Leroi de Bayeux, Leroi-de-Flagis, Letailleur, Letellier, Levavasseur, Loyeux, Lozeran, Lucas, Lucy, Maignen, Maizières, Maleprade, Malas, Marchand, Marie Deprades, Martinécour, Massenet, Massey, Mathieu de Strasbourg, Mayerne, Menard, Merveilleux, Meunier, Michel, Michon, Monnier, Montau-Desilles,

Moreau, Morel, Nogaret, Paillet, Petit, Philibert, Pierrot, Pieyre, Pillaut, Poitevin, Pomiers, Pouget, Prouveur, *Quatremère*, Quatresols, Quesnay, Rafin, Rameau, *Ramond*, Regnault, Rêver, Ribes de Perpignan, Rivoalan, Rechoux, Regniat, Rouède, Rousseau, *Rubat*, de Belay, Ruet, Sage, Sancerre, Savoneau, Sedillez, Servière, Solomiac, Soret, *Tarbé*, Tavernel, *Térède*, Tesson, Theule, Thevenet, Thevenin, Triel-Pardaillan, Tronchon, Turpetin, Verneuilh, Vaublanc, Voysin, Waelterle, Brulley, Robecourt, Greau, Michaud. »

Accapareurs de sucre. — Incendie de la Force. — Réclamations sur le prix du pain. — Émeutes.

Tous les journaux, moins ceux des royalistes et des feuillans, s'accordent à rattacher les mouvemens qui éclatèrent vers la fin de janvier, à la conjuration dont nous avons parlé plus haut, et dont le but était d'enlever le roi. Le *Patriote-Français*, l'*Orateur du Peuple*, les *Annales Patriotiques*, les *Révolutions de Paris*, le *Courrier des quatre-vingt-trois Départemens*, le *Journal Universel*, tous crient à la provocation. La plupart insistent à peine sur les faits et dissertent. Carra et l'*Orateur du Peuple*, citent un article du *Moniteur*, et le commentent très-favorablement. Prudhomme, apprécie longuement cette tentative, et démontre l'identité du complot sous chaque incident de la semaine écoulée, avec une logique et une vraisemblance qui durent convaincre bien des gens. Brissot et Gorsas, sont ceux dont les feuilles renferment le plus de faits. Nous y puiserons nos extraits :

Du samedi 21 janvier. — « Hier, le peuple du faubourg Saint-Marceau, a enfoncé un magasin appartenant, dit-on, à M. Dandré, et le sucre qui y était accaparé, a été vendu 21 sous la livre. Tous ceux qui en ont pris l'ont fidèlement payé!

» Pendant la nuit, le feu a pris à la prison de la Force, et y a causé de grands ravages. Quoiqu'une partie considérable de la prison ait été détruite par les flammes, il ne s'est évadé aucun prisonnier. On accuse un ecclésiastique d'être l'auteur de l'incendie. » (*Patriote Français* du 22 janvier). — « On donne divers motifs aux incendiaires ; les uns prétendent que l'abbé Bardi, condamné au supplice, était l'auteur de cet incendie. Le plus grand nombre croit que quelque main puissante a voulu faire périr dans les flammes le sieur Lamotte qui s'était constitué prisonnier. Il paraît probable que ce mouvement était plus étendu puisqu'il y a eu en même temps commotion à Bicêtre. » (*Gorsas*, numéro du 22).

» Ces deux événemens arrivés le même jour dans les faubourgs Saint-Antoine et Saint-Marceau, paraissent concertés. Le but était sans doute de porter la force publique de ces deux côtés, et de profiter de la diversion. Ainsi, au 28 février, on fit porter la garde nationale à Vincennes, tandis que les conspirateurs étaient rassemblés aux Tuileries. Il est impossible de douter que les desseins des ennemis de la révolution ne soient d'exciter un grand mouvement dans Paris, pour exécuter le complot que nous avons dénoncé, ou quelque autre du même genre. Nous allons rapprocher une foule de faits qui viennent à l'appui, et qui nous sont communiqués par des correspondans sûrs.

» Il paraît certain que l'on fait fondre à grande hâte les vaisseaux d'or et d'argent, les bijoux même des Tuileries ; l'on y manœuvre quelque grande entreprise. Nombre d'anciens serviteurs, après avoir manifesté qu'ils croyaient le roi ami sincère de la Constitution, n'ont pas tardé à recevoir leur retraite........ sans récompense, sans pension.

» La reine reçoit dans ses petits appartemens des gens obscurs. On a remarqué que ceux-ci en sortaient avec la contenance de gens qui se croyaient devenus importans.

» De jeunes officiers attachés aux troupes de ligne maintenant sur la frontière, quittent leur poste pour venir prendre place dans la garde du roi. On s'aperçoit d'autre part que des militaires sans fortune, et servant au château, se répandent chez les marchands de Paris, s'y impatronisent, piquent la table de ces bonnes gens qu'ils flattent, entrent dans leurs secrets, et font des emplettes en gros, qu'ils paient comptant.

« Un marchand a vendu dernièrement à un homme tenant au

château un reste de marchandise, branche qu'il tenait en magasin depuis vingt ans. La valeur de cet achat s'élève à plus de 150,000 liv.; sur quelques mots de l'acheteur, on a découvert qu'il avait tiré du trésor national, les assignats qui ont servi à le payer.

» Il y a un murmure au château qui se grossit et se forme. Ce murmure est le prochain *enlèvement* du roi, qui ne sera connu qu'après quarante heures de marche.... Il est impossible d'avoir l'idée des moyens qui assureront ce secret.

» On croit seulement qu'il est question de Metz; le nom de Metz, revient à chaque minute, avec des signes de mystère et de joie. Des hommes venant, allant à Metz, entrent, se cachent, parlent secrètement aux faiseurs.

» Voici un fait qu'on peut regarder comme constant: des hommes suspects et très-zélés partisans de l'ancien régime, se rendent en foule à Paris. Un de ces jadis nobles décorés de la croix de Saint-Louis, descend chez M. Blondeau, rue Croix-des-Petits-Champs, à l'hôtel du Dauphin. Sa malle était à peine dans une des chambres de cet hôtel, qu'arrive un autre chevalier, qui lui glisse quelques mots à l'oreille, et qui ensuite lui dit, à haute voix : je ne souffrirai pas que vous restiez ici, j'ai un logement pour vous. Le chevalier voyageur prend sur-le-champ congé de l'hôte, et dit au domestique de l'auberge de prendre sa malle et de le suivre. Le domestique obéit, et est conduit, en quel endroit? au Louvre, dans de petits appartemens au-dessous du cadran; et qu'y voit-il? — Quinze à vingt lits, quinze à vingt chevaliers entassés dans ce réduit... Nous laissons au lecteur le soin de faire sur ces circonstances, les réflexions que le moment présent peut suggérer. » (*Patriote Français* du 22 janvier).

Nous lisons dans Gorsas, numéro du 23: « L'expédition du faubourg Saint-Marceau, a jeté l'épouvante chez les accapareurs et dans l'âme de ceux qui leur louaient des magasins. L'avant-dernière nuit, les patrouilles rencontraient de toute part des voitures chargées de sucre, de castonade (nous copions) et de caffé: dans beaucoup de magasin, il n'est resté que la soude accaparée.

— Ce qui prouve que l'incendie de la Force est le résultat d'un complot, c'est qu'au même instant une foule de libelles ont été affichés dans tous les coins de la capitale : l'un intitulé : le *journal du peuple*, ou plutôt *prospectus* dudit journal qui porte le nom de Boyer de Nîmes, que la crainte du supplice a chassé de cette ville, et qui s'est réfugié à Paris, dans les bras du méprisable Tessier se disant baron de Marguerites, complice de toutes les horreurs dont Tessier avait infecté Nîmes. L'autre libelle est intitulé : *adresse à l'assemblée nationale*, signée en apparence par des marchands et des artisans inconnus se disant membres de la garde citoyenne. — Cette adresse a pour but de soulever le peuple contre les sociétés patriotiques que l'on confond avec les brigands qui infectent la capitale, et qu'on accuse d'être les complices des voleurs et des assassins. — On nous assure que l'auteur de toutes ces infamies est ce *Teignerette*, se faisant appeler *Dubut-de-Long-Champ*, dont les princes colons se sont servis, il y a environ un mois, pour faire éclore ou pour étayer leurs détestables manœuvres. « (Il avait présenté, à la séance du 15 décembre 1791, une pétition dans laquelle il accusait les amis des noirs de tous les désastres des colonies.) Gorsas traite cet homme d'escroc, et annonce des pièces probantes que nous empruntons à son numéro du 24.

« TRIBUNAL CRIMINEL DU PREMIER ARRONDISSEMENT.

« *L'une des mille escroqueries commises par Dubut-de-Long-Champ, complice et organe des princes colons, et qui s'est présenté à la tête de l'une de leurs députations à l'assemblée nationale, qui lui a accordé les honneurs de la séance, après beaucoup d'applaudissemens* (article inséré pour l'édification publique).

« *Dubut de Latteignerette*, se faisant appeler de Long-Champ, auteur de plusieurs libelles, couvert, accablé sous le poids de l'infamie, est, comme l'on sait, l'un de ceux que les planteurs blancs ont mis en évidence dans l'affaire des colonies, et pendant qu'Aupoix de Rouen signait des adresses et des placards que l'indignation publique traînait dans la fange, Dubut avait l'indécence de se présenter à l'assemblée nationale, et d'y prononcer un discours applaudi des feuillans. Enfin, il jouissait des honneurs de la séance pour prix des lâches impostures qu'il venait de débiter. A cette époque nous avons pris date pour arracher le masque à ce fripon effronté, qui est membre de la garde nationale, et y a même, dit-on, le grade d'officier. Voici l'une des plus légères peccadilles de ce libelliste, auquel on attribue la plus grande partie des horreurs qu'on voit afficher dans la capitale.

« Faits. M. Soyez, marchand bijoutier, confie à Marie Poiret femme Pougin, couturière et bonne amie de Dubut-Latteignerette (se disant *Dubut-de-Long-Champ*), 1° un solitaire; 2° un médaillon avec son anneau; 3° une paire de boucles d'oreilles dites indiennes; 4° une lettre majuscule T, le tout en brillans; 5° une montre à répétition de grand modèle, avec des cercles de brillans; 6° deux montres d'or émaillées en bleu, étoilées d'or, et enrichies de diamans et de perles; 7° une chaîne d'or à barrette, enrichie de diamans, le tout montant à dix-sept mille cinquante livres. Ces objets sont remis pour être vendus dans le commerce, et la remise s'en fait le 24 novembre 1788. La bonne amie Pougin va trouver le bon ami Dubut; elle partage avec lui, mais avec cette probité dont les fripons se piquent. Ce point de justice distributive rempli, elle porte au Mont-de-Piété sa part desdits bijoux et en retire un peu moins de 3,000 liv. Observez que ces placemens se font le même jour où M. Soyez a remis lesdits bijoux, pour les placer dans le commerce.

« Et le lendemain, 25, l'organe de nos princes colons auprès de l'assemblée nationale, place audit Mont-de-Piété sa quote part, qui consistait en la lettre T de diamans : *idem*, dans la paire de boucles d'oreilles : *idem*, dans le solitaire. Plus adroit ou plus fripon, il en retire 3,500 liv; *donc* quelques centaines de livres de plus que sa bonne amie et associée Pougin. Ce *placement* se fait le 25 novembre, c'est-à-dire le lendemain de la remise faite par M. Soyez. Cicéron, dans son traité de l'*Amitié*, dit : *Un partage égal de sentimens, d'affections, de devoirs doit exister entre deux amis.* Dubut de Latteignerette, qui a lu son Cicéron, et qui sait par cœur ce *sublime Traité*, s'empresse de remettre à sa chère amie Pougin sa reconnaissance, sans doute à la suite de quelques baisers affectueux. La bonne amie l'accepte et la vend 600 fr. à un sieur Beg, qui devient par-là propriétaire des bijoux escroqués par Dubut et la femme Pougin. Tout va le mieux du monde : l'ami et l'amie n'ont plus qu'à se livrer aux doux épanchemens de leur mutuelle tendresse, lorsque M. Soyez a la dureté de les troubler, et demande compte de ses bijoux. La femme Pougin, poursuivie, offre quatre billets de Dubut de Latteignerette (1) avec son endos. La chicane s'en mêle; mais la remise des bijoux étant constante et l'escroquerie manifeste, le tribunal du troisième arrondissement condamne, vers la fin de l'année dernière, c'est-à-dire trois ans après le crime commis, la bonne amie Pougin à être attachée au carcan depuis midi jusqu'à deux heures, afin que le bon ami ait le temps de jouir de ses charmes, *rehaussés* par ce collier de quatre pouces, et par un écriteau portant ces mots :

Courtière infidèle et escroc.

» *Le receleur est pire que le voleur* : c'est un axiome ; mais l'application est sujette à varier ; il faut pour cela que les *conditions* des parties *volantes et recelantes* soient égales ; or, le bon ami tenant à une famille honorable, dont il était le premier fripon (2), a subi un jugement moins rigoureux, mais *aussi déshonorant*. Convaincu de complicité et d'escroquerie, l'associé de la Pougin a été condamné à être mandé à l'audience, et là, à haute et intelligible voix, à être blâmé publiquement comme complice d'escroquerie, défense de récidiver, sous peines *corporelles*; amendé de trois liv., et solidaire avec sa bonne amie Pougin pour le paiement de 17,050 liv.; affiches qui constatent l'escroquerie, etc. *Ecce homo*, voilà

(1) Deux étaient échus, et, ce qui prouvait la friponnerie de la Pougin-Dubut, c'est qu'aucune poursuite n'avait été dirigée contre le bon ami. D'ailleurs le bon ami était alors propriétaire d'un arrêt de surséance. (*Note de Gorsas.*)

(2) Pour se faire valoir, on assure que Dubut de Latteignerette se dit bâtard de Louis XVI ; voilà pourquoi il dit : *Je suis royaliste;* si cela était, on pourrait dire qu'*il chasse de race.* (*Note de Gorsas.*)

l'homme que les princes colons se sont associés; *voilà* l'homme qu'ils ont invité à être l'organe de leurs intérêts; *voilà* l'homme dont le gouvernement se sert pour faire circuler ses placards et ses libelles; *voilà* l'homme que la garde nationale a souffert et souffre encore, dit-on, dans son sein; voilà enfin ce fameux *Dubut-de-Long-Champ*, AUQUEL NOUS DÉFENDONS DE NIER CE PETIT ÉCHANTILLON DE SES GROSSES FRIPONNERIES.

» *Nota.* La bonne amie Pougin a appelé de la sentence au tribunal du troisième arrondissement; quant au bon ami Dubut, il se tient pour bien *blâmé*, bien *amendé*; il dit, à l'instar d'un certain cocher de fiacre : *Cela m'empêchera-t-il de faire claquer mon fouet, d'exercer mon métier de libelliste, d'escroc, de fripon?*..... Sur la négative, il continue. Ceux qui douteraient de ces échantillons, sont invités à les vérifier aux tribunaux du troisième et du premier arrondissement. »

Nous reprenons la suite des événemens. Gorsas, dans le numéro où nous avons pris les renseignemens précédens, inséra un acte de garantie et d'assurance mutuelle que venaient de faire placarder les épiciers. Après avoir distingué « entre l'homme qu'on appelle l'*épicier des Tuileries* et les épiciers honnêtes, » Gorsas loue la démarche qu'ils ont faite, et transcrit leur contrat. Voici cette pièce.

« Les négocians soussignés, considérant que, dans ces circonstances orageuses, le commerce pourrait éprouver de grands dommages, ont arrêté, pour y remédier, de venir au secours les uns des autres, soit pour la conservation de leur fortune, soit pour celle de leur crédit; en conséquence, les soussignés ont arrêté de former une souscription pour la somme qu'ils sacrifient à *l'intérêt commun*, et en faire une masse telle que la fortune et le crédit du négociant soit à l'abri de tout événement. Les négocians assemblés nommeront aussi entre eux six membres qui se réuniront en comité pour seconder, autant qu'il sera en leur pouvoir, ceux qui seraient embarrassés par le défaut de confiance, et les aider, si faire se peut, dans les négociations; en conséquence, les soussignés souscrivent de venir au secours de ceux qui auraient supporté quelque perte pour cause d'insurrection, dans tels lieux de la France qu'ils soient établis, pourvu qu'ils justifient de leur propriété. *Paris, ce 21 janvier* 1792. »

Gorsas continue ainsi : « Au moment où nous émettons des idées de paix, et où nous transcrivons cet arrêté, l'appel bat par tout Paris ; le peuple s'est porté sur plusieurs magasins des faubourgs; l'effervescence est générale, et la tranquillité publique est en danger. Partout la garde nationale prend les armes, et l'on voit avec plaisir les citoyens en habit bourgeois, et des braves gens du peuple se faire un devoir de se placer dans les rangs, de manière que la force publique se trouve doublée. On ne doute pas au surplus que cette effervescence ne soit *payée*, et n'ait pour but quelque complot des Tuileries.

» Aux faits incontestables qui démontrent la fuite prochaine de Louis XVI, nous ajouterons celui-ci, cité et attesté par M. Lebrun. — Madame de Tarente, favorite de la reine, est partie, il y a deux jours, pour Bruxelles, quoiqu'elle fût en activité de service ; et lors de la fuite de Montmédi, le 21 juin, madame de Tarente était partie quatre ou cinq jours auparavant pour Bruxelles. — Mais où est la possibilité que le roi puisse partir, en le supposant même investi de sa garde ? — Où est cette possibilité ? Eh ! hommes aveugles, faut-il donc vous rappeler mille et mille fois les exemples fameux de Pisistrate et du czar Pierre ? en voulez-vous un plus récent ? En 1772, sans émeutes, sans insurrection, sans tous ces moyens d'une politique infernale, le roi de Pologne a été enlevé (enlevé *de force*) par vingt conjurés, à l'instant où il sortait du spectacle ; et alors il y avait, indépendamment des autres troupes, quinze mille Russes à Varsovie.

— » Nous apprenons à l'instant qu'un magasin de sucre, sis à la Levrette, au coin de la rue Saint-Denis, a été enfoncé et pillé au moins en partie. Le maître de ce magasin est accusé d'être l'un des trois accapareurs qui ont des dépôts aux petites-écuries du roi. — Un autre a été aussi attaqué, et au moins endommagé, rue Beaubourg, dans la maison où le fameux scélérat *Desrues* avait sa boutique et ses ateliers. On assure aussi que la même fermentation existe dans les faubourgs. Des malveillans se pressent dans la foule, et tâchent de suggérer au peuple que M. Pétion est intéressé dans ces accaparemens (1), et qu'il s'est rapproché des d'André, des Barnave, etc. Les personnes qui calculent et raisonnent, pensent que sa MAJESTÉ CONSTITUTIONNELLE pourrait bien disparaître l'une de ces nuits. La sixième division, qui était de garde la nuit du 21 juin, s'est trouvée de garde la nuit dernière, et exerce la vigilance la plus active....

» Paris a été éclairé la nuit dernière, tous les citoyens se sont portés dans les corps-de-garde, de nombreuses patrouilles ont circulé de toutes parts. »

Courrier des 83 Départemens du 25 janvier. — « L'alarme s'est répandue hier soir à Paris. Vers les cinq heures, la garde nationale avait été insultée dans le quartier Saint-Martin ; on lui avait jeté des pots par les fenêtres ; elle avait fait plusieurs décharges sur le peuple ; il y avait tant d'hommes, tant de femmes de tués. Nous avons voulu vérifier nous-mêmes sur les lieux ce qui s'était passé, et ce qui se passait. Le voici aussi exactement que nous avons pu le recueillir :

« Les mouvemens de la veille avaient recommencé dès le ma-

---

(1) Les journaux insérèrent la lettre suivante de Pétion en réponse à ces calomnies :

« Depuis quinze jours, des hommes qui ne respirent que l'anarchie et le bouleversement de l'ordre actuel des choses, ne cessent de me lancer les traits les plus envenimés. Ils ont à leurs gages des journalistes, à la vérité très-diffamés ; ils publient des lettres, ils affichent des placards, ils se répandent dans tous les lieux publics, et là il n'est point d'infamie qu'ils n'imaginent contre moi ; ils dénaturent tous les faits, et ils empoisonnent les actions les plus louables ; la confiance que je cherche chaque jour à mériter les fait trembler, parce qu'ils savent bien qu'avec la confiance, les magistrats amis du peuple déjoueront toujours leurs projets et leurs coupables et ridicules efforts.

» Ils viennent d'inventer une calomnie à laquelle j'avoue que je ne pouvais pas croire ; mais elle m'a été répétée par tant de personnes dignes de foi, elle est même si publique, qu'il m'a bien fallu n'en pas douter. Le peuple murmure beaucoup de la cherté excessive des sucres et de plusieurs autres denrées : ils ont trouvé très-adroit de me transformer sur-le-champ en gros négociant, en grand spéculateur ; et en conséquence ils ont l'effronterie de dire, de répéter tout haut, que j'ai des magasins considérables. Je prie ceux à qui ils tiendront ce langage imposteur et absurde de vouloir bien leur demander où sont ces magasins, et d'en citer un seul où j'aie pour une obole d'intérêt. » (*Note des auteurs.*)

tin; le peuple, qui avait cassé avant-hier quelques vîtres à la maison Chols et Boscary, s'y était reporté, et des pierres avaient été lancées de nouveau. M. Boscary, député de Paris, avait écrit à l'assemblée pour lui demander protection; mais cette demande était une injure à la garde citoyenne, puisque cette garde, protectrice des propriétés, barrait déjà la rue du Cimetière-Saint-Nicolas, et que de nombreuses et imposantes patrouilles circulaient déjà dans les rues Saint-Martin et adjacentes. Quelques hommes payés s'étaient répandus dans les groupes et tenaient des propos faits pour indisposer les citoyens contre M. Pétion et la garde nationale.

» Un ouvrier, ivre de vin bu au prix du déshonneur, excita une rixe, mais qui n'eut aucune suite : la fermentation cependant était grande, et le devint bien plus lorsqu'on entendit un coup de feu dans la rue Saint-Nicolas. Une patrouille la traversait; un jeune homme sort d'une allée, et, soit qu'il ait insulté la patrouille, où qu'il ait voulu essayer de forcer le passage, il a été arrêté : au même moment un pot de terre énorme, rempli de cendres mouillées, est lancé d'une fenêtre, et aurait infailliblement écrasé celui sur la tête duquel il fût tombé; mais par bonheur il n'atteignit personne et se brisa contre le pavé. — Ce fut là l'époque où le coup de feu fut lâché imprudemment. Alors l'agitation devint en quelque sorte convulsive, par les patrouilles qui arrivaient de toutes parts, par la gendarmerie qui accourait à bride abattue. Alors, dit-on, un ou deux coups de feu furent encore tirés pendant qu'on visitait la maison; mais il est probable que l'exaspération et la perfidie ont répandu cette nouvelle pour soulever le peuple, dans les groupes duquel on ne tarda pas à faire circuler le bruit de deux ou trois décharges, de femmes et d'hommes tués, etc., etc. — Sur les sept à huit heures, beaucoup de groupes, mais moins de fermentation. »

Assemblée nationale. — A la séance du 21 janvier, Fauchet prit la parole et dit :

[*M. Fauchet.* Le comité de surveillance doit vous rendre compte des mouvemens qui agitent en ce moment la ville de Paris.

au soir, un magasin attenant l'hôtel de la Force a été incendié ; un autre magasin, dans le faubourg Saint-Marceau, a été, non pas pillé, mais le peuple s'y est porté en foule et s'est distribué le sucre à 25 sous la livre. Le petit peuple voit avec beaucoup de peine que les accapareurs de sucre et de café le privent d'une consommation qui lui est devenue si nécessaire. Nous proposons à l'assemblée d'enjoindre au comité de commerce de s'occuper sur-le-champ d'un projet qui concilie avec la liberté du commerce, les mesures propres à empêcher les accaparemens. (On applaudit.)

M. Broussonnet. Le renchérissement de ces denrées tient à plusieurs causes, et surtout au ravage des colonies. Je crois qu'il serait possible de s'adresser aux Anglais pour fournir, au moins momentanément, nos ports de sucre et de café. J'appuie cependant la proposition de charger le comité de commerce de vous présenter ses vues.

L'assemblée ajourne à lundi le projet du comité de commerce sur cette matière.]

Le rapport n'eut lieu qu'à la séance du mardi 24. Il fut précédé d'un compte des événemens, rendu par Pétion.

SÉANCE DU 24 JANVIER.

[La municipalité de Paris est introduite à la barre.

M. le maire. En nous conformant aux ordres de l'assemblée nationale, nous venons lui rendre compte de la situation actuelle de Paris. Depuis quelques jours une fermentation sourde l'agite, à l'occasion de la hausse extraordinaire du prix du sucre. Le vendredi, les mouvemens allaient croissant. Dans la nuit de ce jour au samedi, le feu prit à l'hôtel de la Force. On ne peut donner trop d'éloges au zèle des pompiers et de la garde nationale. Il est encore incertain si cet événement est l'effet du hasard, ou d'un dessein prémédité. On soupçonne seulement que le feu a été mis à l'appartement de M. l'abbé Bardy, d'où il s'est communiqué avec une violente rapidité à toute la maison. Les officiers municipaux s'y sont transportés ; et nous nous empressons de rendre au commandant de la garde nationale la justice que nous devons à son patriotisme. A l'instant où cet événement occupait toute notre attention, on semait à plaisir les bruits les plus désastreux. On répandait que les mêmes malheurs se manifestaient à Bicêtre, à la Conciergerie. Ce qui était plus réel, c'est un rassemblement au faubourg Saint-Marceau, autour d'un magasin, rempli de sucre. Nous nous y sommes transportés. Les citoyens que nous y avons trouvés, nous ont assurés qu'ils n'étaient point venus dans l'intention de piller; mais que le sucre étant porté à un prix extraordinaire auquel le pauvre ne pouvait plus atteindre, il fallait qu'il y eût quelque manœuvre cachée; que c'était sans doute l'effet des accaparemens. Nous leur avons répondu qu'il n'était pas en notre pouvoir de taxer les marchandises; nous les avons engagés à adresser leurs réclamations par écrit, en forme de pétition, et à se retirer paisiblement. Ils furent pénétrés de nos raisons. Le rassemblement se dissipa, et le sucre ne fut point distribué à vingt-deux sous la livre, comme on l'a dit. Mais le lendemain, un épicier du faubourg Saint-Denis, ayant des inquiétudes de quelques attroupemens, en distribua à vingt-quatre et vingt-six sous. Hier, nous croyions le calme entièrement rétabli. Quelle fut notre surprise, quelles furent nos alarmes, lorsque des lettres nous annoncèrent des rassemblemens dans différens quartiers de Paris. Un de ces attroupemens se porta à la mairie. Le maire se présenta, et dit aux personnes rassemblées que c'était des piéges qui leur étaient tendus; elles se retirèrent. Le commandant de la garde nationale arriva pour instruire le maire de ce qui se passait dans Paris. Le conseil municipal est à l'instant convoqué, ainsi que le directoire du département. Deux heures s'écoulent sans nouvelles fâcheuses, mais bientôt on nous apprend qu'il existe des rassemblemens nombreux dans les quartiers Saint-Martin, de la rue des Lombards, des Gravilliers et de la rue aux Ours. Nous nous y transportons. Nous n'y trouvons plus que des curieux. La maison de M. Boscary n'avait pas été pillée, mais on en avait cassé les vitres. On en avait fait autant à celle de M. Glot, et dans un magasin, la cassonnade avait été distribuée à dix sous la livre. Le corps municipal n'a rien négligé; il ne négligera aucun des moyens qui sont en son pouvoir pour rétablir l'ordre et la tranquillité. Mais il sent combien il serait dangereux qu'on exagérât au-dehors les mouvemens qui ont agité Paris, et quels fruits pourraient s'en promettre les ennemis de notre liberté. (On applaudit).

M. le président. Magistrats du peuple, rien n'égale l'étendue de vos devoirs que le zèle avec lequel vous les remplissez. Continuez à mériter la confiance publique, c'est votre plus digne récompense. L'assemblée vous invite à sa séance. (On applaudit).

M. Thuriot. La municipalité de Paris a acquitté une dette sacrée en rendant hommage au zèle de la garde nationale. Je crois que l'assemblée a aussi une dette à payer; c'est de donner un témoignage de satisfaction à la municipalité. En conséquence, je demande l'insertion du discours de M. le maire, avec mention honorable au procès-verbal, et l'impression et la distribution de ce discours.

N...... Je demande qu'on fasse aussi mention honorable de la conduite de la garde nationale.

M. Bréard. On ne peut douter que les journalistes stipendiés par les malveillans n'aient fait parvenir aux départemens des récits exagérés de ces mouvemens populaires. Je demande l'envoi du discours de M. le maire aux quatre-vingt-trois départemens.

Ces diverses propositions sont décrétées.

Un de messieurs les secrétaires lit la lettre suivante :

Paris, 24 janvier 1792. — « M. le président, au nom du droit sacré de pétition, je vous conjure de lire à l'assemblée nationale la lettre que j'ai l'honneur de vous adresser. Hier matin, une section de la capitale est venue à la barre, la constitution à la main, réclamer une loi contre les accaparemens. Aujourd'hui, citoyen domicilié, père de famille, je suis dénoncé moi-même au peuple comme un homme odieux. Je suis un ci-devant propriétaire d'habitation considérable dans cette île malheureuse qui n'existe peut-être plus; mes récoltes, faites avant le désastre, me sont parvenues : elles montent à deux millions de sucre, un million de café, deux cent mille livres d'indigo, et cinq cent mille de coton. Ces denrées sont à Paris, dans ma maison ; je ne les ai jamais cachées. Ces marchandises valent actuellement dix millions, et par le concours des circonstances, en vaudront bientôt quinze. Je déclare à l'assemblée, à l'Europe entière, qui entend ma pétition, que ma volonté bien expresse est de ne vendre à aucun prix les denrées dont je suis propriétaire. (On murmure.) Elles sont à moi ; elles sont la représentation des terres que je possédais sous un autre hémisphère. C'est pour faire un noble usage de la constitution, c'est pour connaître jusqu'à quel point elle me défendra, que j'adjure la force publique (les murmures redoublent ; on demande l'ordre du jour) de protéger un citoyen qui ne contraint personne de lui donner son bien, mais qui veut garder le sien en nature. (On murmure.) Daignez donc, M. le président, donner des ordres à M. le maire..... (les murmures redoublent) pour entourer mes magasins d'une force suffisante.

Signé, Joseph-François Delbecq, *Américain, citoyen actif de la section de Popincourt, et grenadier volontaire de la garde nationale.* »

L'assemblée passe à l'ordre du jour.

M. Mosneron, au nom du comité de commerce et d'agriculture, fait un rapport relativement au moyen d'empêcher les accaparemens de sucre, et propose à l'assemblée de décréter qu'il n'y a pas lieu à délibérer sur la question qui a été renvoyée à ce comité.

N..... L'augmentation du prix des denrées coloniales a trois causes : 1° les malheurs de la colonie de Saint-Domingue ; 2° la circulation prodigieuse de billets particuliers ; 3° les accaparemens. Jusqu'à quand verrez-vous avec indifférence ces établissemens monétaires qui emploient leurs valeurs à faire des accaparemens odieux ? Encore s'ils déposaient en assignats la valeur de la masse de petits billets qu'ils mettent en circulation, cette précaution pourrait rassurer les citoyens. Je ne vous proposerai point de fixer le prix des denrées : ce serait porter atteinte aux principes de la constitution, ce serait violer le droit de propriété. Je ne vous proposerai point d'ouvrir vos ports à l'entrée des denrées coloniales des puissances étrangères, puisque la suppression du droit perçu sur elles ne serait qu'illusoire et n'apporterait aucun profit, aucune diminution; mais je demande que vous rappeliez de la circulation des valeurs qui n'auraient jamais dû y entrer; que vous décrétiez que le ministre de l'intérieur se fera rendre compte dans un mois du nombre de ces établissemens et de la quantité de leurs émissions; qu'il ne pourra en être fait de nouvelles sans une autorisation du département, et le dépôt préalable de leur représentation en assignats. (On applaudit.)

Un de messieurs les secrétaires fait lecture de la lettre suivante :
« Le peuple, égaré par des malveillans, s'est porté hier en foule chez moi, et m'a empêché de me rendre à mon poste. On a répandu que ma maison de commerce, sous la raison de Chols-Boscary et compagnie, avait fait des accaparemens de sucre. C'est une assertion calomnieuse : on a voulu entrer de force dans ma maison; on a cassé toutes les vitres du premier étage avant que la force publique ait pu m'accorder protection; je suis encore menacé dans ce moment : on jette des pierres contre mes fenêtres. Je ne m'attendais pas à être l'objet de la fureur du peuple. Je n'ai jamais fait de mal à personne; j'ai fait du bien quand je l'ai pu; j'ai été constamment attaché à la révolution par des places tant civiles que militaires.

» *Signé,* Boscary, *député de Paris.* »

On demande le renvoi de cette lettre au pouvoir exécutif.

M. *Thuriot.* Renvoyer au pouvoir exécutif, c'est vouloir admettre la possibilité d'un retard. Il n'y a pas un moment à perdre : la municipalité vient de vous dire qu'elle s'était déjà occupée de cet objet; elle va reprendre sa marche. C'est à elle qu'il faut renvoyer.

M. *Léonard-Robin.* Je m'oppose au renvoi à la municipalité. Nous ne devons pas nous départir des principes; l'assemblée ne peut correspondre ainsi avec les corps administratifs. Je demande le renvoi au pouvoir exécutif. (On murmure.)

M. *Hua.* Je demande l'ordre du jour, et je le motive. M. Delbecq vous a fait la même plainte que M. Boscary : vous avez passé à l'ordre du jour. Est-ce parce qu'il s'agit d'un député que vous prendriez actuellement une autre mesure? (Les tribunes applaudissent.) Ce n'est pas à l'assemblée à faire la police.

L'assemblée ordonne le renvoi au pouvoir exécutif.

M. Dorisy. J'interroge non-seulement l'assemblée, mais encore tous les assistans qui pourraient connaître M. Delbecq, et je les prie de déclarer s'il existe ou s'il n'existe pas. Quant à moi, je nie son existence.

L'assemblée passe à l'ordre du jour.

M. Ducastel. Je demande la parole pour une motion d'ordre. Voici un décret du 21 juin 1791 : L'assemblée nationale défend aux personnes qui sont ou seront admises dans les tribunes, de donner aucune marque d'approbation ou d'improbation...... (Les tribunes murmurent.)

Plusieurs voix. L'ordre du jour.

N..... La motion d'ordre de M. Ducastel est une vraie motion de désordre. La loi existe; il n'y a point de loi à faire.

Il s'élève une violente agitation, au milieu de laquelle se fait entendre l'improbation des tribunes.

M. le président. Je réclame le silence au nom de la patrie.

M. Ducastel. Je le réclame au nom de la loi.

Un grand nombre de membres. L'ordre du jour! l'ordre du jour!

M. le président. J'ai accordé la parole à M. Ducastel : je la lui maintiendrai. Vous pourrez passer à l'ordre du jour sur sa motion; mais ce ne sont ni des murmures ni des cris qui ménagent le temps de l'assemblée.

M. Ducastel. « L'assemblée défend aux personnes qui sont ou seront admises dans les tribunes, de donner aucune marque d'approbation ou d'improbation, et ceux qui la troubleront par des clameurs indécentes seront contraints d'en sortir. » Voilà ma motion. Je demande que ce décret soit lu à toutes les séances. (Les murmures recommencent.)

On réclame l'ordre du jour.

Les tribunes. Oui, oui, l'ordre du jour.

M. Vaublanc. L'assemblée nationale saura toujours mettre de la différence entre des marques d'approbation ou d'improbation qui ne sont pas un manque de respect pour elle, et ces mouvemens, qui pour être blâmés n'ont pas besoin d'avoir d'autres juges que la plus grande partie des tribunes elles-mêmes. (Les tribunes applaudissent.) Je demande que la loi soit affichée dans les tribunes et dans les corridors. (On applaudit.)

Cette proposition est décrétée à l'unanimité.]

Après cet incident, l'assemblée rentra dans la discussion sur la hausse subite des denrées coloniales. Caminet en trouva la cause dans la multiplication prodigieuse des billets de confiance. Ducos prononça ensuite un long discours sur les moyens d'opérer une réduction dans les prix des sucres; il fit charger les comités de présenter sans délai un projet de loi sur cet objet.

A la séance du 26 au soir, les habitans du faubourg Saint-Antoine vinrent demander à l'assemblée des mesures contre l'agiotage et l'accaparement.

[*L'orateur de la députation.* Les citoyens du faubourg Saint-Antoine laissent aux femmes, aux vieillards et aux enfans à crier pour du sucre. Les hommes du 14 juillet ne se battent pas pour des bonbons; la nature agreste et sauvage dans notre canton n'aime que le fer et la liberté...... Que les conspirateurs, que les accapareurs, que les ennemis de l'ordre apprennent qu'à l'instant où leurs brigands soudoyés invitaient le peuple à la violation des propriétés, nous forgions tranquillement les piques qui doivent les exterminer; les scélérats! ils voulaient mettre aux prises le peuple avec la garde nationale; qu'ils sachent que les trois bataillons du faubourg et le peuple ne font qu'un; que le même sentiment les anime, et que nous ne composons qu'une famille! Qu'ils tremblent donc, ces perturbateurs du repos public; la patience du peuple semble s'épuiser!

Nous dénonçons ici tous les accapareurs en tout genre. Jusqu'aux denrées de première nécessité, tout est sous la main avide des assassins du peuple. Ces brigands parlent propriété; cette propriété n'est-elle pas un crime de lèse-nation? Au récit de la misère publique le tocsin de l'indignation contre ces mangeurs d'hommes ne sonne-t-il pas dans vos cœurs sensibles? Le commerce languit; et s'il a donné quelque signe de vie, c'était l'effet de l'accaparement. De tous les coins de l'empire, le peuple, qui n'a d'autre nourriture qu'un pain trempé de ses sueurs et de ses larmes, vous crie: Loi de mort contre les accapareurs! loi de mort contre les fonctionnaires qui protégent l'accaparement! Mort aux conspirateurs qui provoquent l'incendie, le pillage et le meurtre! Mort à ces favoris du monopole qui, désespérés de voir le peuple et le maire de Paris unis par le patriotisme et l'amour de l'ordre, infestent la capitale de leurs placards bleus, cherchent à flétrir de leur haleine impure la couronne des magistrats citoyens, et ne s'agitent avec tant de fureur que pour voir une seconde fois le drapeau rouge annoncer ces jours d'horreur et de sang! Mort surtout à ces bandits gagés par les aristocrates, qui, sous la livrée honorable du peuple, insultent aux lois, et demandent à grands cris le massacre et la guerre civile!

Nous venons ici jurer, au nom de quarante mille hommes armés, un amour éternel pour la déclaration des droits de l'homme; nous jurons fraternité et assistance aux patriotes, nous jurons de laisser végéter en paix ces vils esclaves qui n'ont pas assez de courage pour apprécier la dignité d'une homme libre; mais, qu'ils ne s'y trompent pas, au moindre complot contre l'assemblée nationale, à la moindre lésion des droits du peuple, seul souverain, la nuit du tombeau engloutira leurs cadavres impurs, ou la postérité dira: *Là fut jadis le faubourg Saint-Antoine.*

Les citoyens de ce faubourg, rassemblés au nombre de dix mille, paisiblement et sans armes, dans leur église paroissiale et aux environs, nous ont chargés de vous demander:

1° De prendre toutes sortes de mesures pour étouffer l'agiotage, et rendre en conséquence un décret qui enjoigne aux corps administratifs de surveiller toutes les caisses qui émettent des billets de confiance, et s'assurer du dépôt des assignats échangés. (On applaudit.)

2° Nous attendons de votre sagesse une loi répressive, et tellement juste, qu'elle assure les propriétés du négociant honnête, et réprime l'avarice de ces marchands qui accapareraient jusqu'aux ossemens des patriotes pour les vendre à l'aristocratie. (On applaudit.)

5° Nous demandons que vous rappeliez à votre souvenir notre pétition du 15 de ce mois, qui a pour épigraphe : *Les beaux esprits et les gens bêtes, tous veulent être libres*, et dont vous avez ordonné l'impression. (On applaudit à plusieurs reprises.)

Le président accorde à la députation les honneurs de la séance. Elle traverse la salle au milieu des applaudissemens de l'Assemblée et des tribunes.]

Cominet demanda qu'on arrêtât l'émission des caisses particulières. Sur la proposition de Dorisy, cette pétition fut envoyée au comité de l'extraordinaire des finances.

Ce même jour le *Moniteur* publiait les réflexions suivantes, que répétèrent un grand nombre de journaux :

[Les ennemis de la chose publique changent maintenant de tactique et de manœuvre. Ils craignent que le mouvement occasioné par la cherté des sucres ne s'apaise; ils veulent toujours entretenir une fermentation dangereuse, mais favorable à leur dessein; ils veulent la rendre plus active, et lui donner une direction, en apparence, plus digne du peuple, qu'ils cherchent à égarer; ils font demander à grands cris la diminution du prix du pain. Remarquez que le pain est à 11 sous les quatre livres; qu'il a été dans certains hivers jusqu'à 14 et 16 sous; que dans le surplus de la France il est généralement plus cher qu'à Paris; qu'il est des départemens où le blé manque; que Paris est bien approvisionné; que le seul moyen de l'affamer est de répandre le trouble, parce qu'alors les négocians et les fariniers n'oseront pas y envoyer leur marchandise, dans la crainte qu'elle ne soit pillée.]

La veille (le 25 à neuf heures du soir). Pétion, et Desmousseaux, qui remplissait jusqu'à l'achèvement des nouvelles élections, les fonctions de procureur de la commune, se rendirent chez le roi, d'après l'invitation qu'ils en avaient reçue. Ils lui exposèrent l'état de Paris, et Peuchet, auteur de l'article que nous analysons (*Moniteur du* 28 *janvier*), continue ainsi leur conversation avec Louis XVI.

« Dit-on toujours que l'on veut m'enlever? a demandé ensuite le roi, en riant. — Sire, il n'est que trop vrai que vos ennemis et les nôtres verraient avec plaisir que votre majesté se laissât alarmer par des troubles dont ils seraient les moteurs. — Messieurs, Paris est-il suffisamment pourvu des choses nécessaires à la subsistance du peuple et à ses autres besoins? — Sire, les subsistances sont en bon état, l'approvisionnement suffit aux besoins de l'année entière. — J'ai entendu avec plaisir votre proclamation. — Sire, a dit M. Desmousseaux, en voilà deux exemplaires que je prie votre majesté d'accepter. — Le roi les a reçus avec plaisir, et a dit : Je vous invite à venir souvent me rendre compte de la situation de la capitale ; je vous recevrai avec plaisir tous les jours où vous pourrez vous présenter, entre une et deux heures. Sa majesté était entourée de ses ministres. Elle a montré un grand contentement du bon rapport que lui ont fait les magistrats, et toutes ses paroles annonçaient le véritable amour du peuple, de l'ordre et de la paix. »

Les sections prirent presque unanimement la résolution de suspendre l'usage du sucre. Les femmes de la Halle donnèrent cet exemple les premières. Il y eut, au sujet de ce sacrifice, une séance aux Jacobins, dont Prudhomme se moque beaucoup. Nous renvoyons ces extraits au chapitre que nous devons consacrer aux débats du club.

Nous terminerons ce que nous avions à réunir ici, pour l'intelligence des accaparemens, de la fuite du roi, et des émeutes, par les deux passages du *Courrier des* 83 *Départemens*, dont la teneur suit :

Dans son numéro du 26 janvier, Gorsas revient sur le rassemblement et l'établissement, au Louvre, d'un grand nombre d'ex-gardes-du-corps. « Un article, dit-il, inséré dans le *Journal de la Cour et de la Ville*, et signé par un capitaine de cavalerie, que d'anciennes habitudes nous rendent cher, malgré des principes opposés à ceux que nous professons, expliquerait assez les motifs de ces rassemblemens. — « Tous les maux dont la France est menacée, y est-il dit, lui viennent de Paris; et, comme l'étincelle électrique, ils se sont portés dans nos colonies avec une vivacité qui doit faire frémir *toutes les puissances amies de l'ordre et de la paix* : c'est donc à *Paris* que tout homme qui a de *bons principes* doit se transporter, afin *d'engager* cette même ville à redonner, par son exemple, la sérénité des beaux jours qu'elle a seule ravis à la nation la plus infortunée. »

Dans son numéro du 28, il insère l'article suivant, sous le titre de *Réclamation importante*. « MM. *Cinot*, Charlemagne et le bon Dandré, ont écrit à C. L. Beaulieu, et *autres gens de lettres*, (rédacteurs du *Journal du soir*), qu'attendu l'impartialité qui caractérisait leur journal, ils voudraient réfuter une calomnie atroce, dirigée entre autres contre M. Dandré, injustement désigné comme *chef d'accaparemens*. Ils déclarent en leur ame et conscience, qu'ils n'ont qu'un seul magasin, rue de la Verrerie, n° 27, et ils offrent 100 louis à *quiconque qui* prouvera *qu'ils* possèdent pour UNE *obole* de sucre ou marchandises coloniales ailleurs que dans ledit magasin. Ils attestent en outre qu'ils n'ont encore qu'une très-petite quantité de marchandises coloniales, et que, pour imposer silence à la *haine* et à la *calomnie*, les sieurs Dandré et associés ont réduit considérablement leurs achats; ils invoquent encore l'attestation des épiciers sur leur probité. « Au reste, disent-ils, des scélérats ont dit publiquement qu'ils n'en voulaient pas au sucre de M. Dandré, mais à sa tête. » On conviendra que la calomnie est atroce; sans doute les misérables qui l'ont inventée sont les mêmes qui ont peint l'honorable député d'Aix en pain de sucre. »

PROVINCES.

Perpignan. — Caen.

Nous ferons précéder les deux affaires principales d'un sommaire des événemens moins importans dont les provinces occupèrent l'assemblée. A la séance du 3 au soir, elle reçut deux lettres des citoyens actifs de Marseille; par l'une, ils dénonçaient le directoire du département comme ayant cassé un arrêté de la municipalité contre les agioteurs; par l'autre, ils communiquaient de nouvelles tentatives de contre-révolution faites à Avignon et dans le comtat, où, disaient-ils, son étendard était arboré, ainsi qu'à Arles. Ils accusaient les commissaires civils et le général Choisy d'être à la tête des complots; ils annonçaient en outre que, le 18 décembre, trente officiers avaient quitté Toulon pour émigrer.

A la séance du 8, on lut le procès-verbal d'une émeute relative aux grains, qui avait eu lieu à Saint-Omer. Jaucourt s'opposa à la mention honorable de la conduite de la force armée, qui avait fait feu sans réquisition. A cette même séance, on dénonça le tribunal d'Uzerche pour avoir appliqué la loi d'amnistie à des assassins. Le 9, on renvoya au comité de surveillance une lettre de la municipalité de Saint-Servan, dénonçant des embaucheurs à Saint-Malo, Vannes et Saint-Brieux. Le 11, le président du tribunal de Longwi annonça l'arrestation d'un prêtre nommé Henry, prévenu d'embauchage. — Le 24, des députés de la ville d'Arles portèrent à la barre de l'assemblée des réclamations au nom de huit cent mille patriotes. Ils dénoncèrent un vaste système de contre-révolution qui embrassait tout le midi de la France, et dont les principaux foyers étaient dans les villes d'Arles et d'Avignon. Dans ces deux villes, disaient les pétitionnaires, le patriotisme est proscrit et l'aristocratie triomphante. Des commissaires, prétendus pacificateurs, n'y ont établi d'autre paix que celle de l'oppression. « Envoyés pour réprimer l'aristocratie et contenir le fanatisme, ils dînent chez l'aristocratie et soupent chez le fanatisme. » Le 26, on renvoya au comité de surveillance une lettre de la commune de Navarreins (Basses-Pyrénées), annonçant que tous les officiers du régiment ci-devant Champagne, à l'exception de deux, avaient déserté leurs drapeaux, et que Duchilleau, chef de division, n'avait la confiance ni des troupes, ni du département.

Affaire de Perpignan. (Séance du 5 janvier.)

[M. *Jouneau*, au nom du comité militaire, fait un rapport sur les événemens qui ont eu lieu à Perpignan, les 6 et 7 du mois dernier. Il lit plusieurs pièces qui contiennent des détails sur ces événemens : procès-verbaux de la municipalité, arrêté du directoire du département, adresse des soldats en garnison dans la ville, déclaration et correspondance de M. Chollet, lieutenant-général, commandant cette division ; tout se réunit pour dénoncer M. Dusaillant, commandant le 12ᵉ régiment de chasseurs, et un grand nombre d'officiers du 20ᵉ régiment d'infanterie, ci-devant Cambrésis, et quelques citoyens de Perpignan, comme ayant formé le complot de livrer Perpignan aux ennemis de la France.

Dans la nuit du 6 décembre, les officiers du 20ᵉ régiment se portent chez M. Chollet, le pressent de se rendre à la citadelle, sous prétexte qu'il n'est pas en sûreté chez lui ; le menacent, sur son refus, de l'y conduire de force, et parviennent à le faire céder à leurs instances. Ensuite ils vont travailler le 20ᵉ régiment, lui ordonnent de quitter le quartier Saint-Jacques pour se rendre à la citadelle et y défendre M. Chollet. Les soldats ne veulent partir que sur l'ordre de M. Chollet. Au bout de quelques instans, M. Desbordes, lieutenant-colonel, bon patriote, arrive avec cet ordre qu'il commence à lire avec émotion ; un sergent l'achève, et tous les soldats s'écrient qu'ils resteront à leur quartier, qu'ils veulent obéir aux réquisitions de la municipalité, qui les y avait fait consigner depuis les événemens du 15 novembre. Cependant M. Chollet va faire sa déclaration au conseil de département. Des patrouilles de gardes nationales sont commandées et sortent, ayant un officier municipal à leur tête. Les officiers se renferment dans la citadelle. Le 7, des membres du régiment se présentent devant la municipalité pour savoir si elle avait requis le régiment de se rendre à la citadelle. Des coups de fusil sont tirés de la citadelle sur la ville. Les gardes nationales, la gendarmerie nationale, les troupes de ligne, ayant M. Desbordes à leur tête, sur la réquisition des corps administratifs, montent à la citadelle, parviennent à rétablir l'ordre. Un officier, saisi par le peuple, allait éprouver sa vengeance ; ils l'arrachent à la multitude, ainsi que quelques citoyens arrêtés à la citadelle ; les uns et les autres sont conduits dans les prisons civiles, pour leur sûreté. Un grand nombre de conspirateurs est arrêté. Le procureur-général-syndic dénonce M. Chollet à l'accusateur public, pour avoir signé un ordre contraire à la réquisition légale, celui de faire marcher les soldats à la citadelle. Le 20ᵉ régiment est éloigné de la ville et envoyé à Collioure ; tous les officiers restans disparaissent ; un d'eux se tue en Espagne d'un coup de pistolet. M. Gillet, garde-magasin, dépose que M. Dusaillant lui a demandé des armes, de la poudre et 150 paquets de cartouches de 20 balles chacun. M. Pierre Aubert, soldat du 20ᵉ régiment, compagnie de Saint-Amand, a déposé à Toulouse qu'il a quitté, avec quelques-uns de ses camarades, son régiment sans congé, pour ne point prendre part aux complots que tramaient les officiers.

Après cet exposé, le rapporteur conclut au décret d'accusation contre M. Chollet, parce que cet officier général n'a pas dû céder à la crainte, et que d'ailleurs, s'il y a eu complot, comme on n'en peut douter, il n'est pas possible qu'il n'en ait pas eu quelque connaissance ; contre M. Dusaillant, officier au 12ᵉ régiment de chasseurs ; contre MM. Félix Adhémar, Bonjoux, Poverol, Darroul, Gérard, Siocham, Blachet, Lardière, François Adhémar, Lachesserie, Masclet, Descoriat, Dalin, Lupé, Mongon frères, François Mongugitat, Duroux ; Adhémar l'aîné, Larivière, Pierrepont, Saint-Marcou, Barguin, Estosot, Dalsu, Marchal, tous officiers du 20ᵉ régiment ; contre MM. Joseph Bonapôtre, homme de loi ; Pierre Gentillet, ci-devant procureur ; Vincent Vauxalère, François Moligny, François Bertrand, François Comeil, Laurent Pragut, François Vauxalère, tous citoyens de Perpignan.

Il propose d'approuver la conduite de M. Desbordes, lieutenant-colonel, ainsi que celle des soldats du 20ᵉ régiment, de ceux du détachement du régiment ci-devant La Fère ; d'approuver enfin celle du directoire du département, de la municipalité et de tous les bons citoyens qui ont sauvé Perpignan de la conjuration. (On applaudit).]

Beugnol demanda l'ajournement. Carnot aîné fit la motion de démolir la citadelle de Perpignan (1). Aréna, Dumas et quelques autres, parlèrent en faveur de Chollet; ils furent réfutés par Albite, Lacroix et Delmas. Le projet du comité militaire fut adopté dans son entier.

Affaire de Caen. (*Séances des 19 et 24 janvier.*)

[*M. Guadet*, au nom du comité de législation. Quatre-vingt-quatre citoyens sont détenus depuis trois mois dans les prisons de Caen. Le directoire du département du Calvados, instruit des manœuvres des prêtres non assermentés, et justement alarmé des suites qu'elles pouvaient avoir, crut devoir prendre un arrêté, par lequel il exigeait d'eux des certificats. Cette mesure, à laquelle le salut public pouvait servir d'excuse, fut improuvée par le ministre de l'intérieur; et tel fut l'effet de cette improbation, que de l'excès du zèle on passa à l'excès de la tolérance. On ou-

---

(1) Des murmures ayant accueilli la proposition de Carnot, il fit insérer dans le *Moniteur* du 7 janvier une lettre que nous croyons devoir reproduire. La question jugée ici par Carnot est la même que celle agitée dernièrement par la chambre des députés sous le titre de : *Forts détachés.*

Carnot l'aîné, député du département du Pas-de-Calais, et capitaine au corps du génie, à ses collègues.

«A la séance du soir, le 3 de ce mois, je vous proposai la destruction d'une citadelle qui avait menacé la liberté des citoyens; mais les murmures qui m'empêchèrent de développer mon opinion m'apprirent que ceux qui recherchent la vérité avec le plus d'ardeur ne sont pas toujours ceux qui savent le mieux la reconnaître quand elle se présente. Vous n'êtes pas obligés, mes collègues, de savoir ce que c'est qu'une citadelle; car il serait trop honteux pour les représentans de la nation de laisser sciemment subsister au milieu d'elle cinquante bastilles semblables à celle dont la chute a écrasé le despotisme et fixé l'ère de la liberté française. Une citadelle est un poste fortifié près d'une ville qu'il commande, qu'il peut foudroyer à chaque instant, et qui, bien loin de nuire aux ennemis du dehors, ne peut que favoriser leurs perfides projets; car, si vous m'eussiez permis d'expliquer ma proposition, vous auriez compris que je ne demandais pas le rasement total des citadelles, mais seulement de démanteler la partie de leurs remparts qui est tournée contre l'intérieur des villes; or cette partie ne peut nuire qu'aux villes mêmes, et nullement à ceux qui viennent l'attaquer.

» On objecte que la citadelle sert de retraite dans le cas où la ville serait prise

vrit les églises aux prêtres non assermentés, cette démarche accrut leur audace; on les vit requérir, à main armée, les curés de leur donner l'usage de leurs églises. Cet ordre de choses pouvait ne pas être dangereux dans les paroisses de campagne; il pouvait l'être, et il le devint beaucoup dans la ville de Caen, où une foule de ci-devant nobles et mécontens s'étaient retirés. Il était naturel qu'ils profitassent de cette circonstance pour exciter des troubles : en conséquence, ils invitent M. Busnel, ci-devant curé de la paroisse de Saint-Jean, à Caen, à dire la messe dans son ancienne paroisse, le 4 novembre. On s'attendait peut-être que le nouveau curé s'y refuserait ; mais ce respectable pasteur se conduisit avec beaucoup de sagesse. Il fait ouvrir l'église; il s'y rend lui-même ; il offre à M. Busnel tous les ornemens nécessaires ; et, voyant que l'auditoire était composé de manière à faire craindre une scène, il monte en chaire pour prêcher la tolérance et la paix ; il propose à M. Busnel de lui servir la messe, et la lui sert en effet (On applaudit.), jusqu'au moment où il est remplacé par un prêtre affidé à M. Busnel : cette condescendance n'empêcha pourtant point les malheurs

avant elle. Cela est vrai, et j'ajoute qu'autant les citadelles sont traîtresses, autant les villes fortes sont utiles au salut de la liberté ; mais cela ne prouve pas qu'il faille conserver en temps de paix les remparts qui les divisent. C'est pendant le siége même de la ville qu'il faut les relever s'ils sont utiles à la défense; et le siége de la moindre bicoque donne quatre fois plus de temps qu'il n'en faut pour cela. Je ne fais point ici un traité de fortifications, et ce que je viens de vous dire suffit; si vous voulez des autorités, si vous désirez en savoir davantage, lisez Vauban, et plus vous vous éclairerez dans les ouvrages de ce grand homme, plus vous apprendrez à chérir la liberté, et plus vous serez convaincus qu'une citadelle est une monstruosité dans un pays libre, un repaire de tyrannie contre lequel doit s'élever toute l'indignation des peuples et la colère des bons citoyens.

» Songez, mes collègues, qu'une citadelle n'est et ne peut être bonne qu'à vous remettre dans les fers; que la plus florissante des cités peut être à chaque moment réduite en cendres, au caprice d'un commandant de château pétri du limon féodal et empâté dans la plus stupide et la plus incorrigible aristocratie.

» Voilà ce que c'est qu'une citadelle; voilà ce que vous n'avez pas voulu entendre ! Eh! comment aurais-je été appuyé? Je suis militaire, je parle peu et je ne suis d'aucun parti !

» J'espère cependant, mes collègues, que vous ne renverrez pas à vos successeurs la gloire d'avoir affranchi votre pays de ces restes de barbarie. Puisse le délai que vous y apporterez, à la veille d'une guerre où la trahison est l'arme principale de vos ennemis, ne jamais exciter vos regrets ! » (*Note des auteurs.*)

qu'elle avait pour objet de prévenir. Il y avait dans l'église deux partis, celui des patriotes et celui des aristocrates. Ce jour-là, le parti de l'aristocratie fut le plus fort, les patriotes furent maltraités.

On entendit des valets crier contre eux : Il faut les pendre, puisqu'ils sont pour la constitution. Cet avantage enhardit les aristocrates à mettre dans leur conduite une indécence dont on ne se forme pas d'idée. Ils annoncent que le lendemain, M. Busnel doit chanter un *Te Deum* en action de graces, et que la nation aura le dessous; ils reconduisent en triomphe M. Busnel dans sa maison. La municipalité de Caen, instruite de ce qui venait de se passer, crut devoir prendre des précautions pour empêcher les événemens qu'on annonçait pour le lendemain : elle écrivit à M. Busnel de s'abstenir de dire la messe, il y consentit; mais, soit affectation, soit ignorance des mesures de la municipalité, l'église de Saint-Jean se trouva pleine. On attendit long-temps M. Busnel. Ce furent les valets qui firent, comme la veille, les provocations. Bientôt, devant la porte de l'église, s'engage un combat dans lequel quatre personnes sont grièvement blessées. La municipalité envoie des commissaires; ils rétablissent l'ordre: ils sont bientôt appelés par des coups de fusil qui se tirent dans un autre endroit; ils y trouvent la municipalité, précédée du drapeau rouge, qu'elle n'avait pas eu besoin de déployer, parce que sa seule présence avait dissipé les séditieux. On bat la générale; les citoyens se transportent chacun dans leur compagnie. Il s'en forme une particulière sur la place de Saint-Sauveur; elle était composée de ci-devant nobles. Quelques citoyens, témoins de cette réunion suspecte, vont avertir la municipalité. Elle envoie des commissaires : ni l'information, ni les procès-verbaux ne nous apprennent ce que les commissaires firent auprès de cette compagnie; il paraît seulement qu'elle se détermina à suivre M. Basset pour marcher à la municipalité; elle s'y laissa désarmer. On soupçonne que les individus qui la composent ont des armes cachées : on les fouille, on leur trouve des pistolets et un projet de rassemblement dont je vais vous faire lecture.

Tous les citoyens suspectés furent pris et traduits en prison.

De ce nombre était M. d'Herici. Il était en voiture, il allait à la campagne; on lui demande comment, dans un moment de trouble, il peut sortir de la ville; il répond qu'il ignore ce qui se passe, et que des affaires indispensables l'appellent à sa campagne. La garde nationale l'arrête néanmoins et se disposait à le conduire chez lui, lorsqu'un de ses amis, M. Levaillant, vient pour l'en empêcher. Il tire de sa poche un pistolet, on le lui arrache; on le fouille, on lui trouve d'autres armes et une pièce dans laquelle il est dit qu'il ne faut pas attendre le moment de l'action pour nommer les chefs; que la meilleure démarche et la plus agréable aux bourgeois, c'est d'en choisir qui méritent une entière confiance. Avec cette pièce, on en saisit une autre aussi précédée d'un projet. En voici la substance :

« Dans tous les cas où les lois sont impuissantes, il faut écouter la voix de l'honneur. Elle se fait entendre à tous les vrais Français. Les gentilshommes soussignés, pour eux et pour un grand nombre d'autres, ne peuvent se lier à des chevaliers plus dignes d'eux que MM. d'Herici et Durozel. » Plusieurs autres citoyens, quoique ne faisant point partie de la compagnie qui s'était formée sur la place, furent également arrêtés, parce qu'ils étaient soupçonnés d'avoir tiré de leurs fenêtres des coups de fusil sur la garde nationale. Les témoins entendus sur les événemens des 4 et 5 n'ont pu jeter aucun jour sur le projet de conjuration dont je vous ai donné lecture. M. d'Herici était porteur de plusieurs autres papiers, et entre autres d'une lettre signée Malvi, ainsi conçue :

« Vous avez fait, mon cher d'Herici, une petite apparition à Caen; si je l'avais su, j'aurais été vous embrasser, je vous aurais présenté M. Saint-Honorine, gendre de madame Laferté : il est bon gentilhomme, je puis vous assurer de son honnêteté. Il voulait aller chercher du service auprès des princes, on l'en a détourné en lui faisant entrevoir qu'il pourrait être plus utile en restant. Tâchez de lui donner de l'emploi. Ne me répondez pas, votre lettre serait au moins inutile. Présentez mes hommages à madame la vicomtesse d'Herici. »

On a trouvé encore sur M. d'Herici une lettre sans signature ni date ; en voici la teneur :

« Grand merci, mon cher frère, de la lettre que vous m'envoyez ; je la ferai mettre à la poste. Elle est signifiante ou insignifiante, à volonté. J'espère que Dieu bénira nos projets. Je voudrais que nos évêques émigrés rendissent à la religion un témoignage éclatant, en se mettant sous sa protection. Vous avez lu, sans doute, avec autant de plaisir que moi, la lettre des princes. La fin surtout promet des sentimens dignes de leur entreprise. Un homme qui arrive nous apprend que le curé Saint-Sulpice doit chanter la grand'messe à Paris, dans sa paroisse, le jour de la Toussaint. Tous nos jeunes gens s'en vont : Dieu veuille les ramener triomphans. Je vous reporterai lundi la lettre du comte. »]

— Guadet acheva la lecture de son rapport dans la séance du 24 janvier. Nous n'avons cru devoir insérer que les pièces que lui-même classe sous le nom de principales. Quant à la seconde partie du rapport, celle où il discute la valeur des pièces et de l'instruction commencée à Caen, il nous suffira d'en transcrire les conclusions. Elles forment les trois décrets suivans successivement adoptés par l'assemblée :

Premier décret. — « L'assemblée nationale décrète qu'il y a lieu à accusation contre François Emeri Gouet de Labigne, actuellement détenu au château de Caen, comme prévenu d'avoir pris part à une conjuration formée dans la ville de Caen contre la sûreté générale de l'état. L'assemblée nationale ordonne, en conséquence, que le pouvoir exécutif fera traduire M. Labigne, sous bonne et sûre garde, dans les prisons de la haute cour nationale, à Orléans. »

Deuxième décret. — « L'assemblée nationale décrète que M. Manneville, habitant sa maison de Manneville, près la ville de Caen, sera amené à la barre pour y être interrogé sur les faits résultant contre lui de diverses pièces saisies à Caen dans la journée du 5 novembre dernier, et notamment une lettre signée Manneville, en date du 31 décembre 1791, et adressée à *M. le marquis d'Herici - lieutenant général des armées du roi, dans son château de Vaussieux.* Le pouvoir exécutif demeure, en conséquence, chargé de faire traduire M. Manneville, sous bonne et sûre garde, à la barre de l'assemblée nationale. »

Troisième décret.— « L'assemblée nationale décrète qu'il n'y a lieu à accusation contre les sieurs d'Herici-Vaussieux, de Sourdeval, Jeanne de Bamont, deux frères ; Toustaingt, Blancmont, Caignon des Acres, du Fay, de Barbières de Cairon, d'Aumont, de Long-Champs, Garrat, Dumesnil de Saint-Denis, de Maurey, Roussel, de Marescot, Jolivet de Colomby, quatre frères ; de La Radière, Dagain, Le Moine, Vanembras, de La Boderie, deux frères ; Guilbert, du Perré de l'Isle, deux frères ; Fresnay, Dubois, deux frères ; de Gonidec, Midy, Achard de Saint-Manvieu, Marie Greville, Achard de Vacogne, Léveillé, Brebisson, Bonvoust-d'Aunay, Paysant, de Faydit de Ternac, de La Tour, Bauval, de Try, ancien député à l'assemblée nationale constituante ; Varignac, de Saffray-Vimont, père et fils ; de Sainte-Marie, Chandugué, de Labbey, père et fils ; du Rocher, deux frères ; Besnard de Vaucouleurs, Yvonnet, Vauquelin de Sassy, du Tailly, Lanjeaflay, père et deux fils ; Leziard de Ceriolet, Bayeux, Le Harivel de Flagy, Bataille, de Lignery, père et fils, de La Pallu, Billet, Dujardin, Le Vaillant, Lemaur père et fils ; Duvivier, Lefebvre, Duhaussey, d'Alechamps, l'abbé Blinière, Marmemars, Galigny, Godefroy de Boisjugan, Blanchard de Séville. »

CLUB DES JACOBINS.

Antonnelle présida la société du 2 au 11 janvier, et Guadet du 11 janvier au 1er février. Ce dernier présidait à la fois la législative et les jacobins. Nous placerons ici une lettre qu'il reçut de Rouen vers la fin de janvier, et que plusieurs journaux publièrent : c'était après sa fameuse motion du 15. — « J'ai trente ans, je suis très-jolie, j'ai du courage ; ma fête se fera un lundi : vous êtes trois cent mille qui périrez. *Signé* L. M. B. O. »

A la séance du 2 janvier, le club entendit un rapport d'Antoine sur l'état de la ville de Metz ; il manifesta certaines craintes relatives à des déplacemens de troupes que La Fayette avait montré l'intention d'opérer. Il termina en disant : « Si jamais La Fayette, oubliant sa profonde nullité, voulait faire le César, il trouverait des Brutus : il en trouverait un dans celui qui vous parle. » — Pour paralyser l'influence de La Fayette dans les provinces du nord, on proposa divers moyens : il fut arrêté qu'on y répandrait le procès-verbal de la séance du 21 juin 1791, séance dans laquelle La Fayette fut interpellé par Danton d'une manière si précise sans qu'il fît aucune réponse. Desmoulins offrit à la société mille exemplaires de son numéro de ce temps-là, qui lui restaient encore, pour les distribuer dans le département de la Moselle. — Cette offre fut accueillie par des applaudissemens, et mentionnée au procès-verbal.

L'ordre du jour était la discussion sur la guerre. Robespierre monte à la tribune pour réfuter le dernier discours de Brissot.

M. *Robespierre*. « Les plus grandes questions qui agitent les hommes ont souvent pour base un malentendu ; il y en a, si je ne me trompe, même dans celle-ci. Il suffit de le faire cesser, et tous les bons citoyens se rallieront aux principes et à la vérité.

» Des deux opinions qui ont été balancées dans cette assemblée, l'une a pour elle toutes les idées qui flattent l'imagination, toutes les espérances brillantes qui animent l'enthousiasme, et même un sentiment généreux soutenu de tous les moyens que le gouvernement le plus actif et le plus puissant peut employer pour influer sur l'opinion ; l'autre n'est appuyée que sur la froide raison et sur la triste vérité. Pour plaire, il faut défendre la première ; pour être utile, il faut soutenir la seconde, avec la certitude de déplaire à tous ceux qui ont le pouvoir de nuire : c'est pour celle-ci que je me déclare.

» Ferons-nous la guerre ou ferons-nous la paix ? Attaquerons-nous nos ennemis, ou les attendrons-nous dans nos foyers ? Je crois que cet énoncé ne présente pas la question sous tous ses rapports et dans toute son étendue. Quel parti la nation et ses représentans doivent-ils prendre, dans les circonstances où nous sommes, à l'égard de nos ennemis intérieurs ou extérieurs? Voilà le véritable point de vue sous lequel on doit l'envisager, si on veut l'embrasser tout entière et la discuter avec toute l'exactitude qu'elle exige. Ce qui importe par-dessus tout, quel que puisse être le fruit de nos efforts, c'est d'éclairer la nation sur ses véritables intérêts et sur ceux de ses ennemis ; c'est de ne pas ôter à la liberté sa dernière ressource, en donnant le change à l'esprit public dans ces circonstances critiques. Je tâcherai de remplir cet objet en répondant principalement à l'opinion de M. Brissot.

» Si des traits ingénieux, si la peinture brillante et prophétique des succès d'une guerre terminée par les embrassemens fraternels de tous les peuples de l'Europe sont des raisons suffisantes pour décider une question aussi sérieuse, je conviendrai que M. Brissot l'a parfaitement résolue ; mais son discours m'a paru présenter un vice qui n'est rien dans un discours académique, et qui est de quelque importance dans la plus grande de toutes les discussions politiques : c'est qu'il a sans cesse évité le point fondamental de la question, pour élever à côté tout son système sur une base absolument ruineuse.

» Certes j'aime tout autant que M. Brissot une guerre entreprise pour étendre le règne de la liberté, et je pourrais me livrer aussi au plaisir d'en raconter d'avance toutes les merveilles. Si j'étais maître des destinées de la France, si je pouvais à mon gré diriger ses forces et ses ressources, j'aurais envoyé dès long-temps une armée en Brabant, j'aurais secouru les Liégeois et brisé les fers des Bataves : ces expéditions sont fort de mon goût. Je n'aurais point, il est vrai, déclaré la guerre à des sujets rebelles ; je leur aurais ôté jusqu'à la volonté de se rassembler ; je n'aurais pas permis à des ennemis plus formidables et plus près de nous de les protéger et de nous susciter au-dedans des dangers plus sérieux.

» Mais, dans les circonstances où je trouve mon pays, je jette un regard inquiet autour de moi, et je me demande si la guerre que l'on fera sera celle que l'enthousiasme nous promet ; je me demande qui la propose, comment, dans quelles circonstances et pourquoi?

» C'est là, c'est dans notre situation tout extraordinaire que réside toute la question. Vous en avez sans cesse détourné vos regards; mais j'ai prouvé ce qui était clair pour tout le monde, que la proposition de la guerre actuelle était le résultat d'un projet formé dès long-temps par les ennemis intérieurs de notre liberté. Je vous en ai montré le but; je vous ai indiqué les moyens d'exécution; d'autres vous ont prouvé qu'elle n'était qu'un piége visible: un orateur, membre de l'assemblée constituante, vous a dit à cet égard des vérités de fait très-importantes. Il n'est personne qui n'ait aperçu ce piége, en songeant que c'était après avoir constamment protégé les émigrations et les émigrans rebelles qu'on proposait de déclarer la guerre à leurs protecteurs, en même temps qu'on défendait encore les ennemis du dedans, confédérés avec eux. Vous êtes convenus vous-mêmes que la guerre plaisait aux émigrés, qu'elle plaisait au ministère, aux intrigans de la cour, à cette faction nombreuse dont les chefs, trop connus, dirigent depuis long-temps toutes les démarches du pouvoir exécutif; toutes les trompettes de l'aristocratie et du gouvernement en donnent à la fois le signal. Enfin, quiconque pourrait croire que la conduite de la cour, depuis le commencement de cette révolution, n'a pas été toujours en opposition avec les principes de l'égalité et le respect pour les droits du peuple, soit regardé comme un insensé s'il était de bonne foi; quiconque pourrait dire que la cour propose une mesure aussi décisive que la guerre sans la rapporter à son plan, ne donnerait pas une idée plus avantageuse de son jugement. Or, pouvez-vous dire qu'il soit indifférent au bien de l'État que l'entreprise de la guerre soit dirigée par l'amour de la liberté ou par l'esprit du despotisme, par la fidélité ou par la perfidie? Cependant qu'avez-vous répondu à tous ces faits décisifs? qu'avez-vous dit pour dissiper tant de justes soupçons? Votre réponse à ce principe fondamental de toute discussion fait juger tout votre système.

La défiance, avez-vous dit dans votre premier discours, *la dé-*

fiance est un état affreux : elle empêche les deux pouvoirs d'agir de concert, empêche le peuple de croire aux démonstrations du pouvoir exécutif, attiédit son attachement, relâche sa soumission.

» La défiance est un état affreux ! Est-ce là le langage d'un homme libre qui croit que la liberté ne peut être achetée à trop haut prix ? Elle empêche les deux pouvoirs d'agir de concert ! Est-ce encore vous qui parlez ici ? Quoi ! c'est la défiance du peuple qui empêche le pouvoir exécutif de marcher, et ce n'est pas sa volonté propre ? Quoi ! c'est le peuple qui doit croire aveuglément aux *démonstrations* du pouvoir exécutif, et ce n'est plus le pouvoir exécutif qui doit mériter la confiance du peuple, non par des *démonstrations*, mais par des faits ? *La défiance attiédit son attachement!* Et à qui donc le peuple doit-il de l'attachement ? Est-ce à un homme ? est-ce à l'ouvrage de ses mains, ou bien à la liberté ? *Elle relâche sa soumission !* à la loi, sans doute. En a-t-il manqué jusqu'ici ? Qui a le plus de reproche à se faire à cet égard, ou de lui, ou de ses oppresseurs ? Si ce texte a excité ma surprise, elle n'a pas diminué, je l'avoue, quand j'ai entendu le commentaire par lequel vous l'avez développé dans votre dernier discours.

» Vous nous avez appris qu'il fallait bannir la défiance, parce qu'il y avait eu un changement dans le ministère. Quoi ! c'est vous qui avez de la philosophie et de l'expérience ; c'est vous que j'ai entendu vingt fois dire sur la politique et l'esprit immoral des cours tout ce que pense là-dessus tout homme qui a la faculté de penser ; c'est vous qui prétendez que le ministère doit changer avec un ministre ? C'est à moi qu'il appartient de m'expliquer librement sur les ministres, 1° parce que je ne crains pas d'être soupçonné de spéculer sur leur changement, ni pour moi ni pour mes amis ; 2° parce que je ne désire pas de les voir remplacer par d'autres, convaincu que ceux qui aspirent à leurs places ne vaudraient pas mieux. Ce ne sont point les ministres que j'attaque, ce sont leurs principes et leurs actes. Qu'ils se convertissent s'ils le peuvent, et je combattrai leurs détracteurs. J'ai le droit, par conséquent, d'examiner les bases sur lesquelles repose la garantie que vous leur prêtez. Vous blâmez le ministre Montmorin, qui a cédé sa place, pour attirer la confiance sur le ministre Lessart qui s'est chargé de son rôle! A Dieu ne plaise que je perde des momens précieux à instituer un parallèle entre ces deux illustres défenseurs des droits du peuple! Vous avez expédié deux certificats de patriotisme à deux autres ministres, par la raison qu'ils avaient été tirés de la classe des plébéiens; et moi je le dis franchement, la présomption la plus raisonnable, à mon avis, est que, dans les circonstances où nous sommes, des *plébéiens* n'auraient point été appelés au ministère s'ils n'avaient été jugés dignes d'être nobles. Je m'étonne que la confiance d'un représentant du peuple porte sur un ministre que le peuple de la capitale a craint de voir arriver à une place municipale; je m'étonne de vous voir recommander à la bienveillance publique le ministre de la justice, qui a paralysé la cour provisoire d'Orléans en se dispensant de lui envoyer les principales procédures; le ministre qui a grossièrement calomnié, à la face de l'assemblée nationale, les sociétés patriotiques de l'État, pour provoquer leur destruction; le ministre qui, récemment encore, vient de demander à l'assemblée actuelle la suspension de l'établissement des nouveaux tribunaux criminels, sous le prétexte que la nation n'était pas mûre pour les jurés, sous le prétexte (qui le croirait!) que l'hiver est une saison trop rude pour réaliser cette institution, déclarée partie essentielle de notre constitution par l'acte constitutionnel, réclamée par les principes éternels de la justice, et par la tyrannie insupportable du système barbare qui pèse encore sur le patriotisme et sur l'humanité; ce ministre oppresseur du peuple avignonnais, entouré de tous les intrigans que vous avez vous-mêmes dénoncés dans vos écrits, et ennemi déclaré de tous les patriotes invariablement attachés à la cause publique. Vous avez encore pris sous votre sauvegarde le ministre actuel de la guerre. Ah! de grâce, épargnez-nous la peine de discuter la conduite, les relations et le personnel de tant d'individus, lorsqu'il ne doit être question que des principes et de la patrie. Ce n'est pas assez d'entreprendre l'apologie des ministres, vous voulez encore les isoler des vues et de la société de ceux qui sont notoirement leurs conseils et leurs coopérateurs.

» Personne ne doute aujourd'hui qu'il existe une ligue puissante et dangereuse contre l'égalité et contre les principes de notre liberté ; on sait que la coalition qui porte les mains sacriléges sur les bases de la constitution s'occupe avec activité des moyens d'achever son ouvrage, qu'elle domine à la cour, qu'elle gouverne les ministres : vous êtes convenu qu'elle avait le projet d'étendre encore la puissance ministérielle, et d'aristocratiser la représentation nationale ; vous nous avez priés de croire que les ministres et la cour n'avaient rien de commun avec elle ; vous avez démenti, à cet égard, les assertions positives de plusieurs orateurs et l'opinion générale ; vous vous êtes contenté d'alléguer que des intrigans ne pouvaient porter atteinte à la liberté. Ignorez-vous que ce sont des intrigans qui font le malheur des peuples? ignorez-vous que des intrigans, secondés par la force et par les trésors du gouvernement, ne sont pas à négliger? que vous-même vous vous êtes fait une loi jadis de poursuivre avec chaleur une partie de ceux dont il est ici question? ignorez-vous que, depuis le départ du roi, dont le mystère commence à s'éclaircir, ils ont eu le pouvoir de faire rétrograder la révolution, et de commettre impunément les plus coupables attentats contre la liberté? D'où vous vient donc tout à coup tant d'indulgence ou de sécurité?

» Ne vous alarmez pas, nous a dit le même orateur, si cette faction veut la guerre ; ne vous alarmez pas si, comme elle, la cour et les ministres veulent la guerre ; si les papiers *que le ministère soudoie* prêchent la guerre : les ministres, à la vérité, se joindront toujours aux modérés contre les patriotes ; mais ils se joindront aux patriotes et aux modérés contre les émigrans. Quelle rassurante et lumineuse théorie ! Les ministres, vous en convenez, sont les ennemis des patriotes ; les modérés, pour lesquels ils se déclarent, veulent rendre notre constitution aristocratique ; et vous voulez que nous adoptions leurs projets ? Les ministres soudoient, et c'est vous qui le dites, des papiers dont l'emploi est d'éteindre l'esprit public, d'effacer les principes de la liberté, de vanter les plus dangereux de ses ennemis, de calomnier tous les citoyens, et vous voulez que je me fie aux vues et aux principes des ministres?

» Vous croyez que les agens du pouvoir exécutif sont plus disposés à adopter les maximes de l'égalité, et à défendre les droits du peuple dans toute leur pureté, qu'à transiger avec les membres de la dynastie, avec les amis de la cour, aux dépens du peuple et des patriotes, qu'ils appellent hautement des factieux? Mais les aristocrates de toutes les nuances demandent la guerre; mais tous les échos de l'aristocratie répètent aussi le cri de guerre; il ne faut pas non plus se défier, sans doute, de leurs intentions. Pour moi, j'admire votre bonheur et ne l'envie pas. Vous étiez destiné à défendre la liberté sans défiance, sans déplaire à ses ennemis, sans vous trouver en opposition ni avec la cour, ni avec les ministres, ni avec les modérés. Comme les routes du patriotisme sont devenues pour vous faciles et riantes!

» Pour moi, j'ai trouvé que plus on avançait dans cette carrière, plus on rencontrait d'obstacles et d'ennemis, plus on se trouvait abandonné de ceux avec qui on y était entré; et j'avoue que si je m'y voyais environné des courtisans, des aristocrates, des *modérés*, je serais au moins tenté de me croire en assez mauvaise compagnie.

» Ou je me trompe, ou la faiblesse des motifs par lesquels vous avez voulu nous rassurer sur les intentions de ceux qui nous poussent à la guerre est la plus frappante qui puisse les démontrer. Loin d'aborder le véritable état de la question, vous l'avez toujours fui. Tout ce que vous avez dit est donc hors de la question. Votre opinion n'est fondée que sur des hypothèses vagues et étrangères.

» Que nous importent, par exemple, vos longues et pompeuses dissertations sur la guerre américaine? Qu'y a-t-il de commun entre la guerre ouverte qu'un peuple fait à ses tyrans, et un système d'intrigue conduit par le gouvernement même contre la liberté naissante? Si les Américains avaient triomphé de la tyrannie anglaise en combattant sous les drapeaux de l'Angleterre et sous les ordres de ses généraux contre ses propres alliés, l'exemple des Américains serait bon à citer : on pourrait même y joindre celui des Hollandais et des Suisses, s'ils s'étaient reposés sur le duc d'Albe et sur les princes d'Autriche et de Bourgogne du soin de venger leurs outrages et d'assurer leur liberté. Que nous importent encore les victoires rapides que vous remportez à la tribune sur le despotisme et sur l'aristocratie de l'univers ? Comme si la nature des choses se pliait si facilement à l'imagination d'un orateur ! Est-ce le peuple ou le génie de la liberté qui dirigera le plan qu'on nous propose ? c'est la cour, ce sont ses officiers, ce sont ses ministres. Vous oubliez toujours que cette donnée change toutes les combinaisons.

» Croyez-vous que le dessein de la cour soit d'ébranler le trône de Léopold et ceux de tous les rois qui, dans leurs réponses à ses messages, lui témoignent un attachement exclusif, elle qui ne cesse de vous prêcher *le respect pour les gouvernemens étrangers*, elle qui a troublé par ses menées la révolution de Brabant, elle qui vient de désigner à la nation, comme le sauveur de la patrie, comme le héros de la liberté, le général qui, dans l'Assemblée Constituante, s'était déclaré hautement contre la cause des Brabançons ? Cette réflexion me fait naître une autre idée ; elle me rappelle un fait qui prouve peut-être à quels piéges les représentans du peuple sont exposés. Peut-être est-il étonnant que, dans le temps où on parlait de guerre contre des princes allemands, pour dissiper les émigrans français, on se soit hâté de rassurer, par un décret, le chef du corps germanique contre la crainte de voir se rassembler sur nos frontières les Brabançons qui viennent chercher un asile parmi nous. Ce qu'il y a de certain, c'est que les plus zélés patriotes de la contrée française où ils se sont retirés ne paraissent pas en avoir une idée aussi défavorable que celle qu'on en a voulu répandre, et qu'ils ne sont pas, sur cette affaire, du même avis que le directoire du département du Nord. Pour moi, je crains, je l'avoue, que le patriotisme des représentans n'ait été trompé sur les faits. Je le dis, sans crainte que l'on me soupçonne de vouloir décréditer leur sagesse ; je me serais même épargné cette dernière réflexion, inutile pour mon propre compte, si je ne désirais, depuis quelque temps, de trouver l'occasion de dissiper les préventions que des malentendus ont pu faire naître, et qui pourraient relâcher les liens qui doivent unir tous les amis de la liberté. On dit que l'on cherche à se prévaloir de certaines observations dictées sans doute par l'amour du bien public, et qui, d'ailleurs, sont personnelles à leur auteur, pour éloigner de cette société des députés patriotes, et mettre l'amour-propre des représentans du peuple en opposition avec leur civisme. Je crois le succès de cette entreprise impossible; je crois, de plus, que nul membre de cette société n'a eu l'intention d'abaisser les législateurs actuels par un parallèle injuste entre la première et la seconde assemblée. Pour moi, je déclare hautement que, loin d'attacher mon intérêt personnel à l'Assemblée Constituante, je la regarde comme une puissance qui n'est plus, et pour laquelle le jugement sévère de la postérité doit déjà commencer.

» Comment peut-on, sur des calculs aussi incertains que les vôtres, compromettre les destinées de la France et de tous les peuples?

» Je ne connais rien d'aussi léger que l'opinion de M. Brissot à cet égard, si ce n'est l'effervescence philanthropique de M. Anacharsis Cloots. Je réfuterai en passant, et par un seul mot, le discours étincelant de M. Anacharsis Cloots; je me contenterai de lui citer un trait de ce sage de la Grèce, de ce philosophe voyageur dont il a emprunté le nom. C'est, je crois, cet Anacharsis grec qui se moquait d'un astronome qui, en considérant le ciel avec trop d'attention, était tombé dans une fosse qu'il n'avait point aperçue sur la terre. Eh bien! l'Anacharsis moderne, en voyant dans le soleil *des taches pareilles à celles de notre constitution*, en voyant descendre du ciel l'ange de la liberté pour se mettre à la tête de nos légions, et exterminer, par leur bras, tous les tyrans de l'univers, n'a pas vu sous ses pieds un précipice où l'on veut entraîner le peuple français. Puisque *l'orateur du genre humain* pense que la destinée de l'univers est liée à celle de la France, qu'il défende avec plus de réflexion les intérêts de ses cliens, ou qu'il craigne que le genre humain ne lui retire sa procuration.

» Laissez donc, laissez toutes ces trompeuses déclamations ; ne nous présentez pas l'image touchante du bonheur, pour nous entraîner dans des maux réels ; donnez-nous moins de descriptions agréables et de plus sages conseils.

» Épargnez-vous donc au moins toutes les contradictions que votre système présente à chaque instant : ne nous dites pas, tantôt qu'il ne s'agit que d'aller donner la chasse à vingt ou trente lieues *aux chevaliers de Coblentz*, et de revenir triomphans ; tantôt qu'il ne sagit de rien moins que de briser les fers des nations. Ne nous dites pas, tantôt que tous les princes de l'Europe demeureront spectateurs indifférens de nos démêlés avec les émigrés, et de nos incursions sur le territoire germanique ; tantôt que nous renverserons le gouvernement de tous ces princes.

» Mais j'adopte votre hypothèse favorite, et j'en tire un raisonnement auquel je défie tous les partisans de votre système de répondre d'une manière satisfaisante. Je leur propose ce dilemme : ou bien nous pouvons craindre l'intervention des puissances étrangères, et alors tous vos calculs sont en défaut ; ou bien les puissances étrangères ne se mêleront en aucune manière de votre expédition ; dans ce dernier cas, la France n'a donc d'autre ennemi à craindre que cette poignée d'aristocrates émigrés auxquels elle faisait à peine attention il y a quelque temps : or, prétendez-vous que cette puissance doive nous alarmer ? Et si elle était redoutable, ne serait-ce pas évidemment par l'appui que lui prêteraient nos ennemis intérieurs, pour lesquels vous n'avez nulle défiance ? Tout vous prouve donc que cette guerre ridicule est une intrigue de la cour et des factions qui nous déchirent ; leur déclarer la guerre sur la foi de la cour, violer le territoire étranger, qu'est-ce autre chose que seconder leurs vues ? Traiter comme une puissance rivale des criminels qu'il suffit de flétrir, de juger, de punir par contumace ; nommer pour les combattre des maréchaux de France extraordinaires, contre les lois, affecter d'étaler aux yeux de l'univers la Fayette tout entier, qu'est-ce autre chose que leur donner une illustration, une importance qu'ils désirent, et qui convient aux ennemis du dedans qui les favorisent ? La cour et les factieux ont sans doute des raisons d'adopter ce plan : quelles peuvent être les nôtres ? *L'honneur du nom français*, dites-vous. Juste ciel ! la nation française déshonorée par cette tourbe de fugitifs aussi ridicules qu'impuissans, qu'elle peut dépouiller de leurs biens, et marquer, aux yeux de l'univers, du sceau du crime et de la trahison ! Ah ! la honte consiste à être trompé par les artifices grossiers des ennemis de notre liberté. La magnanimité, la sagesse, la liberté, le bonheur, la vertu, voilà notre honneur. Celui que vous voulez ressusciter est l'ami, le soutien du despotisme ; c'est l'honneur des héros de l'aristocratie, de tous les tyrans ; c'est l'honneur du crime ; c'est un être bizarre que je croirais né de je ne sais quelle union monstrueuse du vice et de la vertu, mais qui s'est rangé du parti du premier pour égorger sa mère ; il est proscrit de la terre de la liberté ; laissez cet honneur, ou reléguez-le au-delà du Rhin ; qu'il aille chercher un asile dans le cœur ou dans la tête des princes et des chevaliers de Coblentz.

» Est-ce donc avec cette légèreté qu'il faut traiter des plus grands intérêts de l'état ?

» Avant de vous égarer dans la politique des états et des princes de l'Europe, commencez par ramener vos regards sur votre position intérieure : remettez l'ordre chez vous avant de porter la liberté ailleurs. Mais vous prétendez que ce soin ne doit pas même vous occuper, comme si les règles ordinaires du bon sens n'étaient pas faites pour les grands politiques. Remettre l'ordre dans les finances, en arrêter la déprédation, armer le peuple et les gardes nationales, faire tout ce que le gouvernement a voulu empêcher jusqu'ici, pour ne redouter ni les attaques de nos ennemis, ni les intrigues ministérielles ; ranimer par des lois bienfaisantes, par un caractère soutenu d'énergie, de dignité, de sagesse, l'esprit public et l'horreur de la tyrannie, qui seule peut nous rendre invincibles contre tous nos ennemis, tout cela n'est que des idées ridicules : la guerre, la guerre, dès que la cour la demande ; ce parti dispense de tout autre soin, on est quitte envers le peuple dès qu'on lui donne la guerre. La guerre contre les justiciables de la cour nationale, ou contre des princes allemands ; confiance, idolâtrie pour les ennemis du dedans. Mais, que dis-je ? En avons-nous, des ennemis du dedans ? Non, vous n'en connaissez pas ; vous ne connaissez que Coblentz. N'avez-vous pas dit que le siége du mal est à Coblentz ? Il n'est donc pas à Paris ? Il n'y a donc aucune relation entre Coblentz et un autre lieu qui n'est pas loin de nous ? Quoi ! vous osez dire que ce qui a fait rétrograder la révolution c'est la peur qu'inspirent à la nation les aristocrates fugitifs qu'elle a toujours méprisés, et vous attendez de cette nation des prodiges de tous les genres ! Apprenez donc qu'au jugement de tous les Français éclairés, le véritable Coblentz est en France ; que celui de l'évêque de Trèves n'est que l'un des ressorts d'une conspiration profonde tramée contre la liberté, dont le foyer, dont le centre, dont les chefs sont au milieu de nous. Si vous ignorez tout cela, vous êtes étrangers à tout ce qui se passe dans ce pays-ci. Si vous le savez, pourquoi le niez-vous ? Pourquoi détourner l'attention publique de nos ennemis les plus redoutables, pour la fixer sur d'autres objets, pour nous conduire dans le piége où ils nous attendent ?

» D'autres personnes, sentant vivement la profondeur de nos maux et connaissant leur véritable cause, se trompent évidemment sur le remède. Dans une espèce de désespoir, ils veulent se précipiter vers la guerre étrangère, comme s'ils espéraient que le mouvement seul de la guerre nous rendra la vie, ou que de la confusion générale sortiront enfin l'ordre et la liberté. Ils commettent la plus funeste des erreurs, parce qu'ils ne discernent pas les circonstances, et confondent des idées absolument distinctes. Il est dans les révolutions des mouvemens contraires et des mouvemens favorables à la liberté, comme il est dans les maladies des crises salutaires et des crises mortelles.

Les mouvemens favorables sont ceux qui sont dirigés directement contre les tyrans, comme l'insurrection des Américains, ou comme celle du 14 juillet ; mais la guerre au dehors, provoquée, dirigée par le gouvernement dans les circonstances où nous sommes, est un mouvement à contre-sens; c'est une crise qui peut conduire à la mort du corps politique. Une telle guerre ne peut que donner le change à l'opinion publique, faire diversion aux justes inquiétudes de la nation, et prévenir la crise favorable que les attentats des ennemis de la liberté auraient pu amener. C'est sous ce rapport que j'ai d'abord développé les inconvéniens de la guerre. Pendant la guerre étrangère, le peuple, comme je l'ai déjà dit, distrait par les événemens militaires des délibérations politiques qui intéressent les bases essentielles de sa liberté, prête une attention moins sérieuse aux sourdes manœuvres des intrigans qui le minent, du pouvoir exécutif qui les ébranle, à la faiblesse ou à la corruption des représentans qui ne les défendent pas. Cette politique fut connue de tout temps; et quoi qu'en ait dit M. Brissot, il est applicable et frappant, l'exemple des aristocrates de Rome, que j'ai cité. Quand le peuple réclamait ses droits contre les usurpations du sénat et des patriciens, le sénat déclarait la guerre; et le peuple, oubliant ses droits et ses outrages, ne s'occupait que de la guerre, laissant au sénat son empire, et préparant de nouveaux triomphes aux patriciens. La guerre est bonne pour les officiers militaires, pour les ambitieux, pour les agioteurs qui spéculent sur ces sortes d'événemens; elle est bonne pour les ministres, dont elle couvre les opérations d'un voile plus épais et presque sacré; elle est bonne pour la cour; elle est bonne pour le pouvoir exécutif, dont elle augmente l'autorité, la popularité, l'ascendant; elle est bonne pour la coalition des nobles, des intrigans, des modérés qui gouvernent la France. Cette faction peut placer ses héros et ses membres à la tête de l'armée; la cour peut confier les forces de l'état aux hommes qui peuvent la servir dans l'occasion avec d'autant plus de succès, qu'on leur aura travaillé une espèce de réputation de patriotisme; ils gagneront les cœurs et la confiance des soldats pour les attacher plus fortement à la cause du royalisme et du modérantisme : voilà la seule espèce de séduction que je craigne pour les soldats; ce n'est pas sur une désertion ouverte et volontaire de la cause publique qu'il faut me rassurer. Tel homme qui aurait horreur de trahir la patrie, peut être conduit par des chefs adroits à porter le fer dans le sein des meilleurs citoyens ; le mot perfide de républicain et de factieux, inventé par la secte des ennemis hypocrites de la constitution, peut armer l'ignorance trompée contre la cause du peuple. Or, la destruction du parti patriotique est le grand objet de tous leurs complots ; dès qu'une fois ils l'ont anéanti, que reste-t-il, si ce n'est la servitude ? Ce n'est pas une contre-révolution que je crains ; ce sont les progès des faux principes de l'idolâtrie, et la perte de l'esprit public. Or, croyez-vous que ce soit un médiocre avantage pour la cour et pour le parti dont je parle, de cantonner les soldats, de les camper, de les diviser en corps d'armée, de les isoler des citoyens pour substituer insensiblement, sous les noms imposans de discipline militaire et d'honneur, l'esprit d'obéissance aveugle et absolue, l'ancien esprit militaire, enfin, à l'amour de la liberté, aux sentimens populaires qui étaient entretenus par leur communication avec le peuple? Quoique l'esprit de l'armée soit encore bon en général, devez-vous vous dissimuler que l'intrigue et la suggestion ont obtenu des succès dans plusieurs corps, et qu'il n'est plus entièrement ce qu'il était dans les premiers jours de la révolution ? Ne craignez-vous pas le système, constamment suivi depuis si long-temps, de ramener l'armée au pur amour des rois, et de la purger de l'esprit patriotique qu'on a toujours paru regarder comme une peste qui la désolait ? Voyez-vous sans quelque inquiétude le voyage du ministre et la nomination de tel général fameux par les désastres des régimens les plus patriotes? Comptez-vous pour rien le droit de vie et de mort arbitraire dont la loi va investir nos patriciens militaires dès le moment où la nation sera constituée en guerre? Comptez-vous pour rien l'autorité de la police qu'elle remet aux chefs militaires dans toutes nos villes frontières ? A-t-on répondu à tous ces faits par la dissertation sur la dictature des Romains, et par le parallèle de César avec nos généraux ? On a dit que la guerre imposerait aux aristocrates du dedans et tarirait la source de leurs manœuvres :

point du tout ; ils devinent trop bien les intentions de leurs amis secrets pour en redouter l'issue ; ils n'en seront que plus actifs à poursuivre la guerre sourde qu'ils peuvent nous faire impunément en semant la division, le fanatisme, et en dépravant l'opinion. C'est surtout alors que, revêtu des livrées du patriotisme, le parti modéré, dont les chefs sont des artisans de cette trame, déploiera toute sa sinistre influence ; c'est alors qu'au nom du salut public il imposera silence à quiconque oserait élever quelques soupçons sur la conduite ou sur les intentions des agens du pouvoir exécutif, sur lequel il reposera, et des généraux qui seront devenus, comme lui, l'espoir et l'idole de la nation. Si l'un de ces généraux est destiné à remporter quelque succès apparent, qui, je crois, ne sera pas fort meurtrier pour les émigrans, ni fatal à leurs protecteurs, quel ascendant ne donnera-t-il pas à son parti ! quels services ne pourra-t-il pas rendre à la cour ! C'est alors qu'on fera une guerre plus sérieuse aux véritables amis de la liberté, et que le système perfide de l'égoïsme et de l'intrigue triomphera. L'esprit public une fois corrompu, alors jusqu'où le pouvoir exécutif et les factieux qui le serviront ne pourront-ils pas pousser leurs usurpations ! Il n'aura pas besoin de compromettre le succès de ses projets par une précipitation imprudente ; il ne se pressera pas peut-être de proposer le plan de transaction dont on a déjà parlé : soit qu'il s'en tienne à celui-là, soit qu'il en adopte un autre, que ne peut-il pas attendre du temps, de la langueur, de l'ignorance, des divisions intestines, des manœuvres de la nombreuse cohorte de ses affidés dans le corps législatif, de tous les ressorts enfin qu'il prépare depuis si longtemps !

» Nos généraux, dites-vous, ne nous trahiront pas ; et si nous étions trahis, tant mieux ! Je ne vous dirai pas que je trouve singulier ce goût pour la trahison ; car je suis en cela parfaitement de votre avis. Oui, nos ennemis sont trop habiles pour nous trahir ouvertement, comme vous l'entendez ; l'espèce de trahison que nous avons à redouter, je viens de vous la développer : celle-là n'avertit point la vigilance publique ; elle prolonge le sommeil du peuple jusqu'au moment où on l'enchaîne ; celle-là ne laisse aucune ressource ; celle-là..... Tous ceux qui endorment le peuple en favorisent le succès ; et remarquez bien que, pour y parvenir, il n'est pas même nécessaire de faire sérieusement la guerre ; il suffit de nous constituer sur le pied de guerre ; il suffit de nous entretenir de l'idée d'une guerre étrangère : n'en recueillît-on d'autre avantage que les millions qu'on se fait compter d'avance, on n'aurait pas tout-à-fait perdu sa peine. Ces vingt millions, surtout dans le moment où nous sommes, ont au moins autant de valeur que les adresses patriotiques où l'on prêche au peuple la confiance et la guerre.

» Je décourage la nation, dites-vous : non, je l'éclaire ; éclairer des hommes libres, c'est réveiller leur courage, c'est empêcher que leur courage même ne devienne l'écueil de leur liberté ; et n'eussé-je fait autre chose que de dévoiler tant de piéges, que de réfuter tant de fausses idées et de mauvais principes, que d'arrêter les élans d'un enthousiasme dangereux, j'aurais avancé l'esprit public et servi la patrie.

» Vous avez dit encore que j'avais outragé les Français en doutant de leur courage et de leur amour pour la liberté. Non, ce n'est point le courage des Français dont je me défie, c'est la perfidie de leurs ennemis que je crains ; que la tyrannie les attaque ouvertement, ils seront invincibles, mais le courage est inutile contre l'intrigue.

» Vous avez été étonnés, avez-vous dit, d'entendre un défenseur du peuple calomnier et avilir le peuple. Certes, je ne m'attendais pas à un pareil reproche. D'abord, apprenez que je ne suis point le défenseur du peuple ; jamais je n'ai prétendu à ce titre fastueux ; je suis du peuple, je n'ai jamais été que cela, je ne veux être que cela ; je méprise quiconque a la prétention d'être quelque chose de plus. S'il faut dire plus, j'avouerai que je n'ai jamais compris pourquoi on donnait des noms pompeux à la fidélité constante de ceux qui n'ont point trahi sa cause ; serait-ce un moyen de ménager une excuse à ceux qui l'abandonnent, en présentant la conduite contraire comme un effort d'héroïsme et de vertu ? Non, ce n'est rien de tout cela ; ce n'est que le résultat naturel du caractère de tout homme qui n'est point dégradé. L'amour de la justice, de l'humanité, de la liberté, est une passion comme une autre ; quand elle est dominante, on lui sacrifie tout ; quand on a ouvert son ame à des passions d'une autre espèce, comme à la soif de l'or et des honneurs, on leur immole tout, et la gloire, et la justice, et l'humanité, et le peuple, et la patrie. Voilà le secret du cœur humain ; voilà toute la différence qui existe entre le crime et la probité, entre les tyrans et les bienfaiteurs de leur pays.

» Que dois-je donc répondre au reproche d'avoir avili et calomnié le peuple ? Non, on n'avilit point ce qu'on aime ; on ne se calomnie pas soi-même.

» J'ai avili le peuple ! Il est vrai que je ne sais point le flatter pour le perdre ; que j'ignore l'art de le conduire au précipice par des routes semées de fleurs : mais en revanche, c'est moi qui sus déplaire à tous ceux qui ne sont pas du peuple, en défendant, presque seul, les droits des citoyens les plus pauvres et les plus malheureux, contre la majorité des législateurs ; c'est moi qui opposai constamment la déclaration des droits à toutes ces distinctions calculées sur la quotité des impositions, qui laissaient une distance entre des citoyens et des citoyens ; c'est moi qui défendis, non-seulement les droits du peuple, mais son caractère et ses vertus ; qui soutins contre l'orgueil et les préjugés que les vices ennemis de l'humanité et de l'ordre social allaient toujours en décroissant, avec les besoins factices et l'égoïsme, depuis le trône jusqu'à la chaumière ; c'est moi qui consentis à paraître exagéré, opiniâtre, orgueilleux même pour être juste.

» Le vrai moyen de témoigner son respect pour le peuple n'est point de l'endormir en lui vantant sa force et sa liberté, c'est de le défendre, c'est de le prémunir contre ses propres défauts ; car le peuple même en a. *Le peuple est là*, est dans ce sens un mot très-dangereux. Personne ne nous a donné une plus juste idée du peuple que Rousseau, parce que personne ne l'a plus aimé. « Le peuple veut toujours le bien, mais il ne le voit pas toujours. » Pour compléter la théorie des principes du gouvernement, il suffirait d'ajouter : Les mandataires du peuple voient souvent le bien ; mais ils ne le veulent pas toujours. Le peuple veut le bien, parce que le bien public est son intérêt, parce que les bonnes lois sont sa sauvegarde : ses mandataires ne le veulent pas toujours, parce qu'ils se forment un intérêt séparé du sien, et qu'ils veulent tourner l'autorité qu'il leur confie au profit de leur orgueil. Lisez ce que Rousseau a écrit du gouvernement représentatif, et vous jugerez si le peuple peut dormir impunément. Le peuple cependant sent plus vivement et voit mieux tout ce qui tient aux premiers principes de la justice et de l'humanité que la plupart de ceux qui se séparent de lui ; et son bon sens à cet égard est souvent supérieur à l'esprit des habiles gens ; mais il n'a pas la même aptitude à démêler les détours de la politique artificieuse qu'ils emploient pour le tromper et pour l'asservir, et sa bonté naturelle le dispose à être la dupe des charlatans politiques. Ceux-ci le savent bien, et ils en profitent.

» Lorsqu'il s'éveille et déploie sa force et sa majesté, ce qui arrive une fois dans des siècles, tout plie devant lui ; le despotisme se prosterne contre terre et contrefait le mort, comme un animal lâche et féroce à l'aspect du lion ; mais bientôt il se relève ; il se rapproche du peuple d'un air caressant ; il substitue la ruse à la force ; on le croit converti ; on a entendu sortir de sa bouche le mot de liberté ; le peuple s'abandonne à la joie, à l'enthousiasme ; on accumule entre ses mains des trésors immenses ; on lui livre la fortune publique ; on lui donne une puissance colossale ; il peut offrir des appâts irrésistibles à l'ambition et à la cupidité de ses partisans, quand le peuple ne peut payer ses serviteurs que de son estime. Bientôt quiconque a des talens avec des vices lui appartient ; il suit constamment un plan d'intrigue et de séduction ; il s'attache surtout à corrompre l'opinion publique ; il réveille les anciens préjugés, les anciennes habitudes qui ne sont point encore effacées ; il entretient la dépravation des mœurs qui ne sont point encore régénérées ; il étouffe le germe des vertus nouvelles ; la horde innombrable de ses esclaves ambitieux répand partout de fausses maximes; on ne prêche plus aux citoyens que le repos et la confiance; le mot de liberté passe presque pour un cri de sédition; on persécute, on calomnie ses plus zélés défenseurs; on cherche à égarer, à séduire ou à maîtriser les délégués du peuple; des hommes usurpent la confiance pour vendre ses droits, et jouissent en paix du fruit de leurs forfaits. Ils auront des imitateurs qui, en les combattant, n'aspireront qu'à les remplacer. Les intrigans et les partis se pressent comme les flots de la mer. Le peuple ne reconnaît les traîtres que lorsqu'ils lui ont déjà fait assez de mal pour le braver impunément. A chaque atteinte portée à sa liberté, on l'éblouit par des prétextes spécieux, on le séduit par des actes de patriotisme illusoire; on trompe son zèle et on égare son opinion par le jeu de tous les ressorts de l'intrigue et du gouvernement; on le rassure en lui rappelant sa force et sa puissance. Le moment arrive où la division règne partout, où tous les piéges des tyrans sont tendus, où la ligue de tous les ennemis de l'égalité est entièrement formée, où les dépositaires de l'autorité publique en sont les chefs, où la portion des citoyens qui a le plus d'influence par ses lumières et par sa fortune est prête à se ranger de leur parti.

» Voilà la nation placée entre la servitude et la guerre civile. On avait montré au peuple l'insurrection comme un remède; mais ce remède extrême est-il même possible? Il est impossible que toutes les parties d'un empire, ainsi divisé, se soulèvent à la fois; et toute insurrection partielle est regardée comme un acte de révolte; la loi la punit, et la loi serait entre les mains des conspirateurs. Si le peuple est souverain, il ne peut exercer sa souveraineté; il ne peut se réunir tout entier, et la loi déclare qu'aucune section du peuple ne peut pas même délibérer. Que dis-je? Alors l'opinion, la pensée ne serait pas même libre. Les écrivains seraient vendus au gouvernement; les défenseurs de la liberté qui oseraient encore élever la voix, ne seraient regardés que comme des séditieux; car la sédition est tout signe d'existence qui déplaît au plus fort; ils boiraient la ciguë comme Socrate, ou ils expireraient sous le glaive de la tyrannie comme

Sidney, ou ils se déchireraient les entrailles comme Caton. Ce tableau effrayant peut-il s'appliquer exactement à notre situation? Non, nous ne sommes pas encore arrivés à ce dernier terme de l'opprobre et du malheur, où conduisent la crédulité des peuples et la perfidie des tyrans. On veut nous y mener; nous avons déjà fait peut-être d'assez grands pas vers ce but; mais nous en sommes encore à une assez grande distance; la liberté triomphera, je l'espère, je n'en doute pas même; mais c'est à condition que nous adopterons tôt ou tard, et le plus tôt possible, les principes et le caractère des hommes libres; que nous fermerons l'oreille à la voix des sirènes qui nous attirent vers les écueils du despotisme; que nous ne continuerons pas de courir, comme un troupeau stupide, dans la route par laquelle on cherche à nous conduire à l'esclavage ou à la mort.

» J'ai dévoilé une partie des projets de nos ennemis; car je ne doute pas qu'ils ne recèlent encore des profondeurs que nous ne pouvons sonder; j'ai indiqué nos véritables dangers et la véritable cause de nos maux : c'est dans la nature de cette cause qu'il faut puiser le remède, c'est elle qui doit déterminer la conduite des représentans du peuple.

» Il resterait bien des choses à dire sur cette matière, qui renferme tout ce qui peut intéresser la cause de la liberté; mais j'ai déjà occupé trop long-temps les momens de la société : si elle me l'ordonne, je remplirai cette tâche dans une autre séance. »

Carra succédait à Robespierre, et allait parler sur le même sujet, lorsque Broussonnet détourna la discussion sur le séquestre des biens des émigrés. Quelques orateurs furent entendus, mais le club, n'étant pas suffisamment éclairé, ajourna la délibération.

A la séance du 4 janvier, Carra prononça le discours qu'il avait préparé pour celle du 2. Cette lecture fut interrompue d'une manière violente; il dut même y avoir du scandale dans le club, quoique le *Journal des Débats des Amis de la Constitution* soit muet à cet égard. Nous renouvelons ici les réflexions que nous avons déjà faites sur l'infériorité de cette feuille, non-seulement mal écrite, mal ordonnée, très-incomplète et souvent très-insignifiante, mais encore d'une partialité qui nous choque. Elle transcrit intégralement des discours, où une pauvre idée tout au plus est étendue dans une quantité de mots effrayante. Lorsque nous trouvons dans les autres journaux la mention de quelque *superbe harangue* de Robespierre, de quelque *vigoureuse sortie* de Danton, celui du club n'en renferme d'autre échantillon qu'une courte et vague banalité. Ainsi, par exemple, nous avons été obligés d'emprunter aux *Révolutions de Paris* les discours de Robespierre sur la guerre ; celui qu'on vient de lire est dans le numéro CXXX. Il nous en reste un pour la séance du 11 janvier, que nous donnerons aussi tout entier ; il est dans le numéro CXXXI du même Prudhomme.

Carra explique lui-même, dans les *Annales patriotiques* du 9 janvier, la scène à laquelle son discours avait donné lieu. Il développait à la tribune une idée qu'il avait déjà émise comme journaliste, à savoir : « Que si Louis XVI fuyait une seconde fois pour aller se joindre aux émigrés, ou si la trahison de ses ministres pouvait être soupçonnée dans la guerre proposée, il fallait placer un prince anglais sur le trône constitutionnel de France. » Cette étrange proposition fut brusquement interrompue par Danton ; le club fit éclater une improbation bruyante ; et Carra, sans qu'on voulût entendre une explication, fut rappelé à l'ordre.

A la séance du 6, il y eut une très-vive discussion relative aux Feuillans. Il s'agissait de savoir si un individu, ayant fait partie de cette société, pourrait être reçu aux Jacobins. Cette question fut ainsi posée, à l'occasion du député Girardin. La Société des Droits de l'Homme et du Citoyen (le club des Cordeliers) avait écrit aux Jacobins qu'elle venait d'effacer de ses registres le sieur Girardin, convaincu d'avoir été aux Feuillans. Celui qui avait remis la lettre en réclama la lecture ; chose dont le secrétaire s'était dispensé, alléguant que cette dénonciation avait déjà été faite de vive voix, et que la société était passée à l'ordre du jour. Ricord, auteur de cette dénonciation, se leva et renouvela sa motion de rayer Girardin de la liste du club. On demandait l'ordre du jour ; mais Collot-d'Herbois s'y opposa, et généralisant l'objet du débat, il conclut à ce que le comité de présentation pût, en prenant à leur égard toutes les précautions qu'il prenait envers les autres citoyens, proposer ceux mêmes qui avaient été aux Feuillans.— Robespierre combattit très-énergiquement cette opinion. Il insista avec force pour que les membres qui s'étaient présentés aux Feuillans fussent frappés d'une exclusion définitive. — Collot-d'Herbois amenda ainsi sa proposition : « Qu'il soit déterminé une époque après laquelle on ne recevra plus les membres qui auraient été aux Feuillans ; mais que jusque-là, on puisse les présenter, sauf à la société à rejeter ceux qu'elle jugera indignes.» Robespierre réfuta encore cet amendement ; il demanda que sa motion fût mise aux voix. — Lasource prit l'amendement de Collot, et le restreignit aux membres de l'assemblée nationale. Isnard appuya ce dernier avis. Robespierre et Danton parlèrent successivement pour l'exclusion absolue. Thuriot, Lasource, Lanthenas et Isnard leur répondirent.

M. Guadet. « Je pense que l'exception qu'on vous demande serait très-dangereuse pour la société, car, messieurs, vous avez bien pu supporter une première défection, mais qui sait si vous pourriez survivre à une seconde ? Quels sont les gens qu'on vous propose d'admettre ? Ils ont tâché d'abolir le droit de pétition, le seul palladium peut-être de la liberté ; ils ont poussé la rage au point de s'élever cinq fois pour l'empêcher. Je pense qu'il doit y avoir autant de distance entre les Jacobins et les Feuillans, qu'il y en a entre la liberté et l'esclavage. Je demande donc que l'on mette aux voix, sans aucun amendement, la proposition pure et simple de M. Robespierre. » — « Enfin, dit le *Journal du Club*, N° CXXIV, après un long tumulte, cette motion est mise aux voix et adoptée à l'unanimité. Les tribunes, que cette longue discussion avait vivement intéressées, se lèvent à la fois et font retentir la salle d'applaudissemens. »

On passa ensuite à l'ordre du jour, qui était de savoir si les décrets relatifs à la haute cour seraient ou non sujets à la sanction. Dubois de Crancé, Danton et Simonne parlèrent pour la négative. — La séance du 8 fut consacrée au même objet. Antoine, Réal et Albite conclurent dans le sens des précédens orateurs. Rœderer proposa que, pour obvier à tous les inconvéniens qui pouvaient résulter de la question sur la sanction royale, on se contentât du décret du 15 mai 1791 ; nous avons vu la Législative adopter ce dernier parti.

A la séance du 9, « sur la motion de Lanthenas, la société accorde à Carrier (Il y a Carnier dans le *Journal du Club*, N° CXXVI.), journaliste de Lyon, 600 livres pour l'aider à sortir du procès qu'il va terminer dans son pays. » Cet homme est bien le fameux Carrier, rédacteur alors du *Journal de Lyon ou le Moniteur du département du Rhône*. C'est du moins là le titre indiqué par Deschiens, dans sa *Bibliographie*, p. 218. Il dit que cette feuille comprend les années 1792-1793. Un passage de Gorsas que nous citons immédiatement, prouve que le titre fut d'abord : *Journal de Rhône et Loire*. Quant à la date de son origine, il est certain, d'après ce même passage, qu'il existait en 1791. — « *Lyon*. Dans un moment où la liberté de la presse est sacrée, et où l'inviolabilité des citoyens n'a jamais été plus reconnue, le directoire du département vient de se permettre la plus tyrannique inquisition contre M. Carrier, rédacteur du *Journal de Rhône et Loire*, au point qu'il a été obligé d'abandonner ses foyers. En attendant que nous offrions à nos lecteurs le résultat du système de persécution dirigé contre cet écrivain, nous transcrirons ici une réponse de la municipalité au district et au procureur-général syndic, sur le réquisitoire duquel un décret de prise de corps vient d'être lancé contre M. Carrier. — Voici cette réponse : « Nous avons reçu, avec votre lettre en date du 12 décembre, celle de M. le procureur syndic du département, et nous nous empressons de l'assurer ainsi que vous, que tous les moyens que la loi nous a confiés pour maintenir la tranquillité publique ont été et seront constamment mis en usage par la municipalité. Ce n'est pas sans surprise que nous avons vu M. le procureur-général-syndic nous parler de responsabilité, faute par nous de réprimer les délits de la presse, *lorsque la tranquillité publique est menacée.* Nous serions, au contraire, responsables envers nos concitoyens, si, usurpant un pouvoir que la loi ne nous a pas confié, nous nous occupions de la répression de ces *prétendus délits*, dont la connaissance est d'ailleurs exclusivement attribuée aux tribunaux par une loi formelle. — Nous ne doutons pas que si M. le procureur-général-syndic eût consulté le directoire, il se serait abstenu de nous envoyer une pacotille de journaux ; lorsque nous sommes réunis en bureau ou en conseil municipal, nos momens sont trop précieux pour nous amuser à lire la Gazette. » (*Courrier des quatre-vingt-trois départemens*, N° du 5 janvier.)

A cette même séance, Louvet prononça un discours sur la guerre. Le *Journal du Club* en fait une simple mention. Brissot, *Patriote Français* du 11 janvier, dit : « M. Louvet, auteur du joli roman de FAUBLAS, a prononcé, sur la question de la guerre, un discours dans lequel on a admiré une rare pureté de style, une grande force de sentiment, une logique vigoureuse et un usage sobre et bien placé des ornemens et des traits brillans d'éloquence. L'auteur a prouvé la nécessité d'une guerre offensive. »

A la séance du 11, Robespierre prononça un nouveau discours sur la guerre. — La société vota l'impression de ce discours, l'envoi aux sociétés affiliées, et la distribution aux citoyens des tribunes et aux sections de Paris. Un membre proposa de l'envoyer également aux troupes de ligne. Danton représenta qu'il existait un décret qui défendait toute communication directe avec les troupes de ligne, et que les sociétés des départemens pouvaient seules remplir ce devoir. — On passa à l'ordre du jour. Tous les journaux révolutionnaires, à l'exception du *Patriote Français*, qui n'en parle même pas, citent ce discours en tout ou en partie avec des démonstrations et des éloges dont voici quelques exemples. « Hier au soir, aux Jacobins, M. Robespierre a prononcé un discours de la plus sublime éloquence sur la guerre.

— Nous invitons d'avance et expressément les sociétés affiliées de le faire lire aux troupes de ligne. » (*Annales patriotiques* du 13 janvier.) L'*Orateur du Peuple* (1), t. 10, N° XVIII, dit : « O toi, peuple ! qui n'as pas le moyen de te procurer le discours de Robespierre, je te le promets tout entier ; garde bien précieusement les numéros qui vont suivre ; c'est un chef-d'œuvre d'éloquence qui doit rester dans toutes les familles, pour apprendre à ceux qui naîtront après nous, que Robespierre a existé pour la félicité publique et le maintien de la liberté. » — Nous transcrirons maintenant ce discours.

M. Robespierre. « Est-il vrai qu'une nouvelle jonglerie ministérielle ait donné le change aux amis de la liberté, sur le véritable objet des projets de ses ennemis ? Est-il vrai qu'une proclamation illusoire, émanée du comité des Tuileries, ait suffi pour renverser en un moment nos principes, et nous faire perdre de vue toutes les vérités dont l'évidence nous avait frappés ? Est-il vrai que les

(1) NOTE ESSENTIELLE. — Nous sommes tombés dans deux erreurs bibliographiques que nous nous empressons de rectifier. La première concerne Fréron; la seconde, Hébert. — Nous avons dit que pendant l'absence de Fréron, à la suite du 17 juillet 1791, Labenette rédigea l'*Orateur du peuple*, et cela est exact. Mais, sur l'autorité de Deschiens, page 412, nous avions pensé que Labenette était seulement le collaborateur de Fréron, et que ce dernier, après l'amnistie, avait repris la direction de son ex-journal ; or cela est tout-à-fait inexact. Dans la *Tribune des Patriotes*, commencée le 30 avril 1792 par Desmoulin et Fréron, celui-ci nous apprend, n° I, page 34, que depuis la fatale journée du Champ-de-Mars, il n'a pas écrit une seule ligne de l'*Orateur du Peuple*: « Mon travail, qui a duré deux ans, finit au N° VII du tome 7 ; pendant mon absence, M. Labenette a continué l'*Orateur* sur sa responsabilité. Je lui dois la justice qu'à mon retour il s'empressa de me restituer mon ouvrage ; mais c'était me rendre un enfant rachitique. Mes souscripteurs m'avaient abandonné ; les satellites de la Fayette envoyés pour m'arrêter avaient traversé ma modeste demeure comme l'eût fait une troupe de hulans ; mes registres me furent enlevés, mes collections emportées, de manière que moi, auteur, je n'ai pas en ma propriété un seul exemplaire de mon journal. Témoin, en rentrant dans mes foyers, de cette dévastation, j'en offris le sacrifice à la patrie. Mais ma ruine était consommée : il m'était impossible de recommencer l'*Orateur* sur nouveaux frais. » — Nous avions négligé de citer l'*Orateur du peuple* pendant que nous le supposions rédigé par Labenette, et nous n'y avions repris des extraits que long-temps après l'amnistie, afin d'être bien sûrs que Fréron en était redevenu l'auteur. Comme un défaut d'exactitude ou un mensonge (le choix entre ces deux expressions appartient à nos lecteurs) a été dernièrement relevé par nous, dans l'*Orateur*, au sujet des subsistances, il n'est pas juste de le laisser sur le compte de Fréron. Au reste la partie

tyrans de la France aient eu quelque raison de croire que les citoyens, dont ils feignent de redouter l'énergie, ne sont que des êtres faibles et versatiles qui applaudissent tour-à-tour au mensonge et à la vérité; qui, changeant, du jour au lendemain, de sentiment et de systèmes, leur laissent tous les moyens d'exécuter impunément le plan de conspiration qu'ils suivent avec autant de constance que d'activité? Non; je vais vous prouver, du moins, que les nouvelles ruses de nos ennemis intérieurs confirment notre système : on s'épargnerait à cet égard beaucoup de discussions, si l'on voulait ne jamais sortir du véritable état de la question.

« Toute celle où je vais entrer n'aura d'autre but que d'y ramener encore une fois mes adversaires.

» Est-il question de savoir si la guerre doit être offensive ou défensive; si la guerre offensive a plus ou moins d'inconvéniens; si la guerre doit être faite dans quinze jours ou dans six mois? Point du tout; il s'agit, comme nous l'avons prouvé, de connaître

de l'*Orateur du peuple* avouée par lui nous a fourni de telles preuves sur sa facilité à mentir, que nous n'avons certainement rien ajouté à sa mémoire en lui attribuant un péché de plus; de sorte que l'intérêt bibliographique nous a seul déterminés à entrer dans cette explication, d'où il résultera en même temps, pour nos lecteurs, que Labenette continuait dignement Fréron.

Notre erreur à l'égard d'Hébert consiste à lui avoir attribué un *Père Duchêne* rédigé par Lemaire. Ceci n'infirme pas notre jugement sur la moralité de l'homme; nous donnerons prochainement à nos lecteurs un échantillon d'Hébert, et ils verront que Lemaire est bien loin derrière lui en style et en choses.

Les faits historiques étant renfermés dans une multitude de brochures et de journaux qu'il faut lire très-minutieusement, il arrivera quelquefois que nous aurons de semblables rectifications à faire; surtout lorsque, obligés de prendre appui pour affirmer, sur l'autorité d'un historien quelconque, et non pas sur une pièce, une recherche approfondie dans les monumens originaux nous fournira les moyens de rectifier un fait mal défini, mal daté ou mal imputé. — La *Tribune des patriotes*, où nous avons trouvé le précédent renseignement, et où nous puiserons bientôt de fort intéressans détails sur les intrigues de Brissot et de Dumouriez, nous apprend que F. Robert, le même dont nous avons déjà annoncé des brochures républicaines, le même qui signa, s'il ne la rédigea, la pétition du 17 juillet, était depuis long-temps l'un des principaux rédacteurs des *Révolutions de Paris*. Nous connaissons donc trois rédacteurs de ce journal, savoir : Loustalot, l'oratorien Rouyer, contre lequel se dispute Fauchet après la mort de Loustalot, et F. Robert. Quant aux indications de Deschiens, qui nomme comme rédacteurs Prudhomme, Tournon et Loustalot, elles sont fautives : Prudhomme ne rédigeait pas, il était l'imprimeur et le propriétaire Tournon quitta les *Révolutions de Paris*, à partir du N° XVI, pour faire un autre journal. (*Note des auteurs.*)

la trame ourdie par les ennemis intérieurs de notre liberté, qui nous suscitent la guerre, et de choisir les moyens les plus propres à les déjouer : Pourquoi jeter un voile sur cet objet essentiel? Pourquoi n'oser effleurer tant d'ennemis puissans, qu'il faut démasquer et combattre? Pourquoi prêcher la confiance lorsqu'elle est impossible? Je demande aussi la guerre ; mais je dirai à qui et comment il faut la faire.

» Tout le monde paraît convenir qu'il existe en France une faction puissante qui dirige les démarches du pouvoir exécutif, pour relever la puissance ministérielle sur les ruines de la souveraineté nationale : on a nommé les chefs de cette cabale ; on a développé leur projet ; la France entière a connu, par une fatale expérience, leur caractère et leurs principes. J'ai aussi examiné leur système ; j'ai vu, dans la conduite de la cour, un plan constamment suivi, d'anéantir les droits du peuple, et de renverser, autant qu'il était en elle, l'ouvrage de la révolution : elle a proposé la guerre, j'ai rapporté cette mesure à son système ; je n'ai pas cru qu'elle voulût perdre les émigrés, détrôner leurs protecteurs, les princes étrangers qui faisaient cause commune avec elle, et professaient pour elle un attachement exclusif, au moment où elle était en guerre avec le peuple français ; leur conduite, leur langage étaient trop grossièrement concertés avec elle ; les rebelles étaient trop évidemment ses satellites et ses amis ; elle avait trop constamment favorisé leurs efforts et leur insolence ; elle venait au moment de leur accorder des preuves éclatantes de protection, en les dérobant au décret porté contre eux par l'assemblée nationale ; elle avait accordé en même temps la même faveur à des ennemis intérieurs encore plus dangereux ; tout annonçait aux yeux les moins clairvoyans le projet formé par elle, de troubler la France au-dedans en la faisant menacer au-dehors, pour reprendre, au sein du désordre et de la terreur, une puissance fatale à la liberté naissante.

» Les intentions de la cour étant évidemment suspectes, quel parti fallait-il prendre sur la proposition de la guerre? Applaudir, adorer, prêcher la confiance, et donner des millions? Non, il fallait l'examiner scrupuleusement, en pénétrer les motifs, en prévoir les conséquences, faire un retour sur soi-même, et prendre les mesures les plus propres à déconcerter les desseins des ennemis de la liberté, en assurant le salut de l'état.

» Tel est l'esprit que j'ai porté dans cette discussion : j'ai mieux aimé la traiter sous ce point de vue, que de présenter le tableau brillant des avantages et des merveilles d'une guerre terminée par une révolution universelle; la conduite de cette guerre était entre les mains de la cour; la cour ne pouvait la regarder que comme un moyen de parvenir à son but; j'ai prouvé que, pour atteindre ce but, elle n'avait pas même besoin de faire actuellement la guerre, et d'entrer en campagne; qu'il lui suffisait de la faire désirer, de la faire regarder comme nécessaire, et de se faire autoriser à en ordonner actuellement tous les préparatifs.

Rassembler une grande force sous les drapeaux, cantonner et camper les soldats, pour les ramener plus facilement à l'idolâtrie pour le chef suprême de l'armée, et à l'obéissance passive, en les séparant du peuple, et en les occupant uniquement d'idées militaires, donner une grande importance et une grande autorité aux généraux jugés les plus propres à exciter l'enthousiasme des citoyens armés, et à servir la cour; augmenter l'ascendant du pouvoir exécutif, qui se déploie particulièrement lorsqu'il paraît chargé de veiller à la défense de l'état; détourner le peuple du soin de ses affaires domestiques, pour l'occuper de la sûreté extérieure; faire triompher la cause du royaume, du modérantisme, du machiavélisme, dont les chefs sont des praticiens militaires; préparer ainsi au ministère et à sa faction les moyens d'étendre de jour en jour ses usurpations sur l'autorité nationale et sur la liberté, voilà l'intérêt suprême de la cour et du ministère. Or, cet intérêt, était satisfait; leur but était rempli dès le moment où l'on adoptait leurs propositions de guerre.

C'est dans cette situation, que l'on vient nous présenter je ne sais quelle proclamation affichée partout, où l'on défend toute incursion jusqu'au 15 janvier; des actes de certains princes allemands, qui assurent qu'ils ont pris les mesures nécessaires pour dissiper les rassemblemens qui pouvaient nous alarmer. Le roi, dit-on, va sans doute vous annoncer que les puissances ont fait cesser tous les prétextes de guerre; donc la cour ne veut pas la guerre. Eh! quoi, nous sommes donc encore assez novices pour être toujours dupes de tous les subterfuges par lesquels une politique perfide cherche à nous tromper? Et quel que soit le motif qui l'ait déterminée à ces actes extérieurs, ne voulez-vous pas qu'ils prouvent la nécessité de se tenir en garde contre les piéges qu'elle vous a tendus? Quel est l'intérêt de la cour, si ce n'est de vous rassurer sur ses intentions perverses? Et ne suffit-il pas que l'empressement avec lequel elle avait ouvertement demandé la guerre, et fait prêcher la guerre par tous ses organes, ait excité la confiance des citoyens, pour qu'elle prenne aujourd'hui le parti de faire croire qu'elle ne veut pas la guerre? Que diriez-vous, vous qui faites dépendre vos opinions de toutes ces apparences trompeuses et contradictoires qu'on ne cesse de nous présenter pour tenir l'opinion en suspens; que diriez-vous si elle n'avait d'autre but que de se faire envoyer par l'assemblée nationale un second message qui la presserait de faire, le plus tôt possible, cette guerre qu'elle désire, de manière qu'en la déclarant, elle ne parût que céder au vœu des représentans de la nation?

» Il est vrai que cette conjecture vraisemblable, peut être effacée par une autre qui ne l'est pas moins, mais qui ne serait pas plus favorable au système que je combats : c'est celle que mes adversaires adoptent eux-mêmes quand ils supposent que la cour ne veut pas actuellement commencer la guerre, et qu'elle a intérêt de la différer quelque temps. Cette intention est possible encore; elle peut même se concilier naturellement avec celle que je viens de développer; mais cela même est un des inconvéniens attachés au parti que vous prenez de vous livrer à des projets de guerre, avec un gouvernement tel que le vôtre. Cela prouve que vous deviez déconcerter ses vues pernicieuses par des mesures d'une nature différente, comme je le ferai voir dans la suite; c'est une nouvelle preuve que tous vos raisonnemens portent à faux; quand vous parlez toujours de la guerre, comme si elle devait être faite et conduite par le peuple français en personne, et comme si nos ennemis intérieurs n'étaient pour rien dans tout cela.

» Au lieu de débiter avec emphase tant de lieux-communs sur les effets miraculeux de la déclaration des droits, et sur la conquête de la liberté du monde; au lieu de nous réciter les exploits des peuples qui ont conquis la leur en combattant contre leurs propres tyrans, il fallait calculer les circonstances où nous sommes, et les effets de notre constitution. N'est-ce pas au pouvoir exécutif seul qu'elle donne le droit de proposer la guerre, d'en faire les préparatifs, la diriger, de la suspendre, de la ralentir, de l'accélérer, de choisir le moment et de régler les moyens de la faire? Comment briserez-vous toutes ces entraves? renverserez-vous cette même constitution, lors même que jusqu'ici vous n'avez pu déployer assez d'énergie pour la faire exécuter; d'ailleurs qu'opposeriez-vous à tant de motifs spéciaux que le pouvoir exécutif vous présentera; que lui répondrez-vous quand il vous dira: quand les princes étrangers vous prouveront, par des actes authentiques, qu'ils auront dissipé les rassemblemens, qu'ils auront pris toutes les mesures nécessaires pour les mettre hors d'état de tenter contre vous aucun projet hostile? Quel prétexte légitime vous restera-t-il, lorsqu'ils vous auront donné la satisfaction que le pouvoir exécutif exigerait au nom de la nation? Il est vrai que bientôt on pourra recommencer sourdement les mêmes manœuvres; il est vrai que l'on pourra ménager un moment favorable pour renouveler vos alarmes, et pour entreprendre une guerre sérieuse ou simulée, dirigée par notre gouvernement même; mais avant que cette nouvelle intrigue éclate, comment la prouverez-vous? quels moyens aurez-vous d'agir? L'un veut attaquer les émigrés et les princes allemands; les autres veulent déclarer la guerre à Léopold; d'autres veulent qu'elle commence demain; d'autres consentent à attendre que les préparatifs soient faits, ou que l'hiver soit passé; d'autres enfin s'en rapportent au patriotisme du ministre, et à la sagesse du pouvoir exécutif, pour lesquels ils prétendent que nous devons avoir une pleine confiance. Mais, au milieu de toutes ces opinions diverses, ce sera toujours le pouvoir exécutif seul qui décidera; c'est la nature de la chose qui le veut. C'était à vous à ne pas vous engager dans un système qui entraîne nécessairement tous ces inconvéniens, et qui nous met à la merci de la cour et du ministère. Mais quoi! ne voyez-vous pas que le pouvoir exécutif recueille déjà les fruits de l'adresse avec laquelle il vous a attiré dans ses piéges?

« Vous demandez s'il veut la guerre, quand il fera la guerre. Que lui importe? que vous importe à vous-mêmes? Il jouit déjà des avantages de la guerre, et il est vrai de dire, en ce sens, que la guerre est déjà commencée pour vous. N'a-t-il pas déjà rassemblé des armées dont il dispose? N'a-t-il pas déjà reçu des preuves solennelles de confiance et d'idolâtrie de la part de nos représentans? N'a-t-il pas obtenu des millions, dans le moment où la corruption est la plus dangereuse ennemie de la liberté? N'a-t-il pas fait violer nos lois et remporté une victoire sur nos principes, en faisant donner à deux de ses généraux des honneurs extraordinaires et anticipés, qui ne retracent que l'esprit et les préjugés de l'ancien régime? Un autre n'a-t-il pas obtenu le commandement de nos armées, dont les fonctions sacrées et délicates qu'il venait de quitter, dont la constitution l'écartait? N'a-t-on pas vu le président du corps-législatif prodiguant à cet individu des hommages que l'on pourrait à peine accorder impunément aux libérateurs de leur pays, donner à la nation le dangereux exemple du plus ridicule engouement? N'a-t-on pas vu un homme destiné dès long-temps à l'exécution des destinées de la cour, célèbre par la pertinacité avec laquelle il a suivi le projet ambitieux d'attacher à sa personne la multitude des citoyens armés, provoquer et recevoir sur son passage des honneurs qui étaient autant d'insultes aux mânes des patriotes immolés au champ de la fédération, à ceux des soldats égorgés à Nancy, autant d'outrages à la liberté et à la patrie, autant de sinistres témoignages des erreurs de l'opinion et de la faiblesse de l'esprit public, autant d'effrayans pronostics des maux que nous pouvons craindre de l'influence d'une coalition qui a déjà porté tant de coups mortels à notre constitution? La violation des principes sur lesquels la liberté repose, la décadence de l'esprit public, sont des calamités plus terribles que la perte d'une bataille, et elles ont été le premier fruit du plan ministériel que j'ai combattu. Que peut-on attendre pour l'esprit public d'une guerre commencée sous de tels auspices ? Les victoires mêmes de nos généraux seraient plus funestes que nos défaites mêmes. Oui, quelle que soit l'issue de ce plan, elle ne peut qu'être fatale. Les émigrés prennent-ils le parti de se dissiper sans retour, ce qui serait l'hypothèse la plus favorable et la moins vraisemblable, toute la gloire en appartient à la cour et à ses partisans ; et dès-lors ils écrasent le corps-législatif de leur ascendant. Environnés des forces immenses qu'ils ont rassemblées, objets de l'enthousiasme et de la confiance universelle, ils peuvent poursuivre avec une incroyable facilité le projet de relever insensiblement leur puissance sur les débris de la liberté faible et mal affermie. Les apparences de paix qu'ils semblent nous présenter ne sont-elles qu'un jeu perfide concerté avec nos ennemis extérieurs, soit pour calmer les inquiétudes des patriotes, en cachant leur ardeur pour la guerre, soit pour la différer à une époque plus favorable ?

» Leur faut-il encore quelque délai pour mieux préparer le succès de la grande conspiration qu'ils méditent ? Enfin ne veulent-ils que sonder les esprits et épier l'occasion pour s'arrêter à celui de tous les plans contraires à la liberté que les circonstances leur permettront d'adopter avec plus de succès ? Quel que puisse être le résultat de toutes ces combinaisons, il est un point incontestable ; c'est qu'il tient au parti imprudent qu'on a pris, qu'on semble vouloir soutenir, au refus de vouloir reconnaître de bonne foi les desseins de nos ennemis, et de les déconcerter par les moyens convenables. Ces moyens, quels sont-ils ?

» Avant de les indiquer, je veux m'armer de l'autorité de l'assemblée nationale, qui avait elle-même reconnu d'abord la nécessité de prendre des mesures d'une nature différente de celles qu'on a proposées depuis, parce que cette circonstance est propre à répandre une nouvelle lumière sur la question, et à mettre dans un jour plus grand la politique du parti contraire à la cause du peuple.

» Celles qu'elle avait adoptées tendaient non à faire la guerre, que les intrigues de la cour nous préparaient depuis long-temps, mais à la prévenir. Je parle du premier décret sur les émigrés, dont la sagesse et l'utilité ont été attestées par le *veto*. Le plan de la cour exigeait le *veto*, parce que la cour voulait la guerre : la même raison imposait à l'assemblée nationale la nécessité d'une résolution contraire, aussi sage et plus vigoureuse que le premier décret. Je dirai tout-à-l'heure quelle était cette résolution. L'assemblée nationale ne l'a point prise ; elle s'est laissée engager dans les défilés où le pouvoir exécutif voulait l'amener. Un de ces hommes qui cachaient sous le voile du patriotisme les intentions les plus favorables pour la cause du pouvoir exécutif, l'a entraînée, par tous ces moyens plausibles et artificieux qui subjuguent la crédulité de beaucoup de patriotes, à proposer elle-même des mesures hostiles contre les petits princes d'Allemagne.

» La cour a saisi, comme de raison, cette ouverture avec avidité ; l'ancien ministre de la guerre, trop décrié, s'est retiré ; on en a montré un nouveau, qui a débuté par des démonstrations incroyables de patriotisme : ensuite on est venu annoncer des mesures de guerre ; le *veto* a été oublié et même approuvé. Le seul parti sage que l'on pouvait prendre a été perdu de vue ; on est tombé aux genoux du ministre et du roi : l'abandon, l'enthousiasme, l'engouement est devenu le sentiment dominant ; tous les actes subséquens ont eu pour but de le faire passer dans l'ame de tous les Français. La guerre, la confiance dans les agens de la cour a été le mot de ralliement répété par tous les échos de la cour et du ministère ; le ministre même avait osé se permettre des insinuations calomnieuses contre ceux qui démentiraient ce langage, et si nous avions eu la faiblesse de céder ici aux conseils timides qui nous imposaient le silence sur une si grande question, ce penchant funeste n'eût pas même été balancé par le plus léger contrepoids, et on eût été dispensé de prendre les nouveaux détours qu'on emploie, qu'on emploiera encore pour nous tromper.

» Cependant, voyez quels avantages cette conduite donnait à la cour : ce n'était point assez de paralyser le corps-législatif, de contredire le vœu du peuple impunément, et de l'aveu du peuple même, de prendre sur l'assemblée nationale un fatal ascendant, et de paraître aux yeux de la nation l'arbitre des destinées de l'état, elle parvenait à son but favori, de s'entourer d'une grande force publique à ses ordres, et de nous constituer en état de guerre sans exciter la défiance, sans trahir ses désirs et son secret. en paraissant se rendre au vœu de l'assemblée nationale, La protection constante que le ministère avait accordée aux émigrations et aux émigrans, son attention à favoriser la sortie des armes et de notre numéraire, son silence imperturbable sur tout ce qui se passait depuis deux ans chez les princes étrangers, le concert ardent qui régnait entre lui et les cours de l'Europe, le refus constant de se rendre aux plaintes de tous les départemens qui demandaient des armes pour les gardes nationales, tous les faits qui annonçaient le projet de nous placer entre les craintes d'une guerre extérieure et le sentiment de notre faiblesse intérieure, entre la guerre civile et une attaque étrangère, pour nous amener à une honteuse capitulation sur la liberté; enfin, le *veto* contre le décret qui rompait toutes ces mesures, et ensuite la proposition des mesures de guerre contre ceux que l'on protégeait, c'est en vain que le concours de toutes ces circonstances révélait aux hommes les moins clairvoyans le secret de la cour, annonçait qu'elle était enfin parvenue, par des routes détournées, au grand but de toutes ses manœuvres, qui était la guerre simulée ou sérieuse. On oubliait que c'était elle qui nous l'avait suscitée; pour la remercier de son zèle à la proposer, on la félicitait du succès de ses propres perfidies, et on semblait craindre que le peuple ne fût ni assez confiant, ni assez aveugle. Tels sont les dangers auxquels la bonne foi des députés du peuple est exposée, que, guidée par le même sentiment de patriotisme, et dans la même affaire, la majorité de nos représentans, après avoir rendu un décret pour prévenir la guerre préparée par nos ennemis du dedans, inclinait elle-même à la guerre lorsque ceux-ci venaient la provoquer, et prenait des mains du pouvoir exécutif le poison pour nous le présenter, parce que le pouvoir exécutif ne lui avait pas permis d'appliquer le remède.

Que fallait-il donc faire, et que peut-on faire encore? Il fallait persister dans la première mesure, puisque le salut de l'état l'exigeait et que le vœu de la nation la réclamait, puisque la conduite contraire compromettait la liberté et l'autorité des représentans. Il fallait maintenir la constitution, qui refuse formellement au pouvoir exécutif le droit d'anéantir d'une manière absolue les décrets du corps-législatif, et surtout de lui ôter le pouvoir de sauver l'état. A qui appartient-il de défendre les principes de la constitution attaqués? quel en est l'interprète légitime, si ce ne sont les représentans du peuple, à moins qu'on n'aime mieux dire que c'est le peuple lui-même? Or, je pense que les intrigans de la cour et tous les ennemis du peuple n'aimeraient pas mieux son tribunal que celui de ses délégués. Le corps-législatif pouvait donc, il devait déclarer le *veto* contraire au salut du peuple et à la constitution : ce coup de vigueur eût étourdi la cour, il eût déconcerté la ligue de nos ennemis et épouvanté tous les tyrans; vous auriez vu ceux qui veulent entraîner dans le même précipice et le peuple et le monarque, perdre ainsi toute leur audace et toutes leurs ressources, qui ne sont fondées que sur l'influence de leur parti dans l'assemblée nationale; ils n'auraient osé tenter contre elle une lutte inutile et terrible, ou s'ils l'avaient osé, le vœu public, hautement prononcé, l'intérêt public, l'indignation qu'inspirait l'audace des rebelles et la protection qui leur était donnée, le génie de la nation, enfin éveillé dans cette occasion heureuse par la vertu des représentans autant que par l'intérêt suprême du salut public, aurait assuré la victoire à l'assemblée nationale, et cette victoire eût été celle de la raison et de la liberté. C'était là une de ces occasions uniques dans l'histoire des révolutions que la Providence présente aux hommes, et qu'ils ne peuvent négliger impunément, puisqu'enfin il faut que tôt ou tard le combat s'engage entre la cour et l'assemblée nationale, ou plutôt puisque dès long-temps il s'est engagé entre l'une et l'autre un combat à mort, il fallait saisir ce moment, alors nous n'aurions pas eu à craindre de voir le pouvoir exécutif avilir et maîtriser nos représentans, les condamner à une honteuse inaction, ou ne leur délier les mains que pour augmenter sa puissance et favoriser ses vues secrètes; dès-lors nous n'aurions pas été menacés du malheur de voir tous les efforts du patriotisme échouer contre la puissance active de l'intrigue et contre la force d'inertie de l'ignorance, de la faiblesse et de la lâcheté.

» Ce qu'on a fait alors peut-on le faire encore? Peut-être avec moins d'avantage et de facilité : ce n'est pas que les représentans du peuple n'aient toujours le droit de le sauver, ce n'est pas qu'ils puissent jamais renoncer à ce droit; ce n'est pas que je ne pense encore qu'ils ont assez de crédit auprès de lui pour lui faire connaître son véritable intérêt, quand c'est de bonne foi qu'ils le défendent, et même que le bon sens du peuple, éclairé par cet intérêt sacré, n'aille quelquefois plus loin à cet égard que la sagacité même de ses représentans. Je pense même que l'opinion publique sur les causes et sur le but de la guerre proposée s'est déjà assez clairement manifestée pour faire pressentir que le peuple désire de voir l'assemblée nationale revenir à une résolution plus utile à ses intérêts et moins favorable aux projets criminels de ses ennemis. Cependant je ne me dissimule pas que ce parti pourrait rencontrer des difficultés d'un autre genre; que les hommes reviennent difficilement sur leurs premières démarches; que quelquefois même, à force d'avoir raison, on devient insupportable et presque suspect, et qu'en demeurant toujours invariablement attaché à la vérité et aux seuls principes qui puissent sauver la patrie, on s'expose aux attaques de tous les sages, de tous les modérés, de tous ces mortels privilégiés qui savent concilier la vérité avec le mensonge, la liberté avec la tyrannie, le vice avec la vertu.

» Je me garderai donc bien de proposer ce parti sévère, de déployer cette raideur inflexible; je transige, je demande à capituler.

Je ne m'occuperai donc pas de ce *véto* lancé au nom du roi, par des hommes qui se soucient fort peu du roi, mais qui détestent le peuple, et voudraient se baigner dans le sang des patriotes pour régner.... Mais je dis que, dans la position où ce *véto* et les faits qui l'ont suivi ont mis l'assemblée nationale et la nation, il ne reste plus qu'un moyen de salut possible et constitutionnel : c'est que l'assemblée législative reprenne un caractère d'autant plus imposant, qu'elle a jusqu'ici laissé plus d'avantages aux ministres et à leurs valets ; c'est qu'elle comprenne que ses ennemis, comme ceux du peuple, sont les ennemis de l'égalité; que le seul ami, le seul soutien de la liberté, c'est le peuple; c'est qu'elle soit fière et inexorable pour les ministres et pour la cour, sensible et respectueuse pour le peuple; c'est qu'elle se hâte de porter les lois que sollicite l'intérêt des citoyens les plus malheureux, et que repoussent l'orgueil et la cupidité de ceux que l'on appelait grands ; c'est qu'elle se hâte de faire droit sur les plaintes du peuple, que l'assemblée constituante a trop négligées ; c'est qu'elle oppose au pouvoir de l'intrigue, de l'or, de la force, de la corruption, la puissance de la justice, de l'humanité, de la vertu ; c'est qu'elle use des moyens immenses qui sont entre ses mains, de remonter l'esprit public et la chaleur du patriotisme au degré des premiers jours où la liberté fut conquise pour un moment ; l'esprit public, sans lequel la liberté n'est qu'un mot, avec lequel toutes les puissances étrangères et intérieures viendront se briser contre les bases de la Constitution française. Je ne citerai qu'un exemple : on travaille votre armée ; si vous êtes là-dessus dans une profonde sécurité, si tout ce qui se passe depuis quelque temps, si les voyages même et les cajoleries de votre nouveau ministre ne vous sont pas suspects, vous vous trompez cruellement; on lui donne des chefs propres à la ramener aux vils sentimens du royalisme et de l'idolâtrie, sous les spécieux prétextes de l'ordre, de l'honneur et de la monarchie. Eh bien! déployez votre autorité législative, pour rendre aux soldats des avantages que les principes de la Constitution, d'accord avec la discipline militaire, leur assuraient, et que l'intérêt des patriciens militaires de l'assemblée constituante leur a ravis ; consultez le code militaire et vos principes, et l'armée est au peuple et à vous... Je n'en dirai pas davantage... On sait assez, sans que je le dise, par quels moyens les représentans du peuple peuvent le servir, l'honorer, l'élever à la hauteur de la liberté, et forcer l'orgueil et tous les vices à baisser devant lui un front respectueux. Chacun sent que si l'assemblée nationale déploie ce caractère, nous n'aurons plus d'ennemis. Ce serait donc en vain que mes adversaires voudraient rejeter ces moyens-là, sous le prétexte qu'ils seraient trop simples, trop généreux : on ne se dispense pas de remplir un devoir sacré en cherchant à donner à la place un supplément illusoire et pernicieux. Lorsqu'un malade capricieux refuse un remède salutaire, et puis un autre, et qu'il dit : « Je veux guérir avec du poison, » s'il meurt, ce n'est point au remède qu'il faut s'en prendre, c'est au malade. Que, réveillé, encouragé par l'énergie de ses représentans, le peuple reprenne cette attitude qui fit un moment trembler tous ses oppresseurs ; domptons nos ennemis du dedans ; guerre aux conspirateurs et au despotisme, et ensuite marchons à Léopold ; marchons à tous les tyrans de la terre : c'est à cette condition qu'un nouvel orateur, qui, à la dernière séance, a soutenu mes principes, en prétendant qu'il les combattait, a demandé la guerre ; c'est à cette condition, et non au cri de guerre et aux lieux communs sur la guerre, dès long-temps appréciés par cette assemblée, qu'il a dû les applaudissemens dont il a été honoré.

» C'est à cette condition que moi-même je demande à grands cris la guerre. Que dis-je ? je vais bien plus loin que mes adversaires eux-mêmes ; car si cette condition n'est pas remplie, je demande encore la guerre, je la demande, non comme un acte de sagesse, non comme une résolution raisonnable, mais comme la ressource du désespoir ; je la demande à une autre condition, qui, sans doute, est convenue entre nous ; car je ne pense pas que les avocats de la guerre aient voulu nous tromper ; je la demande telle qu'ils nous la dépeignent ; je la demande telle que le génie de la liberté la déclarerait, telle que le peuple français la ferait lui-même, et non telle que de vils intrigans pourraient la désirer, et telle que des ministres et des généraux, même patriotes, pourraient nous la faire.

» Français! hommes du 14 juillet, qui sûtes conquérir la liberté sans guide et sans maître, venez, formons cette armée qui doit affranchir l'univers. Où est-il le général, qui impertubable défenseur des droits du peuple, éternel ennemi des tyrans, ne respira jamais l'air empoisonné des cours, dont la vertu austère est attestée par la haine et par la disgrace de la cour; ce général, dont les mains pures du sang innocent et des dons honteux du despotisme, sont dignes de porter devant nous l'étendard sacré de la liberté? Où est-il ce nouveau Caton, ce troisième Brutus, ce héros encore inconnu? Qu'il se reconnaisse à ces traits: qu'il vienne; mettons-le à notre tête... Où est-il? Où sont-ils ces héros, qui, au 14 juillet, trompant l'espoir des tyrans, déposèrent leurs armes aux pieds de la patrie alarmée? Soldats de Château-Vieux, approchez, venez guider nos efforts victorieux.... Où êtes-vous? Hélas! on arracherait plutôt sa proie à la mort, qu'au despotisme ses victimes! Citoyens, qui, les premiers, signalâtes votre courage devant les murs de la Bastille, venez, la patrie, la liberté vous appellent aux premiers rangs! Hélas! on ne vous trouve nulle part; la misère, la persécution, la haine de nos despotes nouveaux vous ont dispersés. Venez, du moins, soldats de tous ces corps immortels qui ont déployé le plus ardent amour pour la cause du peuple. Quoi! le despotisme que vous aviez vaincu vous a punis de votre civisme et de votre victoire; quoi! frappés de cent mille ordres arbitraires et impies, cent mille soldats, l'espoir de la liberté, sans vengeance, sans état et sans pain, expient le tort d'avoir trahi le crime pour servir la vertu! Vous ne combattrez pas non plus avec nous, citoyens, victimes d'une loi sanguinaire, qui parut trop douce encore à tous ces tyrans qui se dispensèrent de l'observer pour vous égorger plus promptement. Ah! qu'avaient fait ces femmes, ces enfans massacrés? Les criminels tout-puissans ont-ils peur aussi des femmes et des enfans? Citoyens du Comtat, de cette cité malheureuse, qui crut qu'on pouvait impunément réclamer le droit d'être Français et libres; vous qui pérîtes sous les coups des assassins encouragés par nos tyrans; vous qui languissez dans les fers où ils vous ont plongés, vous ne viendrez point avec nous : vous ne viendrez pas non plus, citoyens infortunés et vertueux, qui, dans tant de provinces, avez succombé sous les coups du fanatisme, de l'aristocratie et de la perfidie! Ah, Dieu! que de victimes, et toujours dans le peuple, toujours parmi les plus généreux patriotes, quand les conspirateurs puissans respirent et triomphent!

» Venez au moins, gardes nationales, qui vous êtes spécialement dévouées à la défense de nos frontières. Dans cette guerre, dont une cour perfide nous menace, venez. Quoi! vous n'êtes point encore armées? Quoi! depuis deux ans vous demandez des armes, et vous n'en avez pas? Que dis-je? on vous a refusé des habits, on vous condamne à errer sans but de contrées en contrées, objet des mépris du ministère et de la risée des patriciens insolens, qui vous passent en revue pour jouir de votre détresse! N'importe! venez; nous confondrons nos fortunes pour vous acheter des armes; nous combattrons tout nus, comme les Américains... Venez. Mais attendrons-nous pour renverser les trônes des despotes de l'Europe, attendrons-nous les ordres du bureau de la guerre? Consulterons-nous, pour cette noble entreprise, le génie de la liberté, ou l'esprit de la cour? Serons-nous guidés par ces mêmes patriciens, ses éternels favoris, dans la guerre déclarée au milieu de nous, entre la noblesse et le peuple? Non. Marchons nous-mêmes à Léopold; ne prenons conseil que de nous-mêmes. Mais quoi! voilà tous les orateurs de la guerre qui m'arrêtent; voilà M. Brissot qui me dit qu'il faut que *M. le comte de Narbonne* conduise toute cette affaire; qu'il faut marcher sous les ordres de *M. le marquis de La Fayette...*; que c'est au pouvoir exécutif qu'il appartient de mener la nation à la victoire et à la liberté! Ah! Français, ce seul mot a rompu tout le charme; il anéantit tous mes projets. Adieu la liberté des peuples! Si tous les sceptres des princes d'Allemagne sont brisés, ce ne sera point par de telles mains. L'Espagne sera quelque temps encore l'esclave de la superstition, du royalisme et des préjugés; le stathouder et sa femme ne sont point encore détrônés; Léopold continuera d'être le tyran de l'Autriche, du Milanais, de la Toscane, et nous ne verrons point de si tôt Caton et Cicéron remplacer au conclave le pape et les cardinaux. Je le dis avec franchise : si la guerre, telle que je l'ai présentée, est impraticable; si c'est la guerre de la cour, des ministres, des patriciens, des intrigans, qu'il nous faut accepter, loin de croire à la liberté universelle, je ne crois pas même à la vôtre; et tout ce que nous pouvons faire de plus sage, c'est de la défendre contre la perfidie des ennemis intérieurs, qui vous bercent de ces douces illusions.

» Je me résume donc froidement et tristement. J'ai prouvé que la guerre n'était entre les mains du pouvoir exécutif qu'un moyen de renverser la constitution, que le dénoûment d'une trame profonde, ourdie pour perdre la liberté. Favoriser ce projet de guerre, sous quelque prétexte que ce soit, c'est donc mal servir la cause de la liberté. Tout le patriotisme du monde, tous les lieux-communs de politique et de morale, ne changent point la nature des choses, ni le résultat nécessaire de la démarche qu'on propose. Prêcher la confiance dans les intentions du pouvoir exécutif, justifier ses agens, appeler la faveur publique sur ses généraux, représenter la défiance *comme un état affreux*, ou comme un moyen *de troubler le concert des deux pouvoirs et l'ordre public*, c'était donc ôter à la liberté sa dernière ressource, la vigilance et l'énergie de la nation. J'ai dû combattre ce système, je l'ai fait; je n'ai voulu nuire à personne : j'ai voulu servir ma patrie en réfutant une opinion dangereuse; je l'aurais combattue de même, si elle eût été proposée par l'être qui m'est le plus cher.

» Dans l'horrible situation où nous ont conduits le despotisme, la faiblesse, la légèreté et l'intrigue, je ne prends conseil que de mon cœur et de ma conscience; je ne veux avoir d'égard que pour la vérité, de condescendance que pour l'infortune, de respect que pour le peuple. Je sais que des patriotes ont blâmé la franchise avec laquelle j'ai présenté le tableau décourageant, à ce qu'ils prétendent, de notre situation. Je ne me dissimule pas la nature de ma faute. La vérité n'a-t-elle pas déjà trop de torts d'être la vérité ? comment lui pardonner, lorsqu'elle vient, sous des formes austères, en nous enlevant d'agréables erreurs, nous reprocher tacitement l'incrédulité fatale avec laquelle on l'a trop long-temps repoussée ? Est-ce pour s'inquiéter et pour s'affliger qu'on embrasse la cause du patriotisme et de la liberté ? pourvu que le sommeil soit doux et non interrompu, qu'importe qu'on se réveille au bruit des chaînes de sa patrie, ou dans le calme plus affreux de la servitude ? Ne troublons donc pas le quiétisme politique de ces heureux patriotes; mais qu'ils apprennent que, sans perdre la tête, nous pouvons mesurer toute la profondeur de l'abîme. Arborons la devise du palatin de Posnanie; elle est sacrée, elle nous convient : *Je préfère les orages de la liberté au repos de l'esclavage.* Prouvons aux tyrans de la terre que la grandeur des dangers ne fait que redoubler notre énergie, et qu'à quelque degré que montent leur audace et leurs forfaits, le courage des hommes libres s'élève encore plus haut. Qu'il se forme contre la vérité des ligues nouvelles, elles disparaîtront; la vérité aura seulement une plus grande multitude d'insectes à écraser sous sa massue. Si le moment de la liberté n'était pas encore arrivé, nous aurions le courage patient de l'attendre; si cette génération n'était destinée qu'à s'agiter dans la fange des vices où le despotisme l'a plongée; si le théâtre de notre révolution ne devait montrer aux yeux de l'univers que les préjugés aux prises avec les préjugés, les passions avec les passions, l'orgueil avec l'orgueil, l'égoïsme avec l'égoïsme, la perfidie avec la perfidie, la génération naissante, plus pure, plus fidèle aux lois sacrées de la nature, commencera à purifier cette terre souillée par le crime; elle apportera non la paix du despotisme, ni les honteuses agitations de l'intrigue, mais le feu sacré de la liberté, et le glaive exterminateur des tyrans; c'est elle qui relèvera le trône du peuple, dressera des autels à la vertu, brisera le piédestal du charlatanisme, et renversera tous les monumens du vice et de la servitude. Doux et tendre espoir de l'humanité, postérité naissante, tu ne nous es point étrangère, c'est pour toi que nous affrontons tous les coups de la tyrannie ; c'est ton bonheur qui est le prix de nos pénibles combats : découragés souvent par les objets qui nous environnent, nous sentons le besoin de nous élancer dans ton sein ; c'est à toi que nous confions le soin d'achever notre ouvrage, et la destinée de toutes les générations d'hommes qui doivent sortir du néant ! Que le mensonge et le vice s'écartent à ton aspect ; que les premières leçons de l'amour maternel te préparent aux vertus des hommes libres ; qu'au lieu des chants empoisonnés de la volupté, retentissent à tes oreilles les cris touchans et terribles des victimes du despotisme ; que les noms des martyrs de la liberté occupent dans ta mémoire la place qu'avait usurpée dans la nôtre ceux des héros de l'imposture et de l'aristocratie ; que tes premiers spectacles soient le champ de la fédération inondé du sang des plus vertueux citoyens ; que ton imagination ardente et sensible erre au milieu des cadavres des soldats de Château-Vieux, sur ces galères horribles où le despotisme s'obstine à retenir les malheureux que réclament le peuple et la liberté ; que ta première passion soit le mépris des traîtres et la haine des tyrans ; que ta devise soit : Protection, amour, bienveillance pour les malheureux ; guerre éternelle aux oppresseurs ! Postérité naissante, hâte-toi de croître et d'amener les jours de l'égalité, de la justice et du bonheur ! »

Après Robespierre, Antoine prononça, contre la guerre d'attaque, un discours qui réunit les suffrages de la société, et dont elle ordonna l'impression.

A la séance du 13, M. Bécourt prit la parole et dit : « Je demande à faire une motion d'ordre. C'est au sujet de M. Feuillant, rédacteur du journal du soir et membre de cette société. Ce journaliste s'est permis, dans un de ses derniers numéros, en parlant du bruit qui avait eu lieu aux Feuillans, de dire qu'il avait été occasioné par les Jacobins. Je demande, pour raison de cette insigne calomnie, que M. Feuillant soit rayé de la liste des membres de cette société. » (Grands applaudissemens.)

M. Réal. « Il est possible que M. Feuillant se soit rendu coupable de cette calomnie; elle paraît même prouvée, puisqu'il s'agit d'un délit matériel; cependant, comme il est de toute justice de ne pas condamner un coupable sans l'entendre, je demande que cette affaire soit renvoyée au comité de présentation. » Adopté.

M. Desmoulins. « Je demande la parole pour une motion d'ordre. J'ai l'honneur de vous prévenir, M. le président (Dubois-de-Crancé occupait le fauteuil en l'absence d'Antonnelle), que c'est contre vous que j'ai à parler, aussi le ferai-je avec tous les égards qui sont dus à une personne dont le patriotisme est aussi connu que le vôtre. On nous a distribué le discours que vous avez prononcé ici il y a quelques jours; j'y ai cherché avec impatience les passages énergiques où vous dépeigniez si bien les intrigues du cabinet des Tuileries; j'ai été également surpris et affligé de ne pas les y retrouver. Je demande qu'à l'avenir les personnes qui prononceront des discours dont la société ordonnera l'impression, soient tenues de les parapher avant de les remettre sur le bureau; et je vous prierai, M. le président, de nous expliquer les motifs qui vous ont déterminé au retranchement dont je me plains. » (Grands applaudissemens.)

M. Dubois-Crancé. « Vous retrouverez, messieurs, à la page 19, tout ce que j'ai dit sur La Fayette. Quant à ce que j'ai dit des différentes personnes que je désignais pour être du cabinet des Tuileries, comme je ne pouvais pas avoir de preuves matérielles de ce que j'avançais sur leur compte, et qu'un imprimé peut donner lieu à un procès criminel, je n'ai pas voulu m'y exposer. » (Brouhahas, murmures.)

M. Billaud-Varennes. « On ne doit pas prononcer à la tribune des choses que l'on ne croit pas pouvoir faire imprimer. »

(*Journal du club*, du 17 janvier.)

A la séance du 15, on reçut une députation des veuves des patriotes qui avaient été victimes de la malheureuse affaire de la Chapelle. — « M. Verrières, l'orateur de la députation, a témoigné la reconnaissance de ces dames, et fait part que le désir est que l'on grave sur une pierre de la Bastille cette malheureuse époque, qu'elle soit placée sur les murs de la Chapelle, qu'un évêque constitutionnel célèbre la messe à l'endroit du massacre, et que M. Robespierre veuille bien y exprimer les regrets de la patrie. » (*Journal du club*, *loc. cit.*) — La société des Jacobins, réunie aux sociétés fraternelles, avait fait accorder, par la Législative, une pension aux veuves de ceux qui périrent dans cette journée dont nous avons consigné le récit à sa date. Le premier anniversaire fut célébré le 24 janvier ; Fauchet y prononça une oraison funèbre.

A la séance du 16, Antoine, avant de partir pour Metz, prend congé de la société ; il réclame un diplome de Jacobin, qui lui est accordé par acclamation. — A la séance du 17, une lettre du comtat d'Avignon vint renouveler la question de la guerre. Robespierre, parlant d'abord sur les affaires de ce pays, qualifie Mulot d'oppresseur des Avignonnais. « Je n'ai jamais connu M. l'abbé Mulot, je ne connais ni aucun de ses amis, ni aucun de ses ennemis, mais je le comprends dans la classe des hommes qui, avec le masque de l'hypocrisie et de la perfidie, ont porté les plus grands coups aux droits du peuple. »

Robespierre reprend ensuite la question de la guerre, et finit en disant : « Je veux toujours la guerre aux mêmes conditions que j'ai indiquées. Ma surprise a été extrême, quand j'ai vu ce matin, dans le *Patriote français*, une lettre qui dément le patriotisme des habitans de Metz, dans laquelle se trouve l'éloge le plus pompeux de M. de La Fayette... »

Plusieurs voix. « Vous attaquez le patriotisme de M. Brissot. »

M. Brissot. « Je déclare à l'assemblée que je n'avais point connaissance de la lettre qui avait été insérée dans le *Patriote français*, par mon collaborateur. M. Robespierre a paru jeter des doutes sur l'authenticité de cette lettre. Je viens de voir à l'instant M. Rœderer, qui m'a assuré avoir touché l'original. M. Robespierre paraît attaquer mon silence. La tâche pénible que je me suis imposée m'empêche de venir assidûment ; j'ai encore parlé hier pendant une heure à l'assemblée nationale, et le peuple peut juger si j'abandonne sa cause. »

M. Robespierre. « Je déclare, en mon particulier, que je suis très-charmé de voir que M. Brissot ait ignoré que cette lettre eût été mise dans son journal. Je suis loin de penser qu'il l'ait imaginée, puisque le titre porte qu'elle était insérée dans le *Moniteur*. Seulement j'ai cru devoir exprimer mon étonnement de ce qu'un journal, qui jouit d'un grande réputation, donnât du crédit à de semblables apologies. »

Louvet monta ensuite à la tribune ; il parla longuement en faveur de la guerre d'attaque, et termina ainsi : « Robespierre, vous tenez maintenant l'opinion publique en suspens ; partager cet excès d'honneur vous était réservé sans doute ; vos discours appartiennent à la postérité, la postérité viendra entre vous et moi ; mais enfin vous attirez sur vous la plus grande responsabilité. En persistant dans votre opinion, vous êtes redevable aux contemporains et même à toute la postérité ; oui, la postérité viendrait se mettre entre vous et moi, quelque indigne que j'en sois ; elle dirait : Un homme a paru dans l'assemblée nationale constituante, inaccessible à toutes les passions, un des plus fidèles tribuns du peuple. Il fallait estimer et chérir ses vertus, admirer son courage ; il était aimé du peuple, qu'il avait constamment servi, et, ce qui est mieux encore, il en était digne. Un précipice s'ouvrit : distrait par trop de soins, il crut apercevoir le péril où il n'était pas, et ne le vit pas où il était. Un homme obscur était là, uniquement occupé du moment présent ; éclairé par d'autres citoyens, il découvrit le danger, ne put se résoudre à garder le silence, il fut à Robespierre, il voulut le lui faire toucher du doigt ; Robespierre détourne les yeux, retire la main ; l'inconnu persiste et sauve son pays. » (*Journal du club*, du 20 janvier.)

La séance du 20 fut encore consacrée à la guerre. Brissot parla le premier. « Je supplie M. Robespierre, s'écria-t-il en finissant, de terminer une lutte si scandaleuse qui ne donne l'avantage qu'aux ennemis du bien public. » — Dussault monta aussitôt à la tribune, et, à la suite d'une touchante allocution, il fit embrasser les deux athlètes. Les journaux révolutionnaires racontèrent cette scène, en inférant la cessation de toute polémique ultérieure entre Robespierre et Brissot. Nous allons laisser Robespierre s'exprimer sur la scène elle-même et sur sa signification. Il écrivit à Gorsas la lettre suivante :

Maximilien Robespierre à l'auteur du Courrier.

« J'ai remarqué, dans votre numéro d'aujourd'hui (22), une erreur qui mérite d'être rectifiée ; en rendant compte de la dernière séance des amis de la constitution, l'article dont je parle suppose que j'ai abjuré mes principes sur la question importante qui agite aujourd'hui tous les esprits, parce qu'on sent qu'elle tient au salut public et au maintien de la liberté. Je me croirais peu digne de l'estime des bons citoyens, si j'avais joué le rôle qu'on m'a prêté dans cet article. Ce qu'il y a de vrai dans ce récit, c'est qu'après un discours de M. Brissot, sur l'invitation politique de M. Dussault, nous nous sommes embrassés cordialement aux applaudissemens de toute la société ; il est vrai aussi que j'ai fait cette démarche avec d'autant plus de plaisir, que la discussion importante où nous avions embrassé des opinions diverses, n'avait laissé aucune aigreur dans mon ame ; que je suis loin de regarder *comme des querelles particulières*, les débats qui intéressent la destinée du peuple, et où je n'ai jamais porté d'autre passion que celle du bien public. Aussi, loin de croire que le sort de la grande question qui occupe toute la France, ou que mon opinion particulière peut être subordonnée en aucune manière aux mouvemens de ma sensibilité et à mon affection personnelle pour M. Brissot, j'ai monté au même instant à la tribune pour manifester ce sentiment de la manière suivante :

» Je viens de remplir un devoir de fraternité et satisfaire mon cœur ; il me reste encore une dette plus sacrée à acquitter envers la patrie. Le sentiment profond qui m'attache à elle suppose nécessairement l'amour de mes concitoyens et de ceux avec lesquels j'ai des affections plus étroites ; mais toute affection individuelle doit céder à l'intérêt sacré de la liberté et de l'humanité ; je pourrai facilement le concilier ici, avec les égards que j'ai promis à tous ceux qui ont bien servi la patrie, et qui continueront à la bien servir. J'ai embrassé M. Brissot avec ce sentiment, et je continuerai de combattre son opinion dans les points qui me paraissent contraires à mes principes, en indiquant ceux où je suis d'accord avec lui. Que notre union repose sur la base sacrée du patriotisme et de la vertu; combattons-nous comme des hommes libres, avec franchise, avec énergie même s'il le faut; mais avec égards, avec amitié. » (*Courrier des 83 départemens*, n° du 23.)

A la séance du 29, Billaud-Varennes fit un long discours contre la guerre d'attaque ; nous en extrairons deux passages. Ici, il exprime le mécontentement de ceux que les partisans de Brissot affectaient de ne compter pour rien. « Il semble qu'on n'avait joué à guerre ouverte avec M. Robespierre, en lui prêtant des impulsions d'animosité, que pour amener le coup de théâtre de l'accolade, qui suppose une conciliation d'esprit et de cœur. Quand je désigne particulièrement un individu, dans une question qui, intéressant toute la nation, ne prête sans doute à aucune personnalité, c'est que nos adversaires ont affecté de ne voir que Robespierre sur la scène, en lui reprochant d'être le seul de son avis. Mais les Danton, les Antoine, les Camille Desmoulins, les Machenaud, les Santerre, les Panis, et tant d'autres membres de cette société, qui, sans monter à la tribune, ont manifesté le même sentiment, par des approbations assez énergiquement prononcées, sont autant de zéros pour ces messieurs. »

— Plus loin, Billaud juge La Fayette; il finit par des paroles où l'on reconnaîtra, exprimée avec plus de mesure, la doctrine révolutionnaire de Marat; on y entrevoit le futur terroriste. — « On va, dit-il, jusqu'à nous peindre comme des monstres altérés de sang, qui mettent le poignard à la main de tous les soldats de l'armée, contre un général, envers qui le soupçon est un sentiment bien répréhensible sans doute ! Comme si, avant de commander, il n'avait pas fait ses preuves, en se déshonorant par trois années consécutives d'intrigues, d'astuce et de perfidies révoltantes. Le Ciel, qui pénètre dans les replis les plus anfractueux du cœur, est témoin, messieurs, si moi, moi qui ne tiens à rien qu'à la prospérité de ma patrie, j'ai eu d'autre but, en venant ici vous rappeler les crimes de La Fayette, que celui de vous apprendre à vous défier des projets infailliblement sinistres du pouvoir exécutif, puisque, au mépris de l'opinion, il ose appeler à une fonction capitale un homme que le peuple venait de repousser. Si je hais La Fayette, hé! n'est-ce pas parce que j'abhorre le sang, et que je le vois dégouttant de celui qu'il a fait ruisseler au Champ-de-Mars! Il est donc dans les principes d'un philantrope de penser, d'avouer même hautement que, dans les violentes commotions, trop souvent communiquées aux empires par l'ambition et l'orgueil, le parti qui assure les droits et le salut du peuple, est celui qui crée un Pélopidas ou un Thrasybule, qu'il adopte sans balancer. Certes, j'aimerai mieux, dans un moment de crise, voir tomber quelques têtes proscrites, que d'envoyer des milliers de nos frères se faire massacrer. A Dieu ne plaise, messieurs, que je conseille jamais de précipiter les événemens. L'heure n'en sera naturellement que trop rapide. Je reconnais, avec les antagonistes de la révolution, que l'ordre actuel des choses ne peut pas durer long-temps. Les gouvernemens ressemblent aux fleuves, dont il n'est possible d'arrêter le cours que très-momentanément. Bientôt les eaux s'accumulent, les débordemens surviennent, les digues se rompent et sont entraînées. Enfin, après des ravages affreux, causés par l'inondation, tout rentre dans un état qui donne au fleuve une marche plus ou moins dérangée. — C'est ainsi, ô ma patrie! que l'ambition et l'intrigue d'une part, que le civisme et l'amour de la liberté d'une autre, te martyrisent en voulant l'entraîner en sens contraire! J'en gémis de douleur, mais je suis tranquille. La masse du peuple triomphera. Sa patience et son énergie ne permettent pas d'en douter. »

A la séance du 30, Manuel annonça que la section de la Croix-Rouge avait pris « l'engagement, devant l'assemblée nationale, de se sevrer de sucre. Si tous les citoyens voulaient envoyer faire sucre tous les accapareurs, ils seraient bientôt obligés de vendre leur sucre à un prix raisonnable. » — Nous laissons ici le discours de Manuel, plein de quolibets de ce style.

M. Louvet. « Vous avez entendu la proposition de M. Manuel : les plus redoutables ennemis d'un peuple qui veut être libre, ce sont les habitudes molles et efféminées; voulez-vous anéantir nos ennemis? accoutumez-vous à diminuer la somme de vos besoins. Je demande que nous prenions tous l'engagement formel de nous priver de sucre et de café, et que demain toute la capitale en soit instruite. »

M. Manuel. « Comme nous ne sommes encore ni assez mûrs, ni assez forts de notre vertu pour nous passer du code pénal, je demande que tout patriote qui sera dénoncé par un jacobin, soit privé pour un mois de sa carte. »

M. Collot d'Herbois. « Je suis fort étonné que ce soit un homme de lettres qui ait fait cette proposition, car les personnes qui travaillent de cabinet ne peuvent passer la nuit qu'avec des tasses de café. Eh bien! messieurs, j'en prendrai sans sucre. »

M. Louvet. « Assurément, messieurs, toutes les fois que l'infraction que M. Collot fera à notre loi nous vaudra un almanach du père Gérard, nous le remercierons de sa faute. »

La société adopta la motion de Louvet, et arrêta qu'elle serait signée individuellement par chacun de ses membres, et affichée dans tout Paris. (*Journal du Club*, numéro du 30 janvier).

Voici les réflexions des *Révolutions de Paris*, sur cette séance :

« La société des jacobins a traité l'affaire du sucre avec une importance et une gravité d'autant plus ridicules, que ce n'est pas elle qui proposa la première le non-usage de cette denrée. N'importe, elle suspendit ses plus importantes délibérations sur la guerre, pour s'abandonner à l'enthousiasme. Un étranger qui serait entré en ce moment dans la salle des Jacobins, à la vue de tous ces bras tendus, au bruit du trépignement des pieds, et surtout à ce mot solennel et qu'on ne devrait pas prodiguer : *je le jure*, prononcé par toutes les bouches ensemble, n'aurait jamais pu soupçonner qu'il ne s'agissait que de sucre!.... Citoyens! eh quoi! vous n'en êtes encore que là! Vous n'êtes pas plus avancés dans la carrière des vertus civiques!.... La plus mince des privations excite parmi vous tant de fracas! Et que serait-ce donc si le vaisseau de la république, battu par de longs et fréquens orages, le pain venait à vous manquer pendant plusieurs jours? n'épuisez pas votre courage et votre constance sur de petits sujets. Soyez hommes, et craignez qu'on ne dise de vous : Les Français sont des enfans qui ne peuvent se passer de sucre sans qu'il leur en coûte de grands efforts ; c'est pour eux un si grand sacrifice, qu'il leur faut un serment pour s'y résoudre. » (*Révolutions de Paris*, n° CXXXIV).

Le même Manuel, auteur de la motion que l'on vient de lire, écrivit une lettre au roi, sur laquelle nous trouvons dans le journal de Prudhomme, les observations suivantes : « Cette pièce *agréable* a été récitée par P. Manuel, il y a quelques jours, aux Jacobins. On y trouve ce qu'on trouve dans tous les autres petits ouvrages de l'auteur, le sel de l'esprit et un grain de philosophie, des saillies heureuses, de jolis madrigaux et de subtils épigrammes. Ce pamphlet aurait fait beaucoup d'honneur à P. Manuel du temps qu'il écrivait sa *lettre d'un garde du roi*, au sujet du fameux collier Rohan-Antoinette; mais un administrateur public, un procureur-syndic de la commune de Paris, un magistrat du peuple, n'écrit pas ainsi, de but en blanc, au roi. Si les circonstances le mettent en présence de *Sa Majesté*, l'homme du peuple saisit l'occasion de dire au roi face à face, de ces grandes et fortes vérités qui laissent une longue impression. Quand le sage Nathan apostrophait les rois de juda, il ne les gourmandait pas avec des antithèses; il ne descendait pas jusqu'au plagiat pour leur dire (1) : *l'habit du pauvre a des trous, les habits du riche ont des taches*. Mais il disait au roi David, avec le sang-froid d'un juge qui condamne un coupable : « Vous avez commis un adultère, vous êtes digne de mort. » — Nathan, le sage, disait à Louis XVI : « D'intelligence avec les prêtres et les nobles, vous conspirez lâchement sous le manteau contre votre patrie; vous.

---

(1) Cette pensée se trouve en toutes lettres dans une brochure qui parut quelques mois avant le 14 juillet 1789, intitulée : *Premières leçons du fils aîné d'un roi*. Ce livre est encore à l'ordre du jour; il en reste encore quelques exemplaires chez Gueffier, rue de Hurepoix. (*Note de Prudhomme.*)

n'êtes plus digne d'en être le roi. » (*Journal des Révolutions de Paris*, loc. cit.)

Nous avons fait connaître à nos lecteurs tout ce qu'offrent d'intéressant les séances des Jacobins pendant le mois de janvier. — Avant de passer au mois de février, nous rapporterons un dernier fait : l'installation de Danton dans ses fonctions municipales. Le numéro de Prudhomme, que nous venons de citer, dit, p. 229 : « Vers la fin de janvier, M. Danton a pris sa place au conseil-général de la commune. Il a prononcé à cette occasion un discours un peu long peut-être ; mais on n'est jamais bref quand on parle de soi. M. Danton pouvait peut-être s'exempter de cette tâche. Le fait de son installation en disait assez à son avantage, et des phrases telles que la suivante purent paraître superflues pour ne pas dire déplacées : « La nature m'a donné en partage des formes athlétiques, et la physionomie âpre de la liberté. »

FÉVRIER. 1792.

Au quatrième mois de son existence, l'assemblée législative avait déjà vu se manifester en elle toutes les divisions qu'elle apportait à sa venue. Les différens partis émirent un vote spécial dans l'affaire de Bertrand de Molleville, et nous les trouvons classés sous leurs dénominations respectives, lors de la motion présentée par Mouysset, au nom de trois cents membres, à la séance du 23 février : il demandait qu'au jour où il n'y aurait pas de séance, les députés pussent se réunir dans la salle pour conférer. (*Voir plus bas.*) Pour la première fois, à cette occasion, la presse distingua, par leurs noms propres, les fractions de l'assemblée. Brissot (*Patriote Français* du 24 février), cite les *feuillans*, les *indépendans*, les *patriotes-jacobins* (son parti), et la *montagne*. Les débats qui suivirent la demande de Mouysset nous montreront, dans toute leur vivacité, les divergences ainsi désignées. Elles se révèlent d'ailleurs très-clairement dès l'accusation intentée au ministre de la marine. Les feuillans voulaient que le ministre fût absous; les patriotes-jacobins, selon Brissot, appuyaient le projet du comité de marine, tendant à déclarer au roi que le ministre avait perdu la confiance de la nation ; les jacobins de la montagne voulaient qu'il fût traduit devant la cour nationale, comme coupable de haute trahison ; les indépendans, qu'on adressât simplement au roi des observations sur la conduite de cet agent. Le premier février, les indépendans votèrent avec les feuillans, et le projet du comité de marine fut écarté. Le lendemain, ils exprimèrent leur propre vœu par l'organe de Brémontier; les deux fractions de l'ancienne gauche se réunirent à eux, et leur avis passa à une grande majorité.

Parmi les pouvoirs constitués, il n'y avait que le cabinet du roi, où se rencontrassent encore des royalistes purs. Ce parti y était représenté par Bertrand de Molleville et par Delessart. Narbonne, Duport-Dutertre et Cahier-Gerville étaient feuillans à divers degrés. Ce dernier, plus près des girondins que les deux autres, ne tardera pas à donner sa démission.

Le directoire de Paris était composé de feuillans en presque totalité. Nous n'en exceptons pas le procureur-général syndic Rœderer, dont les écrits et les actes, jusqu'au 10 août, seront ceux d'un royaliste constitutionnel, inclinant vers le système de La Fayette, à mesure que les jacobins marcheront vers la république.

La commune nouvelle achève d'être organisée durant le mois qui nous occupe. Les vingt-quatre membres du corps municipal, nommés par les sections, sont : MM. Dussault, Clavière, Chambon, Thomas, Sergent, Boucher, St-Sauveur, Bidermann, Patris, Boucher-Réné, Mouchette, Osselin, Leroi, Mollard, Hû, Jurie, Féral, Lefébure, Guyard, Guinot, Therein, Panis, Debourges, Dreue, Lemétayer. Ici, les jacobins-girondins dominaient, et la montagne était la minorité. Les uns comptaient, dans les chefs même de la municipalité, Pétion et Manuel, l'autre, Danton. Au sein du corps municipal, Sergent et Panis étaient à peu près les seuls montagnards reconnus. Les *Révolutions de Paris*, n° 135, p. 310, disaient, en parlant de l'élection de Sergent : « Ne vient-on pas de passer l'écharpe à un artiste qui, il n'y a pas bien long-temps, publia une estampe représentant Louis XII, Henri IV et Louis XVI, avec ce calcul gravé au bas de ces trois bustes rangés en triangle : XII et IV font XVI ; c'est-à-dire, Louis XVI, à lui tout seul, renferme Louis XII et Henri IV. Quand le prince royal en sera à l'arithmétique, c'est sur cette image ingénieuse qu'on lui apprendra la règle de l'addition. » Le rédacteur ajoute, dans une note, que Sergent a expié depuis, par son patriotisme, cette misérable adulation. La conduite à venir du révolutionnaire dont il s'agit nous imposait l'obligation de consigner ici le reproche qu'on vient de lire.

Le parti feuillant se vengeait de sa défaite dans les élections municipales, en objectant à tout propos, le faible chiffre des électeurs qui les avaient faites ; il y eut trois scrutins : le 11, le nombre des votans fut de 3,787 ; le 15, de 3,289 ; le 20, de 3,380.

La société des jacobins était dans une fausse position : divisée à l'intérieur entre les partisans de Brissot et ceux de Robespierre, à l'extérieur elle était confondue dans les mêmes attaques par les journaux et par les affiches des feuillans. Elle avait donc une sorte d'unité négative ; l'unité que donne un ennemi commun. Il est bien remarquable cependant que la polémique avec les feuillans n'était entretenue que par les feuilles girondines. Si nous n'avions que Prudhomme, *l'Orateur du Peuple*, Audoin, et le *Journal des Débats des jacobins*, nous ne nous douterions même pas qu'il y eût alors, à Paris, la *Gazette Universelle* de Cerisier; *l'Argus Patriotique*, de Morande, *le Logographe* de Barnave et des Lameth ; nous n'aurions jamais su qu'André Chénier publiait dans le *Journal de Paris*, de véhémentes diatribes contre le club des jacobins; qu'un Boyer, de Nîmes, tapissait les rues de placards ; que le chant du coq continuait ses agressions. Les journaux de la nouvelle-montagne ne répondent pas un mot à la presse feuillantine. *Le Patriote Français ; le Courrier de*

Gorsas, *les Annales Patriotiques* de Mercier et Carra, sont les seuls qui acceptent les batailles que leur proposent incessamment les adversaires dont nous parlions. Les révolutionnaires jugent sans importance les organes ministériels quelconques; ils ne comptent plus pour rien les écrivains notoirement vendus, soit à la cour, soit au parti de La Fayette; ils détournent leur vigilance de tout ce qui est réputé feuillant, pour la concentrer sur le girondinisme naissant, qu'ils regardent déjà comme la plus dangereuse réserve de La Fayette. Aux jacobins, la montagne est encore en minorité : le club des droits de l'homme, dont les membres étaient tous jacobins, le club des halles, les sociétés fraternelles lui donnent la majorité dans le peuple.

Avant d'exposer l'état du peuple, sa tendance actuelle et les formes que cette tendance revêt, nous transcrirons ici une lettre de Pétion à Buzot. Ce manifeste girondin, prôné pour tel par tous les organes de ce parti, et combattu à ce titre par les feuillans, met en évidence les plans politiques des amis de Pétion, et prouve de plus qu'il avait été l'un des premiers à les émettre : nous verrons tout à l'heure qu'il fut le premier à les appliquer. Cette pièce ne figure point dans le recueil intitulé : *la Mairie de Pétion*. L'éditeur de ce livre ayant eu pour but l'apologie de l'auteur, il n'est pas surprenant qu'il ait négligé la lettre à Buzot. Il était assez difficile en effet d'absoudre du point de vue bourgeois, les distinctions de Pétion entre la *bourgeoisie et le peuple*, distinctions qui lui valurent alors les plus furibondes invectives.

Cette lettre établit avec une clarté et une vigueur qui nous dispensent de tout commentaire, deux points capitaux, dont l'un est mille fois prouvé dans notre histoire, et dont l'autre, largement indiqué déjà, reçoit ici une confirmation à laquelle les luttes prochaines ajouteront de plus en plus. — Les feuillans et les girondins, unis dans l'intérêt commun de la bourgeoisie, différaient en ceci : les feuillans pensaient que la bourgeoisie ne triompherait qu'en s'alliant aux classes privilégiées contre le peuple; les girondins faisaient dépendre ce triomphe d'une alliance avec le peuple contre les classes privilégiées : le but était le même, les moyens seuls ne l'étaient pas.

Voici maintenant la lettre de Pétion, telle que nous la trouvons dans le *Patriote Français*, du 10 février.

Paris, le 6 février 1791, l'an 4 de la liberté. — « Mon ami, vous m'observez que l'esprit public s'affaiblit, que les principes de la liberté s'altèrent, que parlant sans cesse de constitution on l'attaque sans cesse; vous me dites que ses plus zélés défenseurs n'embrassent ni ne suivent aucun système général pour la soutenir, que chacun s'arrête aux choses du moment et de détail, repousse des attaques particulières ; qu'à peine nous songeons à l'avenir. Vous me demandez ce que je pense, quels sont les moyens que j'imagine pour prévenir la grande catastrophe qui paraît nous menacer; je me bornerai, pour le moment, à vous en exposer un seul.

» Je remonte à des idées qui semblent déjà loin de nous, et je vais me servir d'expressions que la constitution a rayées de notre vocabulaire ; mais c'est le seul moyen de bien nous entendre. Ainsi, je vous parlerai de tiers-état, de noblesse et de clergé.

» Qu'était-ce que le tiers-état avant la révolution ? Tout ce qui n'était pas noblesse et clergé; le tiers-état avait une force irrésistible, la force de vingt contre un ; aussi, tant qu'il a agi de concert, il a été impossible à la noblesse et au clergé de s'opposer à ce qu'il a voulu. Il a dit : « Je suis la nation, » et il a été la nation. Si le tiers-état était aujourd'hui ce qu'il était à cette époque, il n'y a pas de doute que la noblesse et le clergé seraient forcés de se soumettre à son vœu, et qu'ils ne concevraient même pas le projet insensé de se révolter; mais le tiers-état est divisé, et voilà la vraie cause de nos maux.

» La bourgeoisie, cette classe nombreuse et aisée, fait scission avec le peuple ; elle se place au-dessus de lui; elle se croit de niveau avec la noblesse qui la dédaigne, et qui n'attend que le moment favorable pour l'humilier.

» Je demande à tout homme de bon sens et sans prévention, quels sont ceux qui veulent aujourd'hui nous faire la guerre ?

Ne sont-ce pas les privilégiés ? car enfin, lorsqu'ils disent vaguement que la monarchie est renversée, que le roi est sans autorité, ces déclamations ne signifient-elles pas, en termes très-clairs, que les distinctions qui existaient, n'existent plus ; et que l'on veut se battre pour les conquérir ?

» Il faut que la bourgeoisie soit bien aveugle pour ne pas apercevoir une vérité de cette évidence ; il faut qu'elle soit bien insensée pour ne pas faire cause commune avec le peuple. Il lui semble, dans son égarement, que la noblesse n'existe plus, qu'elle ne peut jamais exister ; de sorte qu'elle n'en a aucun ombrage, qu'elle n'aperçoit pas même ses desseins. Le peuple est le seul objet de sa défiance. On lui a tant répété que c'était la guerre de ceux qui avaient contre ceux qui n'avaient pas, que cette idée-là la poursuit partout. Le peuple, de son côté, s'irrite contre la bourgeoisie ; il s'indigne de son ingratitude ; il se rappelle les services qu'il lui a rendus ; il se rappelle qu'ils étaient tous frères, dans les beaux jours de la liberté. Les privilégiés fomentent sourdement cette guerre qui nous conduit insensiblement à notre ruine.

» La bourgeoisie et le peuple réunis ont fait la révolution ; leur réunion seule peut la conserver.

» Cette vérité est très-simple ; et c'est là sans doute pourquoi on n'y a pas fait d'attention. On parle d'aristocrates, de ministériels, de royalistes, de républicains, de jacobins, de feuillans ; l'esprit s'embarrasse dans toutes ces dénominations, et il ne sait à quelle idée s'attacher, et il s'égare.

» Il est très-adroit, sans doute, de créer ainsi des partis sans nombre, de diviser les citoyens d'opinions et d'intérêts, de les mettre aux prises les uns avec les autres, d'en faire de petites corporations particulières ; mais c'est aux hommes sages à dévoiler cette politique astucieuse et à faire revenir de leurs erreurs ceux qui se laissent entraîner sans s'en apercevoir.

» Il n'existe réellement que deux partis, et j'ajoute qu'ils sont les mêmes qu'ils étaient lors de la révolution : l'un veut la constitution, et c'est celui qui l'a faite ; l'autre ne la veut pas, et c'est celui qui s'y est opposé. Il est quelques individus qui sont passés d'un parti dans l'autre; mais ce sont des exceptions. Il est aussi quelques nuances dans les opinions.

» Ne vous y trompez pas : les choses n'ont point changé; les préjugés ne s'effacent point en un jour. On veut aujourd'hui ce qu'on voulait hier : des destructions et des privilèges. Que l'on colore ces prétentions comme on voudra, la forme n'y fait rien : voilà le fond.

» Il est donc temps que le tiers-état ouvre les yeux, qu'il se rallie, ou bien il sera écrasé. Tous les bons citoyens doivent déposer leurs petits ressentimens personnels, faire taire leurs passions particulières, et tout sacrifier à l'intérêt commun. Nous ne devons avoir qu'un cri : *Alliance de la bourgeoisie et du peuple*; ou, si on aime mieux : *Union du tiers-état contre les privilèges*.

» Cette fédération sainte détruit à l'instant tous les projets de l'orgueil et de la vengeance; cette fédération évite la guerre; car il n'est point de forces à opposer à une si immense puissance. C'est alors qu'il est vrai de dire que vingt-cinq millions d'hommes qui veulent la liberté sont invincibles. Mais les rebelles, mais les puissances qui les soutiennent ne comptent pas aujourd'hui sur cette résistance imposante : ils croient ces vingt-cinq millions d'hommes divisés, et ce schisme les enhardit.

» Je ne puis trop vous le répéter, union du tiers-état, et la patrie est sauvée. Elle le sera, je n'en doute pas : la bourgeoisie sentira la nécessité de ne faire qu'un avec le peuple, et le peuple sentira la nécessité de ne faire qu'un avec la bourgeoisie. Leur intérêt est indivisible, leur bonheur est commun.

» On a la perfidie de répéter sans cesse au peuple qu'il est plus malheureux que sous l'ancien régime. Je ne prétends pas dire que le peuple ne souffre pas; mais tous les citoyens souffrent, et il est impossible qu'une révolution s'opère sans privations et sans douleurs. Le passage du despotisme à la liberté est toujours pénible. Eh! que n'ont pas souffert pendant six années entières ces généraux américains manquant de tout, de vêtemens, de subsistances; bravant l'intempérie des saisons, combattant sans cesse avec courage, avec opiniâtreté ; rien n'a pu lasser leur persévérance : ils ont surmonté tous les obstacles, et ils sont aujourd'hui les hommes les plus libres et les plus heureux de la terre. Imitons ce grand exemple, et comme eux nous obtiendrons un bonheur solide et durable.

» Voulons fortement, et nous sommes plus formidables que jamais. Ces ligues de puissances dont on veut nous menacer disparaîtront comme de vains fantômes ; le premier coup de canon sera le signal de notre réunion et de la mort de nos ennemis. — Je n'ai pas le temps de vous en dire davantage ; portez-vous bien. *Vale.* PÉTION. »

On trouvera dans l'article d'André Chénier, contre la société des Jacobins, une réfutation de cette doctrine. Nous transcrirons cet article, ainsi que certains placards, en tête du chapitre destiné à l'histoire du club pendant le mois actuel. Ici nous nous contenterons de citer les réflexions de la *Gazette universelle* du 11 février. — « Le maire de Paris prétend qu'il faut distinguer la bourgeoisie d'avec le peuple ; il prétend que la bourgeoisie désire la noblesse et la contre-révolution. Si M. Pétion entend par la bourgeoisie ce que tout le monde doit entendre, savoir, tous les citoyens actifs, nous nions hautement sa distinction. Dans notre constitution ainsi que dans tous les états plus ou moins républicains, on entend par peuple cette partie de la société d'où émanent les élections populaires. Cette partie étant composée de ceux qui, par une honnête industrie, sont admis au droit de citoyen, est certainement la plus nombreuse de la société ; c'est celle qui, composant la garde nationale, veille au maintien des lois et de l'ordre.

» C'est donc une dangereuse et insigne calomnie que de supposer que cette grande masse du peuple soit disposée à détruire cette révolution, dont elle est le principal auteur. Si M. Pétion ne veut honorer du beau nom de peuple que les citoyens non-actifs, il était inutile de proposer une alliance entre eux et la bourgeoisie. Que les agitateurs secrets d'une partie du peuple ne s'y trompent pas : sont-ils bien assurés de pouvoir diriger l'effervescence qu'ils excitent? Qu'ils aillent prendre des leçons à la tragédie de *Caïus Gracchus*. On dit qu'à la vue du cadavre sanglant de ce tribun, victime de son prétendu dévoûment pour le peuple, on a vu frémir plusieurs spectateurs, entre autres MM. Couthon, Danton et Manuel. »

Le peuple, avons-nous dit, et nous entendons par ce mot les citoyens passifs, recevait l'impulsion des hommes récemment connus sous le nom de montagnards. Il acceptait de confiance leurs votes dans les débats parlementaires, et leurs conclusions à la tribune des Jacobins; il partageait leurs craintes; il répondait à leurs appels avec intelligence et énergie. — Il reparaissait sur la scène révolutionnaire avec son premier titre, son premier costume et les mêmes armes auxquels étaient attachés tous les grands souvenirs de 1789, objets de terreur pour les uns, beaux exemples pour les autres, imposantes et sublimes leçons! Les hommes du 14 juillet, le bonnet de laine, les piques, tels étaient le titre, l'uniforme et l'arme du peuple. A la dénomination constitutionnelle de citoyens passifs, laquelle n'était jamais passée d'ailleurs du protocole légal dans les habitudes civiles, avait succédé celle de *sans-culottes*, terme consacré par le mépris de ceux qui l'avaient imposé, par la haine de ceux qui l'avaient reçu, vrai nom et vrai signe de guerre, divisant par l'injure ceux qui allaient bientôt être divisés par le sang.

Il s'agissait donc d'un nouveau 14 juillet. Nous verrons à l'article des piques en quoi la montagne et la gironde s'accordaient, en quoi elles différaient à l'égard de l'armement général des *sans-culottes*; nous verrons que la gironde, en accord avec les feuillans, quant au but et non pas quant aux moyens, différait précisément de la montagne en ce qu'elle adoptait ses moyens sans adopter son but.

Les provinces étaient en proie aux mêmes dissentimens et aux mêmes agitations. Lorsque La Fayette passa à Nancy, un grand nombre de femmes prirent le deuil. A Strasbourg, le maire Diétrich, prôné jusqu'à ce jour comme un patriote jacobin, est dénoncé pour des manœuvres fayétistes, et le club de la ville, déchiré par cette querelle, se sépare en feuillans et en jacobins. A Metz, ces deux partis sont encore plus acharnés l'un contre l'autre, parce que les feuillans y sont plus près du royalisme pur. Pendant que les départemens de l'Ouest continuent ouvertement leurs préparatifs de guerre civile, Brest poursuit avec chaleur l'accusation du ministre de la marine et la délivrance des Suisses de Château-Vieux : le succès ne tardera pas à couronner ses efforts. A Lyon, le directoire et la municipalité sont entre eux comme le directoire et la municipalité de Paris. On se rappelle ce que nous avons dit à l'occasion du journaliste Carrier. Les provinces méridionales, Perpignan, Arles, Avignon, Nîmes, toujours livrées à de violentes collisions, toujours pleines de discordes, d'émeutes et d'assassinats, vont bientôt montrer à découvert la conspiration royaliste qu'on n'avait pas cessé d'y fomenter. — A tous ces désordres se joignaient des troubles à peu près généraux relatifs à la circulation des grains, et dont les plus graves éclatèrent dans le département de l'Oise.

Pendant que les conciliateurs girondins ménageaient l'alliance entre la bourgeoisie et le peuple, et demandaient à cause de cela que chacun mît en oubli tout prétexte personnel de scission, les deux opinions sur la guerre ne persistaient pas moins face à face, plus opiniâtres et plus contradictoires chaque jour. Malheur à ceux des champions, de part et d'autre, dont la conduite privée offrait quelque prise par où son adversaire pût le saisir, soit pour le récuser, soit pour l'accuser ! A l'instant commençait un duel dont l'issue était bien souvent la ruine mutuelle des deux antagonistes dont la probité périssait par un coup fourré. Nous devons en placer un exemple sous les yeux de nos lecteurs.

Desmoulins, avocat-consultant de la dame Beffroi et du sieur Dithurbide, condamnés par la police correctionnelle à six mois de prison, fit afficher un placard rouge dans lequel il dénonçait un abus de pouvoir de la part du tribunal. Brissot attaqua ce placard avec force; il accusa Desmoulins d'outrager les mœurs. Celui-ci écrivit au *Patriote Français* et à Gorsas, lequel avait répété une partie de l'accusation. Il demandait pour toute réponse qu'on insérât son affiche textuellement. Brissot s'y refusa, disant que sa feuille ne servirait jamais de *véhicule au poison*. Gorsas l'inséra dans son numéro du 8 février. Nous allons transcrire cette affiche, la réfutation qu'en publia Girey-Dupré dans le *Patriote français*, et la brochure intitulée : *Brissot démasqué par Camille Desmoulins*, dernier coup porté dans cette querelle.

Violation de la loi.

» Citoyens ! on a violé la loi, et vous allez juger avec quelle indignité.

» Les législateurs patriotes se sont récriés dans le temps contre le décret de police correctionnelle, rendu sur le rapport de Desmeuniers, dont maints articles décèlent, par leur sévérité, l'intention évidente de rendre le joug de la loi plus insupportable que celui du despotisme, de faire regretter les *Lenoir* et les *Sartines*, et de fortifier, du soulèvement auxiliaire de tous les vices, la révolte de tous les crimes et de tous les abus contre la Constitution.

» Eh bien ! ce sont ces lois si sévères, si monastiques, que le tribunal de police correctionnelle trouve trop douces ; et ce n'est pas contre leur exécution qu'elle réclame, mais contre leur infraction.

» L'article LXI du décret porte : *Les jugemens en matière de police correctionnelle pourront être attaqués par la voie de l'appel.*

» L'article XXXV concernant le plus grave de tous les délits soumis à la police correctionnelle, celui d'avoir escroqué la totalité ou partie de la fortune d'un citoyen, porte : *En cas d'appel, le condamné gardera prison, à moins que les juges ne trouvent convenable de le mettre en liberté sous une caution triple de l'amende.*

» On sait que par les lois anciennes, l'appel était suspensif de la peine infamante. Jamais, dans l'ancien régime, on n'envoya un homme à Bicêtre, ni une femme à l'Hôpital, lorsqu'il y avait appel. Jamais on n'a pendu ni carcané personne, provisoirement et sauf l'appel.

» La Constitution, favorable à la liberté individuelle, fait plus pour l'accusé. On voit que dans le cas même de l'article XXXV, celui qui est condamné par un premier jugement pour *crime d'escroquerie*, non-seulement suspend l'exécution par l'appel, mais même peut jouir de la liberté en donnant caution.

» Conçoit-on qu'un tribunal, dont tout le code se réduit à soixante-onze articles, et pour qui la loi a renfermé en quatre pages tout ce qu'il doit savoir de jurisprudence, conçoit-on que ce tribunal ait pu ignorer ces articles LXI et XXXV de la loi? Conçoit-on que la dame Beffroi, par exemple, traduite devant lui en vertu d'un mandat d'amener, le 18 de ce mois à neuf heures du soir, ait été traduite quatre heures après à la Salpêtrière, nonobstant son appel, malgré ses offres de la triple caution, malgré ses cris qui invoquaient la Constitution et la loi.

» Le sieur Dithurbide, négociant, condamné à six mois de police correctionelle à Bicêtre, y a de même été transféré, nonobstant son appel.

» Avec quelle audace des juges, installés d'hier, foulent déjà aux pieds la loi! Je n'entre point dans le fond de l'affaire. On va dévoiler bientôt toute la monstruosité de cette procédure. On verra que la loi sur les jeux n'a été si sévère, que parce que, n'étant applicable qu'en flagrant délit, sa rigueur était en raison de la difficulté de surprendre le flagrant délit; que dans cette affaire, loin qu'il y eût flagrant délit, il y avait si peu de preuves, qu'avec un tribunal aussi expéditif, il n'y a pas de citoyens qui soit sûr le matin de ne pas aller coucher à Bicêtre. On montrera l'innocence des deux accusés; cette affiche n'est que pour montrer le crime des juges. On a publié dans les journaux qu'ils avaient sévi contre les tripots: mais y a-t-il un tripot plus odieux qu'un tribunal où on se joue de la liberté individuelle, et où l'on fait traîner arbitrairement à l'Hôpital et à Bicêtre des accusés qui invoquent la loi.

» Dans l'ancien régime, le lieutenant de police se faisait cent mille écus de rente sur les jeux. La police du nouveau, en montrant que ni le défaut de preuves, ni la loi ne peut arrêter sa verge correctionnelle, a-t-elle aussi spéculé sur la frayeur des coupables? Quoi qu'il en soit, citoyens, ne souffrez pas que la loi soit jamais invoquée en vain, même par le coupable, même lorsqu'il est revêtu de la chemise rouge.

» A ce que je viens de dire comme homme de loi, j'ajoute, comme citoyen, qu'on se plaint de toutes parts que le tribunal de police correctionnelle et les juges des sections semblent conspirer à appesantir, sur le pauvre comme sur le riche, le joug de la loi, et à remplir le but du code *Desmeuniers*. Gardons-nous d'attacher le salut de la chose publique à une régénération des mœurs, en ce moment impossible. Que les amis de la liberté ne donnent point les armes à ceux qui n'ont voulu se servir contre elle des efforts de la dépravation que comme de la religion, et à qui il est indifférent, pour multiplier nos ennemis, de nous en susciter dans les tripots ou dans les temples. C'en serait fait de notre liberté, si elle reposait sur les mœurs. Elle a une base plus solide: c'est l'intérêt général. Si par corruption on entend la soif de l'or, Rome n'était guerre plus corrompue que Paris, quand ce roi d'Afrique disait : « O ville vénale! si je n'achète pas et ton sénat et ton peuple, c'est que je ne suis pas assez riche. » Ce sera aussi parce que nous n'avons personne assez riche pour acheter vingt-cinq millions d'hommes, que la cause de la liberté, de l'égalité, triomphera. Si, lorsque nos ancêtres n'étaient pas corrompus, lorsque Tacite les proposait aux Romains comme des modèles de vertu, c'est une vérité historique et incontestable que, dans les forêts de la Gaule et de la Germanie, nos pères jouaient, au *trente-et-un* et même au *biribi* leur liberté individuelle; si ces hommes qui avaient la servitude en horreur, mettaient pourtant dans un cornet le bonnet de la liberté, *tant ils étaient*, disent les historiens, *observateurs religieux de leur parole* et gens d'honneur, est-il si étrange que cette passion pour les jeux de hasard se soit perpétuée jusqu'à nos jours, et soit renouvelée avec fureur depuis que la déclaration des droits a proclamé la liberté de faire tout ce qui ne nuit qu'à soi-même, sans nuire à autrui? N'est-ce pas, de la part des auteurs de ce code, une atrocité *à dessein*, pour faire redemander à grands cris plutôt l'ancienne police et l'inégalité des peines entre les vices et les crimes, que d'avoir ainsi égalisé le joueur au voleur, et de les avoir condamnés à tirer ensemble l'eau du puits de Bicêtre? CAMILLE DESMOULINS, *homme de loi.* »

Le *Patriote Français*, dans un premier article, accusa le placard de Desmoulins de contenir *une justification sophistique de quelques banquiers de tripot et de scandaleuses déclamations* contre les mœurs. Le collaborateur de Brissot, Girey-Dupré, soutint cette accusation, et la démontra en deux lettres : par la première (*Patriote Français* du 6 février), il attaqua l'homme de loi, disant que c'était pour le moins un sophisme que d'imputer à des juges une prétendue violation de la loi, parce qu'ils n'avaient pas fait ce que la loi ne les obligeait de faire que *s'ils le trouvaient convenable.* « Je dis plus, ajouta-t-il, je soutiens que les juges n'ont pas dû le trouver *convenable*, attendu qu'une caution pécuniaire n'est pas une caution pour un banquier de tripot, qui, pouvant gagner en un an une somme vingt fois plus considérable que sa caution, en fera volontiers le sacrifice, et ne se représentera pas quand on jugera l'appel. » — Voici la seconde lettre de Girey-Dupré, celle qu'il adressait au citoyen : elle est extraite du *Patriote Français* du 11 février.

Seconde lettre à Camille Desmoulins.

« Que comme homme de loi vous vous soyez chargé d'une mauvaise cause, que vous l'ayez défendue par de mauvaises raisons, c'est ce qui ne surprendra personne; mais que comme citoyen, comme patriote, vous ayez tenté de prouver que les mœurs sont un superflu, à peu près comme Barnave le disait de la liberté, c'est ce qui a droit de surprendre, surtout ceux qui vous ont décoré de l'écharpe municipale.

» C'en serait fait de notre liberté, dites-vous, si elle reposait sur les mœurs. Vous pouvez avoir vos raisons pour parler ainsi; souffrez que je vous expose celles qui me font parler autrement.

» Dans un régime libre, il existe une lutte continuelle entre l'intérêt général et les intérêts particuliers ; entre l'intérêt général, toujours fondé sur la justice, et les intérêts particuliers, souvent égarés, souvent dépravés : or, moins il y a de mœurs chez une nation, plus il y a d'intérêts divergens de l'intérêt général, plus la liberté a d'ennemis.

» Dans un régime libre, il existe un germe de dissolution, d'autant plus vif, qu'il rencontre plus d'alimens ; c'est la corruption : or, il est évident que moins il y a de mœurs, plus le gouvernement trouve d'hommes à corrompre, plus il achète d'ennemis à la liberté.

» Un régime libre exige des citoyens de grands sacrifices. Tout citoyen étant soldat, tout citoyen participant aux élections, tout citoyen étant juge né de ses concitoyens, il faut sacrifier son repos, son plaisir, ses occupations, quelquefois sa fortune, quelquefois même sa vie. Eh bien ! s'il n'existe pas de mœurs, verra-t-on souvent de pareils sacrifices ? Quel est l'homme indolent qui, comme Pétion, travaillera des jours entiers, veillera des nuits entières pour que les habitans d'une grande ville puissent vivre en paix et dormir tranquilles ? Quel est le voluptueux qui, comme Régulus, ira reprendre ses fers et se remettre entre les mains des bourreaux ? Quel est l'avare, le spéculateur qui abandonnera un commerce lucratif pour suivre aux frontières nos braves volontaires ? Quel est le joueur, pour qui l'argent est tout, pour qui la vie est moins précieuse que l'argent, qui ira déposer sa fortune sur l'autel de la patrie ? Comment craindrait-il de trahir la patrie, l'homme toujours prêt à tourner contre lui-même un bras furieux ? » Le reste de la lettre est un développement de cette argumentation.

Voici maintenant le pamphlet de Desmoulins.

« *Jean-Pierre Brissot, démasqué par Camille Desmoulins.* » — « *Factus sum in proverbium.* » — « *Je suis devenu proverbe.* »(1).

— « Les lâches journalistes, qui m'ont attaqué depuis que j'ai quitté la carrière athlétique, n'oseraient le faire si je tenais

(1) Allusion au mot *brissoter*. (*Note des auteurs.*)

encore le ceste. Après les avoir tant de fois convaincus de mauvaise foi et d'incivisme, après les avoir fait pirouetter, comme Lycas, sous le fouet de la censure, je ne m'étonne pas qu'ils poursuivent de leurs cris le censeur devenu émérite; mais si j'ai pris les invalides, je vais vous montrer que je ne suis pas encore hors de combat. J'opposerai toujours le plus froid mépris aux injures des journalistes feuillans. Comment pourrais-je être jaloux des suffrages de journaux diffamés par les éloges de Dandré, Bailly, la Fayette, et de la pétition individuelle du directoire du département de Paris, etc. etc. Il me suffira de répondre à ces messieurs, comme j'ai fait par la voie du journal de Gorsas et du vôtre : « Que la haine, la jalousie et les ressentimens person-
» nels, depuis si long-temps à l'affût s'il n'échappe rien de
» ma plume dont ils me puissent faire rougir, désespèrent
» qu'elle cesse d'être irréprochable et incorruptible. J'écris
» en présence de mes ennemis, et je ne leur donnerai pas
» cette joie. Pour réponse aux vagues déclamations de mes
» détracteurs, je n'aurai jamais besoin que de les renvoyer
» à l'ouvrage qu'ils calomnient, de leur faire le défi d'im-
» primer la page *si criminelle*, et de prendre pour juge entre eux
» et moi le public, le *juré* d'opinion. Mes concitoyens trouveront
» toujours dans mes écrits le même cachet de probité, de bonne
» foi et de haine pour les oppresseurs couronnés, enherminés ou
» empanachés. Je serai toujours Camille Desmoulins. » Il suffit de cette réponse circulaire aux *Chroniqueur*, *Modérateur* et consors; leur réputation est faite. Mais vous, J.-P. Brissot, vous méritez des égards, et je ne vous tiens pas quitte pour l'amendement que vous avez inséré dans votre numéro du lendemain. Aussi bien le sous-amendement que vous y avez joint a-t-il conservé à votre feuille de la veille tout son venin. Il ne vous sert de rien de dire que la diatribe n'est pas de vous, qu'elle est avouée et signée *Girey Dupré*. Le maître est responsable des délits du domestique, et le régent de ceux qui sont sous sa férule. Il est commode à un journaliste de prendre ainsi M. Girey en croupe, pour couvrir son dos; mais je saute à la bride, parce que c'est

vous qui la tenez, et qui m'avez lâché cette ruade. Il y a longtemps que j'ai remarqué cette malveillance pour moi. Avant d'éclater par des injures, elle transpirait encore, il y a quinze jours, par un éloge perfide et des louanges amères, dans votre second discours sur la guerre, à la séance des Jacobins. Je vous avertis qu'on ne réussira pas à *brissotter* ma réputation : c'est moi qui vais vous arracher le masque; mais je ne veux point me fâcher, et vous rendre injures pour injures. Je vais vous dire seulement quelques vérités. Je suis bien aise de vous faire voir *que cet homme, qui ne se dit patriote que pour calomnier le patriotisme*, avait ample matière à médire de votre patriotisme; que vous lui aviez quelque obligation de son silence, et qu'il eût été de votre sagesse de ne pas provoquer la verge de notre tribunal correctionnel.

» Mais avant, pour ne pas paraître seulement récriminer, je dois commencer par purger votre accusation et répondre à votre paragraphe insolent et calomnieux. Je vous passe le mot *salir les murailles*. Mais dites-moi, J.-P. Brissot, comment pouvez-vous qualifier la première partie de l'affiche, de *sophistique*? Qu'y fais-je autre chose que de citer mot à mot le texte de la loi? Quoi ! citer les décrets c'est faire des *sophismes*. — *Les juges ont fait leur devoir*. — Quoi ! est-ce que l'article 55 ne dit pas: *en cas d'appel, le condamné gardera prison*? Donc l'appel est suspensif de la peine; donc l'accusé n'a pu être envoyé dans une maison de force, mais seulement dans une maison d'arrêt. Quelle mauvaise foi insigne, de prétendre que les juges *ont fait leur devoir*, et que ce n'est pas violer la loi d'envoyer un accusé au *galbanum*? Où est votre logique, J.-P. Brissot? —Mais le condamné est un *souteneur de tripots*. — D'abord, c'est la question. Une consultation, signée des plus célèbres jurisconsultes, le nie; et ensuite, fût-ce un souteneur de tripots, est-ce que la loi doit jamais être invoquée en vain, même par le coupable, même *lorsqu'il est revêtu de la chemise rouge*, comme dit l'affiche?

» A la place du roi, la nation a mis la loi, et elle a fort bien fait : mais comment ne pas voir que, si nous n'y prenons garde, la loi, dans le nouveau régime, ne sera qu'un vain simulacre, comme le roi dans l'ancien, avec cette différence que le roi n'avait qu'une demi-douzaine de ministres qui disposaient de sa griffe, au lieu que la loi a cinq à six mille ministres qui ne se serviront pas moins arbitrairement de son nom : témoin le tribunal de la police correctionnelle. Oh ! que nous sommes loin en cela des Anglais, et du respect religieux qu'ils ont pour les formes protectrices de la liberté individuelle ! Je ne sais quel citoyen avait été dénoncé, il n'y a pas bien des années, au ministre, comme auteur d'un écrit prétendu criminel. Sur cette dénonciation, le ministre l'envoie en prison. Il est reconnu effectivement pour l'auteur, et condamné par le tribunal à deux ans de prison; mais, par le même jugement, le ministre, pour l'y avoir envoyé prématurément et arbitrairement, est condamné envers lui a une réparation pécuniaire immense, et telle qu'il est ruiné par l'énormité de l'amende. Comment, vous, J.-P. Brissot, qui citez si souvent les lois et la jurisprudence anglaise, ne vous êtes-vous pas souvenu de cette cause célèbre ? Comment, et depuis quand avez-vous pu faire un crime à un homme de loi, au conseil d'un accusé, de réclamer la loi en sa faveur ? Vous voyez d'abord que votre sortie contre ma consultation en placard, contre le *délibéré* de l'affiche, n'a pas le sens commun, et qu'il faut être bien aveuglé par la haine, pour appeler des sophismes la citation pure et simple des articles 55 et 61 du code correctionnel.

» Je passe au *considérant* de mon affiche, à l'opinion politique que je me suis permis d'énoncer comme citoyen. Je voudrais bien savoir dans quelles phrases vous y découvrez une *invective abominable contre les mœurs, et une apologie scandaleuse des jeux de hasard*. J'atteste le lecteur impartial, si l'affiche ne respire pas, d'un bout à l'autre, le respect des mœurs et le mépris pour les mauvais lieux dont vous me faites le patron. J'ai dit que les contre-révolutionnaires voulaient s'aider de la *dépravation* comme de la religion, pour arriver à leurs fins ; qu'il leur était indifférent de nous susciter des ennemis dans les *tripots* ou dans les temples ; qu'à tous les abus, tous les crimes soulevés contre la révolution, on veut joindre l'accession de *tous les vices*, pour grossir le nombre des ennemis de la liberté ; que dans leur repaire où, parfaitement neutres sur les affaires du temps, absorbés par la contemplation de la *rouge* et de la *noire*, les joueurs n'entendraient pas plus les trois cents tambours de l'armée parisienne, qu'Archimède les cris de la prise de Syracuse, il semblait qu'on voulût les enfumer et les forcer à prendre parti contre nous. J'ai dit que le code correctionnel me paraissait avoir évidemment pour but de rendre le joug de la loi plus insupportable que celui du despotisme, que je ne pouvais prêter d'autre intention au monarchien Desmeuniers, en appliquant à nos mœurs de Sybaris les lois de Sparte. D'ailleurs le mot seul de police correctionnelle a je ne sais quoi de monacal et de malsonnant à l'oreille d'une nation libre. Le censeur notait les citoyens romains ; on ne *corrige* que des enfans ou des esclaves. J'ai dit que l'intérêt général était la base inébranlable de notre liberté (*heureusement*) ; car Paris, ai-je ajouté, n'est guère moins corrompu que Rome, du temps de Jugurtha ; cette vérité est incontestable, puisqu'un des plus grands symptômes de la corruption, c'est lorsqu'il ne s'élève point de grands caractères, lorsque toutes les âmes sont nivelées, sans physionomie, et comme des pièces de monnaie effacées par le frottement. Or, tel est Paris, aussi stérile aujourd'hui que Rome était alors féconde en grands caractères ; ce qui est encore très-heureux, car on peut s'en promettre un dénoûment moins sanglant de nos discordes que celui des discordes de Marius et de Sylla.

J'ai dit qu'il fallait d'abord consolider notre liberté, et ajourner à un temps plus calme la régénération des mœurs ; qu'en ce moment la politique commandait de restreindre l'application de la loi contre les jeux au flagrant délit ; que tel était d'ailleurs le vœu de la loi. Je pensais que certaines personnes plus jalouses de se faire une grande réputation de patriotisme, que de cimenter notre liberté, vous notamment, M. Brissot, vous nous avez toujours perdus, en mettant trop tôt à l'ordre du jour des questions délicates, en tranchant dans le vif, et que déjà vous eussiez fait la contre-révolution avec votre *patriotisme*, si la contre-révolution était possible. Dans toutes ces considérations politiques, où voyez-vous *une invective abominable contre les mœurs, et une scandaleuse apologie des jeux de hasard?*

» J'ai suffisamment convaincu votre paragraphe de faux, d'un bout à l'autre. Quant à la question sur les jeux de hasard, j'ai évité de la discuter au coin des rues, et je m'en suis tenu au texte de la loi et à des considérations politiques tirées des circonstances; mais puisque vous provoquez l'examen du fond, quoique aucun bénédictin ne vous ai jamais égalé en fécondité de volumes, je suis curieux de voir, dom Brissot, votre dissertation, pour prouver que le joueur doit être envoyé à Bicêtre.

» Pour moi, persuadé que celui qui a dit: *si j'avais la main pleine de vérités, je me garderais bien de l'ouvrir,* a dit une sottise; persuadé que l'arbre de la raison et de la vérité ne saurait porter de mauvais fruits, sûr de ne point m'égarer avec la boussole de la déclaration des droits, je ne crains point d'aborder aucune de ses conséquences. Je le déclare donc, je conclus fermement que, puisqu'il est permis de risquer sa vie et même de se l'ôter, en un mot de faire tout ce qui ne nuit qu'à soi, il doit être permis, à plus forte raison, de hasarder sa fortune. J'ai suivi jusqu'à présent les principes de la déclaration des droits avec la meilleure foi du monde : c'est pour moi la loi et les prophètes; c'est ma religion, c'est ma conscience; mais ne voyez-vous pas que si j'arrive à une conséquence nécessaire de ces principes, et que vous me fassiez rétrograder, dès lors cette conscience que vous m'avez faite m'abandonne, toute ma foi s'évanouit, cette nouvelle religion de la déclaration des droits est anéantie? En effet, si une de ces conséquences est fausse, pourquoi une autre serait-elle plus vraie? si je rejette un de ces dogmes, pourquoi croirai-je les autres? dès lors il n'y a plus rien de certain à mes yeux. Être démocrate ou aristocrate est une affaire d'opinion. Les législateurs, les corps administratifs, les tribunaux, accommodent la déclaration des droits, comme un confesseur jésuite faisait l'évangile, à tous leurs caprices; et la loi a des modes comme les habillemens.

» Personne n'a plus d'aversion que moi pour les maisons de jeux. De toutes les passions, le joueur a la plus ridicule sous le rapport de l'amusement; car *tout cet argent s'est perdu sans vous divertir*, comme disait madame de Sévigné; sous le rapport de l'intérêt, elle est la plus déplorable. Dussault a raison de tonner contre les académies et les tripots. Mais le joueur fût-il aussi odieux que Béverlay, tant qu'il ne fait tort qu'à lui-même, sa peine ne saurait être que les remords et l'infamie. Que sa femme obtienne divorce, à sa première demande; que le bien de ses enfans soit soustrait à sa disposition; c'est au tribunal de famille, et non au tribunal correctionnel, qu'il appartient de prononcer contre le joueur. Mais je ne vois pas comment la loi peut le traiter plus sévèrement qu'un dissipateur, dont le châtiment est l'interdiction, mais non pas Bicêtre.

» Est-ce qu'on ne distinguera pas entre les vices et les crimes? La peine du vice, encore une fois, c'est le remords; une autre peine, c'est que le vice mène au crime, dont le châtiment est Bicêtre ou l'échafaud: mais, là seulement où le crime commence, doit commencer la sévérité de la police; et puis tous les joueurs ne finissent pas par être fripons. Est-ce qu'on ne fera pas une distinction immense entre tel jeu et tel autre? Y a-t-il plus monstrueuse contradiction que celle d'une nation qui, dans sa loterie, tient contre les citoyens une banque où elle a vingt chances contre une, et qui envoie à Bicêtre le citoyen qui tient la banque d'un jeu où les chances sont égales? Enfin, est-ce qu'on ne fera pas une distinction immense entre telle maison de jeu et telle autre? Qu'on sévisse, si l'on veut, contre les tripots où l'escroquerie attire l'inexpérience, contre ces maisons ouvertes au public, et domicile commun de tous les fripons, où le magistrat est suffisamment appelé à entrer et à réclamer force à la loi par l'invitation générale à tous les passans; mais comment justifier la violation du domicile chez un citoyen qui n'a point appelé le ministre de la loi? Le mémoire à consulter du sieur Diturbide développe très-bien cette distinction. Avant de me charger, de me mêler de son procès, il m'est arrivé de mettre une fois les pieds dans une maison de jeu; j'y suis allé pour mieux observer et ne pas m'embarquer étourdiment dans l'affaire. J'avoue qu'en pensant que tout ce cercle nombreux de citoyens, libres de tuer le temps à hasarder une partie de leur fortune, était dans le cas d'aller coucher au galbanum, je n'ai pu comparer notre code Desmeuniers qu'au code de Dracon, qui punissait de mort l'oisiveté. La passion du jeu, dit J.-J., fruit de l'avarice et de l'ennui, ne prend que dans un cœur vide; mais avons-nous donc un si grand nombre de citoyens dont la tête et le cœur soient pleins? Combien y en a-t-il d'ailleurs pour qui le jeu est un commerce et une navigation! A midi, dit Steele, nous étions à 4000 sterling; nous étions, à trois heures, montés à 6000, et demi-heure après descendus à 1000; à quatre heures, il ne nous en restait que 200; à cinq heures, notre capital fut réduit à 50; à six, il le fût à 5; et, sur la première carte, nous perdîmes notre dernier sou: voilà un naufrage. Mais quelle foule immense hasarde tous les jours, sur la mer, corps et biens, sans que la police correctionnelle donne un mandat d'amener!

» Que la Sorbonne mette un embargo sur l'aérostat de Charles et Robert, elle se détermine d'après le principe qu'un homme n'a pas le droit de risquer sa vie; et, d'après les argumens de l'abbé Royou sur le suicide, on comprend qu'elle aurait de même mis son *veto* au départ de Jason faisant voile sur le premier navire Argo. Mais, d'après les articles IV et V de la déclaration des droits, j'avoue que j'en suis venu à douter parfois si nos lois correctionnelles contre les jeux n'étaient pas tout aussi ridicules et plus inconséquentes que le décret de la Sorbonne contre les aérostats : telles sont du moins les réflexions que j'ai faites, en voyant l'ignorance et le patriotisme déchirer mon affiche, et des barbouilleurs de papier y jeter leur encre. Je ne doute pas, dom Brissot, qu'il ne reste encore dans votre cornet pour faire la dépense d'un volume et d'un centième tome ajouté à vos *Politiques* en réponse à ces réflexions. Votre ambition démesurée a cru trouver l'occasion favorable de s'agrandir et de faire des conquêtes sur ma petite réputation. Fidèle à mon système, je suis resté sur la défensive; j'ai repoussé d'abord votre agression, et il me semble que je me suis assez bien justifié de ce que j'avais dit, et même de ce que je n'avais pas dit. Maintenant, je vais vous attaquer à mon tour : nous verrons comment vous soutiendrez la guerre offensive que vous aimez tant.

» En vous entendant l'autre jour, à la tribune des Jacobins, vous proclamer un Aristide, et vous appliquer le vers d'Horace : *Integer vitæ scelerisque purus*, je me contentai de rire tous bas avec mes voisins de votre patriotisme sans tache et de l'immaculé Brissot. Je dédaignai de relever le gant que vous jetiez si témérairement au milieu de la société; car, loin de chercher *à calomnier le patriotisme*, je suis plutôt las de médire de qui il appartient. Mais puisque, non content de vous préconiser à votre aise et sans contradicteur à la tribune des Jacobins, vous me diffamez dans votre journal, je vais remettre chacun de nous deux à sa place.

» Honnête Brissot, je ne veux pas me servir contre vous de témoins que vous pourriez récuser comme notés d'aristocratie. Ainsi, je ne produirai point l'envoyé extraordinaire de Russie, M. le baron de Grimm, dont le témoignage a pourtant quelque gravité, à cause du caractère dont il est revêtu, et qui, dans une lettre qu'il a publiée, s'exprimait ainsi sur votre compte : « Vous me dites que Brissot de Warville est un bon républicain; oui, mais il fut espion de M. Le Noir, à 150 liv. par mois. *Je le défie de le nier*, et j'ajoute qu'il fut chassé de la police, parce que La Fayette, qui dès-lors commençait à intriguer, l'avait corrompu et pris à son service. »

» Je ne vous citerai point non plus Morande, avec qui votre procès criminel reste toujours pendant et indécis, et qui va disant partout assez plaisamment, à qui veut l'entendre : « Je conviens que je ne suis pas un honnête homme; mais ce qui m'indigne, c'est de voir Brissot se donner pour un saint, et Ambroise de Lamela, devenu le frère Antoine, méconnaître son frère d'armes, et ne plus se souvenir de la caverne et de dame Léonarde. » En vérité, J. P. Brissot, pour votre honneur et pour celui de vos amis, vous devriez bien faire taire votre ancien collaborateur par une sentence qui fixât enfin l'opinion.

» Je ne produirai pas même ici le témoignage de Duport Dutertre, que je trouvai l'autre jour furieusement en colère contre vous, dans un moment où ma profession m'appelait chez lui. Il ne vous traitait pas plus respectueusement que ne fait Morande, et me disait « que vous et C.... étiez deux *coquins* (c'est le mot dont j'atteste qu'il s'est servi), qui aviez grand tort, pour votre compte, de le rappeler à son troisième de la rue Bailleul; que, s'il n'était pas ministre, il révélerait des choses..... » Il n'acheva pas; mais il me laissa entendre que ces choses n'étaient pas d'un saint, ni surtout d'un jacobin.

» Dites que M. Duport est anti-jacobin, récusez son témoignage, j'y consens. Cependant, J. P. Brissot, pour prétendre asservir tout le monde à vos opinions, pour décrier le civisme le plus pur dans la personne de Robespierre, comme vous faites, vous et votre cabale, depuis six semaines; pour vous flatter de déraciner, dans l'opinion publique, ses amis, de dépit de n'avoir pu seulement l'y ébranler; pour vous ériger en dominateur des jacobins et de leurs comités; vous m'avouerez que ce n'est pas un titre suffisant que l'honneur d'être traité d'*espion*, de *fripon* et de *coquin*, par des ambassadeurs et par le ministre de la justice, et qu'il n'y a pas de quoi être si fier de voir votre nom devenu proverbe.

» Je laisse de côté ces différens certificats; je ne produirai d'autre témoin contre vous, que vous-même. Je ne remonterai pas non plus au-delà de l'ère de notre liberté; j'accorde volontiers aux autres une amnistie (dont je n'ai pas besoin), pour les temps antérieurs, où c'était une nécessité pour tout Français de vivre enclume ou marteau. L'insurrection des enclumes, le 14 juillet, a fait refondre ensemble toute la masse de la nation; et je ne distingue plus l'ancienne forme du métal; je ne connais que celle qu'il a prise dans la refonte. C'est donc sur votre conduite dans ces derniers temps, J. P. Brissot, que je vais jeter rapidement un coup d'œil : on verra que, parmi les écrivains révolutionnaires; vous avez été de la plus mauvaise foi, un vrai Tartufe de patriotisme et un traître à la patrie, selon la définition qu'en donne Démosthène, comme nous le rapportait Pierre Manuel: *Un traître est celui qui ne pense pas comme il parle*. Je ne dirai pas que vous êtes tout-à-fait un *Sinon*, qui ne s'est glissé parmi les patriotes que pour les pousser à de fausses mesures, qui ne s'est rangé avec les jacobins que pour attaquer par derrière les plus redoutables et les plus clairvoyans défenseurs de la liberté; je ne le crois pas: ce caractère est trop odieux, et vous n'êtes pas capable d'un tel effort de crime. Entre la nécessité apparente de vous regarder cependant, d'après les faits, comme tel, ou comme le plus inepte de tous les conseillers du peuple, je ne choisirai pas même cette dernière alternative. Non, on ne peut supposer en vous ce comble de l'impéritie; on peut expliquer autrement votre conduite, et pour cela il n'est pas même besoin d'une grande sagacité. Ici j'exposerai les faits; je laisserai chacun tirer les conséquences; mais ce qu'il sera impossible à qui que ce soit de conclure, c'est que vous soyez un honnête homme : ce qu'il sera impossible de nier, c'est que vous, propriétaire en titre d'office du beau nom de *Patriote français*, vous n'ayez fait, à vous seul, plus de mal à la cause du patriotisme et de la révolution, que tous les aristocrates ensemble.

» Si Brissot n'est pas de la plus insigne mauvaise foi et un traître, qu'on m'explique donc, dans le même observateur, ce phénomène d'une vue si perçante, et qui lisait dans les replis du cœur de Barnave, un an avant que celui-ci eût montré son autre face, et de cette taie, de cette cataracte, de cette triple écaille sur les yeux de notre homme, quand il s'agissait de reconnaître les nombreuses perfidies de La Fayette, démasqué depuis deux ans.

» *Je n'ai jamais loué La Fayette*, nous a dit l'autre jour Brissot aux Jacobins, aussi lâchement qu'effrontément. Vous ne l'avez jamais loué! Niez donc que, peu de semaines encore avant le massacre du Champ-de-Mars, vous ne vous soyez écrié dans votre feuille : *La démission de M. La Fayette est une vraie calamité*.

Peut-on faire un plus pompeux éloge que d'employer l'expression magnifique de Fléchier déplorant la perte de Turenne, dans une oraison funèbre? Niez que, dans ce même numéro de votre journal, vous avez ajouté : *M. La Fayette, malgré l'impopularité que quelques faiblesses lui ont attirée, jouit d'une estime presque universelle.* Il vous souvient comme, à cette occasion, je vous appliquai rudement les étrivières dans mon numéro LXXIV; de là votre rancune. Vous qui êtes si verbeux, vous ne soufflâtes pas un mot en réponse; alors vous attendîtes prudemment que j'eusse cessé d'écrire, pour épier le moment de prendre votre revanche contre moi. C'est ici le lieu de répéter l'énumération que je fis alors, et qui vous ferma la bouche si hermétiquement.

» Ainsi donc, vous disais-je, sa motion pour le *veto* absolu, pour la loi martiale, pour le droit de paix et de guerre, pour ne pas ouvrir les lettres du congrès belge, pour ne pas reconnaître l'indépendance des Belges; pour châtier la sainte insurrection des Marseillais, contre lesquels on sait qu'il a demandé à marcher, afin de tirer une vengeance exemplaire de la conquête de leurs bastilles; et sa protestation contre la réunion des ordres, d'abord secrète, mais révélée ensuite par ses co-députés indignés de ses perfidies; et les épaulettes, les habits bleus, le gouvernement militaire introduit à Paris; c'étaient peccadilles que cela! Et le fameux ordre donné, le 31 juillet, aux soixante bataillons, trois heures avant que Malouet eût fait passer son beau décret contre la liberté de la presse; et sa fameuse lettre à d'Estaing; et sa profession de foi qu'il était *royaliste*; et ces fédérés qu'il prosternait aux pieds du roi, qu'il précipitait dans son idolâtrie, vous qui êtes si républicain, vous appeliez cela *des faiblesses!* Et sa persécution contre M. d'Orléans; son espionnage auprès de lui à Londres comme à Paris, et son plaisant refus de lui donner main-levée de la lettre de cachet qui le retenait outre-mer; et sa persécution sourde ou déclarée contre Santerre, contre les vainqueurs de la Bastille, contre les soldats du régiment du Roi, ceux de Royal-Champagne, etc., etc., etc.; ses liaisons, celles qu'il cachait avec le Châtelet, Mirabeau; et celles qu'il ne cachait pas avec Bouillé, Latour-du-Pin, Montmorin, Chapelier, Dandré; ses relations, sa commensalité, sa fraternité avec des mouchards, des escrocs, des coupe-jarrets; sa clientèle des Pelletier, des Durosoy, des Royou; ses sentinelles à la porte des Gauthier, tandis qu'il assiégeait Marat avec du canon; et cette forge, qui ne cessait depuis dix-huit mois de vomir des libelles et des calomnies atroces contre M. d'Orléans, contre les jacobins, contre tous les meilleurs patriotes; cette boutique de poisons et d'impostures; son atelier de charité pour une meute enragée par la faim, et qu'il lâchait aux jambes des meilleurs citoyens; et ses tentatives de faire partir le roi le 5 octobre 1789, le 28 février, le 18 avril 1791; et l'affaire de Vincennes, celle de La Chapelle, le massacre de Nancy, vous appeliez tout cela *quelques faiblesses!*

› C'est après cette longue série de crimes que vous vous êtes écrié: *La démission de M. La Fayette est une vraie calamité.* Et vous ne seriez pas de la plus insigne mauvaise foi, vous ne seriez pas un traître! Vous seriez donc le plus stupide des hommes? Je ne ferai pas l'injure à mes lecteurs de m'appesantir davantage sur cette démission de M. La Fayette, *si désastreuse*, et à laquelle le patriote Brissot a mis son *veto* suspensif, jusqu'après le massacre du Champ-de-Mars. Mais je ne saurais retenir une réflexion. Dans ce moment où La Fayette avait donné sa démission, où une partie de la capitale avait demandé son expulsion, où des soldats avaient jeté leurs armes, et même les avaient tournées contre leur général, plutôt que d'obéir à ses ordres visiblement contre-révolutionnaires et parricides; qui peut douter que nous fussions parvenus à renverser l'idole, si vous vous fussiez joint à nous pour saper le piédestal déjà ébranlé de toutes parts? Si, au lieu de vous déshonorer à jamais par cette jérémiade sur la retraite du complice de Bouillé, vous aviez secondé nos efforts, pour dessiller les yeux de tous ceux qui ne contrefaisaient pas les aveugles; si vous aviez expié deux ans de flagorneries, d'adulations; en vous réunissant enfin à Loustalot, à Robert, à *l'Orateur du Peuple*, à *l'Ami du Peuple*, à Carra, à

Audouin, à moi et à tous les écrivains vraiment patriotes, qui peut croire que ces fragments de légions parisiennes, qui se rendaient en procession chez La Fayette, ne voyant à leur tête que le *Journal de la Cour et de la Ville*, les Royou, les Duquesnoy, *le Postillon par Calais*, *la Chronique de Paris*, *la Gazette Universelle*, le mouchard Étienne, n'eussent pas rougi de n'être précédés que de semblables hérauts, de tels connaisseurs en patriotisme, et qu'un grand nombre eût si fort pressé La Fayette de se faire une feinte violence, et de reprendre ses épaulettes? C'est vous, Brissot, qui en vous faisant le paranymphe de ces cohortes égarées, c'est vous qui, avec vos cheveux plats, votre tête ronde (1), et toujours collé sur l'immense cornet d'où vous versez des flots d'encre dans le public ; et volumes sur volumes ; c'est vous qui, couvrant La Fayette de votre caution, de votre responsabilité, de la réputation dont vous environnait une vie si laborieuse, l'austérité de vos principes et votre puritanisme ; c'est vous qui avez fourni un prétexte à ses satellites de le redemander à grands cris ; c'est vous qui, lorsque l'éclat éblouissant de la vérité pénétrait de tous côtés dans les yeux les plus fermés jusqu'alors à sa lumière, avez rattaché et épaissi, sur ceux de la garde parisienne, le bandeau que la crédulité n'y pouvait plus soutenir. « C'est toi, disait Cicéron à Antoine, qui, en t'opposant à la démission que le sénat demandait à César, et que César offrait pourvu que Pompée désarmât ; c'est toi qui, opposant ton *veto* comme tribun du peuple à cette démission, as été la cause de tous nos désastres. Vous pleurez, Romains, la perte de trois armées ; c'est le *veto* d'Antoine à la démission de César qui les a détruites ; vous pleurez la mort des plus grands personnages de la république, c'est le *veto* d'Antoine qui les a

---

(1) Les puritains du temps de Cromwel portaient leurs cheveux coupés en rond. Quelques aides-de-camp de La Fayette avaient mis à la mode cette chevelure républicaine. Le nom de *têtes rondes* leur vint d'une exclamation de la femme de Charles Iᵉʳ qui, dans le tumulte de Westminster, en 1640. voyant sous ses fenêtres, parmi les plus fougueux motionnaires, Samuel Barnardiston, s'écria : *Que voilà une belle tête ronde!* (Note de Desmoulins.)

fait périr ; vous pleurez l'avilissement du sénat, c'est le *veto* d'Antoine qui l'a jeté dans cet excès d'abaissement ; en un mot, tout ce que vous avez éprouvé de maux, vous les devez à cette opposition fatale d'Antoine à la démission de César. » Et nous, nous pouvons dire ici avec non moins de vérité à Brissot : c'est à votre opposition à la démission du dictateur La Fayette que nous devons tous les maux que nous avons essuyés depuis, et qui sont près encore de fondre sur nous ; oui, c'est votre caution, ce sont vos louanges serviles ou vénales (que m'en fait le motif)? qui ont séduit un grand nombre de bons citoyens, et qui ont replacé La Fayette à la tête de la force publique. Si, à peine rentré en place, il a chassé si arbitrairement, si ignominieusement, les grenadiers de l'Oratoire ; si l'assemblée nationale a été avilie, si cette révision déplorable s'est opérée au milieu de ses baïonnettes, si elle s'est terminée par égorger nos frères, si le champ sacré de la fédération a été souillé, si l'autel de la patrie s'est teint du sang le plus pur, c'est à vous qu'il faut nous en prendre, c'est à vous que les pères doivent redemander leurs enfans, les femmes leurs époux ; à vous qui, lorsque l'assassin abdiquait, deux mois auparavant, vous prosterniez à ses pieds, avec plus de bassesse qu'Antoine aux pieds de César qui du moins était un grand homme, et le conjuriez comme un sauveur, comme l'homme unique, et par des louanges idolâtres, de reprendre la dictature. Voilà l'homme qui prend pour devise : *integer vitœ, scelerisque purus !* Voilà l'homme qui, après avoir décrié sourdement Robespierre, Danton et les meilleurs citoyens, s'écrie: *Et moi aussi, je suis pur !* Voilà le citoyen irréprochable qui dit, en parlant de moi : *Cet homme ne se dit donc patriote que pour calomnier le patriotisme*; tandis que je retenais ces vérités dans mon sein, dans la crainte de nuire à la cause du patriotisme ; tandis que je dédaignais de médire de Brissot ; tandis que lui, Brissot, selon toutes les vraisemblances est un Tartufe, qui n'a pris le manteau de Zénon, les cheveux plats et la longue barbe, qui n'a affiché le rigorisme et l'inflexibilité de principes, que pour mieux servir le tyran, en imposer aux imbéciles, en se rangeant auprès de lui dans les momens désespérés, comme le jour de la démission de La Fayette.

» Et en effet, s'il y avait dans Brissot la moindre étincelle de patriotisme, s'il était autre chose qu'un vil hypocrite, s'il était vrai qu'il eût été trompé par La Fayette, La Fayette aurait-il un ennemi plus acharné que Brissot? Est-ce que ce journaliste, venant à penser que c'est sa garantie, que ce sont ses louanges qui ont fasciné les yeux sur La Fayette, poursuivi par les remords d'avoir trompé ses concitoyens, n'eût pas poursuivi sans cesse leur meurtrier? Ne se serait-il pas attaché à ses pas comme les furies à celles des parricides? Ne lui aurait-il pas crié sans cesse, comme j'ai crié moi-même avec mille fois moins de sujet, à Mirabeau et aux Lameth : rendez-moi mes louanges dont vous étiez indignes ! rendez-moi la confiance publique dont je vous ai environné! Au lieu de cela, voyez avec quels ménagemens il a toujours parlé de La Fayette. S'il l'a quelquefois improuvé, on a vu que c'était légèrement, de concert avec lui, pour le mieux servir, et comme ces Crispins qui battent, dans la comédie, leur maître déguisé en valet, pour mieux tromper un Orgon imbécile, et faire réussir une intrigue. Voyez, par exemple, dans le dernier discours de Brissot aux Jacobins, comme il ménage encore La Fayette.

» Avant la *Saint-Barthélemy* du Champ-de-Mars, dit-il, je voyais La Fayette une fois tous les mois, c'était *pour soutenir en lui quelque souffle de liberté.* Il m'a trompé ; depuis je ne l'ai point revu. Il m'est étranger. Il me le sera toujours. — Quand il s'est retiré, pourquoi aurais-je eu l'*inhumanité* de le poursuivre dans la solitude? Il est nommé général, je ne fais qu'un vœu, c'est qu'il efface les taches de sa vie. Il est vrai, j'avoue cette cette faute, je n'ai pas envoyé dans son camp des brochures contre lui, je n'excite point ses soldats à la désobéissance, je ne les arme point de poignards.

» Tartufe, en cet endroit, se démasque bien lui-même. Je ne relève point ce mot, *il m'a trompé*. D'abord, après l'énumération des crimes que j'ai retracés, il fallait être le plus stupide des hommes, comme je l'ai dit, pour se laisser tromper; mais Brissot nous fournit ici, sans y penser, la preuve qu'il n'était point trompé par La Fayette sur son compte, mais que c'était lui-même qui trompait ses concitoyens. « Je le voyais, dit-il, pour soutenir en lui quelque souffle de liberté. » Si tu voyais que la liberté était expirante dans son cœur, pourquoi donc nous disais-tu que sa démission était une *calamité?* Traître! pourquoi trompais-tu la nation? Pourquoi remettais-tu sa destinée entre des mains si incertaines? Je n'ai besoin que de tes écrits pour te confondre. Quoi! cet homme n'avait plus qu'un souffle de patriotisme, et tu jurais que lui seul pouvait nous sauver! Vil imposteur! Et tu te dis patriote!

» *Après la Saint-Barthélemy* du Champ-de-Mars, ajoutes-tu, j'ai rompu avec lui. Après cette affaire du Champ-de-Mars, qui n'était qu'une *faiblesse* de plus, comme l'affaire de Nancy, celle de La Chapelle, et tant d'autres; la preuve que tu es encore un de ses suppôts, je la tire de cet endroit même, et elle saute aux yeux de tout lecteur tant soit peu attentif. En effet, tu es forcé d'appeler l'affaire du 17 une *Saint-Barthélemy*, et tu dis froidement, j'ai rompu avec le massacreur: il m'est étranger; il le sera toujours. Il est nommé général, je me garde bien d'inspirer de la défiance à ses soldats. C'est donc un crime à Robespierre, à Antoine, à Billaud et à moi d'avoir appelé la défiance sur un traître que toi-même avoues être l'auteur d'une Saint-Barthélemy? Grands dieux! des ménagemens, de l'humanité, de la confiance pour Charles IX, pour Catherine de Médicis! Peut-on être plus étranger à l'amour de la patrie et à l'humanité, que cet hypocrite qui croit être quitte envers la patrie, en disant que le bourreau de ses frères lui sera toujours *étranger?* Mais c'est une discussion déjà trop longue sur Brissot, considéré dans ses rapports avec La Fayette. L'examen de ses opinions politiques achevera de donner la mesure de son patriotisme, de faire apprécier les services éclatans qu'il a rendus à la liberté et à la révolution.

» C'est un beau sentiment, et digne d'un *Las Casas*, d'embrasser tout le genre humain dans ses affections; c'est une grande idée, et digne d'un Alexandre en philanthropie, de vouloir affranchir à la fois tous les peuples et toutes les castes; mais ce vœu ne peut être que le second dans un révolutionnaire politique et non aventurier; qui médite, non pour sa gloire, ce qui frappe l'imagination, mais pour le bonheur de ses concitoyens, ce qui est faisable, qui reporte ses regards sur les siècles passés; qui considère que la liberté a été le partage de bien peu de peuples; que, dans ce petit nombre, chez la plupart, elle n'a fait que poser le pied et fuir pour jamais; qu'elle a semblé jusqu'ici se plaire sur des rochers et dans de petits états, et qui la voit s'établir à ses côtés, au milieu de vingt-cinq millions d'hommes, et dans un climat si beau que la France. Certes, le premier vœu, l'unique vœu d'abord de ce citoyen doit être de l'y retenir et de l'y fixer avant tout, et non de travailler à grossir sans cesse le nombre de ses ennemis. Je demande maintenant s'il y a quelqu'un qui se soit appliqué aussi constamment que Brissot à accroître le nombre des ennemis de la révolution. Qu'on jette avec moi un coup d'œil sur ses principales opinions politiques, celles auxquelles il s'est acharné, et j'interpelle la bonne foi de prononcer si toutes les apparences ne sont pas contre la pureté de ses intentions, et si cet écrivain, aussi médiocre qu'infatigable, et dans les mille et un écrits duquel vous ne trouvez pas un seul trait qui parte du cœur, et qui n'ait pu sortir aussi bien des lèvres d'un charlatan; si ce Scudéri politique ne semble pas visiblement avoir été accrédité par un parti qui avait besoin de l'envoyer aux Jacobins et à l'assemblée nationale, et de lui faire un trousseau de réputation, pour y jouer le rôle qui convenait à ses vues. Je demande si on ne dirait pas qu'il a été aposté aux Jacobins pour susciter de toutes parts des ennemis à la liberté, pour soulever contre la société ses plus fermes soutiens, pour décrier ceux qu'il ne pouvait séparer d'elle, et qui sacrifieront toujours leurs ressentimens personnels au bien public; pour fournir aux ennemis de la société des armes et des prétextes contre elle, pour avancer toutes les privations de la liberté à une génération qui ne pouvait pas connaître encore les douceurs qui les compensent, et qu'on lui retardait; pour lui faire regretter les ognons d'Égypte, enfin, pour faire avorter la liberté de l'univers par un empressement insensé d'en faire accoucher la France avant terme. Je demande si, pour réussir, *Sinon* eût pu mieux s'y prendre.

» Ainsi, par exemple, lorsque les villes maritimes, toujours plus indépendantes que les autres, comme si, placées à l'extrémité entre les royaumes qui ont un maître et des limites, et la mer qui n'a ni roi ni frontières, elles participaient de l'indépendance des flots qui baignent leurs murs; lors, dis-je, que nos villes maritimes étaient attachées plus encore à la liberté et à une révolution qui s'était faite en faveur du commerce et de la classe laborieuse, aux dépens de la classe paresseuse et privilégiée; était-il d'une bonne politique à J.-P. Brissot de refroidir l'ardeur de leur patriotisme, de mécontenter ceux-là mêmes pour qui la révolution avait mécontenté tant de monde, de mettre avec opiniâtreté à l'ordre du jour des questions sur lesquelles, sans doute, il était impossible de nier qu'il n'eût raison, mais que l'intérêt de la liberté elle-même lui faisait un devoir d'ajourner, à des temps plus calmes, les questions d'état des hommes de couleur et des noirs? Je sais quelle part a eu le pouvoir exécutif et l'Espagne, et la contre-révolution aux incendies, aux massacres et aux dévastations de Saint-Domingue; mais n'est-ce pas Brissot qui a le premier incendié ces belles contrées? Oui, Brissot, il vous est impossible de le nier; car nous vous avions prédit ces maux avant qu'ils arrivassent; nous vous avions demandé si vous ne trembliez pas de l'affreuse responsabilité dont vous chargeait votre précipitation. Nous vous avions montré les flammes du Port-au-Prince et du Cap, et vous ne pouvez prétexter cause d'ignorance. Oui, si tant d'habitations sont réduites en cendres, si on a éventré les femmes, si un enfant, porté au bout d'une pique, a servi d'étendard aux noirs, si les noirs eux-mêmes ont péri par milliers, c'est toi, misérable, qui as été la première cause de tant de maux! Aurais-tu fait autrement, si tu avais été d'intelligence avec Coblentz et le comité autrichien? Coblentz nous a-t-il fait autant de mal que ton patriotisme? Crois-tu que

J.-J. Rousseau, qui te valait bien en patriotisme, calculant ces maux inévitables, n'eût pas ajourné à un autre temps la question des noirs, lui qui disait, « que la liberté était achetée trop cher avec le sang d'un seul homme. » Ne trouvais-tu donc pas autour de toi assez de sujets pour exercer ta sensibilité, muette sur les victimes de La Fayette, et qui se portait toute au-delà des mers ? Qui ne voit que tu pleurais sur les noirs, pour te dispenser de gémir sur les gardes françaises, Château-Vieux et tant d'autres ? Pareil à ce Mirabeau le fils, qui se passionnait le lendemain pour les noirs, afin de se faire pardonner ses décrets liberticides de la veille; et à ce Mirabeau le père, qui se faisait l'*ami des hommes* pour se dispenser d'être l'ami de sa femme et de ses enfans, et se faire pardonner cinquante-sept lettres de cachet contre sa famille.

» Était-il encore d'une bonne politique de poursuivre avec tant d'acharnement Barnave et les Lameth, de les forcer presque à se jeter dans le parti de la cour, dans le temps qu'ils soutenaient presque seuls la société des jacobins contre tant d'ennemis, et lorsque la société leur devait tout ? Je sais qu'ils n'avaient pour guide que leur ambition, qu'ils voulaient gouverner, et qu'ils se servaient de la société comme d'un marchepied pour monter au ministère ; mais ils nous défendaient contre les satellites de La Fayette et contre le comité autrichien; le massacre du Champ-de-Mars, la révision n'eussent point eu lieu. Que m'importe qu'ils voulussent être ministres ! cela ne pouvait importer qu'à d'autres ambitieux qui spéculaient, pour eux-mêmes ou pour leurs amis, sur le ministère, et qui le trouvaient sur leur chemin ; le citoyen passionné pour la liberté se sert de tous les instrumens pour la consolider ; il se sert de la tête d'Alexandre Lameth et de la langue de Barnave, comme un dévot curé fait sa vierge de Saint-Sulpice avec des pots de chambre.

» Était-ce encore d'une bonne politique, lorsque la France avait été décrétée une monarchie, lorsque le nom de république effarouchait les neuf dixièmes de la nation, lorsque ceux qui passaient pour les plus fougueux démocrates, Loustalot, Robespierre, Carra, Fréron, Danton, moi, Marat lui-même, s'étaient interdit de prononcer ce mot, était-il d'une bonne politique à vous, Brissot, d'affecter de vous parer du nom de républicain, de timbrer toutes vos feuilles de ce mot république, de faire croire que telle était l'opinion des jacobins, et d'autoriser les calomnies et la haine de tous ses ennemis? Etait-il d'une saine politique, surtout peu de jours avant l'affaire du Champ-de-Mars, de vous montrer avec ce Duchâtelet, aide-de-camp de Bouillé, dans ce fameux journal intitulé le *Républicain*; d'annoncer avec tant d'emphase ce journal qui ne parut que quelques jours, et qui semble n'avoir été enfanté que pour exciter des troubles, pour préparer le rassemblement des patriotes égarés, pour les rabattre, comme un gibier, dans le Champ-de-Mars, sous les sabres et les fusils des cannibales en écharpes. Comment? vous qui voyiez alors La Fayette, qui de votre aveu ne lui trouviez plus qu'un souffle de patriotisme, je dis plus, vous qui le saviez haletant de la soif du sang des républicains (car vous ne ferez croire à personne que, lorsque de loin vous sondiez si bien le cœur de Barnave, vous n'ayez pu lire de si près dans celui de La Fayette), comment se trouve-t-il que ce soit vous qui ayez rédigé cette fameuse pétition du Champ-de-Mars? Que penser, lorsqu'on vient à réfléchir que nous tous, poursuivis pour cause de républicanisme, et comme signataires de cette pétition, nous étions décrétés et obligés de fuir, tandis que vous, rédacteur de la pétition, vous, le coryphée des républicains, et qui seul preniez ce titre depuis six mois, qui sembliez avoir pris des traîtres une permission de l'afficher, vous vous promeniez tranquillement dans Paris?

» Enfin, lorsque nous ne pouvons nous dissimuler qu'à la différence des révolutions du quinzième siècle, qui tiraient leur force de la vertu, et avaient leurs racines dans la conscience; à la différence de ces révolutions que le protestantisme opérait dans l'Angleterre et dans tout le Nord, qui étaient plutôt des réformes religieuses que civiles, et soutenues par le fanatisme et par les espérances d'une autre vie, notre révolution, purement politique, n'a ses racines que dans l'égoïsme et dans les amours-propres de chacun, de la combinaison desquels s'est composé l'intérêt général; dans une telle révolution, était-il d'une bonne politique, quand le clergé et la noblesse, l'orgueil et l'oisiveté, tous les abus et tous les priviléges, étaient déjà soulevés contre elle ; quand on avait soulevé une partie du commerce par la ruine de la plus florissante de nos colonies, de chercher encore à cette révolution des ennemis dans toutes les passions; d'effaroucher la corruption ; de pousser la sévérité contre les joueurs jusqu'à violer la loi même; de prêcher la réforme par l'envoi de sept cents personnes, en quinze jours, à Bicêtre ou à l'Hôpital; de sévir contre les vices, avant que l'éducation nous ait donné des mœurs et des vertus, et de retirer les ognons d'Égypte, avant d'avoir fait pleuvoir la manne ? Croyez-vous avoir consolé le peuple du renchérissement du sucre, par un sermon sur la superfluité du sucre? Et ne voyez-vous pas qu'il n'y a que le prêtre, et celui qui promet aux hommes le ciel et les jouissances d'une autre vie, qui ait le droit de leur faire supporter, sans se plaindre, les privations de celle-ci (1) ?

» Si je passe à l'examen des services de Brissot, depuis qu'il est à l'assemblée nationale, qu'a-t-il fait pour la nation, qui réponde à cette grande attente qu'il avait excitée? *Il a allumé de la paille*, répondait à cette question M. de Lauragais; il n'a paru se donner de mouvement que pour faire déclarer la guerre offensive. Il a parlé au moins huit heures sur cette question, tant aux Jacobins qu'à l'assemblée nationale. MM. Billaud de Varennes, Machenaud, Robespierre, Doppet et moi, avons discuté, dans des discours irréfutables, s'il était d'une bonne politique de prendre ce moment pour rompre les traités, guerroyer avec toutes les

(1) On ne manquera pas de prouver encore, par ce paragraphe, que j'ai vendu ma morale aux joueurs; mais je la leur avais donc vendue il y a deux ans? Car, dans mon numéro XX, il y a un endroit remarquable où, au sujet de Mably et de la loi de Lycurgue que *les Lacédémoniens n'auraient de meubles que ceux faits avec la cognée et la scie*, je développais les mêmes principes sur notre liberté. Je fus bien un peu grondé par Brissot, parce que je ne consentais pas à chasser tous les pâtissiers et même les menuisiers de la république, pour n'y laisser que des charpentiers. Il déplora mon aveuglement sur cette doctrine détestable; mais il n'alla point jusqu'à dire que j'étais vendu. (*Note de Desmoulins*.)

puissances, et *municipaliser* l'Europe. Brissot et Rœderer ont été vaincus en raison et en éloquence, comme l'a dit Danton. Le talent de Robespierre s'est élevé, en cette occasion, à une hauteur désespérante pour les ennemis de la liberté ; il a été sublime, il a arraché des larmes, il a levé un coin du masque que je viens d'arracher. La cabale déjouée, impuissante contre Robespierre, s'est tournée contre moi, qui n'ai cessé de le montrer depuis trois ans à mes concitoyens comme un Caton, et qui le montrais alors comme un Démosthène.

» *Le vrai patriote Rœderer*, ci-devant 89, quand les Lameth étaient jacobins, et qui n'est revenu aux jacobins que quand les Lameth se sont fait feuillans, en sorte qu'il a moins paru rechercher la société des amis de la constitution, que fuir celle des Lameth ; Rœderer, bien connu pour ne haïr pas moins Robespierre que les Lameth ; ce vrai patriote, qui n'a point encore installé les jurés, et qui, placé par nous électeurs au milieu du directoire de Paris, pour surveiller ses anciens camarades de 89, n'a pas encore eu l'occasion de révéler le plus léger trait d'incivisme de ce directoire, *vrai patriote aussi;* le vrai patriote Rœderer, qu'il suffit de voir pour regarder cette tête comme la meilleure étude que la nature ait montrée aux peintres pour dessiner la haine, la jalousie et la méchanceté ; ce vrai patriote ne m'a point pardonné, lui et sa cabale, d'aimer Robespierre, mon ami de collége, vénérable, grand à mes yeux, quoiqu'on ait dit qu'il n'y avait point de grand homme pour son valet de chambre, ni pour son camarade de collége et le témoin de sa jeunesse. Il ne cesse depuis un mois de calomnier tout bas, le pseudo-patriote, Camille Desmoulins. La société des jacobins se souvient qu'instruit de l'atroce calomnie, qu'il allait chuchotant contre moi, que je lui avais offert les faveurs de ma plume, et le voyant à la tribune, je le sommai, il y a trois semaines, de publier hautement ce qu'il colportait à l'oreille de tout le monde. Le conseiller au parlement de Metz, Rœderer, fier d'avoir emporté la place de procureur-syndic sur Dandré, le conseiller d'Aix, répondit avec dignité qu'il ne venait pas entretenir la société de si minces objets, que lorsqu'il aurait à m'accuser, il commencerait à m'en prévenir par une lettre. Cependant il a continué à semer lâchement, dans l'ombre, le grain de la calomnie.

» Aujourd'hui qu'il croit que ce grain est levé assez pour étouffer ma réputation, il me fait attaquer par les journaux. Un feuillant, le sieur Millin, valet de plume de Bailli, La Fayette, et du directoire de Paris, a inséré cette phrase dans la chronique de Paris, dont il est un des honorables rédacteurs:

» Que Camille Desmoulins, audacieux souteneur de tripots, soit rayé de la liste des jacobins, que le vrai patriote Rœderer soit invité à lire les notes qu'il a recueillies sur cet homme qui s'est vendu à tout le monde ; et n'a été acheté par personne. Elles sont vraiment curieuses, et pourront éclairer la société sur tous les agens de la coalition. »

» J'ai écrit au rédacteur : « M. Millin, j'ai répondu à M. Brissot par un écrit; on répond à vous par un huissier. Je rends plainte contre vous, si demain vous n'insérez dans votre journal, que je somme M. Rœderer de publier les notes curieuses qu'il a recueillies sur moi. Signé, CAMILLE DESMOULINS. »

» L'honnête chroniqueur n'a point inséré cette lettre, et M. Rœderer n'a point désavoué l'article. Je vais poursuivre M. Millin au criminel. Déjà le commissaire de police a reçu ma plainte. J'attends les preuves du rédacteur ou de son souffleur Rœderer, que je me suis vendu à tout le monde, moi dont la plume a été recherchée tour à tour par La Fayette, Mirabeau, les Lameth, dans un temps où ils disposaient des places et de la fortune publique, et où j'étais dépendant des besoins. Il m'était difficile de ne pas soupçonner que c'était La Fayette qui, à l'expiration de mon traité avec Garnery, m'avait envoyé quelqu'un mettre l'enchère sur les offres de celui-ci, que c'était lui qui me donnait 10,000 liv. par an, que c'était le bailleur de fonds et que j'avais l'honneur d'avoir, pour entrepreneur de mon journal, le héros des Deux-Mondes (1). Voyez si je me suis vendu à La Fayette, s'il a eu un censeur plus sévère que moi.

(1) Voici le fait. A l'époque de mon renouvellement de bail avec Garnery, quel

» Mirabeau m'avait fait habiter avec lui sous le même toit à Versailles. Il me flattait par son estime, il me touchait par son amitié, il me maîtrisait par son génie et ses grandes qualités. Je l'aimais avec idolâtrie; ses amis savaient combien il redoutait ma censure qui était lue de Marseille, et qui le serait de la postérité. On sait que, plus d'une fois, il envoya son secrétaire à une campagne éloignée de plus de deux lieues me conjurer de retrancher une page, de faire ce sacrifice à l'amitié, à ses grands services, à l'espérance de ceux qu'il pouvait rendre encore. Dites si je me suis vendu à Mirabeau. Je ne savais pas que des traîtres, à un distance si immense de lui pour les talens, bientôt nouveaux parvenus à la tribune, nous conduiraient avec plus de perfidie à la ruine de la liberté, et me réduiraient à demander pardon à sa grande ombre, et à regretter tous les jours les ressources pour la France dans son génie, et pour la liberté dans son amour pour la gloire.

» Les Lameth, sachant bien que j'étais incorruptible, avaient employé le seul moyen de corruption possible avec moi, celui de me jurer qu'ils ne se sépareraient jamais des jacobins, qu'ils

qu'un vint s'offrir à moi pour libraire de mon journal, et m'en proposa 10,000 f. — Mais êtes-vous solvable? — Il demeurait dans la même maison que moi; et, pour me montrer qu'il n'était pas sans patron, il tira de sa poche une lettre où il me fit voir la signature de La Fayette. Je fus rassuré par un si bon répondant; et pour me laisser moins encore douter de ses relations, il m'offrit de me mener chez le général, voire y dîner toutes et quantes fois j'en serais curieux. Nous y allâmes ensemble un matin; à la manière dont il fut reçu, je vis bien qu'ils étaient de connaissance. En sortant, je me souviens que M. Ramond, qui était dans l'antichambre, me donna les plus grandes marques d'estime et de satisfaction, par des battemens de mains. J'étais suffisamment rassuré sur la solvabilité du libraire; je signai le marché. Depuis, j'ai été confirmé dans mes soupçons sur le bailleur de fonds, quand j'ai vu le général flatté si souvent dans les gravures en tête du numéro, et l'éditeur si souvent en contradiction avec l'auteur. Mais quel que fût mon libraire, était-ce se vendre que de tirer de sa plume 10,000 liv., dans un temps où on était affamé de journaux, où Prud'homme donnait 25,000 l. à Loustalot; où mon journal avait le plus grand succès, où il rapportait 30,000 l., puisqu'il avait trois mille acheteurs? Etait-ce me vendre que de toucher 10,000 l. par les mains d'un autre, tandis que j'en aurais touché 30,000 par les miennes, si je n'avais voulu me débarrasser des détails de l'expédition? Et y aurait-il rien d'absurde comme ce reproche qu'on me ferait d'avoir été vendu à La Fayette, qui n'a été jugé par personne aussi souverainement que par moi?

(*Note de Desmoulins.*)

porteraient leur tête sur l'échafaud pour la cause de la liberté. Voilà la séduction dont ils ont usé avec moi; voilà les espérances qu'ils ont fait briller à mes yeux. Lorsque La Fayette, en vous lâchant à leurs jambes, et la cour, en les faisant injurier aux jacobins, les a comme forcés à se réunir à elle et à La Fayette, lorsqu'ils ont ouvertement trahi les intérêts de la nation; dites si je leur ai été vendu, s'ils ont eu de plus ardens ennemis que moi? Tel est, tel sera toujours le *pseudo-patriote Camille Desmoulins, qui s'est vendu à tout le monde et n'a été acheté de personne.* Si j'avais voulu me vendre, si ma conscience avait été sur la place, à qui fera-t-on croire que le journaliste des *Révolutions de France et de Brabant* eût manqué d'acheteurs? Lui, à qui il est venu les témoignages les plus flatteurs, et des hommages du fond de l'Asie et de l'Amérique. J'ai parlé dans mon numéro 31 de l'épreuve la plus rude à laquelle puisse être mise la fragilité humaine. Je défiai alors, en justice et devant le Châtelet où j'étais traduit, un député que je ne nommais pas, mais qui m'entendait, et Mirabeau que je nommais, de nier leurs sollicitations et leurs offres de corruption. Le défi ne fut point relevé et l'affaire en resta là. Depuis, comme j'ai encore été circonvenu! comme on avait pris la peine d'épier mes passions et d'étudier l'endroit faible! Je n'ai pas succombé, et je n'en fais pas même vanité. Est-ce qu'il m'était possible de varier, à peine d'être le dernier des hommes? est-ce que je pouvais changer de langage, à peine de me mettre sur le corps cinquante pieds de fumier? Mais que je doive à la vertu ou à la crainte de l'infamie mon incorruptibilité, elle n'en est pas moins incontestable. On cite des fortunes immenses qu'ont faites les principaux auteurs de la révolution, les terres, les hôtels, les châteaux qu'ils ont achetés; on sait les places auxquelles ils se sont poussés. Dans les grands débordemens de la révolution, je défie qu'on puisse dire que mon champ se soit arrondi de la moindre alluvion, et agrandi d'un pouce de terre. A l'époque de l'expiration de mon bail avec la personne qui avait rétrocédé à M. Caillard, et que j'ai toujours regardé comme le *prête-nom de La Fayette*; au n° 78, ayant voulu le continuer à mes frais, bien loin de m'enrichir, à dire la vérité, je dépensai près de 5,000 liv. en huit numéros, ce qui, comme je n'ai que 40,000 liv. de rentes, m'a mis dans l'impuissance de tenir plus long-temps la campagne contre nos ennemis de toute espèce. Sollicité depuis, par une foule de patriotes, et engagé, par M. Rœderer lui-même, à reprendre mon journal, j'eus avec lui un entretien particulier qui a servi de prétexte à ses calomnies. Je pourrais fermer la bouche par un seul mot à M. Rœderer; je n'aurais qu'à nier cet entretien, ces confidences qu'il dit que je lui ai faites ; mais ma franchise me défendra toujours mieux que le mensonge ; car ce caractère de franchise qu'on me connaît, ne vient que de ce que je n'ai pas besoin de mentir. Que ne publiez-vous, monsieur Rœderer, comme je vous en ai sommé, il y a trois semaines, à la tribune des jacobins, cet entretien, tel que je l'ai eu ? et on n'y verra qu'un trait de plus de patriotisme de ma part et la meilleure preuve de mon incorruptibilité. Pourquoi cet acharnement à me ravir l'estime de mes concitoyens, le seul bien que j'aie gagné à la révolution, le témoignage de mon incorruptibilité ? Je ne suis sur le chemin de l'ambition de personne; je n'envie point aux héros de la révolution, leur fortune, leur avancement, votre chaise curule, qu'on dirait qui endort le patriote, comme le fauteuil d'académicien assoupissait les auteurs. C'est ma fortune de ne m'être point enrichi dans la révolution. Voilà ce qui atteste ma bonne foi ; voilà mes honneurs, ma place, de n'être point arrivé aux places et aux honneurs. J'ai pris le premier la cocarde ; j'ai combattu trois ans pour la liberté publique, j'ai écrit sept gros volumes révolutionnaires ; dans ces trois mille pages rapidement écrites, périodiques et obligées, je défie mes ennemis de trouver une seule ligne que *la philosophie, l'humanité, la politique,* puissent désavouer. Je ne saurais me plaindre de l'ingratitude de mes concitoyens ; ils ne me doivent rien ; car je ne leur ai rendu aucun service, puisqu'ils ne m'ont jamais écouté ; lors même que j'ai été le plus applaudi aux jacobins, je n'ai recueilli que des applaudissemens stériles, et je ressemblais alors même à une voix qui crie au secours dans le désert, et qui est répondue par des échos inanimés. Souffrez donc, J. Pierre Brissot, qu'inutile à la liberté publique je me tourne vers la liberté individuelle. Permettez que, ne voulant être ni mendiant ni fripon, démissionnaire d'un journal ruineux, et n'ayant point de fonction salariée, je me tourne vers la reconnaissance des opprimés. Pardonnez à un homme de loi de réclamer la loi en faveur des opprimés, fussent-ils même aristocrates. Si votre substitut, M. Girey-Dupré, relève mes erreurs d'homme de loi, qu'il ne m'isole pas, en tonnant contre moi seul, tandis que mon affiche-consultation, est signée de MM. Regnaud-Dangely, Henrion, Martineau, Blondel, de Bruge, Bonnet. Pour vous, que l'espérance des patriotes a appelé au gouvernail ; vous qui daignez qualifier *ingénieux* mon discours du mois d'octobre *sur notre situation politique*, et qui, dans un de vos écrits (du mois de septembre, je crois), placiez naïvement la tête de J. P. Brissot entre le buste de J. J. Rousseau et de Mably ; c'est à vous de remplir les deux tribunes de l'assemblée nationale et des jacobins. Je ne vous les dispute point ; mais j'ai cru devoir à mes concitoyens de leur présenter le tableau de vos opinions et leurs résultats. J'ai dit les faits. En vous écrivant, le mépris a pris insensiblement la place de l'indignation. J'ai ri, me voilà désarmé; et je doute si je dois conclure de tout ceci pour la perfidie ou l'impéritie de votre part. Je ne conclus point ; mais je vous défie de nier vous-même que, dans les deux cas et à coup sûr, vous n'ayez été le plus grand tueur de tous nos médecins politiques.

Nous distribuerons les matériaux historiques du mois de février, dans le cadre suivant : — Mouvement révolutionnaire de Paris. — Attaques dirigées contre le club des Jacobins, et analyse des séances de ce club. — Actes parlementaires. — Mouvement révolutionnaire des provinces.

MOUVEMENT RÉVOLUTIONNAIRE DE PARIS.

Les piques. Quand, sous la constituante, Marat prêchait l'insurrection et la dictature, Marat était un simple individu, jetant dans le peuple sa passion du bien public, et ne s'adressant qu'au sentiment moral. Aussi on ne trouve, dans ses pages les plus incendiaires, ni plan de campagne, ni indication de moyens matériels ; rien en un mot de ce qui peut ressembler à l'ordonnance et aux instrumens d'une réalisation. Ici, un parti riche et puissant, le parti qui regarde la révolution comme sa propriété légitime, et qui veut la garantir et la conserver, pense d'abord aux moyens. On le voit les préparer avec une gradation dont les lenteurs dissimulaient aux contemporains la cause finale, de manière à ne leur laisser à cet égard que la possibilité des soupçons et de la méfiance. Quant à nous, qui opérons sur l'intégralité des faits accomplis, le but et la prévoyance du parti dont il s'agit, se manifestent clairement à nos yeux.

Lorsque l'alliance des citoyens actifs avec les citoyens passifs a été jugée par les Girondins, la seule ressource offerte pour en finir avec les classes privilégiées, leur première démarche a été, non pas d'agir nationalement, non pas de proclamer avec force le devoir social et d'en ouvrir la participation au peuple, mais de se ménager habilement l'exploitation des classes pauvres. Ainsi, ils continuent de les traiter comme des êtres purement passifs, qui ne peuvent ni ne doivent recevoir le mouvement que par des chocs, ou tout au plus comme des appétits physiques qu'il faut exciter, et dont il faut se servir à titre de forces brutes.

D'abord, ils commencent par s'emparer de tous les élémens que la vanité, que la forfanterie révolutionnaire mettent à leur disposition ; ils exagèrent maintenant les souvenirs du 14 juillet, après avoir gardé là-dessus un long silence, silence que nous les avons vus interrompre de loin en loin pour s'attribuer la meilleure part de cette gloire. Maintenant le peuple a tout fait. Le nom de *sans-culottes*, qu'ils n'ont pas relevé une seule fois pendant qu'il leur était indifférent, sinon utile, de laisser amoindrir et mépriser les citoyens passifs, aujourd'hui ils le glorifient : peu s'en faut qu'ils ne s'en honorent eux-mêmes. Ce système flagorneur va jusqu'à louer, jusqu'à proposer le fameux bonnet de laine, comme le modèle achevé du goût et de l'élégance en matière de coiffure. Brissot découvre dans un certain philosophe anglais, nommé Pigott, le panégyrique du bonnet; et il fait précéder la citation qu'il en donne (*Patriote Français* du 6 février) de cette réflexion : « L'on ne peut disconvenir de la justesse des raisons qui doivent porter à changer les chapeaux en bonnets. » Voici les raisons du *philosophe pythagoricien* : « Ce sont les prêtres et les despotes, dit M. Pigott, qui ont introduit le triste uniforme des chapeaux, ainsi que la ridicule et servile cérémonie d'un salut qui avilit l'homme, en lui faisant courber, devant son semblable, un front nu et soumis. Remarquez, pour l'air de tête, la différence entre le bonnet et le chapeau. Celui-ci triste, sombre, monotone, est l'emblème du deuil et de la morosité magistrale; l'autre égaie, dégage la physionomie, la rend plus ouverte, plus assurée, couvre la tête sans la cacher, en rehausse avec grace la dignité naturelle, et est susceptible de toutes sortes d'embellissemens. » Ici Brissot reprend la parole et analyse. « M. Pigott remarque que l'usage du bonnet est de toute antiquité, et qu'il a été honoré chez toutes les grandes nations, et par les hommes illustres. Les Grecs, les Romains, les Gaulois l'adoptèrent, pour se distinguer des peuples barbares, et en signe de triomphe sur leurs tyrans. Rousseau était le partisan du bonnet, comme le symbole de la liberté; Voltaire n'en était pas moins glorieux, et le portait toujours. M. Pigott présente encore d'autres bonnes raisons en faveur de son bonnet, et il faut avouer qu'il n'y a qu'une très-longue habitude qui puisse nous attacher à la bizarrerie de notre coiffure. » — Un mois après la publication de cet article, le bonnet était en pleine vogue; et parce que c'était à cause de sa gaieté que cette coiffure était recommandée, la couleur rouge fut choisie comme la plus gaie. On pouvait cette fois se dispenser d'aller en Angleterre pour y prendre l'apologie de la couleur, et la théorie de sa convenance avec le système bonnet. Tout le monde sait que Condillac, dans ses considérations sur l'analogie des sons et des couleurs, établit que le rire éclatant et le son de la trompette sont analogues à la couleur écarlate, et produisent une sensation identique.

A côté de leurs flagorneries envers les citoyens passifs, les Girondins placèrent des conseils à suivre, des insinuations directes et flagrantes. Dès le mois de décembre 1791, le *Patriote Français* et les *Annales Patriotiques* publièrent un article sur les piques, avec le modèle gravé de celles qui avaient servi en 1789. Cet article renferme l'analyse de cette arme, les perfectionnemens dont elle est susceptible, et des avis sur son opportunité immédiate. — Le 16 janvier, à la séance du club des Jacobins, Manuel disait : « Je crois qu'il serait peut-être intéressant, pour ranimer l'opinion publique, que quelques patriotes voulussent ranimer ce feu presque éteint sous le drapeau rouge. » (*Journal du Club*, 18 janvier.) Or, ni Robespierre, ni Danton, ni aucun des opposans à la guerre d'attaque ne tenaient alors de semblables discours : c'étaient leurs adversaires qui se plaignaient des suites qu'avait eue, sur l'esprit du peuple, la terreur du 17 juillet 1791. La fabrication des piques commença en janvier ; et ce qui prouve que les instigateurs de la fabrication étaient les mêmes que les auteurs du conseil, c'est l'éclat que donna à cette affaire le club électoral de l'évêché, le même où la candidature de Brissot avait triomphé. On s'attendrait, par la nature même de la démarche, et par le souvenir qui s'attache aux piques de la révolution, que le *Club des cordeliers* en eût l'initiative ; en cela, comme les autres, il obéit à l'impulsion girondine. Voici la pièce démonstrative : elle est transcrite du *Courrier* des quatre-vingt-trois départemens, n° du 5 février.

« *Club électoral séant à l'évêché.* — Le 31 janvier dernier, séance tenante, une lettre a été déposée sur le bureau. Cette lettre, lue par le président, portait la signature d'une citoyenne, patriote et mère de famille. Cette dame, *animée de l'amour de la patrie, agitée de quelques craintes, mais soutenue par le courage,* voyait, disait-elle, *dans les dangers qui nous environnent, des besoins bien pressans.* Le but de sa lettre était de soumettre à l'assemblée s'il ne serait pas possible que la commune fût convoquée, afin de proposer une collecte, dont l'emploi serait destiné à la fabrication des piques dont on armerait des citoyens patriotes et bien connus

Par ce moyen, ajoute cette dame patriote, je suis certaine que Paris serait armé en huit jours. Ces nouveaux soldats de la patrie passeraient en revue devant l'assemblée nationale; elle verrait en eux de fiers soutiens de ses décrets, et la chute du VETO. Cette dame enfin, joignant l'exemple au précepte, avait envoyé son offrande, et invitait l'assemblée à ouvrir sur-le-champ une souscription volontaire.

» Cette lettre a électrisé l'assemblée, et la plus grande partie des assistans se sont pressés autour du bureau pour faire leur offrande, qui s'est montée, en un instant, à 150 liv. Quand l'enthousiasme a permis de délibérer, l'assemblée, après avoir donné de justes éloges à la mère citoyenne, a arrêté que les journalistes patriotes seraient invités à propager l'extrait et le résultat de cette lettre. Nous ne doutons point, disent les électeurs dans la note qu'ils nous ont fait remettre, que les sections ne répondent au vœu de cette excellente citoyenne, et que, par ce moyen, on ne puisse compléter le nombre de 50,000 piques qui, ajoutées à celles qui sont déjà fabriquées dans les faubourgs St-Antoine et St-Marceau, achèveraient d'armer les braves citoyens pour qui la liberté est un besoin. Que seraient alors ces 3,500 surnuméraires très-INCONSTITUTIONNELS dont le roi de la CONSTITUTION veut s'environner? que seraient-ils s'ils avaient jamais le projet d'agir contre la nation? Hélas! les galons de leur livrée, seraient une bien faible défense contre ces piques maniées par des bras vigoureux, et dirigées par des cœurs honnêtes. » — L'Orateur du Peuple, le Journal Universel et les Révolutions de Paris ne citent point cette note; ils ne parlent des piques qu'après l'arrêté de la commune, du 11 février, (voir plus bas); mais il n'est nullement question dans leurs feuilles, du club de l'évêché. Audoin, le rédacteur du Journal Universel, insère l'arrêté municipal dans son numéro du 17 février. Nous remarquons, dans celui du 18, un article signé G. Boisguyon, l'un des collaborateurs de Brissot, article finissant par ces mots :
« Citoyens, fabriquons des piques d'un bout du royaume à l'autre. »

Le 8 février, Gorsas publia l'article suivant : « Club électoral séant à l'évêché. — Des piques ! des piques ! des piques ! Le brave Gonchon, orateur des hommes du 14 juillet, s'est présenté hier à ce club à la tête d'une députation, pour offrir les flammes tricolores qui doivent voltiger au haut des piques qui se fabriquent dans tous les arsenaux de la capitale. Voici l'exorde et la péroraison de son discours : « La cocarde nationale doit faire le tour du globe; elle a pris racine sur un bonnet de laine; elle prendra racine sur le turban. — Des piques ! des piques et les flammes nationales ! voilà nos moyens ; ils suffiront pour faire mordre la poussière aux traîtres, aux intrigans, et pour renverser tous les trônes des despotes. » (1) — Il ne fut question de piques à la société des jacobins qu'à la séance du 7 février. Doppet présenta un serrurier, qui désirait offrir au club quatre piques qu'il avait forgées; Rhéal ajouta quelques mots ; un officier d'artillerie donna des avis sur la forme de ces armes, et la société nomma des commissaires pour arriver à la meilleure manière de les fabriquer. Le *Journal du Club*, numéro du 10 février, renferme ces quelques lignes.

Cependant les journaux feuillans et les feuilles royalistes exprimaient, dès le commencement de février, de vives inquiétudes. Lorsque la lettre de Pétion à Buzot fut connue, les feuillans annoncèrent à la garde nationale que les piques étaient destinées à les égorger.

« Depuis quelques jours on affecte de promener une pique-modèle sur la terrasse des Feuillans, comme pour menacer le château des Tuileries. Qui commande ces piques? — Qui en fera la distribution ? A qui seront-elles livrées ? — Quel sera l'effet de cette armature nouvelle ? Voici quatre questions importantes qu'il aurait fallu résoudre, avant de prendre un parti extrême. Un propos seul, tenu lundi dernier (6 février) aux Tuileries, fera

(1) Nous retrouverons souvent le nom du motionnaire Gonchon. Une note du recruteur Gadaul, trouvée dans les papiers de Roland, prouvera plus tard que cet homme était circonvenu par les girondins. Nous donnerons à sa date la brochure où ce document se trouve. Elle est intitulé : *Histoire des Brissotins, ou Fragmens de l'histoire secrète de la Révolution, et des six premiers mois de la république*, par Camille Desmoulins. (*Note des auteurs.*)

connaître les espérances que certaines gens fondent sur ce nouvel arsenal. « Ah f...., s'écriait-on dans le groupe nombreux et tout rayonnant de joie, qui entourait l'homme à la pique, si les bons patriotes du Champ-de-Mars en avaient eu de pareilles, les habits bleus n'auraient pas eu si beau jeu ! » Nous passons sur les commentaires plus ou moins patriotiques qui suivirent cette exclamation. Ce que mille gens peuvent attester, c'est que, dans la fureur belliqueuse à laquelle on se livre, les menaces ne s'adressent ni aux Allemands ni aux émigrés.... Ainsi, bientôt nous aurons, dans chaque ville, deux classes de citoyens armées différemment : c'est-à-dire, les gardes nationales et les hommes à piques, et la guerre civile, avec toutes ses horreurs, fera de la France une vaste boucherie. » (*Gazette Universelle du samedi 11 décembre*.) — Brissot, *Patriote Français* du 15, répond ainsi aux questions de la *Gazette* :

« Tandis que les ennemis du peuple se préparent contre lui, le peuple fait aussi ses préparatifs; mais il les fait franchement, ouvertement. Les piques ont commencé la révolution, les piques l'achèveront. Ce beau mouvement d'un peuple, prêt à se lever dans toute sa force, pour anéantir la diversion fatale qui devait précéder et accompagner la guerre extérieure, ce réveil du lion épouvante ceux qui comptaient sur son sommeil. — Où se porteront ces piques, disent-ils? — Partout où vous serez, ennemis du peuple ! — On les promène sur la terrasse des Feuillans, comme pour menacer le château des Tuileries; oseraient-elles se porter-là? — Oui, sans doute, si vous y êtes, là ! — Mais qui commande ces piques ? — La nécessité. — Qui en fera la distribution ? — Le patriotisme. — A qui seront-elles livrées ? — Au courage. — Quel sera l'effet de cette armature nouvelle? — L'anéantissement des ennemis du peuple. Je sais, ennemis du peuple, que vous voulez le diviser pour le vaincre; je sais que vous voulez inspirer vos craintes et vos fureurs à cette portion du peuple à qui ses moyens permettent de servir la patrie avec un uniforme et un fusil ; mais cette portion du peuple sait bien que ses frères, moins fortunés, ont le même intérêt qu'elle; que,

comme elle, ils veulent combattre pour la liberté, pour l'égalité; que leurs ennemis sont les mêmes; que les baïonnettes doivent marcher sur la même ligne; enfin que ces piques ne sont pas destinées contre les baïonnettes, mais contre des poignards. »
Le *Courrier des quatre-vingt trois départemens*, les *Annales de Carra*, et le *Journal du Club des jacobins* alors sous l'influence des Girondins, répétèrent cet article. Les journaux, qui s'étaient prononcés contre la guerre d'attaque, ne le transcrivent pas.

Le roi, alarmé de ces mouvemens, manda Pétion aux Tuileries. Le même jour, la municipalité régularisa, par un arrêté, l'armement des citoyens passifs. Voici comment Peuchet raconte l'entrevue de Pétion et de Louis XVI : il rapporte à la suite l'arrêté municipal. (*Moniteur* du 13 février.)

[Des dispositions alarmantes et des préparatifs d'un armement extraordinaire étant venus à la connaissance du roi, son premier soin a été de s'assurer des faits et de la situation des esprits dans la capitale.

Le maire et le procureur de la commune (M. Desmousseaux), invités par le roi, se sont rendus aux Tuileries le 11, à neuf heures du soir. Sa majesté leur a témoigné son extrême étonnement sur les nouvelles qu'elle apprenait, sa sollicitude sur les effets nuisibles qu'elles pourraient produire en France et dans l'étranger; elle leur a marqué beaucoup de sensibilité sur les maux que toute démarche étrangère aux pouvoirs constitués pourrait faire éprouver au peuple, sur l'inquiétude qui en résulte dans les affaires et les opérations du gouvernement; elle a engagé la municipalité, représentée par ces deux magistrats, à éclairer le peuple sur ses véritables intérêts, à employer tout le pouvoir que la loi a remis entre leurs mains pour réprimer les attentats contre la tranquillité publique et la sûreté qu'on doit à tous.

Le même jour, la municipalité a pris un arrêté conforme aux principes de la liberté publique, aux obligations des citoyens, au serment des gardes armés par la loi, et au maintien de la paix publique. Nous rapporterons en entier cet acte important.

PEUCHET.

Arrêté relatif aux piques, fusils et autres armes ostensibles, du samedi 11 février, l'an quatrième de la liberté.

Le corps municipal, informé qu'il se fabrique, se vend et se distribue dans Paris une nombreuse quantité de piques;

Considérant que ces armes, utiles entre les mains des bons citoyens, pourraient devenir les instrumens du désordre et du crime dans celles de ces hommes suspects qui affluent de toutes parts dans la capitale, et qui ne peuvent y être attirés que par l'espoir du pillage, ou à l'instigation de ceux qui ne respirent que le renversement de la constitution, le trouble et l'anarchie;

Considérant que, dans de semblables circonstances, où l'inquiétude publique se manifeste sous toutes les formes, ce serait, de la part des magistrats du peuple, une insouciance coupable que de négliger les précautions qui peuvent faire découvrir ces hommes dangereux et préserver les bons citoyens de leurs suggestions perfides;

Considérant que la raison et la prudence s'opposent également à ce que des particuliers suspects ou inconnus aux citoyens, parcourent en armes les rues, places et lieux publics, et qu'ils puissent à leur gré se mêler aux défenseurs de la liberté;

Considérant qu'il importe plus que jamais de distinguer les amis de la patrie d'avec ses ennemis; que tous les bons citoyens, armés pour la défense de la constitution et des lois, jurée par les Français; armés pour la conservation des personnes et des propriétés, et pour l'exécution des ordres émanés des autorités légitimes, ne doivent marcher que sous les mêmes chefs et les mêmes drapeaux;

Le premier substitut-adjoint du procureur de la commune entendu,

Arrête ce qui suit :

1° Les citoyens non inscrits sur les rôles des gardes nationales, et qui se sont pourvus de piques, fusils ou autres armes ostensibles, pour défendre la patrie dans les jours de danger, seront tenus d'en faire leur déclaration au comité de leur section, sous huitaine pour tout délai, à compter de ce jour;

2° Il sera à cet effet ouvert, dans chaque comité, un registre sur lequel seront inscrites lesdites déclarations, qui porteront en même temps le nom, la demeure et la profession des déclarans. Il en sera délivré un extrait à chacun d'eux;

3° Seront également tenus de faire leur déclaration ceux qui auraient dans leurs maisons un nombre de fusils ou de piques qui surpasserait celui des individus en état de porter les armes; seront exceptés néanmoins de cette disposition les marchands, fabricans et dépositaires publics;

4° Tous ceux qui seront trouvés vaguans, soit de jour, soit de nuit, dans les rues, places et lieux publics, armés de piques ou de fusils, seront à l'instant désarmés et conduits, comme gens suspects, devant les officiers de la police correctionnelle;

5° Toutes personnes inscrites ou non inscrites ne pourront se former en patrouilles ou compagnies particulières, marcher sous d'autres drapeaux, obéir à d'autres officiers que ceux de la garde nationale ou des troupes en activité, et même se réunir sous le commandement desdits officiers, sans leur consentement exprès.

6° Nul ne pourra porter aucun signe de ralliement autres que la cocarde et les couleurs nationales.

7° Ceux qui négligeraient ou refuseraient de se conformer aux défenses portées aux deux articles précédens, seront réputés former attroupement séditieux, et seront, au nom de la loi, et conformément à sa teneur, dissipés par les agens de la force publique.

Le corps municipal enjoint au procureur de la commune, aux administrateurs et commissaires de police, de surveiller les hommes suspects qui abondent dans Paris, et de faire exécuter ponctuellement les dispositions du présent arrêté.

Mande expressément au chef de la légion, commandant-général de la garde nationale, et à tous autres officiers, de veiller également, en ce qui les concerne, à l'exécution du présent arrêté, qui sera imprimé, affiché, envoyé aux quarante-huit sections et mis à l'ordre.

Signés, Pétion, maire; Royer (1), secrétaire-greffier-adjoint.]

Que le parti dirigé par Brissot ait mis à la mode le bonnet (2), et donné le mot de la fabrication des piques, nul n'en peut douter après la lecture de ce qui précède. Soit affectation, soit un autre motif, tiré peut-être de ces distinctions fédéralistes entre les piques et les baïonnettes, Robespierre et ses partisans jacobins gardèrent à cet égard un silence que nous devons constater. A la séance du 10 février, il prononça un long discours sur les moyens de sauver la patrie. Il traita la question nationalement et du point de vue de l'unité, sans dire un mot des piques.

Les autres faits qui compléteront notre tableau du mouvement révolutionnaire de la capitale, sont une émeute du faubourg Saint-Marceau et de vives mêlées dans un grand nombre de théâtres.

Émeute. — Nous transcrivons là-dessus une notice du *Moniteur* sur la séance du mercredi 15 au soir.

[Plusieurs députés ayant entendu battre la générale, et instruits que ce mouvement avait pour objet des attroupemens formés à Paris dans le faubourg Saint-Marceau, à l'occasion du surhaussement du prix du sucre, se sont réunis, conformément au règlement, au lieu des séances de l'assemblée nationale. A huit heures et demie, ils se sont trouvés au nombre de plus de deux cents membres, et la séance s'est ouverte sous la présidence de M. Condorcet.

Sur la proposition de M. Bréard, le ministre de l'intérieur et les corps administratifs de Paris ont été mandés pour rendre compte des causes des troubles, et des moyens employés pour les dissiper, et l'assemblée a unanimement décidé qu'elle ne se séparerait qu'avec la certitude du rétablissement de l'ordre.

(1) Ce M. Royer, secrétaire-greffier de Pétion, est le même que M. Royer-Collard, l'un des principaux fondateurs de l'*école doctrinaire*.
(*Note des auteurs.*)

(2) Nous remarquerons que Pétion improuva cette coiffure. Il en écrivit à la société des Jacobins une lettre que nous donnerons à sa date (19 mars 1792).
(*Note des auteurs.*)

Le ministre a fait part des ordres qu'il a transmis, au nom du roi, au département. — Le directoire de l'administration du département a fait un rapport dont voici la substance :

« Il y avait dans le faubourg Saint-Marceau un magasin considérable de sucre, destiné pour la ville de Lyon. Les propriétaires de ce sucre avaient depuis quelques jours changé sa destination.

» Ils l'avaient vendu à des marchands détaillans de Paris, en prévenant la municipalité du jour où se ferait le transport. Déjà le transport s'opérait, sept voitures chargées de sucre étaient parties.

» La huitième a été arrêtée par le peuple; plusieurs tonnes ont été défoncées, et le sucre vendu à 20 sous la livre. La municipalité s'est transportée au lieu du désordre : deux cavaliers de la gendarmerie ont été grièvement blessés. Le commissaire de police de la section des Gobelins a reçu un coup de pierre à la tête; il n'en est pas moins resté courageusement à son poste, et s'est fait panser sur la place. Aussitôt le canon d'alarme a été tiré, et la générale a été battue; le trouble ne s'est propagé dans aucun autre quartier de la ville. Ce soir, à sept heures, le maire et la municipalité ont fait parvenir les sucres à leur destination.]

Les journaux n'ajoutent à ce rapport aucun détail particulier. Brissot dit : « Il est essentiel de remarquer que cette émeute arrive précisément pendant que le peuple s'arme de piques; quelques jours après que les feuilles aristocratiques conseillaient à la garde nationale et à la gendarmerie de s'opposer à cette fabrication, et leur faisaient entendre que c'était contre elles qu'elle était dirigée. N'est-il pas évident qu'on a voulu appuyer d'un fait ces fallacieuses insinuations? Gardes nationales! ces piques ne sont destinées qu'à servir de renfort à vos baïonnettes. Peuple! jamais ces baïonnettes ne seront tournées contre vos piques. » (*Patriote français* du 17 février.)

Théâtres. — « La tragédie de *Caius Gracchus* a eu beaucoup de succès; ce spectacle a produit quelques scènes où l'aristocratie n'a pas brillé. Le patriotisme a distingué M. Couthon à l'amphithéâtre; on a su gré à l'un des plus chauds défenseurs du peuple d'être venu verser des pleurs sur le corps sanglant du dernier des Gracques. On a aussi distingué à cette représentation le nouveau procureur de la commune et son substitut (Manuel et Danton), qui ont été vivement applaudis. » (*Courrier des quatre-vingt-trois départemens*, 10 février.)

Paris, 21 février. — « Hier la reine était aux Italiens ; on donnait *Renaud d'Ast*, précédé des *Événemens imprévus*. Ce n'était pas un événement imprévu pour les laquais, valets, pages, satellites de la cour, et pour les prostituées de tout rang et de tout prix ; car les loges et galeries étaient chargées de toute la canaille qui remplit ordinairement les antichambres de la cour et de Paris. On avait même posté dans le parterre quelques hommes à grosse voix, à fortes poitrines et à larges mains. A peine virent-ils paraître la reine, que des cris de : *Vive la reine !* partirent de tous les côtés, et furent répétés avec fureur ; à un signal, un homme à grosse voix cria : *A bas les Jacobins ! qu'il n'y ait ici que d'honnêtes gens !* Et tous les *honnêtes gens* d'applaudir et de faire *chorus*. Les *Événemens imprévus* leur fournirent les allusions les plus abjectes, et toutes furent relevées avec une lâche affectation. Dans un *duo* entre un valet et une suivante, l'un chantait : *J'aime mon* MAÎTRE ; l'autre : *J'aime ma* MAÎTRESSE. Leur maîtresse savourait à longs traits ces hommages grossiers ; mais le triomphe ne fut pas long : l'affectation était trop choquante, et les patriotes, qui d'abord n'avaient pas daigné lutter contre ce torrent de bassesses, crièrent, à la fin de la première pièce : *Vive la nation !* Cette exclamation civique fut répétée par la presque unanimité du parterre, et accompagnée d'apostrophes un peu vives, lancées un peu vivement à ces messieurs des loges. Cependant deux hommes à grosse voix osèrent crier : *A bas la nation !* Tomber sur ces deux honnêtes gens, faire pleuvoir sur eux une grêle de gourmades patriotiques et les expulser du parterre, ce fut l'ouvrage d'un moment. Cette correction salutaire en imposa aux loges, et elles n'osèrent souffler un mot pendant toute la seconde pièce. Nous ne devons pas oublier de dire que quelques patriotes du parterre se trouvèrent dépouillés de leurs montres ;

c'était encore une petite espièglerie aristocratique; c'étaient des à-comptes pris sur la contre-révolution par quelques amis de la cour. Quand elle sortit, les cris de *vive la reine!* d'un côté, et de l'autre ceux de *vive la nation!* recommencèrent; mais la place était remplie de tous les cochers et laquais des valets qui remplissaient les loges, et leurs voix formèrent le concert harmonieux au milieu duquel la reine monta dans sa voiture. » (*Patriote français* du 22 février.)

Nous lisons dans *Gorsas*, N° du 24 février: « Le désordre des spectacles est à l'ordre du jour. Avant-hier, il y a eu la plus grande fermentation à celui de Monsieur, où l'on donnait la pièce à *Deux Faces,* ou le *Club des bonnes gens*, du cousin Jacques. Les patriotes, outrés de l'indécence avec laquelle les loges accueillaient ordinairement les applications aristocratiques, ont demandé à grand cris qu'on jouât l'air: *Ça ira*. Malgré les réclamations contraires et l'indifférence, pour ne pas dire le refus, d'une partie de l'orchestre, cet air a été joué et répété deux fois. »

Spectacles (*des Tuileries*). — « Comment! un spectacle aux Tuileries? Eh! oui, aux Tuileries! *Là où les valets ont plus d'esprit que les maîtres*. Le carnaval en a créé un très-joli: coulisses, orchestre, acteurs, pièce et billets rouges pour entrer; tout cela s'est fait d'un coup de baguette... Quelle était donc cette pièce? Mais des *factieux*, des *complots*, des *Jacobins*, des *enragés*, des *ogres*; et puis tout à coup Coblentz et le club des Feuillans, qui arrivent tambour battant, le plumet au chapeau; puis un trône d'or; puis les héros d'outre-Rhin qui se prosternent aux pieds de Louis XVI; puis un bal. — Et quel jour tout cela? — La nuit du lundi au Mardi-Gras. — Mais cependant la municipalité avait défendu les chiants-lits. — Bon pour l'intérieur de la ville, mais à la cour! » (*Gorsas*, N° du 25 février.)

Théâtre du Vaudeville. — « C'est à regret que nous allons entrer dans les détails de la scène affreuse qui a eu lieu avant-hier au soir (24) à ce théâtre. Avant tout, il convient de dire un mot de la pièce de M. Léger, intitulée: l'*Auteur d'un moment*.

» Certain Damis, auteur fort entêté de son mérite, a pour ami, pour protecteur, M. Baliveau. Ce Baliveau, vieillard satirique, s'est permis de lancer des traits contre plus d'un grand homme, et particulièrement contre J.-J. Rousseau. Il y a eu un arrangement entre ces messieurs d'accaparer à eux deux Melpomène et Thalie. Damis accepte pour lui la première, et Baliveau veut encore caresser Thalie, et, comme de raison, il fait le partage :

>Nous ferons partout la loi
>Dans notre carrière;
>Tu seras Racine, et moi
>Je serai Molière.

» Le but de l'auteur de cette pièce était évidemment de jeter sur ce couple le ridicule à pleines mains. Une jeune veuve, madame de Volnange, que Damis croit éprise de lui, dispose tout pour punir ce fat, et en cela est très-bien secondée par une soubrette qui lui chante ce couplet, qui a été la cause essentielle de l'horrible tapage qui vient d'avoir lieu.

>AIR : *Regrets vifs et joli maintien.*
>
>Je suis au comble de mes vœux;
>Enfin, madame, je respire;
>Il faut que *ce fat* à vos yeux
>De honte et de fureur expire;
>Se voir berné par un *pédant*
>Est bien fâcheux, sur ma parole;
>*Des rois quoiqu'il soit le régent,*
>Sans respect pour son rudiment,
>Il faut l'envoyer (*Bis*) à l'école.

» Dans le jardin de madame de Volnange sont rangés les bustes de nos plus célèbres auteurs. Un seul piédestal semble attendre *son grand homme*, et le fat Damis ne doute pas que ce grand homme ne soit lui. Son lourdaud de valet vient niaisement le bercer dans son erreur, et lui dire que *tout de bon* on va lui rendre les mêmes honneurs qu'à Mirabeau, et qu'une troupe de poètes veulent décorer une rue du beau nom de Damis. — Damis, enivré de lui-même, écoute avec attention son valet; mais, hélas! il lui chante :

FÉVRIER (1792).

Air : *Tout roule aujourd'hui dans le monde.*

Mais hélas! ils venaient vous dire
Que, malgré leur peine et leur vin,
Ils n'avaient pu pour vous inscrire
Trouver de rue un *petit coin :*
Tout était occupé d'avance.
Mais si ça peut vous convenir,
Ils ont encor pour récompense
Un *cul-de-sac à vous offrir.*

» Il est bien dur pour Damis d'occuper une pareille place; mais le bienheureux piédestal le vengera. En ce moment, on y place un buste qui est celui de Jean-Jacques. Telle est la catastrophe dernière où périssent Damis et son ami Baliveau.

» Cette pièce n'eût été qu'agréable et piquante, si tout ce public n'eût été prévenu qu'elle était dirigée contre deux auteurs très-connus, MM. Palissot et Chénier (l'auteur de *Caius Gracchus*). — Les trois premières représentations avaient été assez tranquilles, mais la quatrième avait été agitée et semblait présager des troubles pour la représentation suivante. Un appel *du public en tumulte au public attentif*, inséré, par l'auteur de la pièce, dans le *Logographe*, et répandu avec profusion avant que la toile se levât, a achevé de tout brouiller. M. Léger a beau dire qu'il a voulu venger l'auteur du *Contrat social*, sans cesser d'estimer deux hommes de mérite, deux grands écrivains tels que MM. Chénier et Palissot. « Personne, disait-il dans cet appel, ne rend plus que moi justice à leur mérite, et je n'ai pas cru même en pouvoir donner une preuve plus frappante qu'en empruntant à l'un d'eux les vers suivans, qui seuls pourtant ont fait suspecter ma façon de penser :

Je ris de ces pédans qui pensent à la fois
Éclairer l'univers *et régenter les rois* (1),
Fanatiques d'orgueil, etc. (*L'Homme dangereux*, de Palissot.)

» Ces explications ont paru une ironie sanglante. Au reste, il est constant qu'il y avait un coup de monté, et que l'aristocratie s'était fait appuyer de ses soldés. Nous tenons d'une personne sûre qu'il y avait dans le parterre plusieurs souteneurs de tri-

(1) Palissot était du nombre de ceux qu'on avait désignés pour être gouverneurs du dauphin. (*Note des auteurs.*)

pots, connus sous le nom d'*arsouilles*. Enfin, dès quatre heures et demie, il n'était plus possible de se procurer des billets. Ce fut entre la première et la seconde pièce que l'orage commença à gronder. Comme pour essayer les esprits, ces *arsouilles* chassèrent l'un d'eux, sous prétexte qu'il était *jacobin et ivre*. Celui-ci ne se le fit pas dire deux fois. Au mot (*escarpin*), terme d'argot de ces messieurs, pour signifier qu'il *faut décamper*, le *prétendu Jacobin* se retira aux grands applaudissemens des loges. — La pièce qui précédait fut entendue avec tranquillité; mais l'*Auteur d'un moment*, aux premières allusions, fut assez tumultueuse pour que le commissaire Prestat vînt réclamer la paix et l'ordre *au nom de la loi*... Le calme se rétablit un instant. Lorsque la soubrette chanta : *Des rois quoiqu'il soit le régent*, les sifflets d'un côté, les applaudissemens de l'autre recommencèrent avec fureur. Les loges demandent que l'actrice chante de nouveau; une partie du parterre crie : *A bas la toile!* — Les loges : *A la porte les Jacobins!* Le tumulte était effroyable. — Un particulier, ayant les cheveux coupés en rond (Voir plus haut une note de la brochure de Desmoulins), et portant des conserves, monte sur une banquette et demande la parole : c'était une imprudence peut-être, mais ce n'était pas un crime. Un cri presque universel s'élève contre lui : *C'est un Jacobin! c'est un Jacobin! Assommez le Jacobin!* — Le particulier, Jacobin ou non, insiste; des gestes menaçans se dirigent contre lui; et une canne qu'il voit ou qu'il croit voir levée sur sa tête, la lui fait perdre. Il agita sa canne; ce fut le signal. Tous ces hommes, dont nous venons de parler, se jettent sur lui, le traînent par les cheveux, le frappent de mille coups; enfin, lorsqu'il est hors du théâtre, l'un d'eux le pousse avec violence contre le mur où il va se briser la tête; pendant ce temps-là, les autres menaçaient et du geste et de la voix le petit nombre de patriotes de l'intérieur, dont plusieurs furent maltraités aux grands applaudissemens des loges.

» On va croire sans doute que le commissaire Prestat va mettre fin à cette scène affreuse : point du tout; il avait reparu pour réclamer de nouveau la paix et l'ordre, et pour faire recommencer la pièce, et en cela il fut très-bien secondé par l'officier de garde qui s'écria : *Nous l'entendrons tout entière ou nous périrons ici !*

» Enfin, il était évident qu'aux quatre coins tout était disposé pour être d'accord, car un sieur Mauguet, ci-devant architecte et officier du 103e régiment (et ce fait, on nous l'assure), fit un appel à lui, et se mit à crier: *Vive le roi ! vive la loi !... grands applaudissemens, bravos éternels.* A ce nouveau signal, et de toutes parts, les cris de vive le roi ! mais sans l'amendement, de percer les voûtes de la salle. On doit juger de ce qui s'est passé pendant le cours de cette tumultueuse représentation.

» Cependant le bruit s'était répandu dans Paris qu'on avait massacré un, deux, trois patriotes au théâtre du Vaudeville ; ce bruit en circulant avait été accompagné des circonstances les plus graves: on disait, entre autres choses, que les femmes criaient des loges: *Assommez ! tuez tous ces gueux-là !...* de sorte que le peuple s'était rendu en foule à la porte du spectacle, où il exerça à son tour une police un peu dure. Plusieurs particuliers furent traînés dans la boue et violemment maltraités. Les femmes même ne furent point exemptes de cette vengeance, à laquelle nous sommes bien loin d'applaudir, et que nous trouverions inexcusable, si elle n'avait pas été le résultat de l'opinion bien accréditée dans le public, qu'elles s'étaient écriées : *Assommez ! tuez !* etc. » (Gorsas, No du 26 février.)

Le lendemain, le directeur du Vaudeville afficha avec intention: *la Revanche forcée.* Les patriotes s'y rendirent en foule. « A peine la toile était levée qu'un grenadier de la garde nationale monta sur une banquette et demanda, au nom des patriotes, que le directeur parût. M. Barré paraît et le grenadier lui dit: « Un de nos camarades, chasseur de la garde nationale, a été blessé grièvement à la suite du tapage d'hier. Nous vous demandons, nous vous sommons, monsieur, de rayer de votre répertoire la pièce qui a donné occasion à cet accident. » M. Barré s'engage à ne plus faire jouer l'*Auteur d'un moment.* Tout à coup plusieurs voix s'élèvent et demandent que le manuscrit de l'auteur soit apporté et brûlé publiquement. Le grenadier dit: « Res-

pect à la propriété. Bornons-nous à en lacérer et à en brûler un exemplaire imprimé. » Cet avis était à peine ouvert qu'un musicien de l'orchestre s'empresse d'en offrir un, et sur-le-champ, à la demande des spectateurs, la musique joue. l'air: *Ça ira*, et on ne discontinue point jusqu'à ce que la pièce fût brûlée en cadence, dans la forme d'un chapeau, malgré l'opposition des loges, auxquelles on commande le plus imposant silence. A la fin du spectacle a paru le commissaire Prestat. Il parla de *gens payés*, de *factieux*, d'*excès répréhensibles*. A ce discours, quelques applaudissemens partent des loges, où l'on a cru reconnaître la *couturière Rolland*, très-connue du *très-moral* Prestat, et de toute la section des Tuileries, qui lui défend de réclamer. Les patriotes, après avoir commandé de nouveau le silence à la *couturière Rolland*, et à toutes les *servantes et serviteurs* des loges, ont exposé leur conduite par respect pour l'écharpe et point du tout pour la stupide personne du commissaire. Le Prestat insiste: il *dit qu'on lui a dit qu'il était dit* qu'on voulait mettre le feu à la salle. (Nous nous servons de ses expressions.) Alors un cri s'élève: Qui vous a *dit*, qu'on avait *dit*, qu'il était *dit*, etc.? On le somme de dresser procès-verbal et de *dire* qu'il n'a rien vu que des citoyens remplis de respect pour la loi. Prestat ne sachant que dire, s'est retiré en balbutiant des excuses sur ce qu'il avait été mal instruit...... et il s'est retiré sans qu'on le huât, grace à son caractère. Mais aujourd'hui, qu'il n'est pas en fonctions, moi je le *hue*, et l'invite à profiter de la leçon que je daigne lui donner..... Et vous, section des Tuileries, profitez-en pour chercher à l'avenir dans la classe des respectables citoyens les hommes purs qui doivent être chargés des fonctions publiques de *censeurs*, et non pas dans celle de ces êtres dont l'immoralité est aussi connue que celle d'un *Prestat*, aussi mauvais époux qu'il est mauvais citoyen, et *je signe*, A.-J. GORSAS. » (N° du 27 février) — « *Supplément à nos deux articles*. Il paraît constant que le particulier qui a été assassiné au Vaudeville est mort de ses blessures; il est très-constant qu'il a été assassiné sous prétexte qu'il était Jacobin, et qu'il n'appartenait pas du tout à cette société.

— Voici encore d'autres faits qu'on nous atteste. MM. Gouy et Clermont-Tonnerre ont assisté au spectacle, où ils ont été reconnus par M. Curtius, capitaine de la garde nationale. — Deux Pages de la reine sont au nombre de ceux qui ont trouvé, en sortant, le peuple et le dégel. » (*Courrier du 28*).

Nous terminerons le récit de ces scènes par la motion faite à ce sujet dans l'assemblée nationale, à la séance du 25, par Henri Larivière.

[*M. Larivière*. Je ne crois pas abuser des momens de l'assemblée, en l'invitant à fixer son attention sur un des moyens employés dans cette capitale, pour égarer l'opinion publique; je veux parler des spectacles. Des scènes scandaleuses s'y multiplient tous les jours. On affecte de donner des pièces où respire l'incivisme. Il semble que les acteurs ne peuvent se relever de l'avilissement où ils étaient tombés, et qu'ils sont incapables de sentir la dignité de l'homme. Plusieurs bons citoyens ont été maltraités pour s'être révoltés contre toutes ces platitudes, débitées, répétées avec affectation, et applaudies avec transport par tous les valets des cours. Toujours braves à leur manière, ils accaparent les billets, et, maîtres du local, ils accablent par le nombre ceux que le hasard a placés en si mauvaise compagnie. Hier, au théâtre du Vaudeville, il s'est passé une scène de cette nature, et un bon citoyen pensa en être la victime. Je n'ignore pas qu'il est du ressort de la police municipale de réprimer ce scandale; mais c'est à vous qu'il appartient d'examiner l'influence des spectacles sur l'opinion publique; c'est à vous qu'il appartient de les purger de ces pièces immorales qui la corrompent, et je demande que cet objet soit renvoyé au comité d'instruction publique.

L'assemblée ordonne le renvoi à son comité d'instruction.]

CLUB DES JACOBINS.

Nous exposerons d'abord les séances de l'assemblée nationale où la société des Jacobins fut en cause : nous transcrirons ensuite l'article d'André Chénier, et la partie intéressante de la polémique qu'il souleva; nous ferons suivre ces pièces de l'analyse des séances de la société elle-même.

Législative. A la séance du 4 février, Gorguereau, au nom du comité de législation, fit le rapport d'une adresse signée Robespierre, et adoptée par une *société célèbre*, et des autres pétitions de la capitale ou des provinces dénonçant le directoire du département de Paris; il se plaignit de l'avilissement des administrateurs, et soutint que le droit de censure ne pouvait appartenir à une section du peuple; il observa, d'ailleurs, qu'un grand nombre de signataires n'étaient pas citoyens actifs. Goupilleau, Jagot, Gossuin et Mailhe accusèrent le rapporteur de faire le procès au peuple. (Agitation.) Gorguereau proposa de déclarer illégale la pétition présentée au roi par le département de Paris; le rejet de toutes les pétitions collectives, et la traduction aux tribunaux criminels des individus qui en signeraient comme fonctionnaires publics. On demanda que le rapporteur fût censuré. (Vifs applaudissemens des tribunes; long tumulte dans l'assemblée; appel nominal interrompu par Boulanger.)

« On croirait, s'écria Vergniaud, que le Rhin coule au milieu de cette salle, et je ne dirai pas de quel côté sont les conspirateurs. Non-seulement je demande que M. Boulanger soit censuré; mais qu'au moment où le président mettra aux voix une proposition, celui des membres qui arrêtera la délibération soit sur-le-champ conduit à l'Abbaye. » (On applaudit.) — La censure fut prononcée contre Boulanger, et après de vifs débats, l'assemblée renvoya le projet à une autre section du comité de législation.

« Qu'on lise, dit Prudhomme, numéro 137, qu'on lise, si on en a le courage, le rapport de M. Gorguereau, et l'on verra que le but de cet *honorable* membre à moins été de mettre l'assemblée en état de prononcer sur la pétition qui provoquait le *veto* appliqué à la loi des prêtres séditieux, que de décrier les sociétés populaires. »

Patriote Français, du 7. — « Il paraît que les ministériels n'ont pas perdu l'espoir de dissoudre les sociétés patriotiques. C'est surtout contre les Jacobins qu'ils dirigent leur batteries. Ils veulent en écarter tous les membres de l'assemblée nationale, et en les faisant insulter par quelques aboyeurs qui cachent leur perfidie sous le masque de l'extravagance, et en criant qu'aucun député, ne peut être affilié à aucun club. Samedi soir, nous avons eu le très-volumineux plaidoyer de M. Gorguereau, et le matin, M. Treilh-Pardaillan, aussi député de Paris, a fait distribuer un discours où il tâche de prouver l'incompatibilité du titre de député et de celui de membre d'une société patriotique. »

Législative (séance du 20). — « M. Vaublanc, en demandant le renvoi d'une adresse de Marseille, au comité de législation, s'est étendu sur les désordres intérieurs qui déchirent le royaume. Il a cru qu'ils devaient en partie leur origine à l'influence des sociétés populaires sur l'opinion publique, et sur les corps administratifs. Ceux qui connaissent M. Vaublanc rendront toujours justice à la pureté de ses vues; mais ils verront aussi qu'il se laisse souvent égarer par sa prévention contre les sociétés des amis de la constitution. — Le trait contre les Jacobins était porté; le président (Dumas), qui aimait à le laisser dans la plaie, a fermé tout à coup la discussion au milieu du tumulte, et lorsque M. Guadet était à la tribune. — On a réclamé contre cette partialité: la discussion a été rouverte; et M. Guadet, avec son énergie ordinaire, a vengé les sociétés populaires des reproches qu'on leur faisait. Il a rappelé les services qu'elles avaient rendu, qu'elles rendraient à la chose publique. Il a fait voir que tous les désordres ne tenaient qu'à l'inaction du pouvoir exécutif, qu'à la défiance dont il s'entoure, qu'à ses manœuvres pour discréditer le corps législatif. » (*Patriote Français* du 21 février). Brissot, expose ensuite que Ramond, *l'ennemi juré* des Jacobins, est monté à la tribune, pour dénoncer un écrit de Machenaud, imprimé avec autorisation de la société, et que Rouyer lui a opposé l'*Ami du roi* et *Mallet du Pan;* mais nous laissons ici parler l'*Ami du roi* lui-même, numéro du 22 : « M. Rouyer a accolé les libelles de l'*infâme abbé Royon, au ministre de la justice, qui sans doute les paie, puisqu'il les souffre.* Ma foi! si ce ministre me soudoie, il oblige un ingrat, et je ne gagne pas mon argent, car je crois n'avoir pas ménagé ce vil esclave de la fortune, qui, rampant auprès d'audacieux tyrans, osa, lors du départ du roi, prendre de leurs mains les sceaux que Sa Majesté lui redemandait, s'asseoir pour ainsi dire sur le trône, et river les fers de son maître, en signant l'arrêt de sa captivité. — Quant au brevet d'*infamie*, dont M. Rouyer me gratifie, j'appelle comme de juge incompétent en fait d'honneur, et, pour la dénonciation, c'est une singularité assez remarquable de ma vie, que je sois toujours enveloppé dans la proscription de tous les patriotes incendiaires qu'on est obligé de sacrifier. Lorsque après la journée du Champ-de-Mars, on fut contraint de paraître vouloir sévir contre les chefs et les instigateurs des séditieux, assassins de cette brave garde nationale, émule des gardes du corps, et dont la patience héroïque à endurer les outrages et les excès des mutins, tant qu'elle n'a pas reçu ordre de les réprimer, m'étonne toujours plus encore que le courage, quand il lui est permis de le déployer; alors, dis-je, je fus associé à Marat, à Desmoulins; et pour consoler les patriotes de la perte simulée de ces martyrs du patriotisme, on voulut m'immoler avec eux, moi, qui avais tonné contre leurs excès. Aujourd'hui, parce qu'on reconnaît enfin que les clubs dont j'ai toujours blâmé les violences, sont les causes de tous nos maux, on veut encore me sacrifier pour apaiser leurs mânes, et il faut que le censeur des crimes périsse avec les coupables. — Cependant ce bizarre arrêt de M. Rouyer n'est pas encore mis à exécution, l'assemblée est passée à l'ordre du jour sur sa dénonciation, ainsi que sur celle de M. Ramond, et les clubs et moi, sommes mis pour cette fois hors de cour et de procès. »

La séance du 25 est celle où la société des Jacobins fut attaquée de la manière la plus insidieuse et la plus grave pour elle, si la motion de Mouysset eût été décrétée. Nous ferons précéder cette séance des placards et des articles de journaux qui la préparèrent.

Gazette Universelle du 22. — « Ces démonstrations vagues de factieux ou de républicains sont inventées par la prévention et la haine, et cette prévention et cette haine sont également injustes ; ce qu'on appelle factieux, ne sont que des patriotes ardens qui, alarmés sur l'état actuel de la patrie, croient que les moyens de rigueur et les résolutions courageuses peuvent seuls la sauver. Ils seraient à l'abri de tout reproche, s'ils écartaient d'eux quelques hommes sans esprit et sans lumières, des criailleurs indécens et des orateurs pleins de talent, mais profondément pervers, qui attaquent la constitution en feignant de vouloir la défendre, comme pour faire l'essai d'un plan plus vaste. » — Quant à ceux qui veulent la constitution et rien que la constitution (les Feuillans), « s'ils méritent quelque reproche, c'est de ne pas montrer assez d'énergie. En cela ils vous ressemblent, citoyens de Paris, qui avez fait la révolution, et qui êtes le véritable peuple, quoi qu'en dise votre maire. *Indépendans*, c'est vous qui, par votre versatilité, par votre nullité systématique, par la crainte que vous avez d'être nommés par de vils folliculaires, forcez l'assemblée à n'avoir jamais une volonté générale, un système fixe et suivi. Hommes faibles, qui craignez la responsabilité des événemens, qui trahissez la cause du peuple, abdiquez vos fonctions si vous n'avez pas le courage de les remplir; la sentinelle qui s'endort à son poste est aussi coupable que celle qui déserte. »

Cosmopolite du 22. — « Hier au soir, un assez grand nombre de députés, parmi lesquels on a remarqué MM. Charlier, Lamarque, Jean Debry et Maille, membres de la société des Jacobins, et MM. Hua, Chéron et Lagrévole, membres de celle des Feuillans, se sont réunis dans la salle de l'assemblée, et de là dans celle du comité de division. M. Maille portant la parole, a invité tous les députés présens à mettre fin aux divisions qui se formaient dans le sein même du comité législatif, et il a proposé de se réunir dans la salle de l'assemblée, tous les jours qu'il n'y aurait pas de séance le soir. Cette réunion aura la dénomination de *conférence;* on y discutera les matières importantes qui doivent être débattues dans l'assemblée, mais on n'y prendra aucune délibération. Il n'y aura point de procès-verbal ; les membres du corps législatif y seront seuls admis, et le doyen d'âge présidera. — La proposition de M. Maille a été adoptée. »

Courrier de Gorsas du 22. — « *Arrêtez-vous, passans* ! Tel est le titre d'un nouveau placard, dont l'objet, suivant les expressions dans lesquelles il est conçu, tendent à la *judicieuse destruction de toutes les corporations*. Cette affiche ou pétition à l'assemblée nationale est rédigée contre les *frères jacobins*, dignes émules des *frères jésuites* ; contre ces disciples du *vieux de la montagne* ; contre cette *peste*, contre ce *fléau* de l'ordre social, qui égare un peuple *aimable et recommandable* ; contre ces *gouffres* plus terribles que *Caribde* et *Sylla* ; contre ces *ogres*, qui veulent manger les rois, les ministres, jusqu'au coriace, M. Delessart ; contre ces *loups-cerviers*, ces *hyènes*, ces *tygres* qui veulent même manger les morts. »

Chroniques de Paris du 23. — « Où allons nous ? Les Jacobins ont-ils un plan ? Que veut cette société qui se serait couverte de gloire, si elle avait mis la sienne à soutenir la constitution ? Depuis l'époque où le club des Cordeliers s'impatronisa dans cette société, les prétendus amis de la liberté en furent les plus odieux tyrans. Un Camille Desmoulins en devint l'orateur, alors la raison fut bannie de la tribune, alors on ne souffrit plus, on n'entendit plus que des exagérations, des propositions inconstitutionnelles, que des démonstrations vagues, que des propos incendiaires. Tel est encore aujourd'hui l'état de cette société, qui ne fera qu'empirer, si l'on n'en chasse pas un Camille Desmoulins, etc., etc. — Où nous conduiront les Jacobins ! Nous sommes fâchés de le dire ; à en juger par leur journal, et par les phrases très-prononcées de leurs chefs, dont quelques-uns se trouvent *magistrats du peuple*, ce doit être au mépris de la constitution, des autorités constituées, au soulèvement du peuple contre les propriétés. » —La fin de cet article est employée à paraphraser la *Gazette Universelle* de la veille, « à régenter, comme dit Gorsas (numéro du 24), l'assemblée nationale, à raccommoder le côté droit avec le côté gauche, à réunir Feuillans et

Jacobins, c'est-à-dire, à anéantir les sociétés, en ayant l'air de vouloir rapprocher tous les partis. »

Législative. (Séance du 25). — [*M. Mouysset.* Je demande à faire une motion d'ordre.

M. Vergniaud. Je demande à présenter une observation sur les motions d'ordre.

L'assemblée décide que M. Mouysset sera entendu.

M. Mouysset. Trois cents membres de cette assemblée, qui ne sont pas occupés dans les comités, désireraient se rassembler pour conférer entre eux les jours où il n'y aurait pas de séance du soir, et s'éclairer sur les objets à traiter dans l'assemblée, et sur la situation des différens départemens du royaume. Pour effectuer cette réunion, ils ont cru qu'il n'y avait pas de local plus commode que la salle même de l'assemblée ; en conséquence, je propose le projet de décret suivant :

« L'assemblée nationale décrète que tous les jours où elle ne tiendra pas sa séance du soir, sa salle sera ouverte à tous les députés qui voudront s'y rassembler. »

On réclame l'ordre du jour.

M. Bazire. Je demande la question préalable sur le projet du décret, et je propose de la motiver.

Plusieurs voix : Fermez la discussion.

M. Ducos. Le projet de réunion proposé semble présenter la plus grande utilité, le projet de réunion dans cette salle paraît, d'un autre côté, susceptible des plus grands inconvéniens ; cette question est donc très-importante, et veut être mûrement approfondie. Je demande que la discussion ne soit pas fermée.

M. Vergniaud. C'était avec une grande raison que je demandais à donner une explication avant que M. Mouysset présentât sa motion d'ordre, afin qu'on fût bien d'accord sur les principes de la motion d'ordre en général, il ne peut y avoir de motions d'ordre que celles qui intéressent les travaux intérieurs de l'assemblée, toutes celles qui n'intéressent que les députés hors du sein de l'assemblée, sont de véritables motions de désordre ; or, la motion de M. Mouysset est dans ce dernier cas. Ceux qui ne vont pas aux comités, sont bien aises d'avoir un lieu pour se rassembler ; si c'est comme individus, dès-lors cette demande ne peut être portée à l'assemblée, qui n'a de police sur ses membres que comme représentans de la nation ; ils ne sont donc plus sous les lois de la police de l'assemblée, mais sous les lois de la police ordinaire ; s'ils veulent faire une association particulière, ils doivent être obligés d'en prévenir la municipalité. (On applaudit.)

Je suppose encore les représentans de la nation réunis ici au nombre de plus de deux cents ; comme ils portent partout leur caractère, ils pourront, s'ils veulent, former l'assemblée. Je rends justice à la pureté des membres qui demandent cette réunion ; mais ils ne peuvent être garans des propositions qui leur seront faites, quand ils seront ainsi réunis ; ils ne peuvent prévoir ce que l'enthousiasme est capable de leur faire décider. (On applaudit. — *Plusieurs voix* : L'ordre du jour.) Je crois qu'il est évident, pour ceux qui sont de bonne foi, que cette réunion présente des dangers ; que l'assemblée n'a point de police sur ses membres hors de son sein. Je lui ferai observer que l'affaire des colonies est à l'ordre du jour ; que les rapports les plus intéressans sont à l'ordre du jour, dont on les écarte par des motions incidentes ; enfin, que la patrie est en danger ; ainsi, pour l'honneur de l'assemblée, au nom de la patrie, je demande que l'on passe à l'ordre du jour. (On applaudit.)

L'ordre du jour mis aux voix est rejeté. — On demande l'appel nominal.

M. *Vaublanc.* Je suis convaincu qu'en examinant avec tranquillité la question qui partage en ce moment cette assemblée, nous parviendrons sûrement à nous éclairer. Tout le monde convient de la nécessité d'une réunion fraternelle. (*Plusieurs voix*: Non, non.) Et moi je déclare à ceux qui m'ont interrompu, que c'est un besoin pressant pour moi, un besoin pressant pour la majorité de cette assemblée. (*Plusieurs voix* : Oui, oui.) Je déclare que la France entière désire cette réunion fraternelle. (On applaudit.) J'appuie la proposition de M. Mouysset.

M. *Grangeneuve.* La proposition a successivement changé de

face dans le cours de la discussion. D'abord on a demandé que trois cents membres, ceux qui ne sont pas des comités, pussent se réunir dans la salle de l'assemblée nationale ; ensuite on a fait la proposition générale de conférences secrètes.

Les membres qui désirent lui donner, par le moyen de ces réunions, un nouveau degré d'intérêt, se trompent singulièrement, et rendent au contraire l'assemblée nationale infiniment moins intéressante pour le peuple. Croyez-vous que par toute la France on ne dira pas : L'assemblée nationale ne porte dans ses séances publiques que des avis déjà convenus, des décrets déjà délibérés dans des séances secrètes ? (Les tribunes applaudissent. — Des murmures s'élèvent dans une partie de l'assemblée.) Je vous prie, M. le président, de rappeler à l'ordre quelques personnes qui me troublent dans mon opinion, malgré la modération que je mets dans mes paroles, en me disant que j'apporte ici un esprit de parti, et que mon avis a été fait aux Jacobins. Permettez que j'observe à ces messieurs que les séances des Jacobins sont publiques. (Les tribunes applaudissent.)

Aux termes de la constitution, les séances de l'assemblée nationale doivent être publiques, et une seule forme vous est indiquée pour les séances secrètes ; cette forme doit être très-rarement employée ; c'est celle du comité général. Je vous prie de ne pas éluder la constitution, de consacrer votre temps à des délibérations légales et constitutionnelles, et de passer à l'ordre du jour. (On applaudit dans une partie de l'assemblée et des tribunes.)

M. Merlin. Je fais une proposition, c'est que l'assemblée décrète qu'elle tiendra séance tous les jours matin et soir. (Une partie de l'assemblée et les tribunes applaudissent.)

M. Albite. Je demande à rapporter un fait important. Nos ennemis d'outre-Rhin répandent avec profusion des pamphlets, par lesquels ils annoncent qu'ils ont trouvé le moyen.... (Il s'élève quelques murmures.)... Écoutez bien ceci : qu'ils ont trouvé le moyen de gagner quelques membres de l'assemblée nationale... (Il se fait un grand silence.) C'est sans doute une imposture infâme. (*Plusieurs voix* : Oui, oui.) Pour les convaincre de leur imposture, de leur noirceur, de leur crime, je demande que nous tenions séance tous les jours, et que tous nos momens soient donnés à la chose publique. (On applaudit.)

M. Mouysset. Je m'oppose à ce qu'il y ait des séances obligatoires et publiques tous les jours ; je demande qu'il y ait, trois fois par semaine, des conférences amicales, où ne viendront que ceux qui voudront en profiter. Les uns iront aux Jacobins, les autres aux Feuillans. Mais je viendrai ici contempler Mirabeau... (On rit, on murmure. — On rit.) me pénétrer de ses grands principes, me pénétrer de la nécessité de combattre les factieux... (Quelques membres applaudissent.) jusqu'à la mort.

Plusieurs voix : Les factieux ministériels.

Plusieurs membres demandent la parole pour des motions d'ordre. L'assemblée décide qu'ils ne seront pas entendus. Les débats s'élèvent sur les questions de priorité. La proposition de M. Merlin, appuyée par M. Lacroix, est mise aux voix. — L'épreuve paraît douteuse.

M. Merlin. Je réclame l'appel nominal, afin que tous les oiseaux de nuit soient mis à découvert.

Une grande partie de l'assemblée appuie la demande de l'appel nominal. Plusieurs membres demandent la parole pour des motions d'ordre. — Il s'élève un violent tumulte. — Après de longs débats, l'assemblée décide qu'ils ne seront pas entendus. M. le président lit l'article du réglement qui porte qu'en cas de doute on procédera à l'appel nominal. L'appel nominal a lieu sur la question de savoir si la priorité doit être accordée à la proposition de M. Merlin.

M. le président. Voici le résultat de l'appel nominal : sur 634 votans, 271 ont voté pour le *oui*, et 263 pour le *non*. Ainsi, la priorité est accordée à la motion de M. Merlin, c'est-à-dire que je dois mettre aux voix s'il y aura séance tous les soirs.... Un moment.... sur cette proposition on demande la question préalable, et on demande encore l'ajournement de la proposition de M. Mouysset. (Il s'élève de violens murmures.) La motion que je viens de résumer m'a été remise signée : cependant je conviens que, puisque la priorité a été accordée à la motion de M. Merlin, cette proposition seule doit être mise aux voix.

L'assemblée décide qu'il y a lieu à délibérer sur la proposition de M. Merlin. (Les tribunes applaudissent.) M. le président se dispose à mettre aux voix la proposition de M. Merlin. M. Bazire interrompt la délibération pour demander l'ajournement.

M. Léopold. Je demande à faire un autre amendement. Il consiste à ce que tous les membres qui seront convaincus d'avoir présidé des assemblées populaires, soient censurés et inscrits au procès-verbal.

Il s'élève de vifs applaudissemens dans une partie de l'assemblée, et de violens murmures dans l'autre. Un grand nombre de membres se présentent en foule, soit pour appuyer, soit pour combattre l'amendement de M. Léopold. M. le président se dispose à mettre cet amendement aux voix.

M. Grangeneuve. Monsieur le président, je demande à parler contre vous, si vous ne me laissez jouir du droit qu'a tout membre lorsqu'il a obtenu la parole. Le décret que l'on propose est, en d'autres termes, une défense faite par l'assemblée à un député d'être, tel ou tel jour, dans un endroit déterminé. Vos pouvoirs sont limités par la constitution ; je ne reconnaîtrai jamais d'autre autorité, dans mes habitudes privées, que les lois communes à tous les citoyens. Vous pouvez faire des réglemens pour l'intérieur de vos séances, mais au-delà, vous n'avez pas plus de juridiction sur un de vos membres que sur tout autre citoyen.

M. Lacroix. Je répondrai à ce que le préopinant vous a dit pour éluder l'autorité de l'assemblée nationale. J'ai entendu dire souvent par M. Grangeneuve, que le devoir de tout fonctionnaire public était de rester à son poste : or, je demande à M. Grangeneuve quel est son poste, si ce n'est le lieu des séances de l'assemblée. Si un député manque à son devoir de député, je demande si l'assemblée n'a pas le droit de faire un décret pour l'y assujettir. (Il s'élève quelques murmures. — M. Thuriot demande à faire une motion d'ordre.) Je ne parle point pour vous, monsieur Thuriot, je parle pour la saine partie de l'assemblée. (Il s'élève de violens murmures.)

M. Grangeneuve. Je demande que M. Lacroix soit rappelé à l'ordre. (Il s'élève de violens murmures dans une partie de l'assemblée, et des applaudissemens dans l'autre.) Il n'y a pas de partie saine, ni de partie malsaine dans l'assemblée.

M. Lacroix. Je dis que nos commettans nous ont envoyés ici pour faire des lois, pour employer tout notre temps à la chose publique, et nous devons tous être réunis ici lorsque l'on tient séance. On ne nous a pas envoyés ici pour être aux Jacobins ou aux Feuillans. (Il s'élève des murmures. — *Plusieurs voix* : Ni dans les antichambres des ministres.) Je dis, et je répète, que toutes les fois qu'un membre s'arrache à ses fonctions propres pour se livrer à des fonctions étrangères, il tombe, pour ainsi dire, en forfaiture avec ses commettans : d'après cela, je dis que l'assemblée a incontestablement le droit de rappeler à leurs devoirs ceux de ses membres qui s'en écartent ; et pour cela, il faut qu'elle fasse un réglement. Ne serait-il pas bien extraordinaire d'entendre plusieurs membres demander qu'il y ait des séances du soir tous les jours, et cependant refuser indirectement de s'y trouver? (On applaudit.) J'appuie donc l'amendement de M. Léopold, et je demande que ceux qui ne se trouveront pas aux séances ne soient pas payés.

M. Ramond. Lorsque les membres ne se trouvent pas à la séance de l'assemblée nationale, la présomption naturelle, la seule présomption légale qui puisse les justifier, c'est celle d'une maladie. La présomption cesse lorsqu'il est prouvé que les membres absens se sont trouvés dans des sociétés particulières. Je propose donc la rédaction suivante :

« Tout membre qui, pendant la durée des séances, sera convaincu d'avoir été dans quelque lieu public que ce puisse être, sera inscrit au procès-verbal avec censure. »

M. Guadet et plusieurs autres membres demandent la parole pour des amendemens. — L'assemblée ferme la discussion sur les amendemens.

M. le président. Je vais mettre aux voix la proposition de M. Léopold, sauf rédaction. (Il s'élève des murmures. — On demande que la discussion soit continuée.)

N..... Je demande que l'assemblée déclare que M. Mouysset a mis le désordre dans l'assemblée.

L'assemblée décide qu'il y a lieu à délibérer sur l'amendement de M. Léopold. Des discussions s'élèvent sur la rédaction de cet amendement.

M. Léopold. Je propose de rédiger mon amendement en ces termes :

« Tous membres de l'assemblée qui, au lieu d'assister aux séances, seront convaincus d'avoir présidé, siégé ou assisté aux sociétés publiques, seront inscrits au procès-verbal avec censure. »

N...... Les Feuillans ne sont point publics ; on pourra donc aller aux Feuillans ?

M. le président. On demande qu'aux mots *sociétés publiques*, il soit ajouté *et particulières*; je vais donc consulter l'assemblée sur les amendemens et sous-amendemens.

Plusieurs membres se lèvent dans différentes parties de la salle pour faire de nouvelles propositions. — Un décret accorde la parole à M. Isnard.

M. Isnard. Je demande que la proposition soit rédigée en ces termes :

« Tous ceux qui seront convaincus d'avoir manqué aux séances de l'assemblée nationale, sans causes légitimes, seront censurés. » (On applaudit.)

La priorité demandée pour la rédaction de M. Léopold est mise aux voix. — Deux épreuves sont douteuses. — On demande avec chaleur l'appel nominal.

M. Girardin. Je demande qu'après six heures de débats scandaleux nous passions enfin à l'ordre du jour. (On applaudit.)

Une grande partie de l'assemblée se lève, et appuie la proposition de passer à l'ordre du jour. Un long intervalle se passe dans une très-grande agitation. — La voix du président est étouffée par le tumulte des altercations particulières. M. Mouysset paraît à la tribune. Le tumulte redouble.

Un grand nombre de voix. A bas, à bas, à bas ! à l'Abbaye. — M. Mouysset quitte la tribune.

M. le président. Il n'est pas un membre qui ne sente combien il est important que cette séance finisse avec calme. M. Mouysset demande la parole, et il me fait dire que c'est pour retirer sa motion. (Il se fait un grand silence.)

M. Mouysset. L'objet de la motion que j'avais faite était de resserrer de plus en plus les liens d'union et de fraternité qui doivent exister, et par sentiment et par nécessité, entre tous les membres de l'assemblée. Je vois avec peine que, par des motions incidentes, on a éloigné le bon effet de ma motion. Puisqu'on veut se décider à tenir des séances tous les soirs, j'augure trop bien de mes collègues pour croire qu'ils n'y seront pas très-assidus. Je demande donc que l'on passe à l'ordre du jour.

L'assemblée passe à l'ordre du jour.]

Le numéro CXXXVII des *Révolutions de Paris,* renferme un article intitulé: *Coalition d'un côté de l'assemblée avec le pouvoir exécutif,* article dont nous placerons ici quelques extraits curieux, relatifs à certains des orateurs qui figurent dans la séance qu'on vient de lire. On verra de plus que l'opinion représentée par ce journal exprimait les divisions de l'assemblée autrement que par les dénominations parlementaires que nous avons notées en commençant le mois.

« L'expérience nous prouve de plus en plus que la cause du peuple est trahie par un parti nombreux de l'assemblée nationale; parti qui s'accroît tous les jours; parti qui, pour peu qu'il grossisse encore, va exposer l'empire à des convulsions affreuses et déchirantes.

» Voici quels ont été les progrès du mal. Dès le moment de son installation, le corps législatif a jeté une première écume. Théodore Lameth, Jaucourt, Pastoret, Ramond, Ducastel et une centaine d'individus de la même trempe, se déclarèrent ouvertement les champions de la cour. Peu à peu ils firent des partisans : les

Girardin, les Lemontey, les Davheroult, les Vaublanc, ne tardèrent pas à se joindre à eux; au point que le *côté du roi*, d'abord composé de cent membres, le fut ensuite de plus de deux cent cinquante.

» Le pouvoir exécutif ne s'arrêta pas en si beau chemin; sûr de deux cent cinquante membres, il tâcha d'en accaparer d'autres, et il y réussit. Le *côté du roi*, tout couvert de son infamie, était devenu impuissant : on le réhabilita en *achetant* quelques orateurs du *côté du peuple*, qui se vendirent suivant les proportions de l'ascendant qu'ils avaient acquis sur les *bonnes* gens de l'assemblée nationale. M. Isnard, qui avait été président des jacobins, qui avait appris par cœur et débité avec emphase quelques beaux discours, M. Isnard fut le premier marchandé; tout le monde se souvient de l'accident qui lui est arrivé dans le commencement du mois de décembre. Un émissaire de la cour, trompé par une fausse adresse, aborde un matin chez un incorruptible Breton, qu'il prit pour M. Isnard. L'envoyé du roi fit de beaux complimens, vanta les talens de M. Isnard, témoigna le désir qu'on avait de faire particulièrement sa connaissance, et enfin s'en alla, laissant, comme par inattention, une poignée d'assignats sur la cheminée du faux Isnard. Le député breton ne put se contenir, donna le mot du *quiproquo*, et aussitôt le proxénète politique rengaîna son compliment et ses assignats. La députation de Bordeaux, forte en talens et en patriotisme, fut attaquée ensuite. MM. Ducos et Vergniaud reçurent aussi des envoyés. C'est dans ce moment qu'on a vu avec regret ce dernier lire un projet d'adresse aux Français, qui se ressentait furieusement du royalisme et de la liste civile; cependant, soit honte, soit remords, soit que l'instinct de la liberté ait été le plus fort, nous devons dire que M. Vergniaud, qui avait dévié un instant, est rentré dans le bon chemin.

» La cour a été plus heureuse auprès de M. Lacroix. Supérieur à la honte, ce député de Chartres n'a pas craint de voter publiquement pour les ministres; et lui, qui n'était pas content qu'il n'eût fait entendre vingt fois dans chaque séance sa voix de stentor, le voilà à son tour devenu muet, aussi muet que M. Isnard. » Ici le rédacteur fait la note suivante. — « Avis aux curieux. Voici l'histoire de M. Lacroix : cet homme était avocat de campagne avant la révolution ; il rançonnait les plaideurs, et désolait tous les environs de Chartres. L'ancien ordre judiciaire supprimé, M. Lacroix, qui avait partagé ses concussions avec les officiers des justices seigneuriales, se fit nommer par eux procureur-syndic du département ; de là juge du tribunal de cassation. Sa *bonne fortune* lui fit faire connaissance d'une belle dame à dix-huit mille livres de rente viagère. On sent quelle doit être la délicatesse et la moralité de cet homme ainsi jeté dans le grand monde ; il a fait ses affaires, celles de ses frères, de ses parens, de ses amis. M. Lacroix a disposé de places et d'emplois ; il a fait des commissaires du roi, des officiers, et il continuera probablement d'en faire sur terre et sur mer, car il est constant qu'il reçoit tous les jours chez lui le ministre de la guerre et celui de la marine. » — Le rédacteur finit par un sommaire critique des séances que nous venons de rapporter. Il dit de celle du 25, qu'elle était destinée à abolir les Jacobins. Il remarque que M. Lacroix s'est déchaîné contre eux, « lui qui disait naguère à Camille Desmoulins qu'il se ferait jacobin aussitôt qu'il aurait été président de l'assemblée nationale. Le fourbe ! » Ce Lacroix est le même que le conventionnel.

Polémique d'André Chénier. Cet écrivain était attaché depuis quelque temps au journal de Paris, où il donnait des articles anonymes. Il se fit connaître à l'occasion d'une critique du discours préliminaire, placé par Manuel en tête des *Lettres de Mirabeau à Sophie*, ouvrage récemment édité par lui. Le procureur de la commune, jugé comme écrivain et comme moraliste, sort des mains de Chénier aussi ridicule et aussi méprisable que pouvait l'être un homme pensant et écrivant comme cite son adversaire : « Sans lui (Manuel) nous ne saurions pas que *Sophie était presque belle ; mais que Gabriel ne s'était rendu qu'à ses vertus, et qu'il tenait encore plus à son ame de feu qu'à son corps d'albâtre. Bien différente de ces prudes ennuyeuses qui déguisent de leur mieux leurs aventures, elle était cependant toujours décente, même lorsqu'il l'entraînait vers le trône de l'amour. Elle avait sans cesse quelque malice à lui faire; et* rien n'est plus piquant que l'ingénieux détail de ces malices qu'*elle lui faisait, jusqu'à ce que l'envie de lui en faire se passât peu à peu*, comme il est dit agréablement p. 15. Mais rien n'est plus touchant que le récit de la mort de cette Sophie, *qui descendit au tombeau lorsque Mirabeau montait à la tribune, d'où il devait tomber sur le lit de mort, qui fut pour lui celui de la gloire. Sophie, suicide, trouva sur le sopha même des Graces, dans la vapeur du charbon, le sommeil éternel de Pauline.* »

Chénier, parlant ensuite des commentaires de Manuel sur le *commerce enchanteur de Gabriel et de Sophie*, dit : « J'ai regret de ne pouvoir suivre l'auteur dans le voluptueux délire où le jettent de si belles imaginations. Mais je suis contraint ici de supprimer les citations; car ceux qui ont perdu quelques instans de leur jeunesse à feuilleter ces honteuses productions de la débauche et de la cupidité qui inondent aujourd'hui nos places publiques, assurent retrouver dans cette préface le ton, l'esprit, le sel, l'urbanité qui distinguent ces nobles ouvrages, et croient lire un écrit composé dans et pour un de ces lieux que l'auteur nomme à la page 37. — L'illustre éditeur et sa nombreuse cohorte ne manqueront pas de dire que cet extrait est l'ouvrage d'un aristocrate, notoirement stipendié par la liste civile, et en relation évidente avec les émigrés de Coblentz; car,

Qui siffle Manuel est un valet du roi,
Et n'a, dit Manuel, ni Dieu, ni foi, ni loi. »

Cet article, inséré sans nom d'auteur dans le *Journal de Paris*, supplément du 12 février, est attribué à Suard, par Prudhomme, n° 137, p. 575. Prudhomme prouve qu'on pouvait siffler Manuel sans être taxé d'aristocratie; car il le traite plus durement encore que ne l'avait fait Chénier. Il cite textuellement le fameux passage de la page 57, passage d'un cynisme tellement direct par les choses et par les mots, qu'il nous est impossible de le transcrire. Là-dessus, Prudhomme fait ainsi apostropher Manuel par Mirabeau : « Comment as-tu pu répéter de sang-froid dans ton cabinet d'études des expressions que rien ne justifie? Respecte les morts, et ne fais point tes ordures sur leur cendre encore tiède. Les pamphlets de Voltaire te tournent la tête, et tu te rappelles les petits succès des petits sarcasmes de Dalembert,

Qui se crut un grand homme et fit une préface.

« Ministre des mœurs publiques dans une grande ville, que veux-tu qu'on pense de toi, et du choix que le peuple a fait de ta personne ? Quelle foi veux-tu qu'on ait dans les dénonciations que ta place te chargera de faire ? »

Chénier avoua son article en signant le suivant dirigé contre les Jacobins : il est emprunté par nous au supplément du *Journal de Paris* du 26 février.

« *De la cause des désordres qui troublent la France et empêchent l'établissement de la liberté.*

» La société des amis de la constitution s'est souvent occupée, comme on le voit par le journal de ses séances, des moyens de ramener et d'assurer le calme dans Paris et dans le royaume. Quoique je n'aie jamais été membre de cette société, et que je ne l'aie même jamais vue, je me joins cette fois à elle du fond du cœur pour adhérer à ce vœu qu'elle prononce, et qui est celui de tout bon citoyen. Et comme il faut connaître la véritable source des maux pour en découvrir le remède, je vais, sans m'arrêter à quelques causes particulières et momentanées de dissensions, inséparables de tout nouvel ordre de choses, indiquer ce que je crois être la cause féconde et universelle des troubles et des désordres qui nous agitent, à la suite d'une révolution pour laquelle le genre humain votera un jour des remerciemens à la France.

» Il existe à Paris une association nombreuse qui s'assemble fréquemment, ouverte à tous ceux qui sont ou passent pour être patriotes, toujours gouvernée par des chefs visibles ou invisibles qui changent souvent et se détruisent mutuellement; mais qui ont tous le même but, de régner, et le même esprit, de régner par tous les moyens. Cette société s'étant formée dans un moment où la liberté, quoique sa victoire en fût plus incertaine, n'était pourtant pas encore affermie, attira nécessairement un grand nombre de citoyens alarmés et pleins d'un ardent amour pour la bonne cause. Plusieurs avaient plus de zèle que de lumières. Beaucoup d'hypocrites s'y glissèrent avec eux, ainsi que beaucoup de personnages endettés, sans industrie, pauvres par fainéantise, et qui voyaient de quoi espérer dans un changement quelconque. Plusieurs hommes justes et sages, qui savent que dans un état bien administré tous les citoyens ne font pas les affaires publiques, mais que tous doivent faire leurs affaires domestiques, s'en sont retirés depuis. D'où il suit que cette association doit être composée, en grande partie, de quelques joueurs adroits qui réparent les hasards et qui en profitent, d'autres intrigans subalternes à qui l'avidité et l'habitude de malfaire tiennent lieu d'esprit, et d'un grand nombre d'oisifs honnêtes, mais ignorans et bornés, incapables d'aucune mauvaise intention, mais très-capables de servir, sans le savoir, les intentions d'autrui.

» Cette société en a produit une infinité d'autres : villes, bourgs, villages, en sont pleins. Presque toutes sont soumises aux ordres de la société mère, et entretiennent avec elle une correspondance très-active. Elle est un corps dans Paris; elle est la tête d'un corps plus vaste qui s'étend sur la France. C'est ainsi que l'église de Rome *plantait la foi* et gouvernait le monde par des congrégations de moines.

» Cette congrégation fut imaginée et exécutée par des hommes très-populaires, il y a deux ans, et qui virent fort bien que c'était un moyen d'augmenter leur pouvoir et de tirer un grand parti de leur popularité, mais qui ne virent point combien un pareil instrument était redoutable et dangereux. Tant qu'ils les gouvernèrent, toutes les erreurs de ces sociétés leur parurent admirables; depuis qu'ils ont eux-mêmes été détruits par cette mine qu'ils avaient allumée, ils détestent des excès qui ne sont plus à leur profit; et disant plus vrai, sans être plus sages, ils se réunissent aux gens de bien pour maudire leur ancien chef-d'œuvre; mais les gens de bien ne se réunissent point à eux.

» Ces sociétés délibèrent devant un auditoire qui fait leur force : et si l'on considère que les hommes occupés ne négligent point leurs affaires pour être témoins des débats d'un club, et que les hommes éclairés cherchent le silence du cabinet ou les conversations paisibles, et non le tumulte et les clameurs de ces bruyantes mêlées, on jugera facilement quels doivent être les habitués qui composent cet auditoire. On jugera de même quel langage doit être propre à s'assurer leur bienveillance.

» Une simple équivoque a suffi à tout. La constitution étant fondée sur cette éternelle vérité, la *souveraineté du peuple*, il n'a fallu que persuader aux tribunes du club qu'elles sont le *peuple*.

» Cette définition est presque généralement adoptée par les publicistes, faiseurs de journaux. Et quelques centaines d'oisifs réunis dans un jardin ou dans un spectacle, ou quelques troupes de bandits qui pillent des boutiques, sont effrontément appelés le *peuple*; et les plus insolens despotes n'ont jamais reçu des courtisans les plus avides un encens plus vil et plus fastidieux que l'adulation impure dont deux ou trois mille usurpateurs de la souveraineté nationale sont enivrés chaque jour par les écrivains et les orateurs de ces sociétés qui agitent la France.

» Comme l'apparence du patriotisme est la seule vertu qui leur soit utile, quelques hommes, qu'une vie honteuse a flétris, courent y faire foi de patriotisme par l'emportement de leurs discours, fondant l'oubli du passé et l'espérance de l'avenir sur des déclamations turbulentes et sur les passions de la multitude, et se rachetant de l'opprobre par l'impudence.

» Là se manifestent journellement des sentimens et même des principes qui menacent toutes les fortunes et toutes les propriétés. Sous le nom d'*accaparemens*, de *monopoles*, l'industrie et le commerce sont représentés comme des délits. Tout homme riche y passe pour un ennemi public. L'ambition et l'avarice n'épargnent ni honneur, ni réputation; les soupçons les plus odieux, la diffamation effrénée, s'appellent *liberté d'opinions*. Qui demande des preuves d'une accusation, est un homme suspect, un ennemi du peuple.

» Là, toute absurdité est admirée, pourvu qu'elle soit homicide; tout mensonge est accueilli, pourvu qu'il soit atroce. Des femmes y vont faire applaudir les convulsions d'une démence sanguinaire.

» La doctrine que toute délation, vraie ou fausse, est toujours une chose louable et utile, y est non-seulement pratiquée, mais enseignée au moins comme ce que les jésuites appelaient une *opinion probable*. Un homme fait un discours rempli d'invectives et d'imputations diffamantes; dans l'allégresse générale, on en décide l'impression; puis, interrogé pourquoi il ne l'a pas publié tel qu'il l'avait prononcé, et pourquoi il a supprimé quelques-unes de ces brillantes délations qui en avaient fait le succès, il répond, avec une franchise qui ne l'honore pas moins que ceux dont il était alors le président, qu'au fond, il n'était pas sûr que tout ce qu'il avait dit fût bien vrai, et qu'il a mieux aimé ne pas s'exposer à un procès criminel (1).

» On y attaque aussi quelquefois des coupables, et on les y attaque avec une férocité, un acharnement, une mauvaise foi qui les font paraître innocens.

» Là se distribuent les brevets du patriotisme. Tous les membres, tous les amis de ces congrégations sont de bons citoyens; tous les autres sont des perfides. La seule admission dans ce corps, comme le baptême de Constantin, lave tous les crimes, efface le sang et les meurtres. Les monstres d'Avignon ont trouvé là des amis, des défenseurs, des jaloux.

» Ces sociétés, se tenant toutes par la main, forment une espèce de chaîne électrique autour de la France. Au même instant, dans tous les recoins de l'empire, elles s'agitent ensemble, poussent les mêmes cris, impriment les mêmes mouvemens, qu'elles n'avaient certes pas grand' peine à prévoir d'avance.

» Leur turbulente activité a plongé le gouvernement dans une effrayante inertie : dans les assemblées primaires ou électorales, leurs intrigues, leurs trames obscures, leurs tumultes scandaleux ont fait fuir beaucoup de gens de bien, dont toutefois la faiblesse

(1) Nos lecteurs reconnaissent ici la scène entre Desmoulins et Dubois-de-Crancé, rapportée par nous dans le mois de janvier. — Analyse des séances du club. (*Note des auteurs.*)

est très-condamnable, et ont sali de notes infames quelques listes de magistrats populaires. Partout, les juges, les administrateurs, tous les officiers publics qui ne sont pas leurs agens et leurs créatures, sont leurs ennemis, et en butte à leurs persécutions. Usurpateurs même des formes de la puissance publique, ici, ils se transportent à un tribunal et en suspendent l'action; là, ils forcent des municipalités à venir chez eux recevoir leurs ordres; dans plus d'un lieu, ils ont osé entrer de force chez les citoyens, les fouiller, les juger, les condamner, les absoudre. La rébellion aux autorités légitimes trouve chez eux protection et appui. Tout homme se disant patriote, et qui a outragé les lois et leurs organes, vient s'en vanter parmi eux. On en a vu se faire gloire, non-seulement de leurs délits, mais des actes judiciaires qui les avaient justement flétris. Tout subalterne renvoyé et calomniateur est une victime de son patriotisme; tout soldat séditieux et révolté peut leur demander la couronne civique; tout chef insulté et assassiné a eu tort. Au moment où une horde de rebelles fugitifs, secondés de la malveillance des étrangers, semble nous annoncer la guerre, ils désignent les généraux à l'armée comme des traîtres dont elle doit se défier. Quiconque veut exécuter les lois est dénoncé chez eux, et par eux dans les places publiques, et par eux à la barre même de l'assemblée nationale, comme un mauvais citoyen et contre-révolutionnaire (1).

» Ils ne laissent pas de se plaindre aussi eux-mêmes de l'inexécution des lois. Ce gouvernement, dont chaque jour ils embar-

(1) Ces allusions de Chénier s'adressent aux jacobins de Caen, de Strasbourg, d'Arles, sauf ce qui regarde les soldats factieux et les soupçons émis contre La Fayette : ceci s'adresse à la société mère. Quant au membre qu'il désigne par ces mots : *justement flétri par des actes judiciaires*, il veut parler de CARRA. Ce journaliste, long-temps menacé par la *Gazette Universelle* d'une révélation qui le couvrirait de honte, venait enfin d'en être frappé. Elle avait imprimé l'ampliation d'un arrêt du tribunal de Mâcon qui condamnait Carra à deux ans de prison pour *vol avec effraction*. Celui-ci répondit dans les *Annales-patriotiques*; il avoua qu'il avait passé deux ans en prison, par suite de cet arrêt; mais qu'il n'était pas coupable; qu'il était d'ailleurs trop jeune alors.—Toute sa justification consiste à alléguer un *alibi* qui ne fut pas accepté—parce qu'il fallait un coupable au magistrat, amant de la marchande de modes qui avait été volée.

(*Note des auteurs.*)

rassent la marche ; ils l'accusent chaque jour de ne point marcher. Chaque jour ils invoquent la Constitution ; chaque jour leurs discours et leur conduite l'outragent ; et chaque jour s'élancent du milieu d'eux des essaims de pétitionnaires qui vont faire retentir de violentes inepties contre la Constitution les voûtes mêmes sous lesquelles la Constitution a été faite.

» Ils reçoivent, à la face de la France entière, des députations qui, comme s'il n'existait ni assemblée législative, ni tribunaux, ni pouvoir exécutif, s'adressent à eux pour obtenir ou une loi, ou la réparation de quelque tort, ou un changement d'officiers publics.

» Et quand l'indignation et la douleur soulèvent tous les esprits, ils crient eux-mêmes plus que personne contre les désordres qu'ils ont faits et qu'ils entretiennent ; ils accusent de leur ouvrage tous ceux qu'ils oppriment ; et, levant tout-à-fait le masque, ils arment au milieu de Paris, sans dissimuler leurs préparatifs de guerre.

» Les procès-verbaux de toutes les administrations, ceux de l'assemblée nationale, tous les journaux, et ceux principalement qui sortent du sein même de toutes ces sociétés, la notoriété publique, les yeux et la conscience de la France entière, attesteront que ce tableau hideux n'est que fidèle. Voilà dans quel chaos ils ont jeté cet empire qui a une constitution ; voilà comment, soit par la terreur, soit par le découragement, ils ont réduit les talens et la probité au silence ; et l'homme dont le cœur est juste et droit (car celui-là seul est libre), étonné entre ce qu'on lui annonçait et ce qu'il voit, entre la constitution et ceux qui se nomment ses amis, entre la loi qui lui promet protection et des hommes qui parlent plus haut que la loi, rentre en gémissant dans sa retraite, et s'efforce d'espérer encore que le règne des lois et de la raison viendra enfin réjouir une terre où l'on opprime au nom de l'égalité, et où l'effigie de la liberté n'est qu'une empreinte employée à sceller la liberté de quelques tyrans.

» Il a paru sous le nom d'un magistrat (Pétion) une lettre qui m'a semblé bien niaise ; d'autres l'ont jugée pernicieuse. Ils ont cru y voir le désir de servir les factions les plus ennemies du bien public, de justifier les passions les plus iniques et les plus anti-sociales, et d'armer tous ceux qui n'ont rien contre ceux qui ont quelque chose. Mais, quoique je ne connaisse point ce magistrat, et que je l'entende prôner par des gens que je n'aime pas, et pour qui je n'ai aucune estime, je n'ai rien vu ni dans sa conduite, ni dans son écrit qui m'autorise à adopter de pareils soupçons. Quoi qu'il en soit, cette lettre assure en différens endroits, et de différentes manières, *que la bourgeoisie n'est plus aussi attachée à la révolution.* Si ce fait important est vrai, il me semble qu'il aurait dû inspirer à ce magistrat d'autres réflexions que celles qu'on lit dans sa lettre. Il aurait dû considérer que cette classe, qu'il désigne par ce mot de bourgeoisie, étant celle qui est placée à distance égale entre les vices de l'opulence et ceux de la misère, entre les prodigalités du luxe et les extrêmes besoins, fait essentiellement la masse du vrai *peuple*, dans tous les lieux et dans tous les temps où l'on donne un sens aux mots qu'on emploie; que cette classe est la plus sobre, la plus sage, la plus active, la plus remplie de tout ce qu'une honnête industrie enfante de louable et de bon; que lorsque cette classe entière est mécontente, il en faut accuser quelque vice secret dans les lois ou dans le gouvernement. Des lois qui rétablissent l'égalité parmi les hommes; des lois qui ouvrent le champ le plus vaste et le plus libre à toute espèce de travaux, des lois qui, malgré les imperfections dont nul ouvrage humain n'est exempt, sont au moins évidemment destinées à fonder la concorde et le bonheur de tous sur les intérêts de tous, ne peuvent assurément pas être la cause de leur mécontentement. Si ensuite ce magistrat eût regardé autour de lui, s'il eût vu les tribunaux sans force, les administrateurs sans pouvoir et sans considération, la France entière alarmée sur l'état de ses finances, sur celui de sa dette, sur les contributions, sur la fortune publique, et par conséquent les particuliers inquiets sur leur fortune privée; la défiance et l'effroi arrêtant ou précipitant les transactions commerciales, les spéculations les plus légitimes devenues dangereuses, vingt tentatives pour taxer le prix des denrées, le discrédit de nos papiers, effet infaillible de toutes ces causes; il n'aurait pas été embarrassé de rendre raison de ce grand nombre des mécontens qui grossit tous les jours. Il eût cherché ensuite d'où peut naître un relâchement si incroyable dans toutes les parties du gouvernement, et cette terreur des bons, et cette audace des méchans : je doute que ses yeux eussent trouvé à se fixer ailleurs que sur ces sociétés, où un infiniment petit nombre de Français paraissent un grand nombre parce qu'ils sont réunis et qu'ils crient.

» Et alors comparant leur action et leur organisation avec les idées qu'il doit s'être faites d'un état libre et bien ordonné, il aurait, je pense, conclu avec moi et avec tout lecteur qui n'est pas un des fripons intéressés à tant de désordres, où d'une imbécillité à qui tout raisonnement soit interdit, qu'il est absolument impossible d'établir et d'obtenir un gouvernement à côté de sociétés pareilles; que ces clubs sont et seront funestes à la liberté; qu'ils anéantiront la constitution; que la horde énergumène de Coblentz n'a pas de plus sûrs auxiliaires; que leur destruction est le seul remède aux maux de la France; et que le jour de leur mort sera un jour de fête et d'allégresse publique. Ils crient partout que la patrie est en danger. Cela est malheureusement bien vrai; et cela sera vrai tant qu'ils existeront. — ANDRÉ CHÉNIER. »

Les journaux révolutionnaires ne répondirent pas à cet article. Nous avons déjà fait remarquer que les feuilles du parti à qui l'on commençait de donner le nom de Montagne, avaient cessé depuis quelques mois toute controverse avec les amis prononcés de La Fayette. Les feuilles girondines elles-mêmes qui combattent encore et avec beaucoup de chaleur, *la Gazette Universelle, la Chronique de Paris*, etc., se taisent en cette occasion. Nous trouvons seulement dans Gorsas, numéro du 29 février, une réplique d'une nullité parfaite, signée, G. Boisguyon : Audoin la transcrit le lendemain.

Le Journal de Paris du 28 renferme la lettre suivante : « On a publié dans le supplément de votre journal d'hier dimanche, une opinion sur les sociétés des amis de la constitution : elle est signée

André Chénier. Beaucoup de personnes ont cru qu'elle était de l'auteur de *Charles IX* et de *Caius Gracchus*. Je déclare que je n'ai point eu de part à cet article, qu'il renferme une opinion directement contraire à la mienne, et que je me ferai toujours honneur d'être membre de la société des amis de la constitution séante aux Jacobins de Paris. — Le 27. Marie-Joseph CHÉNIER. »

Au numéro du 29 février de ce même journal, nous trouvons le premier numéro du *Cabinet de lecture*, journal rédigé, à ce que nous y lisons, « par cinq honnêtes citoyens de Paris, de différens âges et de différens états. » C'est un journal incorporé à celui de Paris, ou, pour mieux dire, c'est un titre courant choisi pour une suite d'articles rédigés dans le même esprit et par les mêmes auteurs. Le numéro 2 (*Journal de Paris* du 1er mars) répond ainsi à la lettre de Chénier : « M. Joseph-Marie Chénier s'est donné la peine de publier qu'il n'était pas l'auteur des *Réflexions contre les excès des clubs jacobites*. Quel est l'homme ayant appris à lire qui ait pu l'en soupçonner ? Quel rapport y a-t-il entre l'éloquence nerveuse des Réflexions d'André et la triviale verbosité des préfaces de Joseph-Marie ? M. Joseph-Marie Chénier prétend qu'il a une opinion directement contraire à celle de M. André Chénier. M. Joseph-Marie est-il bien sûr d'avoir une opinion sur ces matières ? — M. Joseph-Marie se fait gloire d'être membre de la société des Amis de la constitution ; cela est tout simple, il y a dans cette société des hommes de mérite et de bons citoyens, dont l'association ne peut que faire honneur à M. Joseph-Marie. » — Marie-Joseph Chénier répond à cet article par une lettre que publia tout entière le *Journal de Paris* du 5 mars. Le fond de la lettre se réduit à ceci : qu'il a une opinion, qu'il le prouvera ; qu'il est un littérateur patriote, auteur de *Charles IX*, *Henri VIII*, *Calas* et *Caius Gracchus*. Il finit en disant : « Je vous remercie sincèrement de m'avoir épargné l'opprobre de votre estime, et je suis fâché qu'un homme de mérite comme mon frère soit insulté par vos éloges. »

Le silence des Girondins sur l'article de Chénier ne nous surprend nullement. Nous voyons très-bien ce que Robespierre aurait pu y répondre ; mais Brissot et Pétion étaient battus de main de maître sur leur propre terrain. — Nous analyserons maintenant les séances du club.

Séances des Jacobins. Les présidens en février sont MM. Broussonnet du 2 au 14, et Bazire du 17 février au 2 mars.

1ᵉʳ *Février.* — « Mademoiselle Théroigne de Méricourt, que son amour pour la liberté et son dévouement à la révolution française, avaient rendue célèbre avant les persécutions qu'elle a essuyées dans les états et sous le nom de l'empereur, de la part de l'aristocratie émigrée, a lu à la tribune un précis de ce qui lui est arrivé depuis son départ de Paris, après le décret lancé contre elle par le Châtelet, à l'occasion de l'affaire des 5 et 6 octobre, jusqu'à son retour dans la capitale. Elle se propose de publier ses Mémoires, qui ne manqueront pas d'intéresser les nombreux ennemis de l'aristocratie et du despotisme. » — Lanthenas, président à la place de Guadet, répond à mademoiselle Théroigne. Manuel dit : « Vous venez d'entendre une des premières amazones de la liberté ; je demande que, présidente de son sexe, assise aujourd'hui à côté de notre président, elle jouisse des honneurs de la séance. » — La société passa à l'ordre du jour, qui était l'affaire d'Avignon. — Carra prononce un long discours sur la guerre. — La société fraternelle de l'un et de l'autre sexes, séante à la bibliothèque des Jacobins-Saint-Honoré, communique, par une députation, une pétition signée individuellement, sur la publicité des séances des corps administratifs. — Réponse de Lanthenas. — La section du Palais-Royal communique son arrêté en faveur des gardes-françaises, arrêté mentionné par nous dans le mois précédent. (*Journal du club* du 4 février.)

2 *Février.* — Goupy (de l'Oise) se plaint de ce qu'on a oublié son nom sur la liste de ceux qui ont voté contre le ministre de la marine. Il dit qu'il cesserait plutôt de vivre que de ne pas voir, dans toutes les circonstances, son nom parmi ceux des bons patriotes. — Plusieurs députés se lèvent pour rendre justice à son civisme. — Legendre demande que Girardin, qui a voté pour le

ministre, soit exclu de la société. La société arrête qu'il n'y a pas lieu à délibérer. — Dubois-Crancé fait la motion d'envoyer aux sociétés affiliées : 1° le discours de Grangeneuve; 2° la liste, en deux colonnes, des députés qui ont voté pour ou contre Bertrand de Molleville. — Bellegarde demande qu'on fasse une troisième colonne pour ceux qui se sont retirés au moment de l'appel nominal. — Dubois-Crancé propose de désigner les absens en note. Sa motion est intégralement adoptée au milieu des applaudissemens. (*Journal du club*, 5 février.)

5 *Février*. — MM. Bazire et Chabot témoignent leurs regrets de ne s'être pas trouvés à l'assemblée nationale pour l'affaire du ministre, et protestent que leur mauvaise santé en a été la cause.

M. *Legendre*. « Personne ne peut se dissimuler que MM. Bazire et Chabot ne fussent malades; car ils n'ont qu'à se montrer, leur physionomie prouve leur véracité. Ils disent qu'ils étaient malades, ils n'avaient qu'à se faire transporter à l'assemblée nationale; je me serais chargé du fardeau. Un patriote serait bien lotti, si se trouvant persécuté, il réclamait votre secours, et que vous lui répondissiez : Je suis malade! Je demande que l'arrêté de la société soit pleinement exécuté à l'égard de ces messieurs, dont au reste personne n'estime le patriotisme autant que moi. Qu'ils envoient leurs excuses à leurs commettans. » (Nous ferons observer que l'appel nominal avait eu lieu entre onze heures et minuit. Quant à la maladie de Bazire et de Chabot, personne n'y crut.)

M. *Manuel*. « Messieurs, Cérutti est mort. » (Une voix : *Tant mieux!*)

M. *le président*. « J'observe à la personne qui vient de faire une réflexion aussi indécente, que Cérutti était l'auteur de la *Feuille villageoise*. »

Manuel demande que la société envoie quatre commissaires à ses obsèques, et dit qu'il sera remplacé à la législative par le suppléant Alleaume, ancien notaire.

M. *Robespierre*. « Messieurs, c'est à regret que je suis obligé de dire quelques mots sur M. Cérutti ; mais puisqu'on fait une motion à cet égard, l'idée de la mort impose toujours quelques regrets et quelque respect. Il est des morts qui méritent indulgence ; et d'ailleurs la mort seule la réclame pour tous ceux qu'elle a frappés. C'est pour cette raison que je crois que la société me dispensera de développer ce que je pense à cet égard. Je crois d'abord que, comme société, nous ne devons rien à celui qui n'était pas de la nôtre ; et comme il faut attendre que le temps ait justifié celui à qui on nous offre de rendre des hommages, la société des Amis de la constitution ne lui en doit pas. Je demande que l'on passe à l'ordre du jour ». — La société passe à l'ordre du jour (1). (*Journal du club*, 7 février.)

8 Février. — M. Duplain, membre de la société, lui fait hommage d'un ouvrage intitulé : *La chasteté du clergé dévoilée.* — Nous transcrivons sur le reste de cette séance un article des *Révolutions de Paris*, n° CXXXV.

Bonne fortune de M. Carra. — « Un orateur qui harangue comme nos missionnaires prêchaient jadis, se présenta lundi dernier à la tribune des Amis de la constitution pour y dénoncer un fait connu de tous ceux qui ont des yeux et des oreilles. Tantôt se couvrant la face de ses deux mains, tantôt levant les

(1) Cérutti mourut le 2 février. A la veille de sa mort il publiait un poème intitulé : *les Jardins de Betz.* Le *Patriote Français* du 1er février fait un pompeux éloge de ce poème. — « Rarement lira-t-on des ouvrages aussi remarquables. — C'est un morceau que Voltaire aurait admiré, car Voltaire ne pouvait rien envier. — Enfin, un intérêt bien touchant augmentera peut-être, ou peut-être troublera le charme de cette lecture. Ce génie rare, ce citoyen vertueux, ce philosophe patriote, l'infortuné Cérutti, après un an de douleurs, est, hélas! en ce moment même, gisant et prêt à s'éteindre victime de son zèle dévorant pour la liberté, pour le peuple et pour la raison universelle. » — Dans son numéro du 4, Brissot invite aux funérailles de Cérutti « les gens de lettres, les philosophes, tous les amis de la révolution. »

Le Moniteur du 27 mars nous apprend, dans un article nécrologique composé dans d'excellentes intentions pour Cérutti, qu'il était né à Turin, et qu'il avait été élevé par les jésuites ; qu'il débuta dans les lettres par un discours qui remporta le prix aux jeux floraux ; qu'il vint ensuite à Nancy y composer l'*Apologie des jésuites*, ouvrage qui lui valut les faveurs de Stanislas ; qu'il se défroqua et vint à la cour ; qu'une passion violente et malheureuse lui fit perdre beaucoup de temps et usa son génie et son talent ; qu'il aima ensuite madame Duchâtelet, puis la duchesse de Brancas, avec laquelle on le croyait marié secrètement ; qu'il

yeux au ciel, d'autres fois essayant de quelques sanglots patriotiques, il dénonça la cour comme atteinte et convaincue de corrompre toutes les autorités constituées, depuis la législative jusqu'aux journalistes, les administrations de département et de district, les juges de tous les tribunaux et les principales municipalités de l'empire. L'orateur n'eut pas de peine à persuader son auditoire : on savait d'avance que tant qu'il y aura des hommes et une liste civile de 25 à 30 millions, il y aura un encan de conscience et de probité.

» Pour preuves justificatives de son discours, en forme de philippique, le Démosthène Carra ajouta avec confiance que la cour salariait deux cent trente députés pour le moins, les uns à raison de 500 liv. par mois; d'autres à raison de 1,000 liv.; quelques-uns se vendent pour la somme de 2,000 liv.; un plus petit nombre ne veulent pas moins de 3,000 l. par mois; deux ou trois au plus coûtent 5,000 l. Calcul fait, somme totale, la cour, avec moins de 10 millions par chaque année, accapare les suffrages de nos représentans, la conscience de nos administrateurs, le franc-parler de nos journalistes; et ce n'est pas de la poudre jetée aux moineaux. Le côté du roi à l'assemblée nationale gagne de la force et du nombre de jour en jour; la plupart des admi-

passa avec elle les quinze plus belles années de sa vie; qu'en 1788 il publia le *Mémoire pour le peuple français*, l'un des ouvrages qui ont le plus avancé l'opinion. — Le même article commente le testament de Cérutti. « Le sage Cérutti se trouvait pauvre avec une fortune considérable pour un célibataire. Il répète plusieurs fois dans son testament : *Le peu que je possède*; il y dit en parlant de lui-même : *Un philosophe qui a peu d'argent*; et dans ce même testament il déclare qu'il avait un peu plus de 11,000 *liv. de rente viagère!* Et il laisse plus de 400 louis en espèces sonnantes! et il y parle de son *valet de chambre* et de *plusieurs domestiques!* Qu'auriat dit de ce langage le bon Jean-Jacques, qui avait donné le *Discours sur l'inégalité* pour 30 pistoles, qui n'eut jamais de domestiques, et qui ne laissa rien. » — Grouvelle et Ginguené continuèrent la *Feuille villageoise*. Grouvelle répondit à cet article dans le *Moniteur* du 17 avril. L'ami, le collaborateur, l'exécuteur testamentaire, l'héritier de la bibliothèque du jésuite Cérutti, lui devait une oraison funèbre. — Pour nous, nous avons fait cette note afin d'expliquer la sévérité de Robespierre sur cet homme; nous laissons à d'autres le soin d'expliquer les éloges que lui donnait Brissot. Nous terminerons en disant que le chevalier de Parny a versifié, dans un poème infâme, quelques-unes des apologies dont Cérutti avait orné son *admirable poème des Jardins de Betz*. (*Note des auteurs*.)

nistrations sont détestables; quant aux journaux réellement patriotes, on en compte à peine autant que Boileau comptait de femmes vertueuses à la Cour en son temps.

» Passant à la manière dont on s'y prend pour adresser à chacun son *petit paquet,* au commencement de chaque mois, M. Carra dit qu'on détache à l'individu qu'on veut séduire un limier de bonne encolure et bien dressé, qui entre poliment dans l'appartement, qui parle d'abord des affaires publiques en général, ensuite d'ordre et de tranquillité publique, et puis le lendemain on reçoit un assignat proportionné à l'opinion que le visiteur s'est formée du visité. — Ce fait, quoique raconté à la façon de M. Carra, n'étonna personne; tous ces détails ne piquèrent nullement la curiosité, parce qu'ils étaient prévus. L'orateur apparemment s'y attendait, et il avait mis en réserve une preuve matérielle bien plus éloquente que tout son discours. « S'il pouvait encore y avoir des incrédules dans cette assemblée, dit-il, eh bien! qu'ils lèvent les yeux sur ce papier : c'est un assignat de 1,000 liv. qui m'a été envoyé par la cour, et dont je fais hommage à l'assemblée. Je désire seulement que la moitié soit consacrée aux besoins des gardes-françaises ; l'autre moitié est destinée à la fabrication des piques de bon aloi. »

» Et le geste suivit, ou plutôt accompagna les paroles. M. Carra exhiba en effet un billet-assignat de cent pistoles, et l'exposa long-temps à la vue des curieux.

» Ce n'est là que le devant de la scène : sur les côtés était un sieur Lemaire, auteur trop fameux des *Lettres du père Duchêne.* Une salutaire confusion couvrait ses joues; personne ne pensait à lui; mais ses voisins s'aperçurent à son embarras que sa conscience était à l'encan de la cour.

» D'une autre part, un sieur Millin, l'un des rédacteurs du second feuillet de la *Chronique de Paris,* voulut adresser quelques mots fraternels à quelqu'un qui se trouvait près de lui, au sujet de l'orateur Carra; mais il tomba entre des mains qui n'étaient pas miséricordieuses : c'était Santerre, le frère du commandant. « Allez, monsieur, ne me parlez pas; je ne veux pas vous entendre. Vous êtes vendu aussi. » Le sieur Millin, voulant payer d'assurance ou d'effronterie, répliqua : « Monsieur, pourriez-vous me dire combien ? — Pas cher, lui dit M. Santerre. » Et la conversation en resta là.

» Mais comment s'y prit-on pour aborder M. Carra ? Le voici : Il avait connu jadis un aristocrate de haut parage. Les premiers jours de décembre 1791, ce ci-devant comte monte au quatrième étage où loge l'auteur des *Annales patriotiques*; et après les préliminaires, il proposa au journaliste des relations avec la cour, et alla jusqu'à lui demander un plan de conduite à l'usage du roi et des ministres. M. Carra se met à l'ouvrage, et trace son plan, qu'il confie à l'aristocrate. Celui-ci, quelques jours après, lui renvoya ses notes dans une enveloppe, accompagnées de l'assignat en question. Le lendemain, il retourna chez le journaliste, le priant de fournir tous les mois un travail semblable, dont on renverrait exactement l'original de la même manière, et ainsi de suite tous les mois.

» Ce récit n'a pas été sans quelque louche pour tout le monde. On voudrait savoir pourquoi M. Carra, qui embouche la trompette pour annoncer sa bonne fortune, ne s'est avisé de la publier que six semaines après l'aventure ? Pourquoi encore taire le nom de cet embaucheur littéraire : cet aristocrate était bon à connaître. (Dans l'article cité par nous en janvier, où Carra annonce cette scène, il promet des noms propres.)

» Et puis comment n'est-il pas venu à l'esprit de M. Carra, le lendemain même de la réception de l'assignat, de se présenter à la barre de l'assemblée nationale, et son billet à la main, d'y dire sans emphase, et dans le style simple de la vérité : Pères conscrits, la nation accorde-t-elle une liste civile de 25 millions au roi pour corrompre ? Cet assignat m'a été envoyé hier pour éprouver mon patriotisme, et me faire tomber la plume des mains.

» Un plaisant qui assista à la dénonciation, s'avisa d'une singulière réflexion. Mais, nous dit-il, a-t-il bien examiné l'assignat en question ? Si par hasard il se trouvait faux, s'il était un de ceux avec lesquels on paya au roi le mois de novembre de sa liste civile? — Quoi qu'il en soit, M. Carra n'a fait encore qu'une demi-confidence. Nous ne le tiendrons quitte que quand il aura déclaré le nom de l'aristocrate qu'on a lâché sur lui. »

Carra ne répond point à cette interpellation; la *Chronique de Paris* du 9 février, lui en avait adressé une semblable. Le supplément des *Annales Patriotiques* du 16, renferme le discours prononcé par Carra aux Jacobins, avec un *postscriptum*, où il dit que Lessart était le ministre à qui ses notes avaient été remises : « c'est à M. Lessart maintenant, ajoute Carra, à voir s'il est nécessaire pour confirmer mon assertion, que l'intermédiaire entre lui et moi, ou du moins celui qui lui a remis mes notes, et qui me les a rendues avec l'assignat, soit nommé. » Ceci est une réponse à la *Chronique* : quant à M. Prudhomme, dont l'article avait paru le 12, Carra ne le mentionne même pas.

7 février. Un membre demande l'exclusion de M. Millin, motivée sur un article de la *Chronique de Paris*, concernant le ministre de la guerre. Rhéal pense que l'article n'étant pas signé, il faut attendre une explication de M. Millin, et fixer un délai de trois séances. — Legendre appuie cette proposition; elle est adoptée. (*Journal du club*, du 10 février.)

Voici l'article incriminé. « Les Journaux vraiment populaires, sont étonnés de trouver dans quelques feuilles qui prennent ce nom, des sorties contre M. de Narbonne; cependant toutes les lettres des provinces attestent qu'on a la plus grande confiance en lui, et tout ce qu'il y a de bons citoyens à Paris, pensent qu'il est heureux pour la cause de la liberté, que le département de la guerre soit confié à un homme d'une loyauté antique et d'une activité sans exemple, et qui joint à plus d'esprit que personne, une simplicité de caractère qui désarme toutes les défiances. » — Le redacteur fait un éloge non moins pompeux de Delessart, et qualifie d'aristocrates déguisés, les écrivains qui ne pensent pas comme lui. (*Chronique du VI*.) — *Le Patriote Français* se tait complétement là-dessus.

Le reste de la séance se passa à entendre Bancal proposant divers moyens pour surveiller les ennemis de la patrie ; il fut combattu par Rhéal, qui repoussait entre autres moyens indiqués, un désarmement à domicile de tous les hommes suspects d'aristocratie.

10 *février*. Robespierre fait un long discours sur les moyens qui lui paraissent nécessaires pour sauver la patrie. Il demandait, 1° « que les gardes-françaises dispersées si adroitement par une politique perfide, fussent rappelées au sein de la capitale ; 2° la vigilance, et pour cela, la permanence des sections ; 3° une confédération générale civique et fraternelle, sans idoles, *sans bottes, sans cheval de Caligula*, sans autres emblêmes que ceux de la liberté, de l'égalité et de la patrie ; 4° que la haute cour nationale fût transportée d'Orléans à Paris ; 5° que l'assemblée nationale punisse les traîtres, soulage les victimes, fasse des décrets avantageux aux peuples, détourne pour l'humanité épuisée et haletante quelque parcelle des trésors absorbés par la cour, remplace par des soldats plébéiens et amis de la révolution, les officiers qui manquent, propagent l'esprit public par l'éducation, dont les grands moyens sont les spectacles et les fêtes publiques. » Robespierre proposait enfin, qu'une adresse digne du peuple français animât en lui l'énergie qui devait opérer le salut du monde. « Que sur les ruines de la Bastille ou ailleurs, ajouta-t-il en terminant, on élève un palais à l'assemblée nationale afin qu'une foule nombreuse puisse toujours augmenter par sa présence la majesté de ses délibérations. Qu'on ne m'allègue point l'économie lorsqu'il s'agit d'un temple national, et qu'il s'élève avec la célérité qu'on employait naguère à construire une salle d'opéra, ou un édifice consacré aux plaisirs ou aux caprices d'une femme corrompue. » — La société ordonne l'impression. (*Journal du club*, 12 *février*).

12 *février*. Discussion sur les ministres. Legendre renouvelle sa motion tendante à engager l'assemblée nationale à s'assurer par des commissaires tirés de son propre sein, de l'état des frontières. — Loustalot accuse Narbonne de mensonge dans tous les renseignemens qu'il a donnés sur les frontières d'Espagne. — Albite pense que le seul moyen de mettre un terme aux perfidies ministérielles, c'est de donner la plus grande extension possible à

la loi de responsabilité et d'en rendre l'application facile. — Collot d'Herbois rend compte d'une lettre de Brest, par laquelle on annonce que le ministre de la justice a déclaré que le décret rendu en faveur des soldats de Château-Vieux ne serait pas sanctionné. Cette lettre annonce de plus, que le même ministre vient d'appeler au bénéfice de l'amnistie cinquante forçats.

M. Manuel. « Le moment est venu, où il est absolument nécessaire qu'un homme périsse pour le salut de tous, et cet homme doit être un ministre. Ils me paraissent tous si coupables, que je crois fermement que l'assemblée nationale se rendrait moins coupable qu'eux en les faisant tirer au sort, pour envoyer l'un d'eux à l'échafaud. »

Une voix des tribunes. « Tous, tous. »

A la fin de la séance, Sillery qui faisait exécuter aux Champs-Élysées une manœuvre militaire proposée aux Jacobins par un officier anglais, et qui avait recruté pour cela jusqu'aux curieux, se plaint d'avoir été désigné par les papiers aristocratiques, comme faisant faire l'exercice aux piques. « Je ne me soucie point, dit-il, de cette réputation. Je prie donc les écrivains patriotes de rétablir la vérité de ce fait, et de motiver l'objet de ma démarche. » (*Journal du club, 15 février.*)

14 février. « M. Collot d'Herbois monte à la tribune. A peine il y paraît, que la salle retentit des plus vifs applaudissemens.

M. Collot d'Herbois. « Messieurs, la satisfactions que vous faites éclater, me fait connaître que vous êtes déjà instruits de ce que j'avais à vous annoncer.

Une voix des tribunes des dames : Oui ! oui !

M. Collot d'Herbois. « Avant-hier au soir, le pouvoir exécutif a sanctionné le décret qui rend à la liberté les malheureuses victimes de Nancy, les soldats de Château-Vieux. Il ne manque à mon bonheur que de vous les présenter moi-même, et ce bonheur n'est pas éloigné. » (On applaudit.) — M nuel annonce que le directoire de Limoges vient de souscrire pour soixante exemplaires, au livre de M. A. Demoy, curé de Saint-Laurent (le quatrième signataire de la pétition du 17 juillet), intitulé : *Accord de la religion et des cultes chez une nation libre.*

Un membre annonce à la société, que l'assemblée nationale vient de décréter à l'instant que les gardes-françaises, arbitrairement licenciées, jouiraient de leur solde jusqu'à ce que leur destination fût de nouveau fixée. — Une députation des gardes-françaises est admise et témoigne leur reconnaissance. — Louvet lui répond (*Journal du club*, 17 février).

15 *Février*. — Thuriot, rend compte de ce qui s'est passé à l'assemblée nationale, à la séance du matin. (Il s'agissait de l'arrestation de Pelleport, agent secret des affaires étrangères, et des troubles de Noyon. Voir l'analyse des actes parlementaires). — Robespierre annonce l'installation du tribunal criminel, et qu'il va prendre ses fonctions d'accusateur public. Il donnera le jour à sa place, et une partie de la nuit à la révolution. « Si ma santé ne me permettait pas de remplir cette double tâche, je choisirais celle de défendre parmi les citoyens la sainte cause du peuple. Chaque homme doit servir son pays dans l'état qui lui convient le mieux; chaque homme a sa destinée sociale; si la mienne est de mourir pour le salut commun, je m'empresse de l'accepter. »

La société arrête l'impression de ce discours. (*Journal du club.* — Ib.)

17 *Février*.—Chabot lit une lettre de Perpignan, où l'on se plaint de la léthargie ministérielle, pendant que les Espagnols travaillent sans relâche à des préparatifs de guerre. — Un membre expose les bonnes dispositions des Pays-Bas en faveur de la France. — L'ordre du jour était la responsabilité des ministres. Sillery prononce un long discours, et lit un projet de décret qui n'est pas généralement accueilli. — Dufourny assure que les mêmes hommes qui se déchaînent contre les piques, font fabriquer des poignards. Il dit qu'on vient d'arrêter chez un taillandier « un particulier d'une haute stature, qui commandait une grande quantité de poignards. Cet homme est à la mairie; il a déclaré entre

autres choses, être frère d'un suisse de *Monsieur*. » (*Journal du club*, du 19 février.)

19 *Février*. — Des citoyens entrent armés de piques. — Le président leur fait observer que la loi ne permet pas d'entrer en armes dans la séance. — Manuel demande que, « pour concilier les principes avec les procédés, » les piques soient déposées à côté de M. le président. (Oui! oui! Non! non!) — Danton appuie la proposition de Manuel. Il fait remarquer que les drapeaux suspendus à la voûte sont surmontés de lances, et que personne n'a songé à réclamer. Il ajoute à la motion déjà faite, qu'une pique soit attachée à chaque drapeau, et que ce soit le signe de l'alliance entre les baïonnettes et les piques. — Adopté.

Les députés de Marseille sont introduits. Ils étaient venus auprès de l'assemblée nationale, pour l'éclairer sur l'état du Midi, et ils se présentaient aux Jacobins, dans le but d'y renouveler leurs récits. L'orateur de la députation dit en parlant des troubles de la ville d'Arles : « Là un homme rampant, ami de l'aristocratie, est parvenu à force d'intrigues et de cabales, à se faire nommer maire de cette ville ; et cet homme est mon frère. » (On applaudit). — Barbaroux, membre de la députation, donne aussi quelques renseignemens. Il dit que sur trente mille Marseillais en état de porter les armes, il y en a à peine six mille d'armés. — « On craint d'armer le peuple, s'écrie Barbaroux, parce qu'on veut encore l'opprimer ; mais malheur aux tyrans! car le jour n'est pas loin, où la France entière va se soulever tout hérissée de piques, et ce jour leur sera fatal. Quant à nous, s'il faut que Marseille combatte Arles, pour effacer la honte de l'avoir fondée, elle le fera ; les Marseillais feront voir qu'ils sont dignes de mourir pour la liberté. » — Fauchet propose le décret d'accusation contre le ministre Delessart. (*Journal du club*, du 21 février).

20 *Février*. — Les patriotes du café des Prêcheurs, offrent une souscription de 100 liv. 10 sols pour les soldats de Château-Vieux.

M. Mendouze. « Ce matin, notre société a été attaquée au sein de l'assemblée nationale. On dit même que parmi ceux qui ont déclamé contre nous, se trouvent quelques faux frères. Il est bon que nous connaissions nos amis et nos ennemis ; je demande que M. le président nous informe des détails.

M. Rouyer. « Aucun membre de cette société n'a parlé contre elle. »

Une voix. « M. Crétin. »

M. Rouyer. « Cela est vrai ; mais je ne croyais pas que M. Crétin fût des nôtres. »

M. Merlin. « Amis de la patrie, quand on a l'ame affectée, on n'a pas besoin de préparation. Où en est l'assemblée nationale ! où en est la chose publique ! Dumas est président ; MM. Bigot et Quatremère, secrétaires ! Et des patriotes, quel en est le nombre ? je n'ose le demander. D'où vient un tel opprobre ? c'est qu'il n'y a pas assez d'ensemble parmi les patriotes, et que le grand art des tyrans est de semer la division. »

M. Loustalot. « Hier, il n'y a eu que quatre cents votans pour l'élection du président, sur sept cent quarante-deux députés. A qui peut-on imputer cette froideur ? je ne sais ; mais tous les bons citoyens doivent gémir de ce succès. »

M. Chabot. « De deux choses l'une : ou les Ramond, les Cahier-Gerville, les infames Duport et tous les agens du ministère, et tous ceux qui boivent dans la coupe empoisonnée de la liste civile, succomberont, ou ils aboliront les sociétés ; et dans ce cas la contre-révolution est faite. *Aux armes ! citoyens !* (Bravo !) — J'insiste pour que la société passe à un scrutin épuratoire, et que quiconque sera convaincu (qu'il soit député à l'assemblée nationale ou non) de vivre avec les aristocrates soit chassé honteusement. »

La société ajourne le scrutin épuratoire à quinze jours avant le renouvellement du trimestre. (*Journal du Club*, du 25.)

22 *février.* — Collot d'Herbois fait part de l'allégresse avec laquelle on a accueilli à Brest la nouvelle que le décret en faveur des soldats de Château-Vieux avait été sanctionné. — Baumier demande qu'une partie des fers qu'ont honorés ces victimes, soit

suspendue à la voûte de la salle des séances, et que cet *ex-voto* soit entrelacé de guirlandes et couvert d'une couronne civique. — Cette proposition est adoptée. — Chabot et Grangeneuve rendent compte de ce qui s'est passé dans l'assemblée nationale. Ils critiquent l'un et l'autre le discours de Vaublanc sur la responsabilité. — Longue agitation au sujet du nouveau coup que les Feuillans, réunis aux Indépendans, se disposent à porter, le lendemain 25, à la société des Jacobins. (Voir plus haut ce qui est relatif à la motion de Mouysset.) Chabot et Merlin jurent, au nom de la déclaration des droits et de la liberté, de rester fidèles aux Jacobins. — Tous les chapeaux se lèvent en signe d'union à ce serment; les tribunes font éclater le même transport.

Robespierre s'indigne des craintes qu'on ose manifester. « Les ennemis de la liberté sont essentiellement par caractère des hommes lâches et vils. — On se plaint des dangers de la patrie; on se plaint de l'avilissement de l'assemblée nationale; on se plaint de la faiblesse des sociétés patriotiques, et de la dissolution prochaine à laquelle elles sont exposées; et de la part de qui? Eh bien! voulez-vous savoir le secret de ne plus craindre ces hommes que le peuple a ramassés dans la boue? Que les citoyens soient ce qu'ils doivent être; qu'ils ne soient ni vils, ni intrigans; qu'ils soient tous décidés à mourir. — Vous craignez la dissolution des sociétés patriotiques!... Je donne le défi aux Feuillans, aux aristocrates du Manége et des tripôts conspirateurs de porter une telle loi. — Quelle est donc la conclusion de tout ceci? C'est que la délibération qui vous occupe est indigne de vous. Fermez ce sanctuaire à la bassesse et à l'intrigue, et vous serez invincibles. La vertu incorruptible des citoyens, le sentiment de l'intérêt général, tels sont vos moyens de triompher. Méprisez donc les dénonciations qui vous présentent vos ennemis sous un aspect redoutable. Vous deviez passer à l'ordre du jour, et je conclus par cette demande. » (*Journal du Club*, du 24.)

24 février. — Grangeneuve fait le récit de ce qui s'est passé la veille à l'assemblée nationale, à l'occasion de la proposition de

Mouysset. Il demande que la société imprime la liste de ceux qui voulaient que la salle leur fut accordée pour des conférences, et de ceux qui s'y sont opposés. « Encore une liste, messieurs. Vous aurez plus d'ennemis, mais vous les connaîtrez bien. » — La société adopte, et nomme MM. Chabot et Grangeneuve pour diriger l'impression de cette liste.

Robespierre s'élève contre le comité de correspondance qu'il accuse d'avoir, dans une adresse, sans que rien l'y autorisât, avancé que l'opinion de la société était en faveur de la guerre, et que ceux du parti contraire avaient abjuré leur erreur. « Je demande, ajoute-t-il, qu'aucun comité n'envoie ni adresses, ni lettres, sans que la société en ait entendu la lecture; quant à moi, il me reste à prouver que je n'ai point renoncé à mon opinion en faveur d'un parti que je regarde comme le plus dangereux pour la patrie et la liberté. »

— Plusieurs personnes viennent offrir des dons pour les soldats de Château-Vieux. — Deux orphelins, âgés de sept ans, apportent à la société une contribution pour les armes. (*Journal du Club*, 26.)

26 *février*. — Bancal, au nom du comité de correspondance, lit la circulaire de quinzaine destinée aux sociétés affiliées, et qui doit être envoyée le 1er mars. — Robespierre demande que le titre de *jacobin*, placé seul dans cette adresse, soit précédé, comme à l'ordinaire, des mots : Société des Amis de la Constitution, séant aux *Jacobins*. Collot d'Herbois et Rhéal combattent cette motion. Ce dernier cite l'exemple des Brabançons qui s'honorèrent du nom de *gueux*, que leur donnaient les contre-révolutionnaires. « Gardons celui de fiers Jacobins, avec lequel nous avons fait notre révolution, et soyons toujours dignes de le porter. » — La discussion de la circulaire est ajournée. — Le président annonce que le club électoral de l'Évêché a ouvert une souscription pour les soldats de Château-Vieux, dont le produit s'élève déjà à 525 liv.; et qu'on n'est pas dans l'intention de la fermer de sitôt. (Applaudissemens.)

Santonax lit la lettre dénoncée par Robespierre à la séance

précédente. Il s'engage une vive discussion sur la question de savoir si cette adresse, dans laquelle on assure que le vœu de la société est pour la guerre offensive, sera ou non envoyée. Louvet, Coroller, Doppet, Dufourny, Robespierre et Broussonnet sont entendus. — Louvet remonte à la tribune pour réfuter Robespierre. Son discours est à la fois couvert de huées, de bravos, de murmures et d'applaudissemens. Enfin, une phrase, qu'il termine par la formule triviale : *mariez-vous, ne vous mariez pas*, soulève une partie de l'assemblée, et la parole est retirée à Louvet. (Le journal ne dit pas ce que la société décida à l'égard de l'adresse.)

— Amende honorable de Sillery, touchant son rapport sur l'affaire de Nancy. Une attaque de Legendre provoque cette explication. Sillery avoue être tombé à cette époque dans une erreur qu'il déplorera toute sa vie, et dont, au reste, personne ne le punira mieux qu'il ne se punit lui-même dans une histoire de la révolution qu'il écrit en ce moment. — Legendre monte à la tribune et l'embrasse. (*Journal du Club*, 28.)

27 *février*. — On annonce qu'Antoine a été nommé, le matin, juge suppléant du troisième arrondissement. — Carra et Bourdon parlent contre Narbonne. — Bancal fait adopter la circulaire qui avait été ajournée la veille. — Loustalot fait un rapport sur les affaires d'Avignon. (*Journal du Club*.)

29 *février*. — Daudibert-Caille monte à la tribune pour faire à la société un rapport de ce qu'elle doit, et de ce qu'elle a actuellement en caisse. Ce rapport excite beaucoup de tumulte. — Collot d'Herbois demande la parole pour une motion d'ordre : il a la plus grande peine à se faire entendre. — « Les toux que j'entends autour de moi ne m'en imposent pas. Est-ce pour savoir ce que vous devez à votre imprimeur que les citoyens des tribunes sont ici? (Applaudissemens, tumulte, brouhahas.) — Il faut rejeter nos affaires particulières, et nous occuper du bien public. Eh! messieurs, donnons un peu d'argent à ceux qui nous en demandent, et nous serons trop heureux à ce prix, de sauver la patrie. » (Applaudissemens universels.) — L'ordre du

jour est l'affaire d'Avignon. Collot d'Herbois, Bourdon et Chabot parlent dans le même sens; ils s'accordent à improuver la conduite de l'abbé Mulot et celle des derniers commissaires civils. — Un membre présente à la société une arme de nouvelle invention, commandée par des aristocrates au serrurier Boucherot, qui la portera à l'assemblée nationale. Cette arme est une espèce de ceste, muni d'un gland avec lequel on assomme sans laisser de traces. — (Indignation générale.) — Une députation de la société fraternelle du faubourg Saint-Antoine vient faire part à la société de l'arrêté qu'elle a pris, de consacrer les matinées des dimanches à l'instruction du peuple; elle demande que la société envoie des commissaires à la première séance qui aura lieu dimanche 4 mars. Les commissaires nommés sont: MM. Robespierre, Chabot, Lanthenas et Bancal. (*Journal du Club*, 2 mars.)

ACTES PARLEMENTAIRES.

Les actes parlementaires du mois de février, ne présentent point le caractère un et systématique que la question de la guerre imprime aux débats de l'assemblée nationale, pendant les mois antérieurs. Aujourd'hui, que l'on attend à terme fixe le dernier mot de Léopold, il ne s'agit plus que des détails relatifs à l'armement, selon que des plaintes, des dénonciations ou des demandes, les placent sous les yeux et les proposent à la discussion de l'assemblée. La continuité particulière au mois qui nous occupe, résulte de la pensée qui anime les Feuillans contre les sociétés populaires, pensée qu'ils manifestent sous toutes les formes, et qu'ils rattachent à tous les hasards nés des chocs extérieurs. Nous avons exposé plus haut les séances où l'intention formelle d'abattre les Jacobins se manifesta par des efforts directs. Nous avons vu que le centre de l'assemblée, dont les membres se donnaient à eux-mêmes le nom d'*indépendans*, tenta d'un seul coup la ruine des clubs, y compris celui des Feuillans, et que ceux-ci, trop heureux de se dissoudre, pourvu que les

Jacobins cessassent d'exister, votèrent pour la motion de Mouysset. Ce qui prouve cependant que la majorité appartenait au côté du peuple, comme parlaient les feuilles démocratiques, c'est que les deux échecs éprouvés par ce dernier, l'un dans l'affaire du ministre de la marine, l'autre dans le renouvellement de la présidence, furent attribués à l'absence de quelques députés patriotes. La motion des trois cents allait évidemment être rejetée, lorsque son auteur la retira.

La division des matières, telle que les travaux eux-mêmes nous l'indiquent, est contenue dans le sommaire suivant : actes diplomatiques. — Rapports de l'assemblée avec le roi ; — Rapports de l'assemblée avec les ministres ; — Incidens administratifs et révolutionnaires. — Mouvement des provinces.

ACTES DIPLOMATIQUES.

A la séance du 1er février, Koch, au nom du comité diplomatique, proposa de décréter que les lois relatives au régime féodal recevraient une pleine et entière exécution à l'égard des princes de l'empire, possessionnés dans les ci-devant provinces d'Alsace et de Lorraine, et que le roi serait chargé de faire suivre les négociations, et de pourvoir aux indemnités qui leur étaient dues par tous les moyens compatibles avec la justice et la Constitution. Dumas demanda la traduction du rapport dans toutes les langues; Lecointe-Puyraveau fit ajourner.

[A la séance du 25, M. Koch présente la rédaction définitive du décret rendu sur l'affaire des Basques :

«L'assemblée nationale, vu la lettre du département des Basses-Pyrénées, copie de celle du directoire du district de Saint-Palais, écrite audit directoire du département, et de celle des municipalités d'Ascarat, d'Aunaux, d'Izonlègues, de Lasse et de Saint-Etienne en Bagorry, adressée audit directoire de district, toutes relatives à des violences commises par des Espagnols de Roncevaux, sur le territoire français et sur la montagne appelée Ourdin-Sarroja, où ils enlevèrent, le 6 du présent mois, sous la conduite de l'alcade dudit lieu, trois pasteurs baigoriens et cinq cents brebis, moutons et chèvres, appartenant à des habitans de Lasse, district de Saint-Palais ; considérant que des excès aussi graves portant l'empreinte d'une violation du territoire français par les Espagnols, ne sauraient être tolérés, et qu'il ne serait pas juste que des citoyens français, habitans paisibles des frontières, en fussent les victimes, décrète qu'il y a urgence :

« L'assemblée nationale, après avoir décrété l'urgence, décrète ce qui suit :

Art. Ier. Le pouvoir exécutif est chargé de prendre des informations exactes sur la nature des plaintes adressées au corps législatif par le directoire du département des Basses-Pyrénées, ainsi que sur les pertes et dommages que les habitans de Lasse ont essuyés de la part des Espagnols, pour, sur le compte qui en sera rendu, être statué par l'assemblée nationale, ce qui sera dû en indemnité auxdits habitans.

II. Le roi est invité à faire faire, près du gouvernement espagnol, les démarches convenables pour obtenir l'élargissement des trois pasteurs baigoriens détenus prisonniers en Espagne, ainsi que la réparation de l'outrage fait à la nation, et des dommages causés aux habitans de Lasse, et à en faire rendre compte à l'assemblée nationale. » — L'assemblée adopte cette rédaction.]

La diplomatie ne sera définitivement à la guerre qu'après la communication de l'office de l'empereur, office adressée de Vienne, sous la date du 17 février, à M. de Blumendorf, ambassadeur d'Autriche à Paris, et que Delessart transmit à l'assemblée nationale, le 1er mars seulement, jour où Léopold lui-même succombait dans sa capitale à une dysenterie opiniâtre selon les uns, et, selon les autres, à un empoisonnement.

Les faits qui complètent la diplomatie de février, se bornent à quelques dépêches de Sainte-Croix, confirmant la dispersion des émigrés dans les états de l'électeur de Trèves ; à une lettre de Lagravière, ministre de France à Bruxelles, annonçant (*séance du 15 février*) qu'il s'est plaint au gouvernement général du rassemblement des émigrés ; ensuite à l'arrestation de Pelleport, courrier du cabinet, par la municipalité de Stenay. Ce Pelleport est le fameux libelliste dont il est parlé dans notre douzième volume (élections) : il était chargé d'une mission pour l'Allemagne. Le 14, l'assemblée reçut la nouvelle de son arrestation ; le 15, elle manda le ministre des affaires étrangères, et décida qu'il s'expliquerait devant le comité diplomatique ; le 17, Koch fit un rapport sur cette affaire. Il proposa l'élargissement de Pelleport et de l'Emblé arrêté avec lui, déclarant que leur mission était utile à la France. Saladin, Rouyère et Bazire demandèrent la question préalable ; Mouysset combattit cet avis; et, sur la proposition de Dumas, l'assemblée passa à l'ordre du jour. Dans cette séance, Fauchet renouvela sa dénonciation contre Delessart ; il présenta cinq nouveaux chefs : 1° une action directe sur la cherté des grains ; 2° une faveur marquée pour les prêtres réfractaires ; 3° la complicité dans les troubles du Calvados ; 4° une responsabilité imminente pour les massacres d'Avignon ; 5° une complicité au moins passive dans tous les troubles publics. — Il cita des faits et des pièces : après de nombreuses interruptions, sa dénonciation fut renvoyée au comité de législation.

Rapports de l'assemblée avec le roi.

Cérémonial.—A la séance du 4 février, Rhéal se plaignit du peu de dignité des réceptions des députations de l'assemblée au château des Tuileries, et de ce qu'on avilissait la nation dans ses représentans. Labergerie demanda qu'on présentât un mode qui fut indépendant de la timidité des membres de l'assemblée nationale et de l'insolence des agens du pouvoir exécutif. Renvoi au comité de législation. — A la séance du 6, Thuriot, au nom des commissaires de la sanction, expose la dernière réception qui leur avait été faite aux Tuileries. Les ministres, distinguant entre les grandes et les petites députations, n'avaient voulu ouvrir qu'un battant; Couthon invoqua la loi du 17 juin 1791, et demanda que les ministres fussent appelés à l'instant pour être interpelés à la barre sur la violation de cette loi. Grangeneuve pensait qu'ils devaient être punis. Au moment où l'assemblée allait prononcer, elle reçut la lettre suivante du roi, contre-signée Dupont:

Lettre du roi à l'assemblée nationale.

Paris, le 6 février 1792.

« Il s'est élevé, messieurs, une difficulté sur la manière dont les commissaires que l'assemblée nationale charge de m'apporter ses décrets, doivent être reçus chez moi. J'ai fait observer jusqu'à présent l'usage qui avait été constamment suivi dans mes rapports avec l'assemblée constituante, et j'ai pensé qu'il était convenable de marquer, par une distinction, les occasions où le corps législatif juge lui-même devoir mettre plus de solennité par le nombre des députés qu'il m'envoie. En conséquence, j'ai fait ouvrir les deux battans aux députations de soixante, et j'ai ordonné qu'on les ouvrît également aux députations de vingt-quatre, lorsque l'assemblée nationale jugerait à propos de m'en envoyer. Les commissaires qui sont venus vendredi pour me présenter les décrets, ont demandé que les deux battans leur fussent ouverts. Mais ces commissaires n'ayant point insisté sur cette prétention, d'après les observations qui leur ont été faites, je n'y avais donné aucune attention. J'ai su qu'ils en avaient rendu compte à l'assemblée nationale, et qu'elle avait renvoyé cet objet à l'examen d'un de ses comités. N'attachant aucune importance à une chose de cette nature, j'étais résolu d'attendre que l'assemblée me présentât son vœu, si elle croyait devoir s'en occuper: mais j'ai été surpris qu'avant qu'elle l'eût manifesté, les commissaires qui sont venus hier, pour présenter les décrets à ma sanction, aient renouvelé cette prétention, et se soient retirés, parce que, jusqu'à ce que l'assemblée se fût expliquée, j'ai cru devoir maintenir l'usage invariablement observé. L'assemblée jugera, sans doute, qu'il est important que les rapports nécessaires qui existent entre elle et moi, ne soient jamais interrompus, et elle se pressera sûrement de se concerter avec moi à cet égard. »

L'assemblée rendit le décret suivant:

« L'assemblée nationale, considérant que le roi, par sa lettre de ce jour, exprime le désir de connaître le vœu du corps législatif sur la manière dont seront reçus les commissaires chargés de lui présenter les décrets ;

» Considérant que toutes les députations du corps législatif au roi, sont revêtues du même caractère, de quelque nombre qu'elles soient composées, charge son président d'écrire au roi, que le vœu du corps législatif est que la loi du 17 juin 1791 soit exécutée, et qu'en toute occasion, les membres de l'assemblée qui se présenteront en son nom, soient reçus sans aucune différence. »

Condorcet demanda quel protocole il devait suivre pour transmettre au roi ce décret. Rouyer fait observer que le mot *messieurs* se trouvant le quatrième dans la lettre du roi, le président de l'assemblée devait donner, dans la séance, la même place au mot *sire*. Cette formule fut décrétée pour l'avenir. — Parmi les réflexions aigres ou railleuses que les journaux renferment sur ces misères de l'étiquette, nous citerons Royou et Gorsas. Le premier (l'*Ami du Roi*, 8 *février*) termine ainsi sa narration : « On semble dire à ce malheureux prince : Comme vous ferez je ferai. Et les démagogues, après cela, ne cesseront de répéter que le roi de France est libre, qu'il est heureux, que la constitution l'a rendu le plus puissant monarque de l'univers, et que, par reconnaissance, il doit bien aimer la constitution ! Mais si le roi ne jugeait pas à propos d'obéir à cet ordre que lui intime l'assemblée, juge en sa propre cause ; s'il ne sanctionnait pas ce décret injurieux, qu'en arriverait-il ? » — *Gorsas*, n° du 7, disait que l'assemblée nationale aurait dû *constitutionnellement* et *très-sérieusement* décréter ce qui suit : 1° Quand il y aura soixante membres, les deux battans. — 2° Quand il y en aura vingt-quatre, un battant. — 3° Quand il y en aura douze ou six, ils passeront par le trou de la serrure.

Maison militaire du roi.

Le 11, Louis XVI écrivit à l'assemblée, pour demander que

la solde du régiment des gardes suisses fût payée par le département de la guerre jusqu'au renouvellement des capitulations. Le 15, un décret relatif à la garde soldée du roi, fut adopté en ces termes :

[« L'assemblée nationale, voulant déterminer le mode et la formule du serment à prêter par la garde soldée du roi, et faire cesser les difficultés qui se sont élevées ou pourraient naître à ce sujet, décrète qu'il y a urgence.

» L'assemblée nationale, après avoir décrété l'urgence, décrète ce qui suit :

Art. 1er. Tous ceux qui composeront la garde soldée du roi, prêteront serment *d'être fidèles à la nation, à la loi et au roi ; de maintenir de tout leur pouvoir la Constitution du royaume, décrétée par l'assemblée nationale constituante aux années 1789, 1790 et 1791 ; de veiller avec fidélité à la sûreté de la personne du roi ; et de n'obéir à aucunes réquisitions ni ordres étrangers au service de sa garde.*

II. Ce serment sera public, et prêté en présence des officiers municipaux de la ville où réside le roi.

III. La formule du serment sera lue à haute voix, par l'officier commandant, qui jurera le premier, et recevra le serment individuel de chaque officier : ensuite chacun des gardes le prêtera en levant la main, et en prononçant : *je le jure.*

IV. Ce serment sera renouvelé chaque année, le même jour que celui où il aura été prêté. Cette année seulement, les divisions pourront prêter séparément le serment, à mesure de leur formation.

V. Lorsque le corps législatif sera assemblé, la garde soldée du roi ne pourra le suivre, s'il établit sa résidence à plus de vingt lieues de distance de la ville où l'assemblée nationale tiendra ses séances. Dans aucun cas, elle ne pourra le suivre hors du royaume.

VI. La garde soldée du roi ne pourra être admise à prêter le serment relatif à ses fonctions, que lorsque les membres qui la composent auront justifié à la municipalité du lieu où réside le roi, de la prestation antérieure de leur serment civique, aux termes de l'art. XII du chapitre II du titre IV de l'acte constitutionnel.]

Rapports de l'assemblée avec les ministres.

A peine le ministre de la marine échappait-il à la poursuite assidue dont nous avons énoncé ailleurs les conséquences, que de nouveaux griefs contre lui étaient adressés à l'assemblée nationale. Le 4 février, elle reçut une lettre des officiers municipaux de Brest, dans laquelle ils disaient : « Le port de cette ville, le plus important de la France, puisqu'il contient les cinq-neuvièmes des forces navales de France, se trouve actuellement sans officiers de marine. Il ne reste que huit chefs et quelques subalternes. Tous les autres se sont éloignés avec leurs femmes, leurs enfans, leurs domestiques. La municipalité de Brest réclame la prompte sollicitude de l'assemblée, et l'assure que, quels que soient les desseins de ces officiers déserteurs, son dernier cri sera celui des représentans de la nation : *La Constitution ou la mort!*

Le 6, Narbonne vint presser l'assemblée de terminer divers objets nécessaires pour mettre l'armée en campagne, tels que la fourniture de viande à faire aux troupes, l'organisation des hôpitaux militaires, la nécessité de fixer les dépenses pour 1792. « On n'aurait pu que louer son zèle, dit Brissot (*Patriote Français* du 8,) s'il n'y avait pas mêlé des plaintes assez amères sur les deux décrets de l'assemblée, dont l'un a rejeté la création de deux aides-de-camp pour le ministre, et dont l'autre a ajourné indéfiniment la création de six nouveaux adjudans. Un ministre doit toujours se souvenir qu'il n'a pas le droit de censurer les décrets de l'assemblée, et qu'il est inconstitutionnel de l'inviter à revenir sur ses pas. » — Le 7, le comité militaire présenta plusieurs projets de décrets sur les demandes du ministre ; on en ordonna l'impression et l'ajournement. Le même comité fit lecture d'un autre décret sur la résiliation du traité fait avec la compagnie Baudoin, pour le transport des convois militaires. — « Le ministre de la guerre s'est opposé à cette résiliation. Il a dit, d'un ton très-leste, que, si elle avait lieu, il ne se chargerait pas, sur responsabilité, de faire arriver les convois à temps. M. Narbonne oublie qu'un tel langage est plus propre à irriter les esprits qu'à les lui concilier. Il oublie qu'un ministre manque à la nation, lorsqu'il se présente devant les représentans, en bottes et le fouet à la main. Si trop de réserve inspire des défiances, trop de familiarité a droit de déplaire. — Le projet du comité a été ajourné. » (*Patriote Français*, du 9.) — Le 11, Narbonne représenta à l'assemblée la nécessité de conserver l'alliance avec les Suisses, en maintenant les priviléges de leurs troupes. Sur l'interpellation de Loustalot, il convient de la désertion des officiers des régimens ci-devant Soissonnais et Champagne.

Le 18, Cahier-Gerville, ministre de l'intérieur, fit un rapport à l'assemblée sur l'état du royaume. Voici la substance de ce rapport :

[*Le ministre de l'intérieur.* J'ai promis à l'assemblée nationale un tableau de la situation du royaume, en tout ce qui concerne mon administration. Je viens lui soumettre ce travail. Les causes premières et directes des troubles qui agitent depuis quelques temps le royaume, viennent de la rareté du numéraire et de celles des subsistances, de la différence des opinions politiques et de celle des opinions religieuses.

La rareté du numéraire, qui se manifeste chaque jour de plus en plus, prend sa source dans la quantité trop considérable de papier-monnaie, dans l'exportation qu'en ont faite les émigrés, dans les remboursemens considérables faits aux créanciers étrangers, dans l'esprit d'agiotage, dans la lenteur du recouvrement des impositions, dans les troubles intérieurs, dans le situation du royaume à l'égard des émigrés et des puissances étrangères, enfin dans le nuage qui faisait entrevoir dans l'avenir la possibilité d'un événement que repousse la loyauté française. Le mal est dans l'opinion, le remède est dans les mains de l'assemblée nationale.

Secours publics. On ne peut se dissimuler que beaucoup d'hôpitaux ne soient dans une situation alarmante. L'assemblée constituante leur a affecté quatre millions à titre d'avances; l'assemblée actuelle leur a affecté une nouvelle somme de neuf cent mille livres : ce fonds suffira jusqu'au premier avril, d'autant plus que sur les quatre millions cinq cent mille livres, il reste encore huit cent mille livres. Les hôpitaux ont un très-grand besoin que ces secours leur soient promptement délivrés, et on ne peut attribuer le retard qu'ils ont éprouvé, qu'à la négligence des municipalités à remplir les formalités prescrites.

Commerce. Jamais les manufactures ne travaillèrent avec plus d'activité et n'occupèrent plus de bras. Mais il ne faut pas se dissimuler que cette activité même est due à la défaveur de nos changes, et que nous devons des avantages particuliers à un vrai dommage général.

M. Delessart avait fait faire, pendant son ministère, des états à colonnes, qu'il envoya à tous les départemens pour connaître leur situation sur les subsistances. Dix départemens seulement renvoyèrent, avec des notes, les états qui leur avaient été adressés; dans ce nombre, quatre, par le rapprochement de leur consommation et de leur récolte, mettaient à même de calculer un déficit. Cinq annonçaient un excédant effectif; un seul paraissait avoir de quoi suffire à sa consommation; les autres n'avaient point répondu. L'effet de cette mesure, dont on devait attendre des succès, dut donc être regardé comme nul. Des secours furent accordés par le corps constituant. M. Delessart, qui voulait qu'une distribution équitable fût faite, invita les départemens à charger un de leurs députés au corps constituant, de se concerter avec lui, pour fixer la quotité des secours. Quatorze départemens cédèrent à cette invitation. Cette seconde mesure manqua donc encore, et M. Delessart devint l'unique juge de la quotité des portions; il distribua une somme; j'en ai distribué une autre: elles forment un total de 6,440,000 liv. Vingt-six départemens y ont eu part; 5,560,000 liv. restent à distribuer. Peu de départemens ont obtenu ce qu'ils demandaient, et un grand nombre attendent un supplément.

J'ai suivi dans cette disette des subsistances, plus causée par la défiance que par la défaveur du sol, la marche qu'avait tracée mon prédécesseur : j'ai constamment invité les départemens à se pourvoir hors du royaume; quatre grands avantages m'ont paru s'ensuivre : une augmentation considérable de la masse des subsistances, une certitude plus grande de ne pas craindre la famine dans l'intérieur, un moyen de ne pas agiter les esprits par une trop grande circulation, et une plus grande liberté assurée au commerce.

M. Delessart avait conçu le projet d'une administration centrale pour les subsistances. On aurait environné les administrateurs d'une confiance que l'on aurait redouté d'altérer ; on ne les aurait point regardés comme seul chargés du soin d'approvisionner le royaume, mais ils auraient disposé des secours en grains ou en farine, et la loi aurait donné une mesure à leurs fonctions. Cette proposition ne fut pas adoptée..... Des achats se font au-dehors. La concurrence de plusieurs agens et préposés des départemens, a fait hausser considérablement les grains à Hambourg ; peut-être est-il temps encore d'examiner et d'apprécier les vues de M. Delessart sur les subsistances ; seulement cela aurait été beaucoup plus facile, lorsque les circonstances avaient appelé moins d'inquiétudes sur cette partie de l'administration de l'état. M. Cahier offre des détails sur les arrestations nombreuses des grains, faites par le peuple dans divers départemens, et sur la défection d'une partie des troupes envoyées pour lever ces obstacles.

On n'obtiendra jamais la circulation libre des subsistances, tant que l'on n'aura pas inculqué dans l'esprit du peuple quatre grandes vérités : 1° les administrateurs doivent du pain, mais ils n'en doivent jamais à tel ou tel prix ; 2° le blé est, pour ainsi dire, une propriété nationale, qui n'appartient point à tel district, à telle municipalité, mais à la nation toute entière ; 3° les subsistances étant, comme tous les objets des besoins de l'homme, la base du commerce, il tend toujours à s'établir dans leur distribution sur la surface de l'empire, un équilibre qu'il n'est point au pouvoir humain de détruire ou d'altérer ; 4° si la rareté produit la cherté, la cherté ramène l'abondance. Il ne faut pas toujours compter sur la force donnée à la loi, mais il faut insister sur la régénération des mœurs de la vraie liberté ; il faut faire sentir au peuple français que l'isolement et l'égoïsme sont des crimes de lèze-nation. Je dois fixer particulièrement les regards de l'assemblée sur les départemens du Nord et du Pas-de-Calais.

Des mouvemens ont eu lieu, pour le même sujet, à Arques et à Saint-Omer. Le 14, le magasin des vivres a été pillé à Dunkerque. Tel est, messieurs, la vraie situation des départemens. Les dépêches d'hier annoncent encore des nouvelles profondément affligeantes, et telles que si l'on n'y remédie, il ne m'est plus possible de calculer la suite des événemens. Quelques personnes ont pensé que, dans de pareilles circonstances, on pourrait provisoirement défendre la fabrication de l'amidon et la navigation du canal de Saint-Omer. Cette mesure a besoin d'être mûrement examinée. On pourrait aussi avoir recours à la Pologne, où les grains sont à un prix modéré; et à Rome, d'où le consul de France m'écrit qu'on pourrait s'en procurer. Je vais maintenant parler de nos dissentimens politiques et religieux; je dirai tout, persuadé que la nation n'a qu'à vouloir sincèrement la guérison du corps politique pour l'opérer. Depuis long-temps les prêtres avaient réuni leurs intérêts à ceux de l'aristocratie. Quelques-uns ont refusé de bonne foi de prêter le serment; d'autres ont été dirigés par une autre impression que par celle de leur conscience. Quoi qu'il en soit, le décret qui le prescrit, produisit cet étrange effet de rappeler à la religion beaucoup de personnes qui l'avaient oubliée, et jusque-là ne s'étaient pas mises fort en peine de prouver qu'elles avaient de la morale. La religion qu'on n'attaquait pas, trouva des défenseurs qu'elle n'avait pas appelés, et sur lesquels elle n'avait pas le droit de compter. Plusieurs habitans des campagnes ont été séduits par les manœuvres des nouveaux fanatiques.

Dans les départemens du Finistère, quatre à cinq prêtres non assermentés, ont été emprisonnés par ordre d'une municipalité, sans aucune forme de procès. Plusieurs départemens ont fait fermer les églises non paroissiales, en s'accordant à reprocher aux prêtres non assermentés de troubler les consciences, de prêcher l'insurrection, de soulever la religion contre la loi. Dans les départemens de l'Aube et de la Haute-Vienne, deux curés se sont mariés, et ont publié eux-mêmes leur bancs. Ils ont été expulsés par le peuple et les officiers municipaux. Dans le département du Haut-Rhin, les curés conformistes sont publiquement insultés; dans d'autres, on demande qu'ils soient chassés. A Alençon, des citoyens obligés d'employer les prêtres assermentés pour donner la sépulture, ont refusé de fournir les noms patronimiques de ceux qu'ils faisaient enterrer.

Le département du Nord, du Pas-de-Calais, de l'Ile-et-Vilaine, des Côtes-du-Nord, de la Loire-Inférieure, du Gard, du Cantal, sont ceux qui sont le plus agités par des troubles religieux. Si d'un côté l'on voit des fanatiques, de l'autre on voit des persécuteurs, et il semble que la tolérance soit exilée de ce royaume. Des officiers municipaux ont ordonné l'enlèvement d'enfans qui n'avaient point été baptisés par des prêtres assermentés. Plusieurs particuliers avaient été condamnés à des amendes par le tribunal de police correctionnelle, pour n'avoir pas présenté leurs enfans au baptême, dans l'église paroissiale. Le cadavre de M...., a été exhumé et enterré dans la place publique, parce que, dit-on, il n'allait pas à la messe des prêtres assermentés. Tous ces faits appartiennent au fanatisme ou à la persécution; il en est d'autres qui tiennent au dissentiment politique. Dans le département de la Meuse, on s'est attroupé au domicile des ci-devant seigneurs, pour y chercher des armes. Dans le département du Lot, des citoyens soupçonnés de favoriser les émigrés, ont été persécutés dans leurs propriétés. Je dois surtout engager l'assemblée à fixer les yeux sur les départemens de l'Ardèche et de la Lozère ; les dissentimens politiques sont prêts à porter les citoyens aux plus affreux excès. La voix de la patrie est étouffée par celle du fanatisme, et l'on redoute une funeste explosion.

Dans le département de la Lozère, les prêtres non assermentés n'ont pu être remplacés. Je dois des éloges à la vigilance des corps administratifs. Le roi, pour encourager leur zèle, m'a ordonné de leur écrire qu'à quelque prix que ce fût, il maintiendrait la Constitution et soumettrait les rebelles. J'ajouterai encore un fait : à Gravière, département de l'Ardèche, une brigade de gendarmerie a été maltraitée pour avoir voulu arrêter un homme soupçonné d'embaucher pour la contre-révolution. Quant au ci-devant Comtat, l'assemblée connaît, par le rapport des commissaires, l'incivisme de la plupart de ses habitans. Je dirai peu de choses sur les sociétés politiques ; je me bornerai à des observations générales, dont l'assemblée reconnaîtra la justesse. Elles se sont formées dans le moment où le gothique édifice s'écroulait, et où l'esprit public était de tout détruire. Aujourd'hui, le véritable esprit est de tout conserver. On craint qu'elles ne soient pas assez convaincues de cette vérité, et qu'elles n'aient pas changé avec les circonstances. Quelquefois elles ont entraîné les administrateurs dans des démarches dangereuses ; quelquefois elles se sont montrées rivales des autorités constituées. (Une partie de l'assemblée applaudit.)

M. Merlin. A bas !

M. le ministre de l'intérieur. Sans doute on doit favoriser les élans du patriotisme ; mais, si je ne me trompe, l'intérêt de la nation est de conserver la Constitution telle qu'elle est décrétée, de la défendre, et de ne pas souffrir qu'il lui soit porté la moindre atteinte. (Les applaudissemens recommencent.) Le salut public est là ; il n'est que là, et le chercher ailleurs serait un crime. On ne peut que s'affliger de ces lettres que l'assemblée et le roi ont été obligés d'entendre, où la Constitution est traitée d'œuvre abominable de l'assemblée constituante. On ne parlerait pas autrement à Coblentz. Rangeons-nous plutôt autour d'elle ; garantissons-la de la violence des passions. Laissons se développer les rameaux de cet arbre, et empêchons qu'un souffle violent ne le renverse, avant qu'il ait pu s'attacher à notre sol par de profondes racines. Ce n'est pas à moi à rendre compte de l'administration de la justice ; j'observerai seulement qu'il n'y a encore que 45 tribunaux criminels institués.

On demande l'impression du rapport du ministre de l'intérieur.

M. Chabry. J'appuie l'impression de ce rapport, parce qu'il est capable de disséminer le bon esprit public, et que nous le devons à monsieur, qui nous présente l'alliage précieux d'un ministre instruit et honnête homme.

M. Bazire. Je demande la question préalable sur cette question, parce que ce mémoire contient plusieurs hérésies politiques.

M. Albitte. J'appuie l'impression, parce que les ministres n'ont point l'initiative.

M. Lecointre et trois ou quatre autres membres appuient la question préalable.

M. Merlin. Je demande l'impression du rapport, parce qu'il prouve que le décret contre les prêtres réfractaires ne devait pas être anéanti.

L'assemblée ordonne à l'unanimité l'impression du rapport.]

Le 19, la trésorerie nationale envoie les bordereaux de ses recettes et de ses dépenses du 1er au 15 courant. Il en résulte qu'il reste en caisse, tant en assignats qu'en argent, 60,418,755 liv.

Le 20, le ministre des contributions publiques envoie la note de la fabrication des monnaies. Celle des pièces de 15 et de 30 sous s'élève à 12,000,000 ; celle des monnaies de cuivre, à 5,662,000 liv. — Le bronze des églises a produit 202,009 liv.; et le métal des cloches, 2,441,000 liv.

Le 22, Hérault-Séchelles fit un rapport sur le mode d'exercer la responsabilité des ministres. Vaublanc établit que la responsabilité dépendait de la confection des lois ; il examina ensuite comment le corps législatif devait exercer sa surveillance ; il proposa une commission de douze membres, chargée d'examiner les délits des administrations inférieures, et les dénonciations contre les ministres.

Le 23, on renvoya à la commission centrale une dénonciation de Charles Duval contre le ministre de la marine.

Le 25, Narbonne annonça l'insurrection du 14e régiment, en garnison à Béthune, contre le nouveau réglement de police. Le lendemain, Thuriot, revenant sur ce fait, s'écria que le ministre devait être puni de mort pour avoir adressé aux troupes, de son propre chef, une loi réglementaire. Un membre proposa de faire examiner ce réglement ministériel par le comité militaire : l'assemblée passa à l'ordre du jour. « Son motif, et il était sage, a sans doute été de ne pas arrêter le cours de la discipline dans la crise où nous sommes ; mais il serait sage aussi, en le faisant exécuter provisoirement, d'examiner s'il ne contient pas des articles propres à dégoûter les soldats. » (*Patriote Français* du 27.)

Affaire des douze soldats du régiment d'Alsace. Voici à quoi se borne cette affaire dont retentissent tous les journaux, à la fin de février. — Le 24, Narbonne dit à l'assemblée : « Hier, douze soldats du régiment d'Alsace se sont présentés à la municipalité de Paris, où ils n'ont pas été reçus. De là, ils devaient se présenter au comité militaire. J'ai cru de mon devoir de les regarder comme déserteurs, puisqu'ils ont quitté leurs régimens sans permission, et j'ai donné des ordres pour qu'ils fussent arrêtés et conduits en prison. » — Le 25, il informa l'assemblée de ce qui était survenu : « Les douze soldats du régiment d'Alsace, dit le ministre, n'ont pas été mis en prison, parce que le maire de Paris n'a pas cru devoir déférer à la réquisition de M. Daffry ; mais ils sont venus chez moi me déclarer qu'ils se constituaient prisonniers ; en conséquence, le roi m'a ordonné d'écrire à leur régiment pour qu'ils ne soient pas regardés comme déserteurs. »

Le 28, Pétion écrivit à l'assemblée la lettre suivante :

» M. le président, je viens d'apprendre que M. le ministre de la guerre avait avancé à l'assemblée que, dans l'affaire des douze soldats du régiment d'Alsace, j'avais cru ne pas devoir faire droit à la réquisition d'ordres légitimes. Comme cette manière vague de s'exprimer pourrait laisser du louche sur ma conduite, et qu'il importe au magistrat du peuple de n'être pas soupçonné d'avoir manqué à ses devoirs, je prends la liberté de joindre ici des pièces qui établiront, je pense, que la marche que j'ai tenue est sage et mesurée.

» Vous y verrez que M. le ministre de la guerre n'a pas cru d'abord qu'il fût besoin de recourir à l'autorité civile pour l'arrestation des douze soldats ; qu'il a recommandé à M. Daffry de faire cette arrestation sur-le-champ ; que M. Daffry, plus circonspect, a pensé devoir s'adresser au chef de la municipalité, et que je pensai à mon tour que les circonstances étaient telles, que je ne pouvais pas me dispenser d'en référer au corps municipal.

» On ne devait pas craindre assurément que ces soldats s'en allassent, puisqu'ils venaient d'eux-mêmes se remettre entre les mains des autorités légitimes, et qu'ils étaient sous la surveillance d'un inspecteur militaire ; d'ailleurs, je dois dire, à leur louange, qu'il est impossible de trouver des hommes plus dociles, plus soumis et plus résignés.

» M. le ministre de la guerre a fait de nouveau connaître combien l'intervention de l'autorité civile était peu nécessaire dans cette affaire, et combien il était facile de s'en passer; car il a fait conduire les douze soldats à l'Abbaye. Il est vrai qu'il prétend qu'ils y ont été de leur plein gré ; mais on comprend sans peine ce que cela signifie; il a réglé lui-même le temps de la détention ; il a mesuré le degré de peine, et il a été jusqu'à promettre leur grace au nom du roi ; ainsi il n'a plus rien laissé à faire.

» Tout cela a paru si simple à M. le ministre de la guerre, que je ne sais pas comment il est venu avec empressement, et deux fois de suite à l'assemblée, faire part de sa conduite, et comment, surtout, il a cru utile à son éloge de jeter de la défaveur sur le maire de Paris.

» L'assemblée connaît maintenant les faits, et elle jugera facilement que si quelqu'un a des torts, ce n'est pas le maire de Paris. Pétion. »

Là se bornent les relations des ministres avec l'assemblée, du moins en ce qu'elles offrent d'important. Cahier-Gerville fit un nouveau rapport, le 27, sur l'état intérieur du royaume ; mais cette pièce n'est que le commentaire du premier compte-rendu. Le ministre y laissa entrevoir un mécontentement qui accrédita le bruit de sa démission, déjà annoncée par plusieurs journaux. Il termina son discours en disant qu'il ne fallait pas attaquer légèrement la réputation d'un fonctionnaire public, même quand il serait ministre, lorsque ce fonctionnaire était notoirement irréprochable. Toutefois, sa démission sera encore retardée de quelques jours ; elle n'aura lieu qu'en mars.

Narbonne, Bertrand de Molleville, Delessart surtout, étaient bien autrement harcelés que Cahier-Gerville. Nous assisterons bientôt au dénouement de cette lutte acharnée; le premier sera forcé à se démettre ; l'assemblée déclarera au roi que le second a perdu la confiance publique ; elle traduira le troisième devant la cour d'Orléans.

Parmi les attaques dirigées contre Narbonne, et qui n'eurent aucun retentissement parlementaire, nous devons mentionner les lettres que lui adressa Lecointre, député de Versailles, au commencement de février. Ces lettres avaient pour objet de rendre publique une découverte que la municipalité de Seine-et-Oise venait de faire dans l'hôtel de la guerre. Elle avait surpris, dans les souterrains de l'hôtel, une fabrication clandestine de cartouches destinées à la nouvelle garde du roi. Cette précaution du pouvoir exécutif avait été prise, au moment même où le conseil de faire des piques était en pleine exécution. Lorsqu'elle fut connue, le peuple entra dans cette verve de préparatifs que nous avons plus haut décrite. Nous extrairons de la seconde lettre de Laurent Lecointre (3 février) une note qui renferme les faits essentiels. — « La nouvelle garde du roi est armée avec des fusils de la première qualité ; on vient de lui faire 3,146 cartouches avec la poudre la *plus fine*... Comment s'y est-on pris pour faire ces cartouches ? on les fabrique furtivement. Où ? Dans des souterrains de l'hôtel de la guerre. Où ? A quatre lieues de Paris. Pourquoi la municipalité n'est-elle pas prévenue ? Pourquoi les personnes chargées de ce travail clandestin varient-elles sur la destination des cartouches ? Pourquoi faut-il leur arracher la vérité ? Tous ces actes de duplicité sont-ils bien propres à rassurer les citoyens ? Est-ce là la conduite que doit tenir le gouvernement, dans les momens de la plus juste défiance ? Enfin, on voit avec quelle attention, avec quelle célérité on munit la garde royale. Que l'on compare cela à l'état d'abandon et au dénûment de nos volontaires, et que l'on juge et le roi, et les ministres, et ses agens! »

Actes administratifs et révolutionnaires.

Le 3 février, l'assemblée décréta l'organisation du bureau de comptabilité. Condorcet fit sentir l'importance que les commissaires de ce bureau fussent à la nomination du peuple. Robecourt et Gensonné appuyèrent ce projet : il fut ajourné. — Une lettre du commandant du troisième bataillon des volontaires de Paris, en garnison à Laon, annonce que les braves soldats qui le composent renoncent au prêt en argent, et ne veulent recevoir que des assignats.

4 *février*. — Décret d'accusation contre les nommés Gauthier, Marc et Malvoisin, prévenus d'enrôlemens pour les émigrés. — On prononce un ajournement indéfini sur une lettre du roi qui demande la création de deux aides-de-camp généraux attachés au ministre de la guerre, et une augmentation de six adjudans-généraux. — Décret sur la forme des assignats de petite valeur.

5 *février*. — Diverses pétitions entre lesquelles on distingue celle de Périgueux et sa *cocarde fédérative*. Trois auteurs dramatiques plus qu'octogénaires, Laplace, Favart et Goldoni, se plaignent de l'inexécution de la loi sur les *propriétés du génie*. Divers membres s'empressent de guider les pas chancelans de ces vieillards admis aux honneurs de la séance.

7 *février*. — Amelot annonce que le total des biens nationaux, estimés pour cinq cent six districts, se porte à 2,225,940 liv. Trente-huit districts sont en retard d'envoyer l'évaluation des domaines qu'ils renferment. — Linguet paraît à la barre avec les citoyens Gallet et Labadie, ci-devant employés dans l'Inde : ils viennent se plaindre des vexations du pouvoir exécutif. Linguet portant la parole, et fâché d'être souvent interrompu, déchire son mémoire et se retire. L'assemblée, indignée de ce procédé, a cependant accordé les honneurs de la séance aux deux pétitionnaires. — Décret en faveur des soldats du ci-devant régiment

d'Aunis, expulsés, pour leur patriotisme, par le général Béhague. — Décret d'amnistie en faveur des déserteurs chez l'étranger, avant le 1ᵉʳ juin 1789.

9 *février*. — Rapport sur la fixation de l'imposition foncière pour 1792; d'après ce rapport, la contribution serait du sixième du revenu foncier. — Décret qui met les biens des émigrés sous la main de la nation et sous la surveillance des corps administratifs; le comité de législation présentera un mode d'exécuter ce décret. — Décret relatif au tribunal chargé des procédures des faux assignats. Le tribunal du premier arrondissement est autorisé à s'adjoindre des juges-suppléans, pour coopérer à l'instruction de ces sortes de procédures. Ce tribunal pourra en outre nommer quatre commis-greffiers pour vaquer à ces instructions.

10 *février*. — Lettre des volontaires du Morbihan, qui se plaignent amèrement d'être placés loin du poste de l'honneur et du péril. Renvoyée au comité militaire. — On adopte l'acte d'accusation contre les sieurs Loyauté, Desilly et Mayer, conspirateurs de Strasbourg. — Rapport du comité colonial; Brissot observe qu'il faut examiner attentivement ce rapport, qui prouve que tous les bons principes ne sont pas étrangers au comité colonial. « Mais nous nous occuperions en vain de secourir les colonies, si nous ne cherchions en même temps à faire cesser les troubles qui les désolent. Leur source est dans la vanité, dans la mauvaise foi des blancs. Trois fois ils ont violé un concordat, que quatre fois ils avaient juré de maintenir. » Il demande et il obtient l'ajournement de la discussion sur la rectification des concordats. — Lettre de N. Puy-Monbrun, riche colon de St-Domingue. Il attribue les troubles de cette colonie à l'orgueil de quelques blancs qui veulent le maintien de la loi du 24 septembre. Il annonce que l'Espagne envoie plusieurs régimens à *Santo-Domingo*, et que le bruit court que cette puissance veut s'emparer de la partie française de cette île. — N. Gaudin, au nom du comité d'instruction publique, fait un rapport sur les corporations religieuses qui ont survécu à la suppression des monastères. L'orateur présente la nomenclature de toutes les maisons d'éducation, depuis la Sor-

bonne jusqu'à l'association des sœurs grises et celles des frères de la charité. Il discute l'origine et le but de chacun de ces établissemens, s'attachant à démontrer que tous n'ont tendu qu'à perpétuer l'ignorance, la superstition et l'imposture. — N. Pontard, dénonce la cupidité des bedeaux, des fossoyeurs et des sonneurs de cloches, les corporations des pénitens de toutes les couleurs qui imposent des taxes exorbitantes. Outre 5 liv. exigées pour chaque cadavre, il faut encore payer pour l'encensoir, pour le drap mortuaire, pour les chandeliers, pour le goupillon, etc., etc., etc. — Le comité d'instruction publique est chargé de remédier à ces abus.

11 *février*. — Une députation de la république de *Mulhausen*, admise dans l'intérieur de la salle, vient demander la ratification du traité de commerce stipulé entre la république et le roi. — Décret pour l'organisation des jurés dans le département de Paris.

12 *février*. — Jacques Wikson, irlandais, a fait hommage d'un fusil à sept canons, approuvé par l'académie des sciences. Cette arme était déjà en usage dans la marine anglaise. — Une nombreuse députation de citoyens vient offrir ses bras et ses piques pour le maintien de la liberté et des principes constitutionnels; elle est reçue au milieu des applaudissemens les plus vifs. « Veillez, a dit l'orateur, veillez sur les Tuileries : c'est là que sont nos plus grands ennemis. » — Armand-Guy Kersaint, au nom du département de Paris, est venu représenter à l'assemblée nationale que l'emplacement occupé par elle et ses comités était d'une valeur de 25 millions, et lui proposer de transporter ses séances dans un édifice destiné à former l'église de la Madeleine, dont la construction ne coûtera pas 5 millions.

14 *février*. — Décret qui ordonne que les ci-devant gardes-françaises, congédiées arbitrairement, continueront de recevoir leur solde. — Muraire, au nom du comité de législation, fait un rapport sur les moyens de faire constater par les officiers civils, les naissances, les mariages et les décès.

16 *février*. — Condorcet propose une adresse au peuple dont l'assemblée décrète sur-le-champ l'impression, l'envoi aux dépar-

témens et la lecture dans toutes les municipalités. Voici cette adresse :

L'Assemblée nationale aux Français.

« Une conjuration de rois, suscitée par les ennemis de l'égalité, les complots des conspirateurs, les trames du fanatisme, les intrigues des ambitieux, les ruses de la corruption, ont entouré d'orages et de dangers le berceau de la liberté française. Les représentans du peuple, forcés de donner aux soins toujours renaissans d'une surveillance pénible les heures qu'ils auraient voulu consacrer à contempler, à consolider la nouvelle organisation sociale, doivent à leurs commettans un compte fidèle de leurs efforts, de l'état où ils ont trouvé la chose publique, de celui où elle est aujourd'hui, des obstacles qu'ils ont éprouvés, et de ce qu'ils ont fait pour les vaincre.

» Quatre grands objets semblaient devoir appeler leurs premiers regards : la nécessité d'établir enfin dans les finances un ordre simple et rigoureux ; la destruction d'un droit civil incohérent et barbare, qu'il faut remplacer par un code uniforme pour tout l'empire, et fondé, comme la Constitution même, sur les droits que l'homme tient de la nature, et que la société lui doit garantir ; une instruction nationale digne de la France libre et des lumières du dix-huitième siècle ; enfin l'organisation d'un système fraternel de secours publics, où le malheureux soit consolé sans être avili, et l'indigence secourue sans que l'oisiveté soit encouragée ; où l'enfant abandonné soit élevé pour la patrie ; où des maisons de force, des moyens répressifs, malheureusement nécessaires encore, servent moins à punir les fautes qu'à punir les vices.

» Les finances exigeaient à la fois et des mesures promptes et des travaux longs et difficiles.

» Un papier fondé sur l'hypothèque certaine des biens nationaux et sur la foi d'une nation libre, était devenu la seule monnaie ; mais l'organisation de cette monnaie n'était pas complète ;

le nombre des billets de cinq livres, répandus dans la circulation, ne suffisait pas aux besoins journaliers des citoyens.

» Vos représentans en ont augmenté la masse et diminué d'une somme égale celle des billets de 2,000, 1,000 et 500 livres, dont la contrefaçon, encouragée par de plus grands intérêts, était plus dangereuse, dont l'échange contre les monnaies métalliques était plus onéreux.

» Ils ont arrêté, entre les départemens, une distribution proportionnelle de cette monnaie nouvelle, devenue nécessaire au commerce, aux dépenses les plus indispensables de la vie commune.

» Mais cette mesure ne suffisait pas : des billets d'une valeur inférieure à celle des assignats les plus faibles, avaient été répandus par les municipalités et par des caisses particulières ; la masse de ces derniers billets augmentait celle du papier-monnaie, puisque ces sociétés n'avaient formé leurs établissemens que pour employer en opérations de commerce les assignats qu'elles avaient reçus en échange.

» Ainsi, à une monnaie qui avait une hypothèque territoriale et la sauvegarde de la bonne foi publique, on avait substitué une monnaie sans hypothèque, et garantie par la seule bonne foi particulière.

» Vos représentans ont donc senti l'utilité de remplacer ces billets par un papier national plus sûr, aussi commode pour le commerce : par là ils diminuaient la masse du papier-monnaie, et compensaient, du moins en partie, les nouvelles émissions que les besoins de l'état pouvaient rendre encore nécessaires.

» Les plus petites monnaies de papier ont été fixées à dix sous, et par conséquent il a fallu accélérer la fabrication des sous de cuivre ou de métal de cloche, destinés aux derniers échanges, afin d'avoir un système monétaire complet, de pouvoir se passer de monnaies d'or ou d'argent pour la presque universalité des transactions formées entre les citoyens sur le territoire français, de rendre moins onéreuse la différence entre la monnaie de papier et même celle d'argent, et d'anéantir une des causes de cette différence en faisant cesser le besoin réel des monnaies de métaux précieux.

» Ces opérations, simples en elles-mêmes, exigent des détails minutieux, des combinaisons multipliées, et il a fallu plusieurs mois pour les terminer.

» Convaincue de la nécessité de fixer à seize cents millions la limite des assignats en circulation, que l'assemblée constituante avait portée à douze cents, et qu'elle avait été forcée d'augmenter de cent millions dans ses dernières séances, l'assemblée nationale s'est occupée des moyens de prévenir toute augmentation ultérieure qui ne serait pas commandée par l'intérêt de la sûreté publique et de la défense de la patrie ; elle a cherché si même il ne serait pas possible de diminuer cette masse, afin de se tenir toujours au-dessous de celle que la circulation peut souffrir, et de se ménager des ressources plus étendues pour les besoins extraordinaires.

» Mais ces questions étaient nécessairement liées aux moyens à prendre pour l'acquittement de la dette et la perception plus régulière des contributions publiques.

» L'assemblée a cru qu'il n'était plus temps de fonder des opérations si importantes sur de simples aperçus ; qu'il fallait d'un côté établir une balance rigoureuse entre la valeur des biens nationaux à vendre et la masse des assignats qu'ils doivent éteindre ; comparer d'un autre le montant de la dette exigible avec la valeur des biens dont la vente est réservée ; hypothèque non moins solide, et sur laquelle il est possible de fonder le système d'une liquidation certaine et complète.

» La confiance du patriotisme a suffi long-temps ; mais le moment est venu où il faut que l'enthousiasme fasse place à la raison et au calcul, où l'on a besoin de cette confiance paisible et durable qui ne s'appuie que sur des faits.

» Ainsi l'assemblée s'est procuré des états exacts de la valeur de tous les biens dont la vente est décrétée, de ceux dont par différens motifs la vente avait été suspendue, de ceux enfin dont la conservation pouvait paraître utile : telles sont les forêts nationales.

» Pour connaître ensuite le montant de la dette, elle a fixé aux créanciers un terme où ils sont tenus de présenter les titres sur lesquels ils fondent leurs prétentions : en effet, alors on connaîtra quelle sera la masse des créances ; en supposant que toutes les demandes sont légitimes, on aura une limite qu'elle ne peut excéder, et, en faisant ainsi le calcul sur des bases nécessairement défavorables, on sera certain d'agir avec une sûreté plus entière.

» Mais il faut beaucoup de temps pour rassembler ces faits ; il en faut pour les apprécier, pour en déduire des résultats ; il en faut encore pour fonder sur ces résultats un système général d'opérations liées entre elles, dont le succès soit à l'abri de toutes les ruses de l'avidité, de toutes les noirceurs de la trahison ; il serait donc injuste de regarder comme une inaction coupable un travail obscur, mais pénible, mais nécessaire, dans lequel une portion considérable de députés a consommé toutes les heures que le devoir d'assister aux séances leur permettait d'y consacrer.

» Le déficit des impositions de 1791 avait porté un coup fatal au crédit, et parce qu'il forçait d'augmenter la masse des assignats monnaie existans à la fois dans la circulation, et parce qu'il fournissait aux ennemis de la patrie un prétexte de calomnier la révolution. L'état de la nation, appuyé sur des preuves authentiques, offre encore une sûreté entière ; mais cette sûreté s'anéantirait si l'on pouvait croire qu'il fallût encore long-temps suppléer par la consommation des capitaux aux dépenses qui doivent chaque année être acquittées par les impôts : la confiance ne peut donc exister tant qu'on regardera leur recouvrement comme incertain ; la défiance doit augmenter à mesure que les retards, en s'accumulant, semblent annoncer que le moment d'une perception exacte est encore éloigné.

» L'assemblée constituante a fixé la forme et le montant des impôts : tout changement à cet égard serait une imprudence.

» La confection des rôles arrête seule le recouvrement, et cette confection est confiée aux corps administratifs.

» L'assemblée s'est occupée de compléter les lois relatives à la perception, d'en préparer de nouvelles qui puissent l'accélérer; de choisir entre les mesures qui lui ont été présentées, celles qui lui paraîtraient à la fois les plus efficaces et les plus douces.

» Nous ne ferons pas aux citoyens l'outrage de leur rappeler que le paiement des contributions consenties par les représentans de la nation est pour eux un véritable devoir; nous n'exhorterons pas à un sacrifice pécuniaire des hommes qui volent avec ardeur sur les frontières, pour défendre au prix de leur sang la cause de la liberté.

» Nous ne leur ferons point observer que la gêne dans la circulation, la baisse du change, le défaut du numéraire, le renchérissement des denrées sont pour chacun d'eux une charge plus onéreuse, et qu'en payant la contribution réclamée par la patrie, ils seront encore soulagés.

» Mais nous leur dirons : ne croyez pas aux insinuations perfides des prêtres non sermentés, des anciens privilégiés, des ennemis de la révolution, qui vous persuadent que la masse des nouveaux impôts est plus pesante que celle des anciens : des calculs rigoureux ont prouvé qu'elle était moindre de près d'un tiers. Si pour tel département, tel district, tel individu, cette diminution est plus faible, si même vous pouvez croire payer davantage, défiez-vous d'abord de l'exactitude de ces calculs particuliers dans lesquels les erreurs sont si faciles; examinez si l'on n'a pas atténué vos charges anciennes; voyez ensuite si votre département, votre canton, si tel genre de propriété ne payait pas autrefois moins qu'il ne devait payer : alors si cette perte, ou plutôt cette diminution d'avantages est réelle, si elle est injuste, que faut-il en conclure? Qu'il s'est glissé des erreurs dans la répartition, et que vous devez non acquitter avec répugnance l'impôt nécessaire à la défense de la liberté, mais solliciter, suivant les formes que la loi vous offre, les moyens de réparer une inexactitude commise dans son application. Avez-vous donc oublié que la justice souveraine de la nation a détruit pour toujours ces priviléges humilians, cette inégalité onéreuse, ces violations de vos domiciles, ces amendes ruineuses, ces vexations fiscales, ces supplices prodigués avec tant de barbarie, infligés avec tant de légèreté, ces dîmes si nuisibles à l'industrie, ces droits féodaux personnels, monumens odieux de l'antique servitude?

» Nous dirons aux administrateurs : votre vigilance, votre activité pour le recouvrement de l'impôt ne sont pas en ce moment une simple obligation de votre place, une fonction que la loi vous confie ; c'est un devoir impérieusement imposé par le salut public, par l'amour de la liberté.

» Chaque heure que vous consacrerez à ce travail, chaque ligne que vous inscrirez sur ce registre est un pas que vous ferez faire à la révolution ; chaque obstacle que vous lèverez est une victoire remportée sur les ennemis de la patrie. Que ces fonctions minutieuses et pénibles prennent à vos yeux un plus grand caractère ; qu'elles s'ennoblissent par l'idée que les circonstances y ont été attaché le sort de la liberté française, et peut-être de celle du genre humain.

» Mais en pressant le recouvrement des impositions, les représentans du peuple ont veillé sur leur emploi. Les dépenses publiques doivent être fixées par l'assemblée nationale, et les ministres étaient obligés par la loi de lui en présenter le tableau au commencement de sa session : trois mois se sont écoulés, et c'est au moment même où l'examen devait être terminé que les aperçus nécessaires ont été remis à l'assemblée. Cependant jamais ces dépenses n'avaient été soumises à une discussion sévère et détaillée ; la rouille de tous les abus les infectait encore : devions-nous donc nous contenter d'un établissement provisoire? Devions-nous, pour acquérir l'honneur d'une fausse activité, laisser les anciens désordres s'identifier avec le nouveau régime, et leurs racines meurtrières s'étendre sur le sol de la liberté? Non, sans doute : il faut enfin au peuple français un système de dépenses publiques lié à celui de la Constitution, fondé sur les mêmes principes d'égalité, combiné pour la conservation de nos droits, et qui, par sa sagesse comme par sa justice, fasse reconnaître une nation libre et souveraine. L'assemblée, conduite malgré elle à l'inaction jusqu'à la fin du mois de décembre, n'a donc voulu abandonner à la routine que les premiers mois de cette année; elle a fixé au premier mars le terme de son travail, au premier avril l'époque de cette révolution dans les finances.

» Des épargnes importantes en seront la suite, et les représentans du peuple lui montreront par une économie sévère que, fidèles à leur devoir, ils ont également cherché à ménager le trésor du pauvre, et à éloigner de la liberté les dangers de la corruption. On ne laissera subsister que les places nécessaires ; on ne donnera pour chacune que le juste salaire des talens indispensables pour la bien remplir ; et, sans flatter jamais la cupidité par une libéralité coupable, une parcimonie non moins funeste n'éloignera point des emplois la pauvreté éclairée et laborieuse.

» L'assemblée nationale n'ignore pas que les portions de l'impôt les moins nécessaires au service public sont précisément celles qui coûtent le plus aux citoyens indigens, celles qui obligent d'étendre jusque sur eux le fardeau des impositions, et que les derniers vingt millions sont une charge plus pénible que les deux cents premiers.

» La crainte arrache l'impôt aux peuples esclaves; l'homme libre acquitte volontairement la contribution employée pour lui-même : elle ne souffrirait aucun obstacle dans un pays où tous les citoyens pourraient dire, pour chacune des dépenses générales, ce que les habitans d'un village disent tous les jours pour une dépense locale : voilà ce qu'on me demande; mais voilà l'utilité que je dois en retirer.

» Tel est le but que l'assemblée nationale s'efforcera d'atteindre.

» Ainsi, sur ces objets importans, sur cet ensemble des finances, malgré le travail assidu qu'exigeaient une foule de lois de détails, rien n'a été négligé de ce qui devait conduire à des opérations plus vastes, appuyées sur des bases certaines, et propres à rappeler enfin le crédit et la prospérité. Déjà presque tout ce qui tient à la perfection du système monétaire est terminé, et dans l'organisation du bureau de comptabilité, dans le refus d'augmenter le nombre des visiteurs de rôles, on voit l'assurance précieuse d'une rigide économie, et d'une volonté ferme de ne confier le trésor du peuple qu'à des mains indépendantes et pures.

» La réforme du Code civil, l'établissement de l'instruction nationale demandaient de longues préparations, et les membres de l'assemblée qui ont été chargés de ces travaux ont préféré d'entendre inculper leur lenteur, et de ne pas s'exposer aux reproches que les imperfections d'un ouvrage trop précipité leur auraient justement attirés.

» Aucune grande nation n'avait jamais été appelée à une régénération totale des lois civiles et de l'instruction publique; jamais le système entier de ces deux parties essentielles de l'ordre social n'avait été soumis à l'examen de la raison, et une foule de questions qu'on n'avait jamais examinées, parce qu'on les trouvait partout décidées par le fait, naissaient de toute part, exigeaient qu'une discussion approfondie réunît et fixât les opinions.

» Cependant une partie importante du travail sur l'instruction publique, celle dont l'exécution exige le plus de temps, celle dont la nécessité est la plus pressante, est déjà rédigée; c'est la distribution et l'organisation des établissemens consacrés à une instruction qui doit être offerte à tous les citoyens, embrasser toute l'étendue des connaissances humaines, rendre la génération qui s'élève digne de la liberté; préparer, assurer enfin le perfectionnement des générations futures.

» La constitution, en déclarant le mariage un contrat civil, en plaçant la liberté du culte au rang des droits de l'homme, rendait indispensable une loi nouvelle sur les moyens de constater les mariages, les naissances et les sépultures.

» Les efforts des prêtres fanatiques pour écarter les citoyens des ministres, seuls dépositaires des registres publics, ne permettaient pas de retarder : il a donc fallu, sans nuire à l'ensemble du plan général, en détacher cette loi importante ; ce travail difficile est terminé, et va bientôt enlever à la superstition une de ses armes les plus dangereuses.

» Le comité des secours publics, chargé en même temps et des soins nécessaires pour subvenir aux besoins présens, pour maintenir les établissemens actuels, et du travail de préparer les établissemens nouveaux, a profité des matériaux précieux que l'assemblée constituante nous a légués, des lumières que les citoyens se sont empressés d'offrir, y a réuni les connaissances nouvelles que lui-même a rassemblées, et touche enfin au terme si long-temps attendu : après quatre mois seulement de travaux continuels et pénibles, il est sur le point de présenter à l'assemblée le système complet des encouragemens, des secours qu'une nation riche et libre doit à cette portion de citoyens qui, nés avec des droits égaux, mais privés des avantages de l'association commune par des malheurs imprévus, par l'effet de l'inégalité nécessaire des fortunes, par le défaut d'instruction, qui appauvrit encore l'indigence, par la grossièreté des mœurs qui suit l'ignorance, ont droit d'exiger que la société répare l'ouvrage de la nécessité et de la nature, rétablisse l'égalité que le sort avait altérée, et conserve ou rende à l'indigence abattue la dignité de l'homme, le caractère imposant et sacré de la liberté.

» Mais le soin de rétablir la paix dans l'intérieur, de veiller à la sûreté de l'État, a surtout occupé tous nos momens.

» A l'ouverture de nos séances, de nombreux rassemblemens de Français rebelles menaçaient nos frontières ; une longue et inexplicable indulgence avait augmenté leur audace ; l'Europe retentissait du bruit de leurs préparatifs de guerre : toutes les cours étaient agitées de leurs intrigues ; ils avaient des ambassadeurs auprès des rois et des émissaires dans nos régimens, dans nos villes, dans nos campagnes. En même temps le clergé, dépouillé des biens usurpés sur la crédulité de nos ancêtres, profitait, pour se venger, des restes d'une ignorance et d'un fanatisme que les lumières ont démasqué et avili, mais qu'elles n'ont pas éteint : ces mouvemens, d'abord faibles et isolés, prenaient, par l'influence de quelques chefs, toute l'importance d'une conspiration religieuse; le paisible habitant des campagnes, qui d'abord n'avait pensé qu'à conserver son prêtre malgré le refus du serment, osait parler de le substituer à celui qui avait été élu suivant les formes légales; on avait d'abord fait quelque scrupule de le reconnaître comme ministre du culte; bientôt on fit un crime d'avoir contribué au maintien de la loi; on s'occupa d'éloigner des fonctions publiques, les ames timorées, sous prétexte qu'une de ces fonctions était de faire exécuter le décret sur l'organisation du clergé; on arma contre les citoyens, les femmes et leurs enfans; on jeta dans les familles des semences de discorde; enfin on opposa toutes les honteuses passions de la terreur religieuse, tous les sentimens féroces du fanatisme à la noble passion de la liberté; on essaya de placer le peuple entre Dieu et la patrie, et on lui offrit le ciel pour prix de la trahison, pour récompense de la servitude!

» L'assemblée nationale voulut opposer des lois sévères à des hommes que l'impunité enhardissait, et qui, par le caractère de bassesse et d'atrocité imprimés à leurs complots, avaient perdu tout droit à l'indulgence.

» Le refus de sanction a rendu ces mesures inutiles : le roi prouva, par ce refus, cette liberté dont les courtisans de quelques princes affectaient encore de douter. L'assemblée nationale, respectant la Constitution, ne répondit que par son silence, et redoubla de vigilance et de zèle. Un décret d'accusation porté contre les chefs des rebelles donna un grand exemple de l'égalité des citoyens aux yeux de la loi, et les biens des émigrés ont été mis sous la main de la nation.

» L'assemblée a espéré que les lumières répandues par les patriotes éclairés suffiraient contre le fanatisme; que les Français libres du dix-huitième siècle ne recevraient pas ce joug étranger, rejeté par eux dans les temps de leur ignorance et de leur servitude ; qu'ils ne verraient qu'avec le mépris de l'indignation employer contre leur raison les ridicules prestiges, les ruses honteuses de la vieille superstition; qu'ils sentiraient combien est hypocrite ce zèle qui attend toujours, pour déployer son vain appareil que l'intrigue lui ait promis d'ajouter des moyens humains à ses moyens célestes.

» Cependant un orage se formait en Europe contre la France. Depuis les premiers jours de la révolution, ses agens extérieurs semblaient lui être devenus étrangers : le roi d'Espagne avait refusé de recevoir un autre ambassadeur français que M. de la Vauguyon, révoqué par le roi, et ce refus, contraire à tous les égards observés entre les nations, avait continué même lorsque le besoin qu'avait eu l'Espagne du secours de la France, aurait pu répondre du succès d'une réclamation nécessaire au maintien de la dignité nationale.

» Tandis que des sociétés anglaises se réunissaient pour célébrer le jour de la fédération, et consacraient par des fêtes cette époque glorieuse, l'ambassadeur de France laissait à un simple citoyen l'honneur de réunir ses compatriotes. L'amour de la paix avait déterminé l'assemblée constituante à suspendre l'exécution de ses décrets sur l'organisation du clergé, à souffrir que le roi traitât avec Rome ; et on laissa chargé de la négociation un cardinal dont cette organisation détruisait la fortune et blessait les préjugés : telle a été la première cause de ces troubles religieux, qu'une conduite plus ferme eût étouffés dans leur naissance.

» L'ambassadeur en Suisse avait donné sa démission ; et au moment de renouveler les capitulations, au moment où les intrigues des émigrés français remplissaient ce pays de préjugés contre la France, où l'Espagne y entretenait un envoyé extraordinaire dont les desseins étaient au moins suspects, cet ambassadeur n'était pas remplacé !

» Plusieurs des places les plus importantes n'étaient point remplies; les autres étaient occupées ici par des ennemis déclarés de l'égalité, là par des hommes qu'on pouvait soupçonner de n'avoir fait que céder à la nécessité ; on se conduisait comme s'il y eût eu en France non une révolution, mais de simples agitations, après lesquelles on devait rentrer dans les formes anciennes, et qui n'avaient pas mérité que l'on changeât, même provisoirement, nos agens auprès des puissances étrangères.

» Et pendant que les négociations pour renouveler l'alliance des Suisses, que les mesures pour régler les dédommagemens des princes allemands dont la déclaration des droits avait supprimé les droits féodaux, étaient ou totalement oubliées ou livrées à une inactivité plus dangereuse encore; tandis qu'on laissait aux Français ennemis de leur patrie, le temps d'exciter les réclamations de ces princes, dont le bruit avait retenti parmi nous, long-temps avant que les intéressés eussent songé à s'irriter de cette prétendue violation des traités, aucune mesure politique ne s'opposait à la ligue que les rois préparaient contre la nation française.

» Les cours étrangères étaient assiégées par des émissaires connus des princes rebelles, par des hommes qui, nouvellement sortis du ministère, qui employés comme ambassadeurs quelques mois auparavant, ou revêtus de titres autrefois honorables, qu'ils conservaient malgré la constitution, ne pouvaient être traités comme ces agens obscurs dont on feint quelquefois de méconnaître l'existence.

» Au moment où le roi avait solennellement adopté la Constitution, une simple notification l'annonça aux princes de l'Europe.

» Aucune réquisition pour la dispersion des rassemblemens, aucun changement des agens suspects, aucun désaveu de ces conjurés qui allaient solliciter en son nom des secours qu'il ne demandait pas, n'avertit les puissances étrangères et de la vraie situation de la France et des intentions réelles du roi.

» Tel était l'état de nos relations extérieures. Deux années de cette conduite lâche et perfide nous présentaient aux nations comme un peuple divisé en partis, agité par des factions, dont la faiblesse offrait un succès facile à tous les projets d'une politique ennemie. Ainsi, avant même que nous fussions assemblés, tous les piéges étaient tendus, toutes les combinaisons étaient formées. Nous n'avons pas craint d'envisager des périls dont il n'était pas permis aux représentans du peuple de détourner les yeux plus long-temps : forcés de choisir entre des mesures faibles, qui n'eussent retardé la guerre que pour la rendre plus hasardeuse en laissant à nos ennemis l'avantage d'en fixer l'époque, et une conduite courageuse qui diminuait le danger, quand même elle aurait pu en accélérer le moment, nous n'avons pas hésité.

» Nous avons invité le roi à menacer de la justice de la nation française les princes qui souffraient sur leurs territoires, et des rassemblemens d'hommes armés et des magasins d'armes et de munitions. Des monarques puissans s'étaient ligués pour défendre, disaient-ils, l'honneur des couronnes, comme si le sang des nations devait couler au gré de l'orgueil des rois ; pour maintenir la paix générale, comme si les élans d'un peuple généreux vers la liberté pouvaient troubler une autre paix que celle de l'esclavage ! L'assemblée nationale, profondément indignée de cet aveu d'une conspiration contre les droits des hommes, mais plu économe du sang des peuples étrangers que leurs princes mêmes, a cherché tous les moyens honorables d'épargner une guerre à l'humanité et d'en diminuer les fléaux ; elle a invité le roi à déclarer à l'empereur son allié, qui avait signé ces traités, que, s'il n'y renonçait la France ne pourrait plus voir en lui qu'un ennemi.

» Elle a désiré que le roi cherchât à réunir, dans une fraternité commune, toutes les nations qui comme nous aimeront la liberté, tous les princes qui ne voudront que la tranquillité et le bonheur de leurs états.

» Elle a déclaré aux peuples que, même au milieu de la guerre, elle respecterait les lois de l'humanité et de la justice, et que jamais le soldat français ne verrait un ennemi dans un cultivateur paisible, dans un citoyen désarmé.

» Elle a vu que le désir d'altérer une constitution où l'unité du corps législatif, où l'égalité absolue des droits opposaient aux intrigues du despotisme d'invincibles obstacles, était le mobile secret de toutes les ligues, de toutes les conspirations ; que l'idée de rendre un conseil de rois juge souverain du degré de liberté qu'ils daigneraient accorder à chaque nation, avait ranimé en eux l'espoir d'éterniser la servitude sur la terre ; et par un acte solennel, elle a déclaré traître à la patrie quiconque consentirait à la moindre atteinte portée à l'égalité, quiconque prendrait part à ces honteuses transactions ; elle a déclaré que la nation française regarderait comme un ennemi tout prince qui voudrait porter atteinte aux droits du peuple français, à l'indépendance absolue de sa constitution et de ses lois.

» Amis de l'humanité, si nous sommes forcés à la guerre, nous aurons du moins la consolation de sentir qu'elle ne sera pas notre ouvrage, mais le crime de ceux qui l'ont préparée, et dont la conduite coupable nous a placés entre la victoire et l'esclavage.

» Cependant il fallait pourvoir à la sûreté de la nation ; et quel était l'état de l'armée ?

» Des mouvemens que des motifs différens semblaient exciter, et qui paraissaient néanmoins tenir à une cause unique mais inconnue, en avaient successivement agité, désorganisé presque tous les corps ; les officiers, qui d'abord ne les quittaient qu'en cédant à ce qu'ils appelaient des violences, avaient, depuis quelques mois, levé presque ouvertement le masque, et prouvé que les soldats, en présentant la haine de leurs officiers contre la révolution comme l'excuse de toutes leurs fautes, n'avaient dit qu'une vérité d'abord trop peu sentie.

» Et ces officiers, qui déjà grossissaient l'armée des rebelles, n'étaient pas remplacés ! Il semblait qu'on attendît le moment où un traité fait aux dépens des droits des hommes, leur permettrait de reprendre leur place, où ils daigneraient pardonner au peuple français d'avoir voulu l'égalité ; il semblait qu'on craignît que des officiers patriotes ne rétablissent la discipline, et ne défendissent les soldats des piéges dont l'adresse des conspirateurs se plaisait à les environner !

» Cent mille gardes nationaux avaient volé aux frontières, et les mesures nécessaires pour les mettre en état d'agir, se prenaient avec une lenteur qui eût refroidi un zèle moins énergique. Il fallait réparer les dangers de cette négligence du dernier ministre de la guerre, examiner la situation de l'armée, chercher par quelles lois on devait ou compléter son organisation ou détruire les obstacles qui auraient pu ralentir son activité : combien d'heures n'avons-nous pas employées à préparer ces lois de détail, formées de dispositions dont chacune est minutieuse, mais dont l'ensemble est si important ! Et combien de difficultés n'offrent pas ces lois, où il est si nécessaire de concilier l'intérêt de la défense de l'état et celui de la liberté, la discipline militaire et l'égalité sociale !

» La marine est une partie essentielle de la force publique ; et une lettre du roi adressée aux commandans, avait appris que l'émigration des officiers y faisait des progrès funestes : les mêmes causes y avaient produit les mêmes effets que dans l'armée, et une négligence plus grande y a plus long-temps retardé, y retarde encore les remplacemens.

» Le moment approche sans doute où ces désordres vont être réparés ; mais pour en sonder l'étendue, pour en saisir les remèdes, pour ôter tout prétexte aux retards, il a fallu du temps et une surveillance active et soutenue.

» De grands mouvemens ont été excités dans des colonies placées à deux mille lieues de la France, et cette distance augmentait également la difficulté de connaître les faits avec exactitude, et d'en pénétrer les causes.

» Les remèdes ne pouvant être appliqués que plusieurs mois après l'époque où le mal qu'on veut guérir est arrivé, tout peut avoir changé dans l'intervalle, et le moyen le plus salutaire peut n'être qu'inutile et dangereux.

» Mais dans tous les troubles de l'empire français, il est une cause toujours agissante : la lutte de ceux qui veulent la liberté contre ceux qui la craignent ; et dans toutes les affaires il est des principes dont l'application est toujours sûre : l'humanité, le respect pour la justice, pour les droits essentiels de l'espèce humaine; ces principes ont seuls guidé nos résolutions; secourir les victimes des troubles, n'employer la force que pour conserver ou ramener la paix, telles ont été nos seules mesures. Une conduite chancelante, des ménagemens pour les préjugés, la crainte d'attaquer de front des questions qui mettaient en mouvement des passions si ardentes et de si grands intérêts n'avaient fait qu'aggraver les maux : nous osons croire qu'un attachement sévère aux règles de la justice en marquera le terme, en arrêtera les progrès.

» Dans une année où quelques parties de la France souffraient des effets d'une mauvaise récolte, combien n'était-il point facile d'exciter parmi les citoyens des terreurs dangereuses! Cent mille ennemis implacables, indifférens sur les moyens comme sur les suites de leurs complots, employant sans relâche contre la tranquillité publique leurs discours, leurs écrits, leurs intrigues et leur or, devaient sans doute réussir dans ce funeste projet; et tout en gémissant sur les excès auxquels le peuple s'est porté, sur le mal qu'il s'est fait à lui-même en écartant, par la crainte, les secours que le commerce lui eût préparés, peut-être faut-il se féliciter encore de ce qu'il a si bien résisté à ses perfides insinuations, de ce que son amour pour la liberté, son zèle pour la constitution n'ont point été altérés; de ce que le respect pour la loi a si rarement cessé de modérer ses mouvemens.

» Des secours accordés aux départemens qui éprouvent des besoins étaient le seul moyen actif que l'assemblée pût employer; elle a dû se borner à maintenir la liberté entière de la circulation intérieure, établie par l'assemblée constituante, et conséquence nécessaire de l'égalité prononcée par la constitution, comme par la nature entre toutes les parties de l'empire français. En même temps, elle a cru pouvoir ajouter des dispositions plus sévères à la loi contre les exportations, et aux précautions destinées à empêcher que les transports dans le voisinage des frontières, les envois par mer d'un département dans un autre, ne pussent se transformer en de véritables exportations; elle a voulu surtout que ces précautions fussent confiées aux magistrats du peuple ; que chaque citoyen pût vérifier si les formalités avaient été remplies : elle a reconnu par là cette vérité fondamentale dans toute constitution populaire, que le peuple délègue bien ses pouvoirs, mais ne délègue pas sa raison ; qu'il remet le droit d'agir, mais qu'il se réserve celui de voir si les hommes qui agissent pour lui et en son nom exécutent les lois et veillent à ses intérêts.

» Tel est l'exposé fidèle de nos travaux et des mesures que nous avons prises pour assurer la liberté de la nation et le salut de l'empire. Nous ne vous parlons pas de cette lutte entre les pouvoirs établis par la loi, dont peut-être les ennemis de la liberté ont cherché à vous effrayer.

» Nous savons que le succès des lois constitutionnelles dépend du concert entre ces pouvoirs, mais que ce concert doit avoir pour base la fidélité du ministère à faire exécuter les lois, et non la soumission des législateurs aux propositions des ministres ; nous savons que nous devons assurer au pouvoir exécutif toute son activité, mais aussi ne pas souffrir que cette activité le porte au-delà des bornes prescrites par la loi, et qu'une rigoureuse surveillance est une de nos obligations sacrées, dont ses plaintes, ses vains appels au peuple ne nous détourneront jamais ; il ne parviendra ni à nous irriter ni à nous séduire. Trop convaincus de la dignité de la représentation nationale, pour que les manœuvres de quelques-uns de ses agens puissent nous atteindre, nous leur pardonnerons tout, hors la négligence de leurs devoirs, la violation des lois, la trahison contre la patrie, les conspirations contre la liberté.

» Français, nous ne vous avons pas dissimulé vos dangers, parce que nous connaissons votre courage. Il s'agit, entre vous et vos ennemis, de la plus grande cause qui ait jamais été agitée parmi les hommes, de la liberté universelle de l'espèce humaine, de ces droits éternels que l'instinct a souvent disputés contre la tyrannie, que la raison a reconnus, que vos généreux efforts ont rétablis, et que rien ne peut plus ébranler. Ces droits sont la base unique sur laquelle puisse reposer le bonheur durable des nations. Si les orages inséparables d'une révolution ne vous ont pas encore permis de le sentir dans toute son étendue, déjà vous éprouvez celui que la nature attache au sentiment si pur et si touchant de ne voir autour de soi que des égaux, de ne dépendre que des lois; bientôt vous jouirez de cet autre bonheur qui doit naître d'une législation sage et juste, et des progrès rapides que le règne de la liberté assure au commerce, à l'industrie, aux arts, aux lumières.

» Voudriez-vous renoncer à ces biens, abandonner vos espérances, vous livrer encore à cette politique incertaine qui a si long-temps agité les hommes entre la liberté et la servitude? Sacrifierez-vous les générations futures à l'avantage d'une fausse paix, dont même vous ne jouirez pas; car les tyrans que vous avez fait trembler ne vous épargneraient qu'après avoir cessé de vous craindre, et des chaînes que vous avez pu rompre un fois ne suffiraient plus à leur sûreté.

» Mais en même temps nous ne vous verrons pas, égarés par l'espoir incertain d'une liberté plus grande, vous diviser et vous perdre: vous resterez attachés à votre constitution, parce que vous voulez rester libres; et, réunis autour d'elle, vous triompherez de cette ligue puissante qui s'était flattée d'anéantir d'un seul coup, avec la constitution française, la liberté et les droits du genre humain. »

17 *Février*. — L'assemblée ordonne l'arrestation d'un individu qui se permet de crier du haut des tribunes, alors qu'on délibère sur le nombre des chevaux à la suite des officiers: *qu'ils n'en aient que deux*. Les tribunes font la police elles-mêmes. — Décret sur le traitement des troupes en campagne. — Conduite exemplaire des braves chasseurs du douzième bataillon, et décret d'accusation contre un monsieur Fabrain, qui les avait excités à déserter leurs drapeaux. L'extrait du procès-verbal sera adressé à ces braves militaires.

19 *Février*. — Renvoi au comité des décrets et d'instruction publique d'une motion de Lequinio, tendante à établir un comité

particulier, chargé de rédiger chaque semaine, en style clair et précis, un journal des travaux de l'assemblée, et des événemens les plus propres à intéresser le peuple français.

20 *Février.* — Décret d'accusation contre le nommé Dubry, prévenu de conspiration contre la sûreté de l'état.

21 *Février.* — Dussaulx vient réclamer la justice de l'assemblée en faveur de Laurent Gouy de Valois, l'un des vainqueurs de la Bastille, blessé de plusieurs coups de feu au siége de cette forteresse ; il fut transporté du champ de bataille à l'Hôtel-Dieu, et lorsque la liste des premiers conquérans de la liberté fut faite, il n'y fut point compris : on le croyait mort. L'assemblée lui accorde une gratification de 600 liv., et lui attribue le droit à la pension de 200 liv., aux armes et habillement.

24 *Février.* — Décret prohibitif de l'exportation des matières premières. — La sortie du royaume, par terre ou par mer, des cotons et laines, en rames ou en graines des colonies, des laines filées ou non filées, des chanvres en masse, en filasse, rayés ou apprêtés, des peaux en vert, ou salées et en vert, et des retailles de peaux et de parchemins, est provisoirement défendue. — Cambon soutient que, dans ce moment, la France a plus de numéraire effectif en caisse qu'aucune autre puissance de l'Europe. — Le maire de Paris et la municipalité, nouvellement installés, sont admis à la barre. Applaudissemens au discours de Pétion, qui assure à l'assemblée que le peuple est là pour confondre ses ennemis et les conspirateurs. — *Ibid.* (*séance du soir.*) Décret pour la découverte et la poursuite des fabricateurs et distributeurs de faux assignats. — Au nom du comité d'instruction publique, Pastoret propose de supprimer le tribunal universitaire. Ce tribunal, depuis long-temps déchu de son origine, depuis long-temps sans but et sans signification, retenait encore les formes qui en faisaient, au moyen-âge, une institution vraiment européenne : il y avait toujours les *quatre procureurs des nations.*

25 *Février.* — Plusieurs femmes des émigrés sollicitent, au nom de leurs enfans et de la liberté, les moyens de faire exécuter la loi constitutionnelle qui déclare le mariage un simple contrat

civil. Quelques membres de l'assemblée soutiennent que la constitution a permis le divorce, et ils demandent le renvoi de ces diverses pétitions au comité de législation. — Sur la proposition du comité d'instruction publique, pour continuer les secours accordés par le gouvernement, avant la révolution, pour l'impression du *Recueil des diplômes de France, lois saliques,* par Brétigny, les Feuillans pensent qu'il serait à désirer que l'histoire de France, jusqu'à la révolution, fût effacée de la mémoire des Français; les Jacobins affirment qu'il faut conserver sous les yeux du peuple les annales de l'esclavage, afin qu'en rougissant de la faiblesse de ses ancêtres, il nourrisse et perpétue, de générations en générations, l'horreur de la tyrannie et le noble enthousiasme de la liberté. — Le projet du comité est ajourné.

26 *Février.* — Rapport de Cambon sur les moyens de délivrer la capitale du brigandage des caisses soi-disant patriotiques. Indépendamment de la surveillance plus que nécessaire des corps administratifs, il propose de révoquer la loi du 15 mai, qui exempte du timbre les billets de confiance de 25 liv. et au-dessous, et de les assujétir dès à présent à ce droit, à l'exception des billets de 10 sous jusqu'à 5 liv., qui n'y seraient soumis qu'au 1er avril prochain.

29 *Février.* — Nouveau rapport de Tarbé sur les colonies. — J. Ph. Garran de Coulon, député de Paris, et grand procurateur de la nation, par l'organe de M. E. Guadet, après avoir dans son discours censuré l'assemblée constituante, veut que l'on abroge le décret du 24 septembre, comme inconstitutionnel et rendu *dans la vieillesse de cette assemblée.* Il rejette tous les malheurs des colonies sur l'orgueil, la mauvaise foi, le despotisme des colons blancs; il a même adopté le système de ceux qui voudraient que l'on abandonnât les colonies. — (*Séance du soir.*) La municipalité de Paris implore des secours en faveur des pauvres de la capitale. L'assemblée ordonne un rapport général sur les secours à accorder aux pauvres de tous les départemens. — Décret sur la consécration de l'hôtel des Invalides, conservé sous le titre d'*Hôtel national des militaires invalides.*

MOUVEMENT RÉVOLUTIONNAIRE DES PROVINCES.

A la séance du 5 février, Duphénieux annonça des troubles survenus à Figeac (Lot), relativement à la circulation des grains et surtout aux disputes religieuses. Paganel déclara que dans plusieurs départemens, les prêtres réfractaires, pleins d'espérance et d'audace, faisaient les menaces les plus criminelles; que les patriotes irrités avaient déjà marqué les maisons, et que tout présageait des catastrophes sanglantes. Il invita tous les bons esprits à se rallier pour sauver la chose publique.

A la séance du 6, on lut le procès-verbal d'une émeute arrivée à Auch, le 21 janvier, à la suite d'une querelle entre la municipalité et le directoire du département. Le procureur-syndic Lafiteau avait suspendu l'effet d'un arrêté de la commune, qui ordonnait aux couvens de la ville de tenir leurs églises fermées pendant les offices des paroisses. C'était au nom de la tolérance religieuse, que la mesure de la municipalité avait été paralysée. Il en résulta une fermentation générale dans laquelle Lafiteau allait perdre la vie, lorsque les officiers municipaux eux-mêmes vinrent le délivrer.

Le 9, Bréard fit un rapport sur les affaires d'Avignon. Il commença par le récit rapide de la guerre civile qui avait si long-temps désolé le Comtat. Deux partis s'y étaient spontanément manifestés dès 1789 : l'un voulant la réunion de la province à la France, l'autre soutenant les intérêts du pape. Bientôt la division éclata entre les révolutionnaires eux-mêmes. Il s'était formé à Carpentras, une association sous le titre d'assemblée représentative du Comtat : Avignon ne consentit point à la reconnaître. Les papistes profitèrent de cette mésintelligence pour organiser à Sainte-Cécile, un centre d'opérations qui attaqua d'abord l'assemblée électorale d'Avignon, rivale de celle de Carpentras. Ces trois factions s'entr'égorgèrent à Savignan, au siége de Carpentras ; et enfin de la guerre elles passèrent à l'assassinat. Les médiateurs envoyés par la Constituante, firent signer, le 14 juin 1791, un traité de paix entre les deux parties qui voulaient la réunion. Le rapporteur examina la conduite des commissaires-médiateurs à partir de cette époque: Il les justifia de plusieurs reproches, mais il blâma en général leur conduite, et les accusa de partialité, d'imprudence et de despotisme. — De partialité, lorsque toujours prêts à accueillir les plaintes d'un parti, à le satisfaire, à le venger, ils repoussaient les justes sollicitations de l'autre : — de despotisme, lorsqu'ils suspendaient le corps unique qui représentât le souverain dans le Comtat; — d'imprudence, lorsqu'ils portaient pendant la nuit des troupes à Sorgues, au risque d'engager un combat entre elles et les habitans. Ce dernier reproche est particulier à l'abbé Mulot, ainsi que l'élargissement des assassins de Caromb, ainsi que le titre d'*assassinat vengeur* donné au meurtre de l'Escuyer. — Le rapporteur adressa les mêmes inculpations aux commissaires civils envoyés depuis la réunion.

Passant ensuite à l'examen de l'état actuel du Comtat, le rapporteur y vit les patriotes dispersés ou dans les fers, un prétendu modérantisme triomphant, et partout les germes de contre-révolution prêts à éclater.

A ces maux, à ces dangers, il proposa d'appliquer plusieurs remèdes : les uns généraux, tels que la prompte fusion du Comtat avec les départemens limitrophes; la prompte organisation des deux districts ; la limitation du pouvoir despotique des commissaires civils ; l'envoi de secours pécuniaires pour distribuer aux habitans qui avaient le plus souffert de la révolution ; les autres particuliers, tels que le transport du tribunal et des prisonniers hors d'Avignon, et l'extension de l'amnistie à tous ceux qui ne seraient pas convaincus d'assassinats prémédités. — Quant aux commissaires médiateurs et civils, le rapporteur demanda l'ajournement pour acquérir de plus grandes lumières sur les griefs qui leur étaient imputés. — La discussion du projet fut ajournée.

Le 11, Dumolard fit lecture d'une lettre du département de l'Isère qui annonçait la désertion des officiers du 40e régiment, ci-devant Soissonnais, à l'exception de cinq. — Le 13, la municipalité de Lyon dénonça la conduite aristocratique du directoire du département; nous avons déjà vu les deux corps en hostilité, à l'occasion du journaliste Carrier : l'assemblée passa à l'ordre du jour.

Le 14, Coupé instruisit l'assemblée d'une émeute arrivée à Noyon, au sujet d'enlèvemens excessifs de grains; il lut la lettre suivante :

« Ce matin, à notre réveil, nous avons été avertis que le tocsin sonnait de toute part; ce mouvement était occasioné par le bruit répandu dans la ville et les environs, qu'il allait arriver des troupes pour faire partir les chargemens de blé arrêtés par le peuple. A deux heures après-midi, dix mille hommes étaient rassemblés dans le camp. Sur le soir, il y en eut plus de trente mille. Nous avons donné ordre aux gardes nationales de se rendre au lieu de ce rassemblement; ils ont voulu avoir aussi les officiers municipaux de Noyon. Nous leur avons envoyé un réquisitoire pour qu'ils eussent à s'y transporter avec les citoyens. Au moment où la ville de Noyon parut, tout le monde fut satisfait, et l'air retentit des cris de *vive Noyon!* Sans cette démarche, le rassemblement formé entre Noyon et Saint-Quentin eût pu avoir des suites funestes. Ce rassemblement est maintenant divisé; mais on est prêt à se réunir au premier moment. M. Guibaut, de Compiègne, nous a fait part de l'arrivée de M. Gouy d'Arcy, chargé du commandement des troupes. Lorsque cet officier est arrivé au bac, et à quelques pas plus loin, le rassemblement était si considérable et si effrayant, que, dans la crainte de manquer sa mission, il prit le parti d'aller à Paris, avec un arrêté du directoire du département, etc., etc. »

L'assemblée renvoya cette affaire au comité de surveillance. Le lendemain, elle nomma quatre commissaires choisis dans son sein, pour aller pacifier le département de l'Oise. Ces commissaires étaient MM. Labergerie, Jacob Dupont, Romme et Vaublanc. — Le 18, Vaublanc rendit compte de leur mission. Il résulta de leur rapport qu'il fallait distinguer deux époques dans l'insurrection. Elle avait été occasionée parce que les conducteurs des bateaux chargés de blé n'avaient pas de lettres de voitures. Ce qui rendit le mouvement général, ce fut la nouvelle que Gouy d'Arci, connu par ses opinions peu favorables à la liberté dans les affaires des colonies, était chargé par la cour de rétablir le calme. Au reste, l'insurrection était avec ordre sous les armes, et d'autant plus à craindre, dans ses suites, qu'elle était, pour ainsi dire, froide et raisonnée.

Le 18 au soir, Delpierre fit un rapport sur les troubles d'Arles : cette ville était déchirée par deux partis rivaux, les Chiffonistes et les Monnayers ; des voies de fait avaient été commises ; deux officiers municipaux arrêtés ; 1,400 fusils destinés aux troupes de ligne saisis, et Giraud, père de l'Oratoire, forcé de sortir de la ville. Il proposa la poursuite de tout individu qui appellerait un citoyen du nom de *Chiffoniste* ou *Monnayer*, la démolition des ouvrages extérieurs, aux frais de la commune, et le réarmement des citoyens désarmés par l'arrêté du département des Bouches-du-Rhône. Ajournement.

Le 21, Gouy-d'Arcy rendit compte à l'assemblée de la manière dont il avait exécuté la mission qui lui avait été confiée par le pouvoir exécutif, pour apaiser les troubles de Noyon. « Il résulte de son long narré, que M. Gouy a vaillamment fait deux voyages pour apporter deux lettres au ministre de la guerre. » (*Patriote Français* du 22.) A cette même séance, Narbonne annonça qu'il était nécessaire d'employer la force pour réprimer l'insurrection. — Le 24 il lut les lettres suivantes : La première est du directoire du département de l'Oise.

Beauvais, 28 février. « En exécution de notre arrêté du 19, les trois commissaires que nous avons nommés pour faire les réquisitions, sont partis ce matin ; les troupes vont arriver ; il a été pourvu convenablement à leur logement et à leur subsistance.

» Nous avons conféré avec le général ; nous apprenons que le tocsin a été sonné dans plusieurs communes ; mais que dans d'autres, on s'est opposé à ce qu'il le fût. Il y a lieu de croire que la loi du 18 et l'instruction que nous avons publiées, produiront leur effet : nous joignons ici la copie d'une lettre adresée par le procureur-syndic de Noyon, à M. Dauchy, président du directoire, et l'un des commissaires.

» Le directoire du district, monsieur, se conformera à l'arrêté pris par le directoire du département. La disposition des esprits est telle qu'on ne veut pas laisser partir les grains, et que la force seule pourra faire partir ce qui n'a pas encore été distribué. Les officiers munciipaux des différentes paroisses rassemblées se font payer leurs vacations, savoir : 100 sous par jour pour les maires, 3 liv. pour les officiers municipaux, 2 liv. 10 sous pour les gardes, 2 liv. pour les porteurs; ils ont arrêté que ces sommes seraient payées en grains, et ils taxent, dit-on, les grains à 15 liv. le sac; ce qu'il y a de certain, c'est qu'ils se les partagent, et qu'il y a déjà 1,400 sacs de distribués. Nous veillons nuit et jour, etc. »

Lettre du commandant des troupes, le baron Witenkoff.

« Les troupes sont arrivées ce soir ; elles sont très-fatiguées : après demain je compte attaquer les mutins à Ourcan. Ils paraissent décidés à faire une bonne défense, et ils se trouvent dans un poste très-avantageux : je compte beaucoup sur les deux bataillons de Paris, et sur un régiment de chasseurs commandés par M. Lameth. Le second bataillon des volontaires de l'Yonne est ici, et montre le patriotisme le plus éclairé. »

M. Labergerie prit la parole après Narbonne, et dit : « Je viens de recevoir une lettre de M. Dauchy, qui m'annonce qu'il a reçu des députations des communes rassemblées, que les esprits lui paraissent bien disposés, qu'il commence à croire qu'il n'y aura pas un seul coup de fusil de tiré. Le rassemblement d'Attichy paraît dans les mêmes dispositions. »

Le 25, Narbonne communique la nouvelle que l'ordre était rétabli dans l'Oise, et que les insurgés d'Ourcan avaient été désarmés. Le lendemain, l'abbé Ichon fit une motion contre ce désarmement arbitraire. Thuriot et Romme demandèrent que le ministre fût mandé à la barre. Il y parut séance tenante, et déclara que le baron Witenkoff n'avait agi qu'en vertu des réquisitions des corps administratifs.

Le 29 février, une dépêche du département de Loir-et-Cher, communiquait un arrêté contenant des mesures coërcitives contre les prêtres non assermentés, qui, dans un délai donné, ne se rendraient pas au chef-lieu de l'administration. Chéron, Bigot-Préameneu et Calvel en demandèrent l'improbation comme empiétant sur le pouvoir législatif. Ordre du jour. — A cette même séance, la municipalité de Nancy dénonça une *adresse des émigrés à l'armée française*, repoussée avec indignation par le 58e régiment; elle fut renvoyée au comité de surveillance.

MARS 1792.

Nous voici parvenus au moment de l'anarchie. En tous lieux, à la même heure, l'entière désorganisation de la société monarchique se témoigne par de tels désordres et par de telles frayeurs, qu'il nous faut remonter jusqu'à la démence de Charles VI pour trouver dans nos annales quelque chose de semblable.

Tout ce qui précède et accompagne la dissolution des corps politiques, les vagues inquiétudes, la confusion, les alarmes subites, le sentiment de la conservation personnelle, livrant les uns à la dispersion et à la fuite, exagérant chez les autres la préoccupation de la défense, tous les caractères, en un mot, qui distinguent les époques de fin dans les traditions humaines, apparaissent maintenant.

Interrogez les vieillards sur les plus effrayans de leurs souvenirs révolutionnaires; ils vous répondront que le régime des terroristes n'a rien de comparable à l'anarchie qui désola le royaume pendant les mois de février et de mars 1792. Le manque absolu de sécurité, suite nécessaire de la ruine du pouvoir, abandonna un instant nos pères à cette peur mystérieuse et fatale qui s'emparait autrefois des peuples dans le passage d'un état social à un autre, entre deux civilisations consécutive.

Mais cette terreur panique n'eut lieu que dans les provinces. Le centre actif de la France, la capitale, où résidait en quelque sorte l'esprit national, ne participa que faiblement aux troubles dont on ressentait partout ailleurs les profondes atteintes. Paris seul ne fut point engagé dans l'éclipse ; seul, il conserva la faculté de la prévoyance et celle de l'ordre. Si l'unité n'eût pas offert, sur ce point, une résistance invincible, c'en était fait de la patrie.

Il est vrai qu'en prédisant la fin du monde romain, Jésus-Christ avait déclaré à ses disciples que c'était là la dernière grande détresse, les dernières ténèbres qui couvriraient le globe : « il n'y aura plus une telle affliction. » Il savait qu'en donnant le libre arbitre à tous les hommes, qu'en proposant indistinctement à tous le devoir du but social, cette lumière ne permettrait plus ni au destin, ni au désespoir, d'obscurcir les voies humaines. Il savait que la foi et bientôt la science du progrès, jetteraient une espérance immortelle par-dessus toutes les solutions de continuité, par-dessus tous les abîmes que le monde chrétien devait rencontrer sur la route de son but.

Aussi, l'alarme dont il s'agit ne dura-t-elle qu'un instant. Du 15 février au 15 mars tout était fini ; et encore le centre, qui pensait et qui voulait, n'en avait-il pas été ému. Cependant on vit se répéter, dans ce court intervalle, selon des proportions amoindries par la force dont le christianisme avait doué l'esprit français, les légendes et les fantômes des superstitions antiques. Les journaux de ce temps recueillent, entre autres rumeurs populaires, des prédictions de fin du monde. Chaque ville et chaque hameau furent saisis à jour fixe des mêmes pressentimens et du même vertige. Partout, et partout avec une coïncidence qui inspira plus tard de bizarres commentaires, on attendait les *brigands* : on les avait vus, ils approchaient, ils étaient là.

Pour bien comprendre cette fâcheuse extrémité, il n'est besoin que de connaître les dispositions préétablies et la cause occasionelle qui les mit en jeu.

Depuis quatre mois on n'entretenait le peuple que de l'imminence d'une guerre européenne. Les querelles religieuses étaient devenues irréconciliables. Sauf quelques exceptions bien rares, le nouveau clergé affichait des mœurs soi-disant philosophiques, mais en réalité impures et scandaleuses aux yeux des honnêtes gens. Ces prêtres enseignaient, par leurs exemples, que la révolution était une œuvre d'égoïsme, et qu'eux en particulier y avaient cherché le droit du mariage, ou celui d'un célibat libre, désormais, non-seulement de toute contrainte réelle mais encore de toute contrainte apparente. Les membres de l'ancien clergé, qui avaient d'abord prêté serment à la Constitution civile, parce qu'ils la regardaient comme une réforme destinée à purifier l'église et à la ramener au dévouement évangélique, s'étaient presque tous rétractés. Ainsi, les populations des campagnes et les dernières classes des villes, la masse nationale, voyant les prêtres vertueux, ceux en qui elle avait toujours reconnu la foi et les œuvres, se retirer de la révolution ou la combattre, tandis que les prêtres incrédules la soutenaient en proportion de leur incrédulité même, il en résulta, pour cette masse encore foncièrement chrétienne, au moins du doute et de l'hésitation. Le peuple n'était pas dans le même état à l'égard des nobles : ici la proposition était nette ; aucun élément contradictoire ne mêlait ni embarras ni indécision au sentiment national, et le mot France était opposé plus énergiquement chaque jour aux mots royauté, noblesse, émigration, tous contenus dans ce cri du temps : Trahison !

C'était là le seul côté de la question révolutionnaire bien clair aux yeux du peuple, bien aperçu et bien jugé par lui : la nation d'un côté et des traîtres de l'autre : voilà l'unique formule qui lui fournissait une certitude ; et il est bien remarquable qu'il en fut ainsi jusqu'à la fin. Jamais le peuple ne comprit d'autres adversaires de la révolution que les hommes convaincus de trahir la patrie.

Dans les circonstances difficiles qui font le sujet de cette introduction, il ne servait de rien que l'on sût à quoi s'en tenir sur les intentions de la noblesse et sur celles du roi. Craindre des traîtres, et ne pouvoir recourir, pour les atteindre, à ce concours et à cette unité que donnerait seul un pouvoir nouveau, compliquait, au lieu de la simplifier, la situation équivoque née des querelles religieuses. Les motifs de méfiance augmentaient en raison de la nécessité d'agir; car, pour agir, il fallait connaître les siens, séparer ses amis de ses ennemis, et comment y parvenir au milieu de l'ébranlement général. En même temps que les volontaires joignaient les drapeaux, les émigrés partaient aussi en grand nombre. Souvent ils prenaient le titre de volontaires, et se mêlaient à eux pour arriver plus sûrement aux frontières, et de là fuir vers Coblentz. D'autres hommes, qui n'étaient ni volontaires ni émigrans, abondaient également sur les routes; l'attention, détournée depuis trois ans des délits privés, et occupée tout entière des affaires publiques, laissait une grande liberté à ce que la France renfermait de malfaiteurs; les voleurs, les faussaires, les assassins, les forçats libérés, vaguaient sans être ni surveillés ni assujétis à aucune formalité de résidence. C'était principalement, comme précaution contre ces bandes, que la loi sur les passeports avait été demandée. Depuis quelque temps on n'en parlait qu'avec effroi, et le mot de *brigands,* par lequel on les désignait, avait retenti dans tous les journaux, et même dans la tribune nationale. Ces brigands semblaient agir de concert : les uns fabriquaient à Paris de faux assignats, les autres les colportaient dans les provinces. On n'a pas oublié que les contrefaçons se multipliaient à tel point, qu'on fût obligé d'instituer des juges spéciaux pour connaître de ces sortes de crimes. Des ateliers de faussaires avaient été découverts dans les prisons, et dernièrement on venait d'éventer à Passy le plus considérable de tous. La police municipale, un peu mieux entendue à Paris qu'ailleurs, avait même surpris des correspondances de prison à prison, et des prisons avec la classe vagabonde, au parcours de laquelle le royaume était ouvert.

Le pouvoir exécutif, fidèle à la tactique qu'il avait calculée pour dégoûter la France du système représentatif, gouvernait aussi constitutionnellement que possible, c'est-à-dire qu'il tolérait tout ce qui ne l'attaquait pas directement lui-même. S'il intervenait, c'était pour blâmer ou pour réprimer les actes d'intolérance que se permettaient quelquefois les autorités locales, sous l'influence et sous l'inspiration des sociétés populaires. Il employait son zèle à rendre complet le laisser-faire et le laisser-aller, afin que l'anarchie donnât une leçon prompte et sévère, et afin que l'ancien despotisme fût désiré comme un bienfait. Ce plan n'était pas ignoré. Les feuilles révolutionnaires y rapportaient les nombreuses lettres de grace, par lesquelles le ministre de la justice délivrait des bagnes les scélérats, tandis qu'il entravait de toute sa mauvaise volonté l'application de la loi d'amnistie aux condamnés politiques. Elles attribuaient encore à ce système de conduite le *veto* dont Louis XVI avait frappé la loi des passeports.

Au plus fort de ces discussions, pendant que l'assemblée nationale était divisée sur de graves questions, pendant que la société des Jacobins se scindait de nouveau, au moment où les frontières du nord, menacées par une coalition naissante, étaient confiées à la garde d'un général suspect, et où les frontières du midi étaient à la merci des conspirateurs, au moment où pas une nouvelle ne circulait en France qui ne fût alarmante pour la sûreté publique, tout à coup le mot de disette, tombant au sein de ce désastre, vint mettre en péril la sûreté individuelle.

Les provinces méridionales avaient eu de mauvaises récoltes; aussi l'alerte y fut-elle plus vive et plus longue que dans le nord, où cependant eurent lieu des attroupemens considérables, de sanglantes émeutes : Noyon, Dunkerque, Evreux, Nantes, Rouen, Melun, furent agités par des séditions relatives à la circulation des grains. A Étampes, le maire Simonneau fut massacré sur la place publique, dans une mêlée de ce genre, par des inconnus, disaient les Jacobins, par des Jacobins, disaient les Feuillans. Nos lecteurs jugeront sur pièces la valeur de cette imputation.

Grace au voisinage de Paris, les départemens du nord rentrèrent presque aussitôt dans l'ordre et dans le calme. Il n'en fut pas ainsi des départemens situés au-delà de la Loire; la peur des brigands et de la famine y prolongea jusqu'à la fin de mars les mouvemens désordonnés dont les premières secousses s'étaient fait sentir dans la France entière vers la mi-février. Brissot (P. F. du 10 mars) compare la rapidité et la simultanéité de ces secousses à une commotion électrique. Le Cantal, le Lot, la Lozère, l'Aveyron, la Corrèze, tout le pays du centre se mit sur pied. On barricada l'entrée des villes, on monta des pierres dans les maisons, les femmes préparaient de l'eau bouillante, car d'un instant à l'autre l'ennemi allait attaquer. Dans les campagnes, le tocsin ne discontinuait pas ; des troupes de paysans, accourus à ce signal, battaient l'estrade et cherchaient jusqu'aux portes des villes un ennemi imaginaire. La plupart étaient armés de faux emmanchées au rebours, arme effrayante qui les fit prendre en certains endroits pour les véritables brigands. La Lozère, le Gard, la Haute-Garonne, l'Ardèche et les Pyrénées-Orientales, déchirés par des haines politiques toutes prêtes à se déchaîner, furent en proie à des collisions et à des violences sans nombre. Marseille entra en campagne avec une armée et des canons, et marcha contre la ville d'Arles. On trouvera plus bas les détails les plus intéressans des scènes que nous indiquons ici.

La société des Jacobins, à cause des affiliations dont elle avait couvert la France, fut accusée par les royalistes d'être le centre d'ébranlement d'où la commotion était partie; mais pour réfuter victorieusement ce soupçon, elle n'eut qu'un mot à dire : partout où les patriotes étaient en majorité, la minorité royaliste n'avait rien souffert des désordres; là au contraire où les patriotes étaient en minorité, ils avaient été poursuivis, assassinés, obligés de se cacher ou de fuir. Au reste, sans nous arrêter à discuter la vraisemblance d'une conspiration faite, soit par les royalistes, soit par les Jacobins, conspiration nullement établie d'ailleurs, nous dirons que le résultat de cette peur, dont personne n'avait le secret et que nous pensons avoir suffisamment expliquée, fut de mettre encore une fois toute la France sus les armes.

Avant d'entrer dans l'histoire du mois, nous ajouterons à notre coup d'œil sur l'intérieur une analyse de la politique extérieure. Nous empruntons aux Mémoires du prince Hardemberg l'exposé suivant. Il se compose des dernières opérations des cabinets de Vienne et de Berlin avec celui des Tuileries, et de la mort de Léopold.

« Ces dépêches (la motion de Guadet du 14 janvier) firent dans les deux cours, et surtout dans les conseils de l'empereur, une sensation profonde. Convaincu depuis le mois de décembre que le parti dominant voulait la guerre, le cabinet de Vienne avait pris la ferme résolution de ne pas la déclarer, d'éviter même tout ce qui pouvait y donner lieu, mais en conservant toutefois les moyens de la soutenir avec avantage. Sa politique sur ce point ne pouvait convenir aux deux partis extrêmes : les émigrés et les Jacobins ne respiraient que la guerre, qui pouvait seule amener les chances d'un triomphe complet. On ne pouvait plus douter, d'après les nouvelles de Paris, que le parti constitutionnel, regardé par Léopold comme le dernier asile de la royauté, ne fût désormais sans force et sans influence dans l'intérieur. L'empereur et le prince de Kaunitz en éprouvaient une sorte de dépit. Léopold dit même tout haut à table : « Les Français veulent la
» guerre; ils l'auront, et ils verront que Léopold le pacifique
» sait faire la guerre quand il le faut. »

» D'un autre côté l'empereur était persuadé que les ministres de Louis XVI n'avaient pas encore perdu l'espoir d'éviter ou d'éloigner les dangers d'une rupture : la voie des négociations restait toujours ouverte. Le ministre de France, marquis de Noailles, tout en conservant la dignité de son caractère, loin d'irriter la cour impériale, se servait toujours dans ses communications des expressions les plus modérées, qui contrastaient avec les fougueuses déclamations de quelques membres de l'assemblée nationale. Plusieurs fois il avait mandé à son cabinet qu'on était extrêmement frappé à la cour de Vienne du désordre de l'administration en France, de l'insubordination des pouvoirs, du peu de respect qu'on témoignait à la personne du roi. Il avait ajouté qu'une des choses dont le ministère autrichien se montrait le plus choqué, était la licence des discours et des écrits. « Ce cabinet,

» mandait-il, prétend qu'un gouvernement où de pareils excès
» sont tolérés, est lui-même intolérable. » A cette communication
le ministre des affaires étrangères Delessart répondait : « Il faut
» considérer que notre organisation ne fait que de naître ; que
» les ressorts de notre gouvernement ne sont pas tous encore en
» activité ; qu'au milieu des inquiétudes qui nous viennent en
» partie du dehors, il est impossible que les lois exercent au de-
» dans tout leur empire. Que l'on cesse de nous inquiéter,
» de nous menacer, de fournir des prétextes à ceux qui ne
» veulent que le désordre, et bientôt l'ordre renaîtra. Quelle
» est au surplus la cause de cette fermentation intérieure dont
» la cour de Vienne paraît si blessée ? C'est la consistance qu'ont
» prise les émigrés, ce sont leurs préparatifs, leurs projets,
» leurs menaces ; c'est l'appui plus ou moins réel qu'ils ont
» trouvé dans la plupart des cours de l'Europe..... »

» Depuis que les premiers cris de guerre s'étaient fait entendre
à Paris, les dépêches qui en étaient arrivées successivement au
cabinet d'Autriche avaient donné lieu à différens conseils d'état ;
Léopold y assistait presque toujours ; mais il n'en sortait encore
aucune solution sur la grave question de la paix ou de la guerre.
Ce cabinet était divisé, c'est-à-dire que les hommes d'état qui le
composaient différaient sur la manière d'envisager non-seulement
la question de la guerre, mais la situation intérieure de la France.
Il restait donc toujours à décider si l'on fixerait une époque quelconque pour l'attaque militaire du royaume, ou si l'on attendrait
pour y pénétrer l'explosion d'une guerre intestine dont on ne
doutait pas. Le prince de Kaunitz et les ministres du roi de
Prusse étaient de ce dernier sentiment, vivement combattu par
l'impatience des princes français et de la noblesse du royaume.
Ce parti affirmait que ce n'était qu'en y entrant à l'improviste
qu'on déterminerait le soulèvement en faveur du roi. La diète de
Ratisbonne tenait pour l'avis du prince de Kaunitz, à l'exception
de l'électeur de Mayence, qui, par l'organe du cardinal prince
de Rohan, pressait de tout son pouvoir l'empereur, comme chef
du corps germanique, de faire le plus promptement possible une

invasion dans la Haute-Alsace, où étaient préparés tous les élémens de la contre-révolution. De même que le conseil de l'empereur, la cour d'Autriche était divisée en deux partis qui influaient plus ou moins sur les déterminations générales. L'un, séduit ou entraîné par l'émigration française, mettait en jeu tous les mobiles qui pouvaient décider l'empereur à brusquer la guerre et à la faire porter sur-le-champ en Alsace; l'autre, et c'était le parti temporiseur, se croyait le plus fort parce qu'il s'appuyait sur les intentions personnelles de Léopold, et qu'il était soutenu par des relations directes avec la reine de France et quelques-uns des ministres de Louis XVI, dirigés eux-mêmes par un comité clandestin (1). Ce comité, toujours dans l'espoir qu'il surviendrait quelque chance plus favorable qui ne se présentait jamais, ne demandait qu'une guerre politique et d'observation qui amenât le renversement d'une Constitution dont l'action régulière leur paraissait impossible, ou qui permît enfin d'y apporter des modifications essentielles, dont l'expérience faisait sentir tous les jours davantage l'impérieuse nécessité.

» Mais depuis l'arrivée du dernier courrier, le chancelier de cour et d'état prince de Kaunitz commençait à croire une guerre ouverte inévitable. Le baron de Spielmann pensait qu'il ne fallait pas s'y engager tant que la voie des négociations resterait accessible. La Russie d'ailleurs tenait encore en suspens les deux cours de Vienne et de Berlin. Ces deux cours attendaient d'un moment à l'autre des nouvelles d'Yassy et de Saint-Pétersbourg, qui devaient annoncer la conclusion de la paix entre la Russie et la Porte-Ottomane. Enfin le traité arriva : il venait d'être conclu à Yassy le 9 janvier, et en vertu de ses stipulations, le Dniester devenait la limite des deux empires. Catherine donnait là un gage de sa modération. Exempts désormais de toute appréhension sur les affaires d'Orient, et sûrs que la Russie pourrait faire face à la fermentation de la Pologne, Léopold et Frédéric-Guillaume pouvaient enfin agir, et ne plus se borner à un concert de négociations infructueuses.

(1) Barnave et Duport, de l'assemblée constituante, en étaient réputés les chefs.

» Les demandes d'explications renfermées dans les dépêches de M. Delessart, du 21 janvier, ayant été communiquées par l'ambassadeur de France au cabinet de Vienne, un conseil extraordinaire fut convoqué dans les appartemens de l'empereur. A ce conseil assistèrent, comme ministres d'état et de conférences, les princes de Colloredo, Stahremberg et Rosemberg, les comtes de Lascy et de Hatzfeld, et le baron de Reischach. En outre, le baron de Spielmann y assista comme référendaire ou rapporteur, et le baron de Kollenbach comme actuaire ou greffier. Le chancelier de cour et d'état, prince de Kaunitz, présidait le conseil, l'empereur présent.

» Le rapport entendu, il ne resta plus aucun doute dans les esprits sur l'état des relations politiques avec la France, le seul énoncé de la séance du 14 janvier indiquant assez que le comité diplomatique, c'est-à-dire l'assemblée elle-même, s'était emparé de la direction des affaires étrangères, et que par conséquent la guerre était inévitable. Venaient à l'appui les demandes d'explications présentées par l'ambassadeur de France dans sa dernière note. N'y voyait-on pas le ministre des affaires étrangères, et par conséquent Louis XVI lui-même, entraînés l'un et l'autre, contre leur gré, dans les voies d'une rupture imminente?

» Le résultat du conseil donna lieu à différentes dispositions; voici en résumé les principales :

» 1° Que dans toute l'étendue des États héréditaires des préparatifs militaires seraient ordonnés et activés;

» 2° Que l'ordre immédiat de filer dans le Brisgaw serait donné à un corps de six mille hommes, et qu'on formerait des troupes réunies en Bohême un corps de trente mille hommes prêt à marcher au premier signal;

» 3° Que le traité préliminaire d'alliance et de concert, signé le 25 juillet précédent entre l'Autriche et la Prusse, serait converti, le plus promptement possible, en un traité définitif;

» 4° Qu'on ne donnerait les explications demandées par la note de M. l'ambassadeur de France, qu'après la signature du traité définitif, et que d'ici là les deux cours alliées s'entendraient sur le plan offensif ou défensif qu'il conviendrait d'arrêter en cas de rupture.

» Dans l'intervalle, le décret par lequel l'assemblée nationale termina, le 25 janvier, la discussion sur la note officielle du prince de Kaunitz fut porté à la connaissance de l'empereur, et confirma ce prince dans ses précédentes résolutions.

» Presque en même temps que ce décret parvenait à la connaissance des cabinets de Vienne et de Berlin, le traité définitif d'alliance et de concert entre les deux cours recevait, le 7 février 1792, sa signature à Berlin même. Le maintien de la constitution germanique, tel était, d'après l'article 8, l'un des principaux objets de l'alliance. Déjà les ministres d'Autriche et de Brandebourg en avaient fait la déclaration officielle aux ministres de la diète à Ratisbonne : il importait aux deux cours que le traité qui les unissait fût censé avoir pour base la conservation et la garantie du corps germanique et de sa constitution. Pendant un demi-siècle n'avait-on pas cru la trouver cette garantie dans la rivalité des deux puissances maintenant réunies contre la révolution française? Or c'était l'explosion de la révolution que Vienne et Berlin devaient s'attacher à représenter comme menaçant l'ordre public et l'indépendance de l'Allemagne. Mais la plupart des petits souverains du corps germanique ne voyaient dans la révolution qu'un danger chimérique ou éloigné. Les seuls princes ecclésiastiques, inspirés par l'instinct de leur conservation, redoutaient la révolution française, et désiraient la guerre comme moyen d'arriver à la stabilité par la contre-révolution. L'électeur de Mayence, éclairé par ses relations intimes avec Vienne, disait au marquis de Bouillé à cette époque : « Vous êtes bienheureux que les
» Français soient les agresseurs, car sans cela la guerre n'aurait
» pas lieu. »

» En effet, Léopold ne sembla se réveiller qu'au bruit des harangues et des décrets hostiles de l'assemblée nationale. « Aujourd'hui, mandait-il à Frédéric-Guillaume (1), c'est elle qui
» menace, qui arme, qui nous provoque de toute manière; ces

(1) Correspondance directe des premiers jours de février.

» motifs produisent naturellement l'occasion, le droit et l'objet
» principal d'une intervention armée. Les principaux points de
» réclamation et d'exigence doivent avoir pour but : 1° que les
» armemens extraordinaires et les préparatifs de guerre que
» vient d'entreprendre la France soient discontinués et dis-
» sous ; 2° que le gouvernement fasse cesser et réprimer, par les
» mesures les plus énergiques t les plus suivies, les menées au-
» dacieuses et criminelles des associations et des individus ten-
» dantes à propager dans d'autres pays des principes capables
» d'y altérer la tranquillité intérieure ; 3° qu'il reconnaisse et
» maintienne l'obligation et la foi des traités publics, et qu'en
» conséquence il satisfasse les griefs des princes de l'empire ;
» 4° qu'il soit adopté des moyens vigoureux et suffisans pour ré-
» primer, punir et prévenir efficacement, par la suite, toutes les
» entreprises et tentatives d'associations ou d'individus tendantes
» à renverser en France les fondemens essentiels du gouverne-
» ment monarchique. »

» L'empereur examinait ensuite la nature des moyens qu'il convenait de déterminer, conformément au traité définitif d'alliance. D'après son avis, il y avait urgence à rassembler des forces très-considérables pour être à même non-seulement de prévenir, de repousser les hostilités et les violences que la France entreprendrait au-dehors, mais aussi pour la contraindre à satisfaire complétement le concert des puissances sur les points de réclamation et d'exigence déduits ci-dessus.

» Enfin l'empereur annonçait comme prochaine une démarche formelle de sa part à l'effet d'amener les puissances à passer d'un concert éventuel à un concert actif de déclarations et de mesures communes, fondées sur les mêmes principes qui avaient concilié les suffrages à ses premières propositions, en les adaptant cette fois à l'état actuel des rapports internes et externes de la France.

» Le roi de Prusse donna son entière approbation à ce nouveau plan, et les deux souverains prirent la résolution de s'entendre pour concourir à son exécution le plus promptement possible.

D'un autre côté, le chancelier de cour et d'état, prince de Kaunitz, adressa, sous la date de Vienne, le 17 février, à M. de Blumendorf, chargé d'affaires de l'empereur à Paris, sa réponse aux explications demandées par le ministre des affaires étrangères Delessart (1). Le chargé d'affaires avait ordre de lui en remettre une copie, en le priant de la placer sous les yeux du roi. Cette dépêche est un document d'autant plus précieux pour l'histoire, qu'on peut la considérer comme le manifeste de Léopold contre le parti des républicains ou des Jacobins. On croit que ce qui concerne l'état intérieur de la France fut minuté par l'empereur lui-même après s'être concerté avec Louis XVI et ses conseillers intimes. »

Ici l'auteur analyse l'office de l'empereur et la séance du 1er mars, où Delessart vint en faire lecture à l'assemblée nationale. Nous quittons les mémoires du prince Hardemberg pour laisser parler le *Moniteur*.

SÉANCE DU 1er MARS.

[*Le ministre des affaires étrangères*. Le roi m'a chargé de communiquer à l'assemblée nationale la réponse de l'empereur aux explications demandées sur l'office du 21 décembre. Pour sa parfaite intelligence, il est important que l'assemblée entende la lecture de cet office même, et de celui du 4 janvier 1792, ainsi que d'une lettre écrite par moi à M. Noailles, le 17 février.

Pour soulager ma poitrine, je prie l'assemblée de permettre qu'un de messieurs les secrétaires fasse lecture de quelques-unes des pièces.

M. le secrétaire fait lecture des pièces suivantes :

Extrait de la lettre de M. Delessart à M. Noailles, communiquée confidentiellement.

Paris, 21 janvier 1792.

« Je vous ai déjà parlé, monsieur, de la note officielle qui vous a été remise par M. le prince de Kaunitz, le 21 décembre. Je vous en reparlerai encore. Cette déclaration inattendue a causé, dans le premier moment, la plus grande agitation, parce que

(1) Par sa note du 21 janvier 1792.

l'on a cru remarquer dans le langage de la cour de Vienne le ton de la menace. Pour justifier cette opinion, il faut entrer dans quelques détails.

» C'est au mois de novembre que vous avez fait part au ministre autrichien de l'invitation formelle que le roi venait de renouveler auprès de l'électeur de Trèves, pour obtenir de lui la dispersion des rassemblemens formés dans ses États; et c'est en même temps que vous avez demandé, au nom du roi, que l'empereur voulût bien interposer ses bons offices et son autorité pour engager l'électeur à remplir cet acte de justice. Les rassemblemens, les préparatifs hostiles, les formations de corps militaires étaient de la notoriété la plus incontestable; les démarches des émigrés, pour susciter partout des ennemis à la France, n'étaient pas moins connues. La cour de Vienne, plus qu'aucune autre peut-être, en avait la preuve. Cependant, au lieu de déterminer l'électeur de Trèves à faire cesser cette cause de fermentation et d'inquiétude, on a paru indifférent à Vienne à tous ces mouvemens, et on leur a donné par là plus de force et d'importance.

» Il était impossible que la nation vît avec la même indifférence l'agression dont elle était menacée. L'assemblée nationale s'est adressée au roi pour lui indiquer le vœu qui se manifestait de toutes parts, et pour l'inviter à prendre les précautions qu'exigeait la sûreté de l'État. C'est alors que l'électeur de Trèves, effrayé de cette démarche, a réclamé la protection de l'empereur, et que, sans aucune communication, sans aucuns éclaircissemens préalables, M. le prince de Kaunitz vous a déclaré que l'empereur avait donné ordre à M. le maréchal de Bender de marcher au secours de l'électeur de Trèves, s'il était attaqué.

» Il est vrai que cet ordre paraît se rapporter à quelques violences, à quelques incursions commises par des municipalités, contre l'intention de la nation et du roi; mais, dans cette supposition même, des actes de cette nature n'auraient jamais dû être considérés que comme des voies de fait particulières, dont l'électeur pouvait aisément se défendre avec ses propres moyens, et qui, au surplus, étaient susceptibles d'un arrangement amiable, et qui certainement n'exigeaient pas que M. le maréchal de Bender se mît en mouvement pour les réprimer. Nous savons, à la vérité, qu'en même temps que l'empereur donnait cet ordre, il faisait dire à l'électeur de Trèves de se mettre en règle à l'égard des émigrés, et de suivre en tout l'exemple de ce qui s'était passé à leur égard dans les Pays-Bas. Nous savons également que c'était à l'accomplissement préalable de cette condition qu'étaient subordonnés les secours que le général Bender devait porter à l'électeur, dans le cas d'une attaque ultérieure de notre part. Pourquoi cette disposition n'a-t-elle pas été exprimée dans la note qui vous a été remise? Je n'ai pas besoin de vous dire combien l'exposé que l'électeur a fait à l'empereur est dénué de vérité. Tout ce qu'il est obligé de faire pour se conformer à l'ordre qui est établi dans les Pays-Bas, dément les assertions qu'il s'était permises, et prouve, d'une manière bien manifeste, l'état vraiment hostile dans lequel les émigrés se trouvent dans ses états.

» Mais ce que je ne saurais passer sous silence, c'est le passage de la note officielle où l'électeur de Trèves articule qu'il est aisé de reconnaître que le roi n'était pas libre lorsqu'il a souscrit l'office qui lui a été remis de la part de sa majesté. Cette manière de s'exprimer n'aurait pas dû faire obtenir si facilement à l'électeur de Trèves la protection qu'il réclamait.

» Je passe, monsieur, au dernier paragraphe du 21 décembre. C'est l'article qui, à la lecture, a fait naître le plus de réflexions et a laissé de plus profondes impressions. Il y est dit que l'empereur est trop sincèrement attaché à sa majesté très-chrétienne, et prend trop de part au bien-être de la France et au repos général, pour ne pas vivement désirer d'éloigner cette extrémité et les suites infaillibles qu'elle entraînerait, tant de la part du chef des états de l'empire germanique, que de la part des autres souverains, réunis en concert pour le maintien de la tranquillité publique, et pour la sûreté et l'honneur des couronnes.

» 1° On ne conçoit pas bien comment des voies de fait particulières, commises peut-être par quelques municipalités, devraient intéresser toute l'Europe, tandis, comme on l'a déjà observé, qu'avec un peu de bienveillance, ces sortes d'événemens se terminent toujours à l'amiable.

2° On a été extrêmement frappé de ces expressions : *Les souverains réunis en concert pour le maintien de la tranquillité publique, et pour la sûreté et l'honneur des couronnes.* On a cru voir l'indice d'une ligue formée à l'insu de la France, et peut-être contre elle; on a été étonné que l'empereur, beau-frère et allié du roi, ne lui ait point fait part de ce concert formé entre les souverains de l'Europe, et à la tête duquel sa majesté impériale paraît être placée. Cette observation, monsieur, me conduit naturellement à vous parler d'une inquiétude qui occupait déjà les esprits, et à laquelle les paroles que je viens de vous citer ont donné beaucoup de force. On craint qu'il n'existe en effet une espèce de ligue formée entre les principales puissances de l'Europe, dans la vue d'apporter quelque changement dans la constitution française; on prétend que ces puissances ont dessein de provoquer l'établissement d'un congrès où cet objet serait traité entre elles; enfin, on suppose que, réunissant leurs forces et leurs moyens, elles voudraient contraindre le roi et la nation à accepter les lois qu'elles auraient faites.

» Je ne doute pas que les émigrés n'aient souvent présenté ce projet comme la chose du monde la plus pacifique et la plus facile à exécuter; mais je ne saurais me persuader qu'il ait été si facilement accepté; je ne peux croire surtout que l'empereur, animé comme il est par des vues de sagesse et de justice, ait pu se prêter à de semblables idées. Ce serait vainement que l'on entreprendrait de changer par la force des armes notre nouvelle constitution; elle est devenue, pour la grande majorité de la nation, une espèce de religion qu'elle a embrassée avec enthousiasme et qu'elle défendrait avec l'énergie qui appartient aux sentimens les plus exaltés. (On applaudit.)

» Ceux qui voudraient entraîner les puissances étrangères à des mesures violentes, ne cessent de répéter que la France est pleine de mécontens qui n'attendent que l'occasion pour se déclarer.

» Il y a beaucoup de gens qui souffrent et qui se plaignent; mais ce que je crois fermement, et ce qu'attesteront avec moi tous ceux qui connaissent la disposition actuelle des esprits, c'est qu'au premier moment où la constitution serait attaquée, il n'y aurait plus qu'un seul sentiment, qu'un seul intérêt, et la plupart des mécontens, se réunissant à la cause commune, en deviendraient les plus ardens défenseurs. (Nouveaux applaudissemens.)

» En même temps qu'on parle des mécontens, on exagère l'indiscipline de notre armée, la pénurie de nos finances, nos troubles intérieurs, en un mot, on nous représente comme étant dans une impuissance absolue. Je ne dissimule pas que nos embarras ne soient grands; mais le fussent-ils davantage, on se tromperait beaucoup si on croyait pouvoir dédaigner la France et la menacer sans inconvéniens.

» Vous m'avez mandé plusieurs fois, monsieur, qu'on était extrêmement frappé à Vienne du désordre apparent de notre administration, de l'insubordination des pouvoirs, du peu de respect que l'on témoignait quelquefois pour le roi. Il faut considérer que nous sortons à peine d'une des plus grandes révolutions qui se soient jamais opérées; que cette révolution, dans ce qui la caractérise essentiellement, s'étant d'abord faite avec une extrême rapidité, s'est ensuite prolongée par les divisions qui sont nées dans les différens partis, et par la lutte qui s'est établie entre les passions et les intérêts divers. Il était impossible que tant d'oppositions et tant d'effets, tant d'innovations et tant de secousses ne laissassent pas après elles de longues agitations, et l'on a bien dû s'attendre que le retour de l'ordre ne pouvait être que le fruit du temps.

» Quelle est au surplus la cause de cette fermentation intérieure dont la cour de Vienne paraît si blessée? C'est la consistance qu'ont pris les émigrés; ce sont leurs préparatifs, leurs projets, leurs menaces; c'est l'appui plus ou moins considérable qu'ils ont trouvé dans la plupart des cours de l'Europe. Il a été une époque, sans doute, où leur cause, qui paraissait liée à celle du roi, a pu exciter l'intérêt des souverains, et plus particulièrement celui de l'empereur; mais une fois que le roi, par l'acceptation de la Constitution, s'est mis à la tête du nouveau gouvernement, les émigrés n'ont plus dû intéresser que par leurs malheurs, et il a été facile de juger que leurs prétentions et leurs mouvemens, en donnant des espérances aux uns et des inquiétudes aux autres, entretiendraient le trouble dans le royaume et finiraient peut-être par le répandre dans une grande partie de l'Europe. Voilà pourquoi l'office du 21 décembre, qui semblait annoncer l'intention de les protéger, a produit une sorte d'explosion, et a donné lieu à tant de soupçons et de reproches. Et sur qui tout cela retombe-t-il? Sur le roi, parce que la malveillance cherche à persuader qu'il existe entre sa majesté impériale et le roi une intimité parfaite; que toutes leurs démarches sont concertées, et qu'ainsi c'est le roi qui protége les émigrés et guide la coalition de toutes les puissances de l'Europe. Ce serait donc un grand moyen de calmer les esprits et de ramener l'ordre et la tranquillité dans le royaume, que de faire cesser partout le scandale de ces rassemblemens d'émigrés, qui, sans titre et sans territoire, cherchent à s'ériger en puissance, et ne pensent qu'à venger leurs injures particulières, et à faire triompher leurs prétentions.

» Il paraît, monsieur, qu'une des choses dont le ministre autrichien est le plus choqué, est la licence des discours et des écrits, et qu'il prétend qu'un gouvernement où de pareils excès sont tolérés, est lui-même intolérable.

» Sur cet objet, nous avons posé des principes sages et établi des lois justes; mais il faut considérer que notre organisation ne fait que de naître, que les ressorts de notre gouvernement ne sont pas tous encore en activité, qu'au milieu des inquiétudes qui nous viennent en partie du dehors, il est impossible que les lois exercent au-dedans tout leur empire. Que l'on cesse de nous inquiéter, de nous menacer, de fournir des prétextes à ceux qui ne veulent que le désordre, et bientôt l'ordre renaîtra. (Nouveaux applaudissemens.)

» Au reste, ce déluge de libelles dont nous avons été si complétement inondés, est considérablement diminué et diminue encore tous les jours. L'indifférence et le mépris sont les armes avec lesquelles il convient de combattre cette espèce de fléau. L'Europe pourrait-elle s'égarer et s'en prendre à la nation française, parce qu'elle recèle dans son sein quelques déclamateurs et quelques folliculaires, et voudrait-on leur faire l'honneur de leur répondre à coups de canons? (Quelques applaudissemens.)

» Je dirai plus: s'il était possible qu'une si misérable cause entraînât les puissances étrangères dans une mesure aussi terrible que la guerre, cette guerre, quel que fût l'événement, ne détruirait point la cause pour laquelle elle aurait été entreprise; elle ne ferait au contraire que l'accroître et lui donner plus d'activité.

» Je viens, monsieur, de prononcer un grand mot, un mot qui occupe actuellement tous les esprits, un mot qui est l'objet des inquiétudes des uns et du désir des autres : ce mot est la guerre. Vous croyez bien que le roi est à la tête de ceux qui y répugnent; son excellent esprit, d'accord avec son cœur, cherche à en repousser l'idée. Je la regarde, dût-elle être heureuse, comme une calamité pour le royaume et comme un fléau pour l'humanité. Mais en même temps je peux vous l'assurer, le roi a été vivement affecté de l'office du 21 décembre. Tout ce qu'on a appris depuis, soit de Bruxelles, soit de Coblentz, l'a rassuré sur les véritables dispositions de l'empereur; et Sa Majesté désirant faire partager ce sentiment à l'assemblée nationale, m'a chargé successivement de lui communiquer tout ce qui pouvait tendre à ce but. Mais cet ordre donné si brusquement à M. le maréchal de Bender, cette apparente intention de secourir l'électeur de Trèves, tandis que ce prince tenait à notre égard la conduite la plus hostile, cette annonce d'un concert inconnu entre toutes les puissances de l'Europe, la tournure et le ton de l'office, ont fait une impression dont les gens les plus sages n'ont pu se défendre, et qu'il n'a pas été au pouvoir du roi d'effacer.

» Je reviens à l'objet essentiel de la guerre. Est-il de l'intérêt de l'empereur de se laisser entraîner à cette fatale mesure? Je supposerai, si l'on veut, tout ce qu'il y a de plus favorable pour ses armées; eh bien! qu'en résultera-t-il? que l'empereur finira peut-être par être plus embarrassé de ses succès qu'il ne l'eût été de ses revers; et que le seul fruit qu'il retirera de cette guerre sera le triste avantage d'avoir détruit son allié, et d'avoir augmenté la puissance de ses ennemis et de ses rivaux.

» Je crois donc de la dernière évidence que la paix convient autant à l'empereur qu'à la France; je crois qu'il lui convient de conserver une alliance qui désormais ne peut avoir aucun inconvénient pour lui, et qui peut lui devenir utile. Je crois qu'au lieu de prendre part à des mesures qui tendraient à bouleverser le royaume, il doit au contraire désirer sa force et sa prospérité.

» Vous devez, monsieur, chercher des explications sur trois points : 1° sur l'office du 21 décembre; 2° sur l'intervention de l'empereur dans nos affaires ultérieures; 3° sur ce que Sa Majesté impériale entend par *les souverains réunis en concert pour la sûreté et l'honneur des couronnes.*

» Chacune de ces explications demandées à sa justice, peut être donnée avec la dignité qui convient à sa personne et à sa puissance.

» Une chose peut-être embarrassera la cour impériale dans l'explication que je la suppose disposée à vous donner, c'est l'affaire des princes possessionnés, dans laquelle l'empereur s'est cru obligé d'intervenir comme chef de l'empire. Mais j'observerai d'abord que c'est une affaire à part, et qui doit être traitée différemment que celle dont il s'agit actuellement. J'ajouterai que le décret du 14 donne à cette négociation beaucoup plus de latitude qu'elle n'en avait précédemment; car, à l'exception de tout ce qui pourrait tendre à rétablir les droits féodaux sur le territoire de la France, ce qui était et qui sera toujours impossible, tout le reste devient permis; et certainement le roi ne se refusera jamais à aucun arrangement raisonnable, et je crois pouvoir espérer que l'assemblée nationale sera disposée à adopter ce que Sa Majesté proposera sur cet objet.

» Je me résume, monsieur, et je vais vous exprimer en un mot le vœu du roi, celui de son conseil, et, je ne crains pas de le dire, celui de la saine partie de la nation. C'est la paix que nous voulons. Nous demandons à faire cesser cet état dispendieux de guerre dans lequel on nous a entraînés : nous demandons à revenir à l'état de paix ; mais on nous a donné de trop justes sujets d'inquiétudes, pour que nous n'ayons pas besoin d'être pleinement rassurés. »

M. le ministre des affaires étrangères. L'assemblée a bien voulu donner quelque approbation à ma dépêche ; cette dépêche n'était point destinée à voir le jour ; elle avait été communiquée confidentiellement au ministre de l'empereur : c'est contre l'ordre des procédés et par une sorte d'abus de confiance qu'il en a fait usage de manière à en forcer la publicité. Mais enfin cette dépêche contient le secret de ma pensée, et plût au Ciel que tout ce que je pense pût être également révélé ! on ne se permettrait plus alors d'abuser, comme on ne le fait que trop, de la situation désavantageuse où me met la nature de mon département, pour diriger contre moi des soupçons, des imputations, des reproches également contraires à la justice, à la raison et à la vérité. (On applaudit dans une partie de la salle.)

M. le secrétaire continue la lecture.

Copie d'une dépêche du chancelier de cour et d'état, prince de Kaunitz-Rützberg, à M. de Blumendorf, conseiller d'ambassade, et chargé d'affaires de Sa Majesté impériale, à Paris. De Vienne, le 17 février 1792.

« M. l'ambassadeur de France en cette cour a eu ordre de demander des explications au sujet de la note que je lui avais remise le 21 décembre ; il s'en est acquitté en me communiquant l'extrait suivant de la dépêche qui lui a été adressée à cet effet par M. Delessart, le 21 janvier dernier.

» Il pourrait suffire de me rapporter, sur l'objet des éclaircissemens demandés, tant à la notoriété des frais qu'à une note postérieure remise de ma part à M. l'ambassadeur de France, le 5 janvier, et sans doute connue à Paris seize jours après, à la date de la dépêche de M. Delessart; néanmoins les sentimens et les intentions de l'empereur vis-à-vis de la France, sont si purs et si sincères, qu'il se prête volontiers aux éclaircissemens réitérés, les plus francs, convaincu qu'il importe infiniment de les faire connaître tels qu'ils sont, et de dissiper complétement le faux jour sur lequel on s'efforce de les représenter, pour compromettre la tranquillité mutuelle.

» Les explications que M. l'ambassadeur a été chargé de demander, se réduisent promptement aux deux chefs d'objets suivans : les ordres donnés au maréchal de Bender, et le concert qui existe entre l'empereur et plusieurs autres puissances, pour le maintien de la tranquillité publique, et pour la sûreté et l'honneur des couronnes. »

Premier éclaircissement relatif aux ordres donnés au maréchal de Bender.

« L'empereur, sans attendre qu'il en fût requis par la France, a soumis le premier, dans ses états, la réception des émigrés français aux règles les plus strictes de l'asile innocent; et ce n'est aussi plus un secret dans toute l'Europe, que, depuis les rassemblemens des émigrés, l'empereur n'a cessé d'employer les conseils et les discours les plus énergiques, pour les détourner de tout éclat propre à troubler la tranquillité publique. Sur quel fondement, à quel dessein M. Delessart reproche-t-il donc à la cour de Vienne *d'avoir paru indifférente sur les mouvemens des émigrés ?*

» Les ordres au maréchal Bender, dont il s'agit, ont été liés, comme une condition absolue, à ce que la promesse de M. l'électeur de Trèves, de faire exécuter chez lui les mêmes règles qui sont en vigueur aux Pays-Bas, relativement aux émigrés, fût pleinement remplie. M. Delessart avoue qu'on le fait en France; ce point ne demandait donc pas un éclaircissement, car je ne sais que penser du reproche que nous fait ce ministre de ce que cette disposition n'avait pas été exprimée dans la note du 21 décembre, tandis que l'assistance demandée par l'électeur y est rapportée en propres termes, au cas que la tranquillité de ses frontières et états fût troublée, nonobstant la sage mesure de ce prince d'adopter les principes qui ont été mis en vigueur dans les Pays-Bas autrichiens; tandis que, dans ma seconde note du 5 janvier, la déclaration d'assistance de notre part est positivement limitée au cas d'invasion qui surviendrait, malgré les dispositions modérées et prudentes des princes de l'empire, de faire observer les mêmes réglemens qui sont en vigueur aux Pays-Bas. Si des indications si précises ne suffisaient pas pour dissiper tous les doutes, si en soi-même il était possible de se figurer que l'empereur voulût soutenir ailleurs des armemens qu'il a proscrits chez lui-même, que pouvait-il rester à désirer après la lettre que M. le comte de Mercy vous adressa le 7 janvier, et dont vous me mandez, monsieur, avoir aussitôt communiqué les propres termes à M. Delessart, par laquelle cet ambassadeur nous enjoignait de communiquer au ministre français, que l'empereur n'avait promis du secours à l'électeur, qu'autant qu'il aura pleinement satisfait à la demande de la France, de ne permettre chez lui ni rassemblement d'émigrés, ni aucun préparatif, ni mesures hostiles, de quelque genre que ce soit, et qu'il n'adopte en tout point la conduite impartiale que l'on a tenue dans les Pays-Bas relativement aux émigrés français? Cette explication officielle, jointe aux indications ci-dessus, est confirmée par le fait et par les propres rapports de M. Sainte-Croix, sur l'exécution des ordres donnés pour faire cesser les rassemblemens; ne mettait-elle pas entre les mains du ministère des moyens suffisans de calmer et d'anéantir les doutes des plus opiniâtres et des plus malveillans?

» Comment enfin, M. Delessart peut-il borner les motifs des ordres donnés à M. le maréchal de Bender, à la supposition de quelques violences et de quelques incursions commises par des municipalités? Pourquoi passe-t-il sous silence les autres motifs que ma note du 21 décembre annonce, en disant que l'expérience journalière ne rassurait pas assez sur la stabilité et la prépondérance des principes modérés en France, et sur la subordination des pouvoirs, et surtout des provinces et des municipalités? De tout ce passage, le dernier mot est seul relevé : est-ce que les autres motifs qu'il exprime, et qui se trouvent encore plus détaillés dans ma note du 5 janvier, sur laquelle on garde également le silence, ne sont pas aussi vrais qu'importans : il est sûrement plus facile de les dissimuler que d'en combattre l'existence et la réalité.

» Il était donc plus clair que le jour, que l'empereur, loin de vouloir menacer la France, n'a voulu que lui rappeler l'obligation où il se trouvait, comme chef de l'empire, co-état et voisin, de secourir un autre état d'empire contre d'injustes attaques, dont menaçait évidemment la violence extrême qui se manifestait dans les dispositions de l'assemblée nationale, ainsi que des départemens et municipalités les plus voisines, joint à une telle précipitation, les disproportions de mesure qui ne permettent aucun délai dans les ordres du secours éventuel ; et comme il est d'une égale évidence, qu'il n'était pas resté un doute à la France sur les véritables intentions de l'empereur; il s'ensuit, en résultat, que le premier chef des explications demandées ne fournissait pas le moindre objet d'éclaircissemens, si on n'avait voulu absolument en faire naître.

Deuxième éclaircissement sur le concours des puissances.

« Il a été une époque, sans doute, dit M. Delessart, où leur cause, où celle des émigrés qui paraissait liée à celle du roi, a pu exciter l'intérêt des souverains, et plus particulièrement celui de l'empereur.

» A cette époque, que le ministre fixe avant le temps où le roi, par l'acceptation de la constitution, s'est mis à la tête d'un nouveau gouvernement, la France offrait à l'Europe le spectacle d'un roi légitime, forcé par des violences atroces à s'enfuir, protestant solennellement contre les acquiescemens qu'on lui avait extorqués, et peu après, arrêté et détenu prisonnier avec sa famille par son peuple. (On murmure.)

» Oui, c'était alors au beau-frère et à l'allié du roi à inviter les autres puissances de l'Europe à se concerter avec lui pour déclarer à la France :

» Qu'ils regardent tous la cause du roi très-chrétien comme la leur propre ;

» Qu'ils demandent que ce prince et sa famille soient mis sur-le-champ en liberté entière, en leur accordant de pouvoir se porter partout où il croira convenable, et réclament, pour toutes ces personnes royales l'inviolabilité et le respect auxquels le droit de nature et des gens obligent les sujets envers leurs princes (Nouveaux murmures);

» Qu'ils se réuniraient pour venger, avec le plus grand éclat, tous les attentats ultérieurs quelconques que l'on commettrait ou se permettrait de commettre contre la liberté, l'honneur et la sûreté du roi, de la reine et de la famille royale ;

» Qu'enfin, ils ne reconnaîtront comme lois constitutionnelles, légitimement établies en France, que celles qui seront munies du consentement volontaire du roi, jouissant d'une liberté parfaite ; mais qu'au cas contraire, ils emploîront, de concert, tous les moyens qui sont en leur puissance pour faire cesser le scandale d'une usurpation de pouvoir qui porterait le caractère d'une révolte ouverte, et dont il importerait à tous les gouvernemens de l'Europe de réprimer le funeste exemple.

» Tels sont les termes de la déclaration que l'empereur proposa, au mois de juillet 1791, aux principaux souverains de l'Europe, de faire à la France, et d'adopter pour base d'un concert général.

» On défie d'y trouver une syllabe qui ne fût avouée par ce que tous les principes du droit des gens ont de plus sacré ; et prétendît-on que la nation française, par sa nouvelle Constitution, se soit élevée au-dessus de la jurisprudence universelle de tous les siècles et de tous les peuples, encore ne saurait-on, sans contredire la Constitution elle-même, caractériser de ligue contre la France la réunion des puissances pour contraindre le roi et la nation à accepter les lois qu'ils auront faites, un concert dont le seul but était de venir à l'appui de cette inviolabilité du roi et de la monarchie française, que la nouvelle Constitution reconnaît et sanctionne comme une base immuable.

» A cette époque de la détention du roi et de sa famille, se rapporte la stipulation d'une alliance préliminaire, d'une alliance défensive entre les cours de Vienne et de Berlin, signée le 25 juillet de la même année, portant que les deux cours s'entendront et s'emploîront pour effectuer incessamment le concert auquel Sa Majesté impériale vient d'inviter les principales puissances de l'Europe sur les affaires de la France, stipulation qui repose entièrement, comme on le voit, sur les principes et le but du concert, ainsi que la déclaration signée en commun par les souverains de l'Autriche et de la Prusse, lors de leur entrevue à Pilnitz, le 27 août.

» Ce concert était près de se consolider, lorsque le roi et sa famille furent relâchés, l'autorité royale réintégrée, le maintien du gouvernement monarchique adopté comme loi fondamentale de la Constitution, et que Sa Majesté très-chrétienne déclara, par sa lettre à l'assemblée nationale, du 13 septembre, qu'elle acceptait la Constitution; qu'à la vérité elle n'apercevait point, dans les moyens d'administration, toute l'énergie qui serait nécessaire pour imprimer le mouvement, et pour conserver l'unité dans toutes les parties d'un si vaste empire ; mais qu'elle consentait que l'expérience seule en demeurât juge. Alors l'empereur s'adressa une seconde fois aux puissances qu'il avait invitées au concert, pour leur proposer d'en suspendre l'effet, suivant le témoignage de la dépêche circulaire que reçurent à cette fin les ministres officieux impériaux respectifs, dans le courant du mois de novembre. Cette proposition suspensive fut motivée par l'acceptation du roi, par la vraisemblance qu'elle avait été volontaire, et par l'espoir que les périls qui menaçaient la liberté, l'honneur et la sûreté du roi et de la famille royale, ainsi que la conservation du gouvernement monarchique en France, cesseraient à l'avenir. Ce n'est que pour les cas où ces périls se reproduiraient, que la reprise active du concert y est insérée.

» Au lieu donc que cette dépêche circulaire serve à constater, ainsi qu'on l'avance sans preuve, par l'invitation en forme de décret que l'assemblée a présentée au roi, le 25 janvier, que l'empereur a cherché à exciter entre diverses puissances un concert attentatoire à la souveraineté, à la sûreté de la France, elle atteste tout au contraire, que Sa Majesté impériale a cherché à tranquilliser les autres puissances, en les engageant à partager avec lui les espérances qui motivent l'acceptation du roi très-chrétien.

» Depuis lors, le concert de l'empereur avec ces puissances n'a plus subsisté qu'éventuellement, à raison des inquiétudes qu'il était naturel de conserver après une révolution qui, pour me servir des termes de M. Delessart, s'étant d'abord faite avec une extrême rapidité, s'est ensuite prolongée par les divisions, étant impossible que tant d'oppositions, tant d'efforts et tant de secousses violentes ne laissassent pas après elles de longues agitations. Ces inquiétudes, et le concert d'observations qui en résulte, ont un double motif aussi fondé qu'inséparable dans ses objets.

» Tant que l'état intérieur de la France, au lieu d'inviter à partager l'augure favorable de M. Delessart sur la renaissance de l'ordre, l'activité du gouvernement et l'exercice des lois, manifestera au contraire des symptômes journellement croissans d'insistance et de fermentation, les puissances amies de la France auront les plus justes sujets de craindre, pour le roi et la famille royale, le retour des mêmes extrémités qu'ils ont éprouvées plusieurs fois, et, pour la France, de la voir plongée dans le plus grand des maux dont un grand état puisse être attaqué, l'anarchie populaire; mais c'est aussi des maux le plus contagieux pour les autres peuples; et tandis que plus d'un état étranger a déjà fourni les plus funestes exemples des mêmes progrès, il faudrait aussi contester aux autres puissances le même droit de maintenir leur constitution, que la France réclame pour la sienne, pour ne pas convenir que jamais il n'a existé de motifs d'alarmes, et de concert général plus légitime, plus urgent et plus essentiel à la tranquillité de l'Europe.

» Il faudrait pareillement vouloir refuser le témoignage des événemens journaliers les plus authentiques, pour attribuer à la cause principale de cette fermentation intérieure de la France, à la consistance qu'ont prise les émigrés, à leurs préparatifs, leurs projets, leurs menaces, à l'appui qu'ils ont trouvé. Les faibles armemens des émigrés ne demandaient pas une présence de forces vingt, trente fois plus nombreuses ; les armemens des émigrés sont dissous ; ceux de la France continuent ; et l'empereur, bien loin d'approuver leurs projets ou leurs prétentions, insiste sur leur tranquillité. Les princes de l'empire suivent son exemple, aucune puissance ne les soutient par des troupes, et les secours pécuniaires qu'elles peuvent avoir accordés à l'intérêt dû à leur malheur, suffisent à peine à leur entretien.

» Non ; la vraie cause de cette fermentation, et de toutes les conséquences qui en dérivent, n'est que trop manifeste aux yeux de la France et de l'Europe entière : c'est l'influence et la violence du parti républicain (Violens murmures), condamné par les principes de la Constitution, proscrit par l'assemblée constituante ; parti dont l'ascendant sur la législature présente a été vu avec effroi et douleur, par tous ceux qui ont le salut de la France à cœur.

» C'est la fureur de ce parti, qui produisit les scènes d'horreur, de crimes dont furent souillées les prémices d'une réforme de la Constitution française, appelée et secondée par le roi lui-même, et que l'Europe entière eût vu tranquillement se consommer, si des attentats réprimés par toutes les lois divines et humaines, n'eussent forcé les puissances étrangères à se réunir en concert pour le maintien de la tranquillité publique et pour la sûreté et l'honneur des couronnes.

» Ce sont des moteurs de ce parti qui, depuis que la nouvelle constitution a prononcé l'inviolabilité du gouvernemeut monarchique, cherchent sans relâche d'en saper et d'en renverser les fondemens, soit par des motions et des attaques immédiates, soit par un plan suivi de l'anéantir dans le fait, en entraînant l'assemblée législative à s'attribuer les fonctions exclusives du pouvoir, ou en forçant le roi de céder à leurs désirs par des explosions qu'ils excitent, et par les soupçons et les reproches que leurs manœuvres font retourner sur le roi.

» Comme ils ont été convaincus que la majeure partie de la nation répugne à l'adoption de leur système de république, ou pour mieux dire d'anarchie, et comme ils désespèrent de réussir à l'y entraîner, si le calme se rétablit dans l'intérieur, et que la paix se maintienne au dehors, ils dirigent tous leurs efforts à l'entretien des troubles intérieurs, et à susciter une guerre étrangère.

» C'est dans le premier de ces desseins qu'ils nourrissent avec soin les dissensions relgieuses, comme le ferment le plus actif des troubles civils, anéantissant l'effet des vues tolérantes de la Constitution, par l'alliage d'une intolérance d'exécution directement contraire. C'est à ce but qu'ils tâchent de rendre impossible la réconciliation des partis opposés, et le moyen de ramener une classe qu'on s'est aliénée par les plus rudes épreuves auxquelles le cœur humain puisse être soumis, en lui enlevant tout espoir d'adoucissement et de voie conciliante; et tandis qu'on les voit eux-mêmes attaquer ou violer impunément la nouvelle Constitution dans les principes essentiels, ils provoquent l'enthousiasme public sur son infaillibilité, sur son immutabilité dans les sens les plus accessoires, lorsqu'ils veulent prévenir que le désir de la rendre stable *et le jugement de l'expérience* ne disposent la nation à y ramener des tempéramens non moins considérables vers son but essentiel, l'établissement d'une monarchie libre, que propre à rapprocher les esprits, à restituer l'ordre et l'énergie qui manquent à l'administration interne.

» Mais sentant que leur crédit et le succès de leurs vues dépendent uniquement du degré d'enthousiasme qu'ils réussissent à exciter et à entretenir dans la nation, ils ont provoqué la crise actuelle de la France avec les puissances étrangères. Voilà pourquoi ils ont entraîné le gouvernement à prodiguer les revenus publics, insuffisans pour les dépenses courantes et pour le soutien du crédit de l'état, à l'armement en guerre.

» Sous le prétexte de faire face au rassemblement de quatre mille émigrés en Allemagne, dans l'attente évidente que les armemens soutenus d'un langage provoquant, provoqueraient infailliblement des voies de fait, des contre-armemens, et finalement une rupture ouverte avec l'empereur et l'empire, au lieu d'apaiser les justes inquiétudes que les puissances étrangères ont conçues depuis trop long-temps sur les menées sourdes, mais constatées, pour séduire d'autres peuples à l'insubordination et à la révolte, ils les trament aujourd'hui avec une publicité d'aveux et de mesures sans exemples dans l'histoire d'aucun gouvernement policé sur la terre. Ils comptaient bien que les souverains pourraient cesser d'opposer *l'indifférence et le mépris* à leurs déclamations outrageantes et calomnieuses, lorsqu'ils verraient que l'assemblée nationale les tolère dans son sein, les accueille et en ordonne elle-même l'impression. (Nouveaux murmures.)

» Ils comptaient surtout pousser à bout l'empereur, et le forcer à des mesures sérieuses qui pussent ensuite tourner à l'entretien des alarmes de la nation, ne protégeant et soutenant le nouveau complot de révolte qui vient d'être découvert aux Pays-Bas, et dont on sait, à n'en pouvoir douter, que le foyer existe à Douai, et que le plan est fondé sur l'appui du parti républicain en France ! C'est en général contre l'empereur, et à profiter de l'état non préparé de ses forces dans les provinces voisines, que paraissent être dirigés leurs principes, ou du moins leur premier moyen, espérant sans doute de prévenir les conséquences d'une attaque qui deviendrait la cause commune des puissances, en parvenant, par des négociations et des offres simultanées, à les désunir et à leur inspirer en sens contraire les mêmes mouvemens de jalousie et de rivalité, d'ailleurs, qu'ils ne réussiront nulle part d'exciter, à une époque où tout conspire sincèrement à fonder un système de repos et de modération générale sur des bases inébranlables.

» Ce n'est enfin qu'à la funeste influence de ce même parti qui veut précipiter la guerre avec sa majesté impériale, que peut être attribué ce décret incompétent du 25 janvier (nouveaux murmures), par lequel, empiétant sur l'initiative réservée au roi par la Constitution, on s'est permis de reprocher à l'empereur d'avoir violé le traité d'union et d'alliance de 1756, parce qu'il voulut secourir le roi de France prisonnier, et la monarchie française détruite, à l'époque du 21 juin, tandis que depuis il s'est empressé de ramener les autres souverains à l'unisson de la détermination et des espérances de sa majesté très-chrétienne. Par ce décret, on invite le roi à demander raison, au nom de la France qui arme en guerre, sur les desseins hostiles de l'empereur qui n'a point armé, qui a fait cesser les armemens d'autrui, qu'elle force aujourd'hui de s'armer en défense; par lequel décret, ajoutant l'offense à l'injustice, on s'arroge de prescrire, sur des reproches sans preuve, à un souverain respectable, l'allié de la France, un terme péremptoire de satisfaction, comme si les règles et les usages consacrés par les droits publics des nations, fussent soumis à l'arbitrage d'une législature française. (On rit.)

» Malgré des procédés aussi provoquans, l'empereur donnera à la France la preuve la plus évidente de la constante sévérité de son attachement, en conservant de son côté le calme et la modération que son intérêt amical pour la situation de ce royaume lui inspire. Il rend justice aux sentimens personnels du roi son beau-frère; il est loin d'attribuer de tels procédés à la majeure partie de la nation qui, ou gémit elle-même des maux que lui cause un parti frénétique, ou participe involontairement aux erreurs et aux préventions dans lesquelles on travaille à l'entretenir sur la conduite de sa majesté impériale.

» Découvrir les détails et les desseins véritables de sa conduite vis-à-vis de la France, sans réticence, sans déguisement aux yeux du roi et de la nation entière, voilà la seule arme à laquelle l'empereur souhaite pouvoir se borner de recourir, pour déjouer les artifices d'une cabale qui, faisant état dans l'état, et fondant son ascendant, réprouvé par la loi, sur le trouble et la confusion, n'a d'autre ressource, pour se soustraire aux embarras inextricables qu'elle a déjà préparés à la nation, que de la précipiter dans des embarras et des calamités plus grandes encore, à la faveur desquels elle parvienne à consommer son plan, de renverser le gouvernement monarchique confirmé par la Constitution.

» C'est dans cette intention amicale et salutaire, que l'empereur, dans le même temps qu'il cherchait à détruire, non en paroles mais par des faits, les inquiétudes que donnaient les émigrés à la France, crut devoir lui rappeler l'existence du concert des puissances, et lui déclarer sa résolution de secourir ses états en cas d'attaque, afin de rendre responsables, devant le roi et la nation, ceux qui provoqueraient les hostilités; et sans doute que le ministère français ne leur aura pas laissé ignorer une déclaration mot pour mot semblable, qui lui a été faite officiellement par l'envoyé de S. M. prussienne, à pareille intention.

» Enfin, c'est dans la même vue que l'empereur oppose aujourd'hui le langage de la vérité aux traits de la malveillance, persuadé que S. M. T. C. et la partie saine et majeure de la nation, démêleront le caractère et les devoirs d'une sincère amitié, et lui sauront gré de dissiper sans ménagement des illusions dont on voudrait le rendre victime. Vous remettrez à cet effet une copie de cette dépêche au ministre des affaires étrangères, en le priant de la mettre sous les yeux du roi. »

Copie d'une dépêche circulaire du chancelier de cour et d'état, prince de Kaunitz-Ritzberg, aux ambassadeurs et ministres de sa majesté impériale et royale, en plusieurs cours étrangères.

Vienne, 1ᵉʳ novembre 1791.

« Monsieur, l'état de détention dans lequel se trouvait le roi et la famille royale de France ayant cessé, l'empereur n'a pas fait de difficulté d'accorder à l'ambassadeur de France en cette cour, l'audience qu'il lui demanda à son retour de Prague. Il y reçut de sa main la lettre ci-jointe, par laquelle le roi lui annonce son acceptation de la nouvelle Constitution française ; sa majesté impériale vous ordonne, monsieur, d'en faire part à la cour où vous êtes, ainsi que de sa réponse à cette lettre ci-jointe, et croyant devoir exposer sans réserve à S. M. ce qu'elle pense de ce nouvel état de choses et de rapports qu'offrent en ce moment la situation de la France, et la détermination du roi T. C. ; elle vous charge d'accompagner ces communications des ouvertures suivantes.

» Lorsque l'empereur proposa une déclaration et des mesures communes pour empêcher les suites fâcheuses de la révolution française, des périls imminens menaçaient la liberté, l'honneur et la sûreté du roi et de la famille royale, ainsi que la conservation du gouvernement monarchique en France, attaqué, dans ses principes essentiels, par les progrès d'une anarchie populaire qui devenait dangereuse pour tous les gouvernemens de l'Europe.

» Ces périls ne sont plus instans ; les derniers événemens donnent des espérances sur l'avenir. Il paraît que la partie majeure de la nation française, frappée elle-même des maux qu'elle se préparait, revient à des principes plus modérés, reconnaît la nécessité de maintenir la seule forme de gouvernement propre à un grand état, et tend à rendre au trône la dignité et l'influence qui tiennent à l'essence du gouvernement monarchique. Il paraît enfin que le roi se livre avec confiance à cette perspective, et que son acceptation, fondée sur cette confiance, a été volontaire.

» On ne peut se cacher d'autre part, que des apparences si récentes, incomplètes même à plusieurs égards, ne sauraient encore tranquilliser suffisamment sur la solidité et la durée des événemens qu'elles annoncent, et dissiper entièrement des appréhensions que la violence et l'extrémité des événemens précédens ne justifient que trop. L'empereur ne dissimule pas que, dans l'incertitude qui provient de cette opposition d'espérances et de craintes, il ne saurait encore former un avis déterminé sur la question, si la situation du roi et du royaume de France continuera ou non d'être un objet de cause commune pour les autres puissances. Mais ce qui paraît à S. M. I. résulter évidemment de cette incertitude même, c'est qu'aussi long-temps qu'elle subsistera, toutes les puissances auront un intérêt commun, permanent, à ce que les bonnes apparences actuelles, dont l'inaccomplissement reproduirait immédiatement la nécessité et les droits d'une intervention commune, se réalisent et se consolident. L'empereur a cru utile de ne point déguiser cette façon de penser dans sa réponse à la lettre du roi T. C., et comme il est persuadé que si les autres puissances témoignaient des sentimens analogues, cela ne pourrait que contribuer avantageusement à l'encouragement et au succès du parti modéré qui prévaut en ce moment en France, S. M. I. propose à S. M. d'autoriser ses ministres à des insinuations occasionelles du même genre.

Note adressée à M. l'ambassadeur de France à Vienne, en lui envoyant copie de la dépêche de M. le prince de Kaunitz à M. de Blumendorff.

« Le chancelier de cour et d'état, prince de Kaunitz, Riezberg, ne peut dissimuler à M. l'ambassadeur de France que l'empereur a été extrêmement surpris des demandes d'explications renfermées dans la dépêche de M. Delessart, du 21 janvier, ainsi que des reproches et des insinuations sur les conséquences dont elles sont accompagnées. En réfléchissant que jamais intention impartiale et pacifique n'a été plus clairement énoncée et constatée que celle de Sa Majesté impériale dans l'affaire des rassemblemens au pays de Trèves; que la nature et le but légitime des propositions de concert faites par l'empereur au mois de juillet 1791, aussi bien que la modération et l'intention amicale de celle qu'il fit au mois de novembre suivant, n'ont pu échapper à la connaissance du gouvernement français, après que les unes et les autres ont depuis long-temps transpiré, et que même les nouvelles publiques en ont rapporté la substance et les termes essentiels, Sa Majesté s'est demandé quel est donc le but de cet éclaircissement sur des objets connus de ceux qui les demandent? Deux faits contraires à tous les faits et à toutes les nations.

» Mais elle trouvera facilement la solution du problème dans la considération des circonstances d'effervescence et d'explosion qui nécessitèrent cette démarche du ministère français, dans les principes et les desseins avoués des gens qui amenèrent ces circonstances violentes ; toute l'Europe est convaincue avec l'empereur que ces gens notés par la dénomination du parti jacobin (on rit), voulant exciter la nation d'abord à des armemens, et puis à la rupture avec l'empereur, après avoir fait servir les rassemblemens dans les états de Trèves, de prétexte au premier, cherchent maintenant d'amener ces prétextes de guerre par des explications qu'ils ont provoquées avec Sa Majesté impériale d'une manière, et accompagnées de circonstances calculées visiblement à rendre difficile à ce prince de concilier dans ses réponses les intentions pacifiques et amicales qui l'animent avec le sentiment de sa dignité blessée et de son repos compromis par les fruits de leurs manœuvres. Le chancelier de cour et d'état ne doute pas toutefois que la réponse qu'il vient de transmettre par ses ordres au chargé d'affaires impériales à Paris, et dont M. l'ambassadeur verra le contenu par la copie ci-jointe, sera jugée par la France, ou du moins par le reste de l'Europe, convenir parfaitement à l'état des choses.

» D'un côté, les explications demandées y sont fournies avec la plus grande ouverture ; les démarches de l'empereur y sont motivées par des faits incontestables et mis en évidence par les propres termes de ses transactions qu'il se voit forcé de produire, afin de convaincre la nation française combien sont calomnieuses les imputations qu'on s'est permises, en les taxant d'avoir attenté à la souveraineté, à l'indépendance et à la sûreté de la France par des concerts et des alliances qui tendaient à s'immiscer dans son gouvernement et à renverser et changer violemment sa constitution, mais que bien au contraire Sa Majesté impériale n'a pas outrepassé d'une ligne la marche de conduite que lui traçaient les qualités d'allié, d'ami et de voisin, et que lui imposait la sollicitude la plus légitime pour le maintien de la tranquillité publique ; d'un autre côté l'empereur croit devoir au bien-être de la France et de l'Europe entière, ainsi qu'il y est autorisé par les provocations et les dangereuses menées du parti des Jacobins (on rit), de démasquer et de dénoncer publiquement une secte pernicieuse comme les ennemis du roi très-chrétien et des principes fondamentaux de la constitution actuelle, et comme les perturbateurs de la paix et du repos public. L'ascendant illégal de cette secte l'emportera-t-il en France sur la justice, la vérité, le salut de la nation? Voilà la question à laquelle se réduisent maintenant toutes les autres. Quel que soit le résultat, la cause de l'empereur est celle de toutes les puissances; et s'il s'est peiné de l'état actuel de choses, ce n'est uniquement que par suite de ses sentimens et de son intérêt pour sa majesté très-chrétienne, et pour un royaume et une nation amie de l'Autriche, que le chancelier de cour et d'état se prête volontiers à s'abstenir d'entrer en matière sur les démêlés de la France avec l'empire germanique, qui ne sont pas de son ressort immédiat. Il souhaiterait en général de rencontrer une occasion plus agréable pour réitérer à M. l'ambassadeur de France les assurances de la considération la plus distinguée. Vienne, ce 19 février. *Signé* KAUNITZ. »

Copie d'une lettre de M. le comte de Goltz, envoyé extraordinaire du roi de Prusse en France, adressée à M. Delessart, le 23 février.

« Le soussigné, envoyé extraordinaire et ministre plénipotentaire du roi de Prusse près S. M. T. C., a l'honneur de rappeler à son excellence M. Delessart (On rit.), que réitérativement il lui a fait connaître qu'une invasion de troupes françaises sur le territoire de l'empire ne pourrait être regardée que comme une déclaration de guerre par le corps germanique, et qu'en conséquence Sa Majesté prussienne ne pourrait s'empêcher, conjointement avec Sa Majesté impériale, de s'y opposer de toutes ses forces. Il a surtout donné cette connaissance au ministre de France à l'occasion de l'office que la cour impériale fit parvenir à M. l'ambassadeur de France, en date du 5 janvier dernier. Il l'a réitérée aujourd'hui à l'occasion d'une dépêche, en date du 17 de ce mois, de M. le chancelier d'état et de cour, prince de Kaunitz, à M. de Blumendorff, chargé des affaires de Sa Majesté l'empereur, et remise par celui-ci au ministre de S. M. T. C., laquelle dépêche renferme les principes sur lesquels les cours de Berlin et de Vienne sont parfaitement concertées. A Paris, le 28 février 1792. *Signé* le comte de GOLTZ. »

Le ministre des affaires étrangères. Il est de mon devoir, et le roi m'a ordonné de donner connaissance à l'assemblée de ce qui est venu à la connaissance de Sa Majesté des forces militaires de l'empereur dans les Pays-Bas, et des dispositions qu'il a faites depuis quelque temps. Il savait que les forces impériales étaient, au mois de janvier, d'environ 50 à 55 mille hommes tout au plus. Depuis ce temps-là l'empereur a fait marcher 6,000 hommes dans le Brisgaw ; il en a prévenu l'ambassadeur de France, il lui a fait connaître que ces six mille hommes étaient destinés à la police et à la sûreté de ce pays ; il a pris pour occasion de cet envoi l'asile qui a été accordé aux émigrés dans cette province ; en même temps néanmoins il a donné des ordres en Bohême pour que 30 mille hommes soient prêts à marcher. Mais jusqu'à présent on n'a aucune connaissance que ces troupes soient en marche, ni même qu'il ait été fait aucune réquisition pour leur passage : tel est l'état des choses. Il en résulte que ces 30 mille hommes, s'ils descendaient dans les Pays-Bas, joints aux 6,000 qui y sont déjà arrivés en partie, ou qui s'y rendront incessamment, et aux 55 mille, présentent un total de 90 mille hommes ; mais à cet égard, on a des notions assez certaines qu'il s'en faut de beaucoup que les troupes dans les Pays-Bas soient sur le pied du complet, de manière qu'on ne peut pas les regarder précisément comme montant au nombre que je viens de numérer.

Le roi n'a pas cru devoir différer de faire connaître à l'empereur l'impression que lui avait faite sa réponse, et le parti auquel S. M. avait jugé à propos de s'arrêter : en conséquence, l'ambassadeur de France est chargé de déclarer à la cour de Vienne que le roi n'avait pas pensé qu'il convînt à la dignité ni à l'indépendance de la nation d'entrer en discussion sur des objets qui ne concernent que la situation intérieure du royaume. (On applaudit.)

L'ambassadeur doit ajouter que Sa Majesté ayant néanmoins remarqué l'assurance donnée au nom de l'empereur, *que ce prince, bien loin d'appuyer les projets ou les prétentions des émigrés, insiste sur leur tranquillité;*

Que Sa Majesté, voyant que l'empereur désire de convaincre la nation française combien *sont calomnieuses les imputations qu'on s'est permises en le taxant d'avoir attenté à l'indépendance et à la sûreté de la France*, par des concerts et des alliances qui tendaient à s'immiscer dans son gouvernement, et à renverser ou changer sa Constitution;

Que Sa Majesté enfin, trouvant dans la réponse de l'empereur des ouvertures pacifiques et amicales, elle les a saisies avec empressement; mais comme il importe de mettre un terme à des inquiétudes depuis trop long-temps prolongées, le roi déclare que, mettant sa confiance dans son attachement et dans celui de la nation à la Constitution, que se confiant également à l'amour du peuple français, il ne peut voir qu'avec peine un concert qui n'a point d'objet, et qui paraît être un sujet d'inquiétude : le roi demande donc à l'empereur de faire cesser ce concert; il lui offre, ou plutôt il lui renouvelle l'assurance de l'union et de la paix; il lui demande une pareille manifestation de ses sentimens et de ses intentions; il la lui demande prompte, franche et catégorique.

Pour gage d'une fidélité réciproque, le roi promet qu'aussitôt que l'empereur aura pris l'engagement de faire cesser tous préparatifs de guerre dans ses états, et de remettre ses forces militaires dans les Pays-Bas et dans le Brisgaw sur le pied où elles étaient à l'époque du premier avril 1791, Sa Majesté fera également cesser tous préparatifs, et réduira les troupes françaises, dans les départemens frontières, à l'état ordinaire des garnisons. C'est à cette détermination, la seule qui convienne à la dignité de deux grandes puissances et à leurs intérêts respectifs, que le roi reconnaîtra les sentimens qu'il a droit d'attendre de son beau-frère et de l'ancien allié de la France. Enfin, l'ambassadeur est chargé d'observer, qu'après une invitation aussi loyale et aussi formelle, le roi ne pourrait voir, dans une réponse qui ne porterait pas les mêmes caractères, que la volonté de prolonger une situation dans laquelle la France ne veut ni ne peut rester plus long-temps. (On applaudit.)

On demande l'impression de toutes les pièces, et le renvoi au comité diplomatique.

M. Bazire. Je demande l'impression du pamphlet de l'empereur.

L'assemblée ordonne l'impression des pièces, et le renvoi au comité diplomatique.]

— « Dès le lendemain de cette séance, disent les mémoires plus haut cités, dans tous les journaux réputés les organes de la révolution, l'office de l'empereur fut commenté de la manière la plus irritante et la plus fâcheuse, ce qui ne pouvait manquer de rendre impossible toute espèce de rapprochement et de conciliation. En général, on fut persuadé que la rédaction solennelle de cette pièce avait été réellement concertée entre le roi de France, l'empereur et leurs conseillers intimes; on désigna même quelques-uns des députés de l'assemblée constituante, tels que Barnave et Duport, comme l'ayant composée. On ajouta que le modèle en avait été envoyé, par la reine, à Bruxelles, au comte de Mercy-Argenteau, qui l'avait fait passer à l'empereur (1), assertion hasardée d'après un fait grossi ou altéré par l'esprit du temps. L'office de l'empereur porte évidemment le cachet du style de la chancellerie impériale; mais d'un autre côté nous sommes très-fondés à croire que l'empereur, ayant sous les yeux le dernier mémoire (2) que lui adressa la reine de France sur l'é-

(1) Madame de Staël le dit positivement dans ses *Considérations sur la révolution française*, tom II.

(2) Ce mémoire provenait des ex-constituans du parti constitutionnel, qui formaient alors le comité secret et dirigeant dont l'existence est historiquement prouvée par la pièce trouvée dans l'armoire de fer, aux Tuileries, sous ce titre: *Projet du comité des ministres, concerté avec MM. Lameth (Alex.) et Barnave.*

tat des différens partis contre lesquels la cour avait à lutter, minuta réellement lui-même les passages de cet office dirigé contre les Jacobins, et que son chancelier de cour et d'état donna ensuite à la rédaction la forme diplomatique et officielle. Quoi qu'il en soit, les constitutionnels eux-mêmes, qui formaient alors le seul parti en état de balancer l'ascendant des révolutionnaires exagérés, désapprouvèrent l'office de l'empereur, tout en partageant l'opinion qui y était exprimée sur la conduite et les excès de leurs adversaires, compris sous la dénomination de Jacobins. Ils trouvèrent peu convenable que l'empereur entrât dans de si grands détails sur l'état intérieur des partis en France; en un mot, la fierté nationale se révolta contre les conseils menaçans que donnait à la France un monarque étranger.

» Mais ce monarque avait tout à coup cessé de vivre, au moment même où son dernier office occasionait toute cette irritation en France, et où il changeait en une alliance active son concert éventuel avec la cour de Berlin. Cette mort si subite, et qui eut une si grande influence sur la marche ultérieure des événemens, demande qu'on en révèle les particularités.

» Résolus enfin d'agir militairement contre la France, Léopold et Frédéric-Guillaume s'étaient décidés à concourir à un nouveau plan de concert par l'emploi d'une armée de cinquante mille hommes chacun au-delà des forces qui se trouvaient déjà réunies en Westphalie et dans les Pays-Bas. Il s'agissait de répartir cent quatre-vingt mille combattans sur l'immense ligne qui s'étend depuis Bâle jusqu'à l'embouchure de l'Escaut. A la mi-février, ce plan n'était encore qu'ébauché entre les deux souverains; mais, d'accord sur les bases, Léopold avait ordonné au conseil aulique de guerre de hâter les préparatifs; de son côté, Frédéric-Guillaume venait d'appeler à Berlin le duc de Brunswick, à l'effet de conférer avec ce prince, auquel il destinait le commandement général de ses troupes. Le 16 février, le roi eut avec le duc, à Potzdam, une longue conférence, à l'issue de laquelle fut tenu un conseil secret, en présence même du roi : le duc de Brunswick, le ministre d'état Schulenburg et le baron de

Bischoffswerder furent les seuls qui y assistèrent. On y agita les points suivans : mettre les troupes sur le pied de guerre, négocier avec la Saxe pour l'entraîner dans la coalition, et arrêter avec la cour de Vienne un plan de campagne approprié aux circonstances politiques. Le même jour, un courrier extraordinaire fut expédié pour cette capitale, et des circulaires furent adressées à tous les régimens. Des dispositions relatives aux approvisionnemens et à l'artillerie ayant été immédiatement ordonnées, il fallut toucher au trésor.

» Le surlendemain, le général-major Bischoffswerder partit pour Dresde, porteur des ouvertures du roi destinées à la cour électorale; de là il devait se rendre à Vienne. Il trouva l'électeur de Saxe peu disposé à faire cause commune autrement qu'en sa qualité de prince d'empire. Poursuivant sa route, l'envoyé extraordinaire de Prusse arriva, dans la nuit du 27 au 28 février, à Vienne, espérant obtenir dès le lendemain une audience de l'empereur. S'étant présenté à l'hôtel du chancelier de cour et d'état, de bonne heure, le prince de Kaunitz vint à sa rencontre, l'accueillit par des embrassemens, mais avec l'accent que donnent l'inquiétude et le trouble : il lui apprit que l'empereur, tombé malade inopinément, était hors d'état de le recevoir en audience. Le prince de Collorédo lui fit la même réception, et lui parla avec anxiété de l'indisposition subite de l'empereur. Mais on était loin de soupçonner Léopold en danger; et hors de l'enceinte de la cour son état de maladie était à peine connu. On l'avait vu deux jours auparavant donner audience à l'envoyé turc, et jouir en apparence d'une santé parfaite. C'était le 27 seulement que le mal s'était déclaré; mais en proie dès le 28, le jour même de l'arrivée de l'envoyé extraordinaire de Prusse, à de vives douleurs d'entrailles, ses médecins, croyant avoir à combattre une pleurésie, eurent recours aux saignées pour éteindre l'inflammation. Pendant la nuit ses entrailles se gonflent; il ne peut jouir d'aucun repos, les forces l'abandonnent, les vomissemens convulsifs se déclarent. Réunis en consultation, les médecins, baron de Stœrck, Lagusius et Schreibers, changeant d'opinion sur la nature du mal, et se disposant à essayer d'autres remèdes, s'abusent sur le danger; ils quittent l'empereur à deux heures après midi. A trois heures des symptômes plus alarmans surviennent; et ce malheureux prince, dans une crise de vomissemens convulsifs et inutiles, n'ayant autour de lui que deux valets de chambre, expire, le 1er mars, pour ainsi dire dans les bras de l'impératrice accourue éplorée et toute tremblante.

» A l'instant même les cris *l'empereur est mort! l'empereur est mort!* retentissent dans les appartemens du palais, et y jettent le désordre et le désespoir. Quel spectacle que celui de toute cette famille impériale, éperdue, plongée dans la désolation! Tout le reste du jour à peine distingue-t-on les augustes maîtres de leurs serviteurs également au désespoir, tant les sentimens de surprise et de douleur se confondent. Le bruit de la mort de l'empereur ne trouve d'abord que des incrédules dans toute la ville de Vienne, où l'on était à peine instruit de sa maladie. Tous les grands, faisant atteler leurs carrosses, accourent au palais qu'ils trouvent rempli de lamentations et d'effroi. A ce moment apparaît l'impératrice, entourée de ses nombreux enfans baignés de larmes; et, les conduisant ainsi devant le nouveau roi, elle vient implorer sa protection pour ses augustes orphelins. François Ier, fils aîné de Léopold, confondant ses sanglots avec ceux de sa mère et de ses frères, dont le plus jeune avait à peine quatre ans, leur fait la promesse sacrée d'en agir avec eux comme un père.

» Mais que penser de ce genre de mort qui, frappant Léopold comme d'un coup de foudre, devenait un si grand événement dans l'état où se trouvait l'Europe? La face des affaires pouvait en être changée. Même aux hommes de l'art, cette catastrophe semblait inexplicable : « Ou la gangrène, disaient-ils, était déjà » dans les entrailles, ou le monarque a été frappé d'un coup d'a- » poplexie séreuse. »

» L'ouverture du cadavre, le lendemain, mit à découvert les entrailles tuméfiées par la gangrène, et l'estomac saturé de matières séreuses. Le corps, embaumé immédiatement, fut exposé au public dans la chapelle de la cour. Des bruits d'empoisonnement se répandirent, s'accréditèrent même sans que l'histoire contemporaine les ait depuis confirmés ni victorieusement démentis. Les investigateurs sont restés partagés ou dans le doute sur les causes réelles de cette mort inopinée : les uns soutiennent qu'elle a été l'effet d'une dyssenterie opiniâtre dont Léopold recélait le germe depuis son couronnement à Prague; et ils ajoutent que, trop adonné aux voluptés, ce prince avait fait un usage immodéré d'excitans connus en Italie sous le nom de *diavolini*, et préparés dans son propre laboratoire, car il aimait à s'occuper de chimie. D'autres, n'hésitant pas d'attribuer la catastrophe au poison, citent en témoignage Lagusius, son médecin ordinaire, qui, disent-ils, a déclaré n'en pas douter après avoir assisté à l'autopsie du cadavre. Mais d'où serait parti le crime ? Telles étaient alors les animosités politiques que les Jacobins et les émigrés firent de cet événement l'objet d'accusations mutuelles. Ceux-là se seraient débarrassés, par le poison, d'un potentat puissant, leur ennemi déclaré, et qui enfin allait agir en armes pour abattre leur propagande; ceux-ci auraient excité à commettre le crime, en haine des principes philosophiques de Léopold, de ses répugnances et de ses lenteurs à se jeter dans l'entreprise de la contre-révolution. Mais par quelle voie, par quels moyens l'aurait-on commis, ce crime ? Selon les uns, ce fut dans un bal masqué qu'une dame, remarquée par Léopold, et à la faveur de son déguisement, lui aurait présenté des bonbons empoisonnés. Selon d'autres, le fanatisme et la perfidie se seraient servis, pour ce noir attentat, de la main même de la *belle Italienne*, tendrement aimée de Léopold. Cette femme, assure-t-on, aurait joui depuis, en Italie, au sein des richesses et du luxe, de la récompense de son crime.

» Mais laissons là des anecdotes sans preuves. Toutefois il est hors de doute que Léopold aima les femmes avec passion ; qu'il était très-attaché à Dona Livia, à la Prohaska; à la comtesse de Wolkenstein, et à d'autres encore d'un rang inférieur: toutes s'éclipsèrent immédiatement après sa mort, redoutant l'animadversion publique ou les sévérités du nouveau règne. La com-

tesse de Wolkenstein était la seule maîtresse déclarée depuis le séjour de Léopold à Vienne ; il l'avait même présentée à l'impératrice qui, s'élevant à une noble résignation, avait daigné lui dire qu'elle la préférait à toute autre, pourvu qu'elle ne se mêlât point des affaires du gouvernement. Léopold lui avait fait le don magnifique de deux cent mille florins en obligations de la banque. On croit que la mort ne lui laissa pas le temps de pourvoir au sort des autres femmes qu'il avait aimées. On trouva dans son cabinet une collection d'étoffes précieuses, de bagues, d'éventails, et même jusqu'à cent livres de fard superfin. Les traces de ses galantèries étaient si frappantes, que l'impératrice dit au nouveau roi ces paroles remarquables : « Mon fils, vous avez
» devant vous deux grands exemples, celui de votre oncle et celui
» de votre père; imitez leurs vertus, mais gardez-vous de tomber
» dans leurs vices (t. Ier, p 204 à 248). »

Histoire du mois. — *Titre et ordre des faits.* L'analyse des séances de l'assemblée se divise en deux chapitres : l'un renferme les actes diplomatiques et le mouvement ministériel; l'autre, les pièces officielles sur les troubles des provinces. — Presse. — Club des Jacobins.

SÉANCES DE L'ASSEMBLÉE. — ACTES DIPLOMATIQUES ET MOUVEMENT MINISTÉRIEL.

Le 1er mars, l'assemblée discutait la question des princes possessionnés en Alsace, lorsque le ministre Delessart était venu communiquer les dépêches que nous avons rapportées. Cette discussion n'ayant pas eu d'aboutissement, nous la passons tout entière.

Le 1er au soir, Rouyer fit une motion contre Delessart : « Dût ma tête, dit-il, être le prix de la dénonciation que je fais en ce moment, je ne cesserai jamais de le poursuivre. » Il l'accusa d'avoir imputé son propre ouvrage à une puissance étrangère. Goupillau, Ducos et Lacroix demandèrent le renouvellement du comité diplomatique. La motion de Rouyer, dont le but était de déclarer au roi que son ministre des affaires étrangères justifiait de graves soupçons, fut violemment appuyée par Chabot. L'assemblée adopta toutes ces propositions.

Le 2, Bruat parla contre la dernière lettre de l'empereur; il demanda un rapport exprès sur les avantages ou les désavantages de son alliance par le traité de 1756. — Renvoyé au comité diplomatique. — Le ministre de la guerre annonça ensuite qu'il avait remplacé dans l'armée six ex-députés qui avaient protesté contre la Constitution. Il fut autorisé à employer le mode provisoire de remplacement jusqu'au 1er avril.

Le 5 au soir, l'assemblée renvoya au comité militaire une dénonciation de la garnison de Lille contre le ministre Narbonne et son réglement de discipline. A la même séance, ce dernier fit un rapport sur une émeute causée à Rennes, dans le quarante-huitième régiment, par un motif semblable. La municipalité avait pris le parti des soldats, et opéré l'arrestation du colonel Savignac et de quatre officiers. Le ministre s'en plaignit amèrement : il déclara que le roi avait donné des ordres très-sévères pour punir l'insubordination du régiment. Comme on demandait le renvoi de son discours au comité militaire, « Moi, s'écria Merlin, je demande le renvoi au comité de surveillance. » L'assemblée passa à l'ordre du jour.

Luckner, Rochambeau et La Fayette avaient été appelés au conseil du roi pour y donner leur avis sur les mesures à prendre dans les circonstances présentes. Le 6, Narbonne lut à l'assemblée un mémoire contenant les observations des trois généraux pour assurer le succès de la guerre, si elle avait lieu. Ils proposaient les moyens suivans :

« 1° Assurer le prêt en monnaie, et celui pour l'argent de la poche du garde national et du soldat, indépendamment de leur ration de pain et de viande.

» 2° Augmentation de traitement demandée en proportion de

la perte des assignats, et secours à accorder aux officiers, en pain et viande, avec retenue.

» 3° Former des bataillons francs pour y recevoir tous les déserteurs, et où ils seraient assujétis à un régime et à une discipline particulière.

» 4° Décret qui enjoigne aux départemens et districts de nommer des commissaires qui soient responsables de l'exécution des réquisitions du commissaire du roi pour le service à l'armée, dans tous les besoins urgens, quand elle fait des mouvemens qu'on n'a pu annoncer sans indiscrétion, ou forcés enfin par les manœuvres de l'ennemi; autoriser lesdits commissaires à régler tous les dédommagemens des terrains que l'armée occupera, de celui qu'elle peut gâter dans sa marche, enfin des fourrages, pailles, avoines et autres denrées que nécessite le besoin de prendre dans toute position inopinément occupée.

» 5° Décret qui décharge les généraux d'armée de toute responsabilité dans les opérations des trésoriers et payeurs, et dans toutes celles de l'administration dont les commissaires du roi et les ordonnateurs doivent avoir seuls la surveillance, la partie militaire de l'armée étant la seule qui doive occuper la pensée du général, sans qu'il puisse être responsable des événemens malheureux qu'il n'aura pas attirés par trahison, concussion ou malveillance prouvée.

» 6° Pouvoir donné au général de faire des réglemens de police et discipline correctionnelle, à l'infraction desquels toute peine pourra être attachée, en les classant suivant les différens délits, et les proclamant pour leur exécution. Ce pouvoir est déjà accordé aux généraux par le code pénal, mais la nécessité des exemples prompts exige une application plus rapide de la loi, conséquemment l'institution d'un tribunal suivant l'armée, pareil à ceux en usage dans les pays les plus libres. »

L'assemblée ordonna l'impression du mémoire. Au moment ou Narbonne le présentait, le ministére était à la veille d'une dissolution. « Les divisions du conseil, dit Brissot (*Patriote Français* du 6 mars), sont bien réelles : M. Narbonne a eu des discussions très-vives relativement à la guerre et au ministre Bertrand. Que diront maintenant les hommes qui nous prêchent la confiance dans le pouvoir exécutif? Comment se fier à lui lorsqu'il s'obstine à braver le vœu de la nation, en conservant un ministre qui a laissé désorganiser toute la marine? On assure que ces scènes ont tellement dégoûté M. Narbonne qu'il voudrait donner sa démission, et que la place est déjà promise à M. Rochambeau. M. Cahier de Gerville paraît toujours disposé à quitter la sienne; il n'attend, à ce qu'on assure, que la nomination d'un successeur. En quittant ce poste difficile, il doit à la nation un compte des motifs qui l'empêchent de le garder; si c'est le spectacle de l'intrigue qui lui répugne, il faut qu'il révèle au public ces intrigues. »

A la séance du 8, Hérault-Séchelles fit adopter des observations adressées à Louis XVI sur la conduite du ministre de la marine, et l'assemblée nomma une députation de vingt-quatre membres, qui les lui présenteraient immédiatement. Ces observations étaient le développement des trois griefs suivans :

« *Premier grief.* Il a laissé ignorer au corps législatif l'état d'abandon où se trouve le port de Brest, par la défection des officiers de la marine, défection dont l'assemblée nationale n'aurait eu aucune connaissance sans la vigilance des corps administratifs de cette ville.

» *Deuxième grief.* Il a publié, le 14 novembre dernier, qu'aucun officier de marine n'avait quitté son poste, tandis qu'il est notoire qu'à cette époque un grand nombre de ces officiers avait passé, sans permission, en pays étranger.

» *Troisième grief.* Il accorde un nombre excessif de congés sans cause légitime, dans un temps d'émigration, et à la veille d'une nouvelle formation. »

Le message se terminait ainsi : « Sire, il ne peut exister pour vous de grandeur véritable que dans la détermination invariable et solennelle de seconder le vœu du peuple, par tous les moyens de puissance qu'il a mis entre vos mains : le repos même, dont vous avez plus d'une fois éprouvé et exprimé le besoin, vous n'en jouirez que le jour où les ministres entreront dans vos sentimens, et où, rejetant loin d'eux avec loyauté ces réserves, ces subterfuges, sources éternelles d'une défiance qui entrave tous les ressorts de l'administration, ils feront, en quelque sorte, la conquête de la confiance nationale. »

Le 8 au soir, Narbonne rendit compte de l'affaire du régiment d'Ernest, désarmé à Aix par les citoyens de Marseille. Il accusa l'officier-général Barbantane d'avoir favorisé les séditieux, et annonça que le roi venait de le renvoyer devant une cour martiale, d'ordonner son remplacement par Charton, ainsi que la restitution des armes au régiment suisse.

« [La sûreté publique, continua le ministre, exige qu'on réprime les désordres qui éclatent de toutes parts. J'appelle, à ce sujet, l'attention des membres les plus distingués de cette assemblée... (Il s'élève de violens murmures; on crie de toutes parts que le ministre soit rappelé à l'ordre. Il règne dans l'assemblée une assez longue agitation.)

» M. le président. Il s'est élevé une réclamation pour que je rappelle le ministre à l'ordre, parce que tous les membres sont également distingués. (*Un grand nombre de voix*: Oui, oui. — Les tribunes applaudissent. Le ministre demande à parler avant d'être rappelé à l'ordre. — *Plusieurs membres*: Non, non.) L'assemblée accorde la parole au ministre.

» *Le ministre de la guerre*. Je n'ai pas été compris. A Dieu ne plaise que je croie que tous les membres ne soient pas également distingués par le patriotisme et la pureté de leurs intentions; mais j'ai voulu parler des membres les plus influens, soit par le degré de confiance, soit par les connaissances locales. (On murmure, on réclame l'ordre du jour. L'agitation recommence.)

» *M. Charlier*. Si l'assemblée se décide à passer à l'ordre du jour, je demande qu'il soit fait mention dans le procès-verbal de l'amende honorable que vient de faire le ministre. (*Plusieurs voix*: Oui, oui. Les tribunes applaudissent.)

» *M. Rouyer*. Je suis loin d'excuser le ministre : je conviens qu'il a eu tort, et je ne crois pas qu'il se trouve un membre qui prenne la parole pour le justifier. Mais quand j'entends proposer de faire mention dans le procès-verbal de l'amende honorable faite par le ministre, je dis que c'est le moyen de le relever ; car il est un principe certain, c'est qu'un homme qui reconnaît ses torts doit en obtenir le pardon. Je demande donc que l'assemblée, sur les explications données par le ministre de la guerre, passe à l'ordre du jour. (On murmure.)

» *M. Chabot.* Je demande la parole...

» L'assemblée ferme la discussion, et passe à l'ordre du jour.

» *M. Girardin.* J'ai demandé la parole pour justifier M. Barbantane, dont l'extrême prudence a empêché des flots de sang de couler dans la ville d'Aix. Je ne m'attendais pas qu'on lui en ferait des reproches. Les torts de M. Barbantane sont graves ; il était patriote avant la révolution. Mais le plus grand de ses torts, c'est d'appartenir à une société persécutée même par les puissances étrangères. (On applaudit.) Au reste, je suis loin de m'opposer à son jugement : je le provoque au contraire ; je suis sûr qu'il en sortira avec l'estime de ses concitoyens. Il servira de preuve qu'alors même qu'on est obligé de donner des places à des patriotes, on aime à les y conserver long-temps. (On applaudit. »)]

Au milieu de cette discussion, l'assemblée avait entendu une adresse du quarante-cinquième régiment, lue à la barre par un soldat. Il s'agissait encore du réglement de discipline. Narbonne lui-même en provoqua le plus sévère examen. A la fin de la séance, l'assemblée décréta qu'il serait nommé, au choix du roi, douze officiers généraux.

Le lendemain, Narbonne n'était plus ministre, et Cahier-Gerville avait donné sa démission. Nous trouvons dans le *Moniteur*, à la date du 9, la nouvelle suivante :

[Il y a eu conseil ce matin. M. Narbonne n'y a pas été appelé, et dans la matinée, on lui a fait demander sa démission.

Il y a long-temps que nous soupçonnons que sa présence gênait certains ministres et certains plans. Hier, une de ses phrases ayant excité quelque tumulte dans l'assemblée nationale, il est probable que l'on a profité de cette apparence de discrédit pour faire décider son renvoi.

D'ailleurs M. Cahier de Gerville a décidément donné sa démission ; il restera jusqu'au 15 de ce mois.

On prétend que M. Degrave doit succéder à M. de Narbonne, et que M. Dietrich pourra être le successeur de M. Cahier.]

Brissot rapporte ainsi les divers bruits sur la destitution du ministre de la guerre : — « *Vendredi 9 mars.* Le roi a retiré ce matin le portefeuille à M. Narbonne. Les motifs de renvoi ne sont pas bien certains : les uns l'attribuent aux intrigues du ministre Bertrand et de ses confrères qui le soutiennent ; d'autres croient que la cour haïssait M. Narbonne, parce que, dans son opinion, il devenait trop populaire ; d'autres enfin, donnent pour prétexte les lettres des généraux à M. Narbonne, imprimées dans les journaux. MM. Rochambeau et La Fayette écrivent à ce ministre de ne pas quitter sa place dans un moment où il peut rendre de si grands services, et ils assurent que sa démission serait une calamité publique. On ne pouvait prendre de meilleurs moyens pour perdre M. Narbonne. Il a cependant un tort à se reprocher ; il dit, dans sa réponse, qu'il avait voulu se retirer parce qu'il n'était pas d'accord avec un de ses collègues (M. Bertrand), dont il *estime* le caractère personnel, mais dont il n'approuve pas également la conduite ministérielle. Comment M. Narbonne peut-il estimer le caractère personnel d'un homme qui a menti à la face de l'Europe, qui a donné un démenti au roi dont il est le ministre, qui n'a cessé de montrer la mauvaise foi la plus effrontée ! » (*Patriote Français* du 10 mars.)

SÉANCE DU 10 MARS.

On lut, au commencement de la séance, une lettre du roi, annonçant la nomination de Degrave au ministère de la guerre, à la place de Narbonne. Lesage demanda qu'il fût déclaré que l'ex-ministre emportait les regrets de l'assemblée ; et Charlier, qu'il ne pourrait quitter Paris qu'après la reddition de ses comptes. — Ramond : « L'intrigue a prévalu, le ministère ne marche pas ; il faut déclarer qu'il a perdu la confiance de la nation. » — Rouget appuya l'avis de Charlier : « On a renvoyé, dit-il, le ministre dont la conduite n'était pas improuvée, et l'on ne remplace pas celui contre lequel vous avez prononcé votre improbation. » Ici la discussion fut interrompue par la lecture d'une lettre de Narbonne : il écrivait qu'il avait demandé au roi de se rendre à son poste militaire à Metz, d'où il enverrait ses comptes à l'assemblée. — Cambon insista pour la déclaration de Ramond, et pour qu'il fût dit au roi que son conseil lui avait donné un mauvais avis, en l'empêchant d'éloigner Bertrand, ministre de la marine. — En ce moment une seconde lettre du roi annonça la continuation de sa confiance en ce ministre. — Girardin : « L'inertie combinée du ministère est la cause des troubles des départemens : je demande l'accusation contre les ministres ; les rapports prouveront que l'un d'eux est plutôt ministre de Léopold que de Louis XVI. » — Tarbé vota pour qu'il fût fait un rapport par le comité des douze. — Gensonné soutint que tous les ministres étaient coupables de trahison envers la nation et le roi.

[M. *Guadet*. Enfin il est arrivé le jour où l'incrédulité même devait être forcée d'avouer le complot tramé par le ministère contre la liberté de la France ; il est arrivé ce jour où le bandeau fatal devait tomber, et il eût été difficile qu'il tînt plus long-temps. Je demande que M. Brissot soit entendu à l'instant. (On applaudit.)

M. *Brissot*. Vous avez renvoyé à votre comité diplomatique l'examen de la note confidentielle de M. Delessart à M. Noailles, du 21 janvier, et la réponse du prince de Kaunitz à cette note, et de différentes autres dépêches ; et enfin, de la réponse de M. Delessart, au nom du roi, à ces dépêches, en date du 28 février. J'examinerai d'abord la conduite que vous devez tenir à l'égard de l'empereur, et ensuite et séparément le parti que vous devez prendre relativement au ministre des affaires étrangères. Pour vous mettre à portée de prendre une détermination convenable, il est nécessaire de vous rappeler ici les faits principaux qui ont précédé ces dépêches. Vous avez vu, par la circulaire de l'empereur aux diverses puissances de l'Europe, en date du 12 novembre dernier, par son traité conclu avec le roi de Prusse, le 25 juillet 1791, par son office du 21 décembre, qu'il existait un concert formé entre lui et diverses puissances contre la sûreté et la Constitution de la France, sous le prétexte de maintenir l'honneur et la dignité des couronnes.

Frappés des dangers qu'un pareil concert pouvait entraîner pour la France, et désirant les prévenir, vous rendîtes, le 25 janvier dernier, un décret par lequel vous invitiez le roi à demander à l'empereur s'il entendait renoncer à tout traité dirigé contre la souveraineté, l'indépendance, et la sûreté de la nation française, et de lui déclarer qu'à défaut par lui de donner pleine et entière satisfaction sur tous les points, le premier mars, son silence, ainsi que toute réponse évasive et dilatoire, serait regardé comme une déclaration de guerre. Ce décret a été applaudi par la France entière. Il a prouvé que l'assemblée nationale ne se trompera jamais lorsqu'elle prendra pour guide les sentimens élevés, les résolutions fermes qu'inspire l'état d'hommes libres, lorsqu'elle se montrera jalouse de l'indépendance de notre patrie et de l'honneur du nom français. On avait tout lieu d'espérer qu'il serait accueilli de même par le pouvoir exécutif; il n'y a répondu qu'avec humeur, en insinuant que vous empiétiez sur son initiative, en vous reprochant votre enthousiasme, en vous disant enfin que, depuis plus de quinze jours, il avait demandé à l'empereur des explications conformes à celles de votre invitation. Qui de vous n'a pas été affligé d'un pareil message? Vous avez rendu un décret d'invitation, parce que vous pensiez n'avoir qu'un même sentiment avec le roi, parce que vous vouliez convaincre l'Europe entière de la bonne harmonie qui régnait entre les deux pouvoirs; et au lieu d'un retour amical, on ne vous donne qu'une leçon déplacée, où l'aigreur et la dureté se montrent à la place du concert sur lequel vous aviez compté. On vous reproche d'avoir mis une invitation en forme de décret, comme si la Constitution vous défendait cette forme pour les invitations; comme si cette forme de division par articles, n'était pas une manière naturelle de classer les objets. On vous insinue que vous avez empiété sur l'initiative du roi, et violé la Constitution puisque le corps législatif ne peut délibérer sur la guerre que sur la proposition formelle du roi, puisqu'à lui seul appartient le droit d'entretenir les relations extérieures. Et le ministère, qui prétend vous régenter quand il devrait s'occuper des moyens de faire naître et d'entretenir une harmonie salutaire entre les deux pouvoirs, oublie lui-même et la Constitution et ses propositions; il oublie que si au roi seul appartient de diriger les relations extérieures, à l'assemblée nationale appartient aussi le droit d'inviter le roi à des mesures militaires ou diplomatiques qui lui paraissent nécessaires pour la dignité et la sûreté de la nation, lorsqu'il trouve que le pouvoir exécutif les néglige; il oublie que, d'après la Constitution, le corps législatif a le droit, sur la notification qui lui est faite d'hostilités imminentes, de délibérer s'il convient de provoquer la guerre ou la cessation des hostilités ; il oublie que, depuis cette notification, la marche devient nécessairement commune entre les deux pouvoirs; il oublie qu'il avait fait deux fois cette notification. Eh! pourquoi? Si l'assemblée nationale ne pouvait pas délibérer, pourquoi lui a-t-on notifié l'office du 21 décembre? Quelle singulière prétention que d'avertir les représentans de la nation des dangers qui la menacent, et de vouloir qu'elle s'interdise de manifester ses opinions sur les mesures qu'exige le péril commun?— Mais je dois vous révéler ici un fait qui vous prouvera la duplicité du ministre.

M. Delessart, après la communication de l'office du 21 décembre, provoqua lui-même des conférences du comité diplomatique sur cette office, et il y assista. Il eut communication du projet de décret qui vous fut proposé par votre comité. Au milieu de ces discussions, il lui échappa de dire qu'il avait écrit à l'empereur dans le sens de ce message. Si vous avez écrit, lui observai-je, il est inutile que l'assemblée invite le roi à faire ce qu'il a déjà fait. Non, répond M. Delessart, cette invitation ne sera point inutile. Il importe de convaincre les puissances européennes, par une démarche d'éclat, que les deux pouvoirs agissent de concert. Ce fut d'après cette sage réflexion, que le projet de décret fut proposé ; et ce ministre, qui l'avait provoqué lui-même, le fait censurer avec amertume par le roi ! Il censure le prétendu enthousiasme de l'assemblée, lorsque lui-même, par son discours du 14 juillet, l'avait allumé ! Il le censure, lorsqu'il ne pouvait ignorer que le décret de l'assemblée avait été le fruit d'une longue discussion, et le résultat de la presque unanimité des suffrages ! Oui, l'ennemi le plus cruel de la révolution n'aurait pas dicté au roi un message plus perfide, plus propre à encourager les menaces et l'insolence des puissances étrangères ; et c'est, n'en doutez pas, c'est à ce message que vous devez les outrages contenus dans les diverses dépêches du ministre de l'empereur.

J'écarte, quant à présent, les conséquences qu'on doit tirer de cette conduite, relativement au ministre des affaires étrangères. Je me borne à examiner ici ce qui vous a été communiqué de la part du ministre de l'empereur, et ce que vous devez faire. Le roi vous a dit, dans son message du 28 février, qu'il avait demandé à l'empereur, depuis plus de quinze jours, des explications *conformes à celles de votre invitation.* Il est étrange qu'on mette dans la bouche du roi un triple mensonge : d'abord le roi n'a point écrit à l'empereur, car on ne nous a communiqué qu'une lettre de M. Delessart, qui n'est pourtant pas le roi ; ensuite la lettre de M. Delessart est du 21 janvier, c'est-à-dire de sept jours seulement antérieure au message du roi ; enfin la lettre à M. Kaunitz n'était point conforme à votre invitation. Je n'examine pas ici tout ce qu'il y a d'irrégulier dans la dépêche ; je me borne à suivre la marche qu'il a suivie relativement à l'empereur. Le ministre y rappelle et blâme la conduite de l'empereur vis-à-vis des émigrés et de l'électeur de Trèves ; il s'étonne de ce que, par frayeur de l'insubordination de quelques municipalités, l'empereur ait pu donner des ordres pour protéger l'électeur de Trèves qui était en état d'hostilité. Il expose les justes inquiétudes de la France sur le concert formé entre l'empereur et diverses autres puissances, sur le fameux congrès projeté pour modifier notre Constitution. Il observe qu'il n'existe aucune raison pour motiver un pareil concert ; il convient qu'il a été une époque où la cause des émigrés, qui paraissait liée à celle du roi, a pu exciter l'intérêt des souverains, et particulièrement celui de l'empereur ; mais que, depuis l'acceptation de la Constitution par le roi, ce motif ne peut plus intéresser l'empereur. Il lui déclare que le roi désire la paix, veut la paix, mais qu'il désire d'être complétement rassuré. Enfin, M. Delessart enjoint à l'ambassadeur de provoquer des explications sur trois points : 1° sur l'office du 21 décembre ; 2° sur l'intervention de l'empereur dans nos affaires ultérieures ; 3° sur ce que sa majesté impériale entend par les souverains réunis en concert pour la sûreté et l'honneur des couronnes. Assurément ce langage n'est pas celui de votre décret du 25 janvier ; vous n'y demandez pas la paix bassement.

Le langage que vous invitiez le roi à tenir, était digne d'hommes qui sentent leur grandeur, et qui cependant veulent être constamment justes. Vous ne vouliez pas qu'on y fît des dissertations pour attirer d'autres dissertations ; vous ne vouliez pas des explications, mais une déclaration précise ; vous fixiez un terme, parce que vous craigniez, avec raison, qu'on ne vous entraînât dans une négociation interminable. Vous avez insisté sur la circulaire du 22 novembre, la convention de Pilnitz, sur le traité du 25 juillet, parce que ces traités étaient contraires à l'alliance, parce qu'ils en étaient la rupture, parce que vous vouliez en convaincre l'empereur par ses propres actes, et le ministre des affaires étrangères garde un profond silence sur ces pièces importantes ! Vous avez bien annoncé votre projet d'examiner à fond le traité de 1756, dont les inconvéniens vous avaient frappé, et tel était l'objet du renvoi que vous en aviez fait au comité diplomatique ; et cependant le ministre des affaires étrangères, malgré ce vœu, cherche dans sa lettre à convaincre l'empereur qu'il lui convient de maintenir ce traité... Ainsi, loin que le ministre des affaires étrangères eût écrit à l'empereur dans le sens de votre invitation du 25 janvier, il a précisément écrit tout le contraire, excepté sur un seul point, sur celui du concert entre les puissances ; mais ce point est si froidement, si lâchement discuté, on y oublie tellement et la dignité nationale, et les convenances politiques, qu'il ne pouvait remplir vos intentions. M. Delessart a peut-être cru les mieux remplir, en envoyant à l'empereur vos décrets des 14 et 25 janvier ; car l'un y est cité et discuté, et pour l'autre il y a une allusion frappante. Quoi qu'il en soit, examinons maintenant les réponses du ministre de l'empereur, et voyons si elles doivent vous satisfaire.

Le concert des puissances a-t-il existé ? Quel en était l'objet ? Existe-t-il encore ? Peut-il être funeste à la France ? Telles sont les questions dont il faut chercher la solution dans la lettre du ministre de l'empereur, solution qui doit déterminer votre résolution. Ce concert a existé, le ministre l'avoue. Quel en a été l'objet ? Il l'explique clairement, et le justifie en empruntant les paroles mêmes de M. Delessart. Il a été une époque sans doute, a dit ce ministre, où la cause des émigrés, qui paraissait liée à celle du roi, a pu exciter, et l'intérêt des souverains, et plus particulièrement celui de l'empereur. Le sens de ces paroles n'est pas douteux ; M. Delessart, le ministre qui veut mourir pour la Constitution, qui se plaint qu'on le calomnie, qui n'a pas pu oublier qu'avant cette époque la Constitution avait été solennellement jurée par le roi, par tous les Français, qui n'a pas pu oublier la lettre écrite au mois de septembre, par M. Montmorin, au nom du roi, à toutes les puissances étrangères ; M. Delessart, qui n'était lui-même qu'un traître, ou envers le roi, ou envers la nation, s'il a été une époque où la cause des émigrés était liée à celle du roi, crut très-légitimes toutes les conspirations qui ont précédé la dernière acceptation de la royauté constitutionnelle, par Louis XVI ; et cette opinion, qui paraît avoir été celle de tout le ministère, donne la clef de la conduite, autrement inexplicable, du ministère jusqu'à ce moment. Faut-il être surpris si le ministre de l'empereur a entendu le sens de cette confidence, s'il s'est emparé de cette opinion pour justifier ce qui ne peut l'être aucunement aux yeux de la nation française, la ligue qu'il a formée avec les diverses puissances. Il copie ici ses paroles : Oui, dit-il, c'était alors au beau-frère et à l'allié du roi à inviter les autres princes de l'Europe de se concerter avec lui pour déclarer à la France *qu'ils regardent tous la cause du roi Très-Chrétien, comme la leur propre;*

Qu'ils demandent que ce prince et sa famille soient mis sur-le-champ en entière liberté, en leur accordant de pouvoir se porter où ils le jugeront convenable, et réclamant, pour toutes ces personnes royales, l'inviolabilité et le respect auxquels le droit de la nature et des gens obligent les sujets envers leurs princes;

Qu'ils se réuniront pour venger, avec le plus grand éclat, tous les attentats ultérieurs quelconques que l'on commettrait ou se permettrait de commettre contre la sûreté, la personne et l'honneur du roi, de la reine et de la famille royale; qu'enfin, ils ne reconnaîtront comme lois et constitutions légitimement établies en France, que celles qui se trouveront munies du consentement volontaire du roi jouissant d'une liberté parfaite; mais, qu'au cas contraire, ils emploieront de concert tous les moyens placés en leur puissance, pour faire cesser le scandale d'une usurpation de pouvoir qui porterait les caractères d'une révolte ouverte, et dont il importerait à tous les gouvernemens de réprimer le funeste exemple.

Tels sont, ajoute M. Kaunitz, les termes de la déclaration que l'empereur proposa, au mois de juillet 1791, aux principaux souverains de l'Europe de faire à la France, et d'adopter pour base d'un concert général. On défie d'y trouver une syllabe qui ne fût avouée par ce que les principes du droit des gens ont de plus sacré. Comment le ministre autrichien peut-il soutenir que cette déclaration ne contient rien d'attentatoire à la dignité, à la sûreté, à l'indépendance de la France? Ainsi l'empereur n'attentait pas à l'indépendance nationale en s'immisçant dans les affaires de la France, en soutenant contre elle le chef du pouvoir exécutif!

Il n'attentait pas à la souveraineté du peuple français, en s'avilissant jusqu'à traiter ses membres de sujets d'une famille, en voulant les contraindre à une inviolabilité envers ceux qui violaient sa propre souveraineté, en faisant dériver de la nature et du droit des gens une inviolabilité qui n'est qu'une faveur de la nation ! Il n'attentait pas à la sûreté de la nation, en la menaçant de sa vengeance et de celle de toutes les puissances européennes, si elle voulait continuer ses changemens à l'égard de la royauté, en qualifiant ces changemens de révolte et d'usurpation!.

Il ne reconnaissait donc, comme lois constitutionnelles légitimement établies en France, que celles qui seraient munies d'un consentement volontaire du roi, jouissant d'une liberté parfaite...

C'est-à-dire, qu'il violait ici tous les principes de liberté et de souveraineté ; car, d'après ces principes, tout pouvoir vient du peuple. Le peuple a le droit de changer sa constitution, et d'y faire telles innovations que bon lui semble, et pour faire ces innovations, il n'a besoin du consentement de personne; et c'est en conséquence de ce principe que l'acceptation du roi pour la constitution était indifférente, inutile à son complément; elle n'était nécessaire que pour lui, que pour constater qu'il acceptait la royauté constitutionnelle.....

Telle est cependant la déclaration que le ministre de Léopold prétend justifier par tout ce que les principes *du droit des gens* ont de plus sacré. Quel est donc ce prétendu droit des gens devant lequel doit se plier le droit que la nature donne aux hommes? C'est le droit des despotes, ce n'est pas même celui que le ministre prétend citer ; car ce droit des gens ne concerne que les rapports des nations entre elles, et non pas les rapports des membres d'une société avec ceux qui les gouvernent ; et c'est en vertu d'un droit tyrannique, aussi visiblement usurpé, c'est en vertu d'un sophisme sur notre Constitution, que le ministre autrichien s'appuie pour justifier sa ligue. Comment, dit-il, peut-on le caractériser de ligue contre la France, lorsque son seul but était de venir à l'appui de cette inviolabilité du roi et de la monarchie française, reconnue par la Constitution ?

Eh! qui peut être dupe d'un subterfuge aussi misérable? Je l'adopte pour un instant, et je demande qui a donné à Léopold la mission de défendre, de protéger, les armes à la main, cette inviolabilité? Est-ce le peuple? Non, le peuple français n'a pas besoin de secours étrangers pour soutenir sa Constitution ; son bras suffira. Est-ce le roi lui-même? mais il n'aurait pu, sans crime, invoquer l'appui de l'empereur contre la France.

Le ministre autrichien avoue, il est vrai, que d'après l'acceptation du roi, Léopold propose lui-même aux diverses puissances, par sa circulaire du 12 novembre, de suspendre le concert, *par la vraisemblance*, ajoute-t-il, que cette acceptation avait été volontaire, et par l'espoir que les périls, qui menaçaient la liberté, l'honneur et la sûreté du roi et de la famille royale, ainsi que la conservation du gouvernement monarchique en France, cesseront à l'avenir. Ce n'est, ajoute-t-il, que dans le cas où ces périls se reproduiraient, que la reprise active du concert est insérée dans la note du 12 novembre.

Observez, messieurs, que Léopold ne croit pas à la vérité, mais à la vraisemblance de l'acceptation du roi, et ce mot doit vous donner un grand trait de lumière, en le rapprochant de la déclaration du 6 juillet 1791, où il dit ne reconnaître pour lois constitutionnelles, que celles munies du consentement libre et volontaire du roi. Avec ce mot, on se réserve la facilité de revenir sur le passé; et d'avoir un prétexte de guerre à volonté, et cette lettre même en offre la preuve.

Malgré les phrases longues et entortillées dont l'empereur s'enveloppe, il est évident que le concert entre lui et les puissances existe toujours. Le seul passage suivant doit vous en convaincre :

Tant que l'état intérieur de la France, au lieu d'inviter à partager l'augure favorable de M. Delessart sur la *renaissance de l'ordre; l'activité du gouvernement et l'exercice des lois*, manifestera au contraire des symptômes journellement croissans d'inconsistance et de fermentation, les puissances amies de la France auront les plus justes sujets de craindre, pour le roi et la famille royale, le retour des mêmes extrémités qu'ils ont éprouvées plus d'une fois; et pour la France, de la voir replongée dans le plus grand des maux dont un grand état puisse être attaqué, l'anarchie populaire; mais c'est aussi des maux le plus contagieux pour les autres peuples; et tandis que plus d'un état étranger a déjà fourni les plus funestes exemples de ses progrès, il faudrait pouvoir contester aux autres puissances le même droit de maintenir leurs constitutions, que la France réclame pour la sienne, pour ne pas convenir que jamais il n'a existé de motif d'alarme et de concert général plus légitime, plus urgent et plus essentiel à la tranquillité de l'Europe.

Il est donc évident, d'un côté, que l'empereur avait, au mois de juillet 1791, formé une ligue pour défendre la cause du roi des Français, lui maintenir la couronne, empêcher les innovations, s'immiscer dans la Constitution et dans les affaires de la France.

Il est évident, d'un autre côté, de l'aveu même du ministre autrichien, que ce concert existe encore, et en pleine activité.

Il est évident que l'empereur, loin de le faire cesser, permet que son ministre nous déclare positivement qu'il se croit obligé, tant pour son intérêt personnel que pour celui du roi des Français, d'y persévérer.

Ainsi, loin que l'empereur vous ait donné la satisfaction, vous ait fait la déclaration que vous aviez invité le roi à lui demander, il repousse au contraire, s'il faut en croire son ministre, toute idée de satisfaction ; il adhère plus fermement que jamais à cette ligue qui vous paraissait si alarmante et contraire à votre sûreté, à votre dignité et à votre indépendance.

Donc, d'après votre article 4 du décret du 25 janvier, l'empereur tombe dans le cas de la guerre, ou vous tomberiez en contradiction avec vous-mêmes ; car rappelez-vous que vous avez annoncé que vous regarderiez comme une déclaration de guerre toute réponse évasive et dilatoire : et ici il n'y a pas même de réponse évasive et dilatoire ; la réponse est claire et donnée à temps, et cette réponse est un refus joint à des menaces et à des outrages.

Voulez-vous une dernière preuve de l'opiniâtreté de l'empereur à persévérer dans sa ligue avec les autres puissances? Il vient de conclure un nouveau traité défensif avec le roi de Prusse, traité qui a été signé le 7 février dernier, dont on a annoncé la prochaine notification officielle à votre ministère. Ce traité repose sur les mêmes bases que les précédens. Les princes, dit-on, ne cherchent qu'à se garantir des effets de votre révolution et d'une attaque de la France. Mais comment peut-on croire que ces princes craignent sérieusement les attaques d'une nation qui ne veut que la justice, qui ne veut point de conquêtes, point d'agression, et à qui sa propre situation commande la tranquillité? Ce prétexte de défense n'est donc invoqué par les princes que pour couvrir un projet réel d'attaque. Une ligue pour se défendre de qui ne veut pas attaquer est par trop absurde. C'est donc une véritable ligue offensive, ou elle n'aurait pas d'objet.

Ces faits et ces raisonnemens me paraissent suffisans pour vous convaincre des intentions hostiles de l'empereur.

Je ne parle pas ici de ses diatribes contre les républicains et les Jacobins : ces déclamations appartiennent plus à un esprit de parti français, qu'à l'esprit et aux intérêts de l'empereur; et si des traits d'ignorance prouvent que le ministre autrichien est étranger aux détails de notre intérieur, des traits satiriques et son opiniâtreté à poursuivre nos sociétés populaires prouvent qu'il n'est pas étranger aux vues et aux haines de certains partis. Enfin, ces déclamations prouvent que Léopold est trompé sur notre situation, et qu'il sert peut-être, sans le savoir, d'instrument à des hommes méprisables qui veulent plutôt se venger que le servir.

Descendre à une justification serait indigne de vous. D'un côté, tous vos actes prouvent la fidélité religieuse avec laquelle vous avez maintenu la Constitution ; et de l'autre, vous n'êtes point les vengeurs des sociétés populaires; sont-elles utiles à la liberté? vous devez les protéger; s'écartent-elles de la loi? vous saurez les y ramener ; veut-on vous forcer à les détruire? le piége est trop grossier. Vous connaissez les droits du peuple, ils sont avant la loi ; vous pouvez en punir l'abus, vous ne pouvez pas en ôter l'usage, ou vous ne seriez que des tyrans.

La terreur que le ministre de Léopold montre sur les manœuvres des républicains et des jacobins, n'est qu'un prétexte pour perpétuer sa ligue avec les autres puissances, et continuer ses armemens. Vous devez renverser ce prétexte. Quand bien même il existerait, dans le sein de la France, des hommes qui auraient conçu le dessein criminel de changer la Constitution avant le terme prescrit par la loi; quand bien même ces hommes et les sociétés populaires seraient coupables de tous les délits dont on les accuse, serait-ce une raison suffisante pour autoriser Léopold à s'armer contre vous, à se préparer à intervenir dans les dissentions qui pourraient diviser les Français ? Vous seuls avec les tribunaux, êtes juges de ces délits contre la patrie; vous seuls avez le droit de frapper les conspirateurs; vous seuls avez le droit de prendre toutes les mesures pour empêcher le renversement ou le changement de la Constitution. Toute puissance étrangère, qui usurpe un pareil droit, qui veut intervenir dans vos querelles intérieures, porte par-là même atteinte à l'indépendance et à la souveraineté de la nation.

Puis donc que le ministre autrichien nous déclare que le concert formé entre les puissances et l'empereur existe toujours ; puisqu'il ne peut avoir d'objet que de menacer la Constitution et la tranquillité de la France, sous prétexte de la défendre, comment pourrait-on approuver, dans toutes ses parties, la réponse faite par M. Delessart, au nom du roi, à l'empereur.

Il met de côté tout ce que son confrère Kaunitz expose de la part de l'empereur sur ce concert, tout ce qui peut le rendre inquiétant et même redoutable.

Il ne s'arrête qu'à une phrase de la note du ministre autrichien, où il prétend que l'empereur se plaint *de la calomnie qui lui impute d'avoir attenté à la souveraineté de la nation française par des concerts et des alliances,* parce que cette phrase, contradictoire avec celles que renferme la dépêche, est un prétexte pour la temporisation funeste, nécessaire aux ennemis de la liberté.

Il ferme les yeux sur les menaces et les outrages, et ne s'attache qu'à quelques protestations pacifiques et amicales.

Il se borne à lui demander la cessation d'un concert qui n'a point d'objet, et qui est un sujet d'inquiétude.

C'est demander ce qui a déjà été refusé; c'est le demander sans réfuter les sophismes sur lesquels on a appuyé la nécessité de ce concert.

C'est le demander sans fixer un terme qui empêche d'autres délais encore plus funestes; en un mot, c'est rester au même état où l'on était au 21 décembre ; après avoir perdu un temps précieux dans de vaines explications.

Il est vrai que le roi offre de prendre l'engagement de faire cesser tous préparatifs de guerre, et de réduire les troupes sur les frontières, aussitôt que l'empereur aura fait la même chose.

Mais n'y a-t-il pas plus que de la mollesse dans cette offre? N'est-elle pas de nature à faire croire que nous redoutons la guerre, que nous avons besoin de la paix? Ou plutôt l'empereur n'en est-il pas persuadé, puisque M. Delessart lui en a fait ingénument la confidence? Et comment, d'après cette confidence, nous aurait-il épargné les menaces et les injures?

Il est encore vrai que le roi déclare, qu'après une invitation aussi loyale, il ne pourrait voir, dans une réponse qui ne porterait pas le même caractère, que la volonté de prolonger une situation dans laquelle la France ne peut ni ne veut rester....

Mais qu'est-ce que signifie une phrase aussi vague? On y répondra par d'autres phrases, et nous achèverons d'épuiser les restes d'un temps précieux et irréparable.

Il fallait emprunter la noble brièveté des Spartiates; tracer un cercle étroit autour de l'empereur; lui fixer un terme; ne pas sacrifier à une étiquette ridicule la sûreté et la liberté de la France.

Mais que doit faire l'assemblée nationale?

Si le roi avait notifié à l'empereur son décret du 25 janvier, ou plutôt s'il l'avait suivi formellement, la marche serait bien simple. L'empereur ayant répondu sur l'article du concert, qu'il se croit nécessité à le maintenir, il est évident que nous devrions prendre cette réponse comme une déclaration de guerre, et que le roi devrait la proposer aussitôt.

Mais le roi n'a pas suivi notre invitation; il n'a point demandé d'explication nette et précise sur ce traité; il n'a point fixé un terme pour la donner; il n'a point déclaré que toute réponse évasive ou dilatoire serait regardée comme une déclaration de guerre. Il paraît au contraire que l'empereur croit ce décret sans exécution, parce que, ignorant nos formes, il imagine que ce décret a besoin de sanction, et qu'il sait qu'on ne la lui a pas donnée.

Il y aurait donc de l'injustice et de la déloyauté d'attaquer sur-le-champ l'empereur, en conséquence d'une notification qui ne lui a point été faite.

Si la loyauté vous ordonne de ne pas songer à attaquer sur-le-champ l'empereur, la prudence et vos dangers vous commandent d'exiger enfin de lui une déclaration positive qui vous autorise, ou à attaquer, ou à poser les armes. Or, celle qu'a faite le pouvoir exécutif est loin d'avoir ce caractère. L'assemblée nationale doit donc réitérer son invitation du 25 janvier, insister sur la nécessité d'exiger une déclaration précise, de fixer un terme fatal et bref, de presser les préparatifs de guerre, et surtout d'appeler la responsabilité la plus sévère sur les ministres, s'ils ne se conforment pas à votre invitation. Car enfin, il s'agit ici du salut ou de la perte de la patrie.

Cette idée m'amène naturellement à la dénonciation contre M. Delessart. En vous le dénonçant, je viens remplir une de ces fonctions redoutables, que des législateurs ne doivent point entreprendre légèrement. Le salut de la France me l'ordonne, et je croirais trahir mes sermens si, convaincu qu'un ministre a compromis la sûreté et la dignité de la nation, si, convaincu que le laisser à son poste c'est préparer les plus grandes calamités à la patrie, je n'exposais pas à vos regards tous les faits et tous les motifs qui ont gravé cette double conviction dans mon ame.

On a cherché à décourager les dénonciateurs, il ne faut en décourager que l'abus; mais lorsqu'un citoyen se présente avec des preuves, lorsque le plus grand intérêt provoque cette dénonciation, il a droit à l'attention des représentans du peuple français.

Le ministre des affaires étrangères n'est pas, pour la responsabilité, dans la classe des autres départemens. On demande pour tous une confiance entière : elle n'est nécessaire que pour la conduite des affaires étrangères. Dans les autres départemens, la loi seule doit diriger les ministres et leurs surveillans. Ont-ils suivi ou non la loi? Voilà le point où peuvent se ramener presque toutes les questions que fait naître la responsabilité. Dans les affaires étrangères, il n'y a point de loi à suivre ; c'est l'intérêt national qu'il faut défendre au-dehors; c'est lui qui doit servir de règle, soit pour diriger le ministre, soit pour l'accuser. A-t-il trahi ou négligé cet intérêt? Tel est le point où peuvent se réduire les questions relatives à la responsabilité de ce département. Mais il y a tant de manières d'envisager cet intérêt extérieur; il peut y avoir tant de variations dans les opinions sur la bonté des mesures politiques, que la responsabilité devient difficile et presque impossible à exercer, qu'un ministre coupable ou inepte peut toujours échapper avec la plus grande facilité. L'intérêt national est-il évidemment blessé, le crime peut toujours se couvrir du voile de l'incapacité, et le coupable se dérobe à la peine. Le ministre des affaires étrangères ne communique de sa correspondance que ce qu'il veut; et, fût-il obligé de la communiquer entière, il a la ressource de la double correspondance, l'une ostensible, l'autre chiffrée. Il a vingt manières pour soustraire sa véritable marche aux regards de ses surveillans. Que conclure de ces réflexions? que le législateur doit être sévère quand un pareil coupable est découvert; car la sévérité doit être en raison de la facilité de l'impunité.

Elle doit être encore en raison de la confiance que la nature des choses force d'accorder à un ministre. Ici cette confiance doit être entière; car on ne peut surveiller à chaque instant un ministre des affaires étrangères, ou l'on dérangerait ses opérations. Ce n'est presque toujours que lorsqu'elles sont consommées qu'on peut juger et l'intention du ministre, et la bonté de sa démarche. Jusque-là, une confiance entière doit l'environner, et la sévérité de la poursuite doit être encore en raison de la grandeur de la confiance dont on a revêtu le ministre.

Enfin, observez que ce ministre peut, par sa nature, attirer sur un État les plus grands périls. Supposez un ministre inepte ou pervers; il peut, par incapacité ou à dessein, aliéner les puissances étrangères, exciter une guerre, compromettre la dignité ou la sûreté de l'État.

Telles sont les considérations que vous ne devez pas perdre de vue dans l'examen de cette dénonciation. Vous devez être justes;

mais n'oubliez jamais aussi que l'indulgence peut compromettre le sort de vingt-cinq millions d'hommes; n'oubliez jamais que nous sommes dans des circonstances critiques où la perversité et l'incapacité peuvent causer à la France des maux incalculables, et où conséquemment l'incapacité seule devient, dans un ministre, un véritable crime; car, s'opiniâtrer à tenir le gouvernail dans une tempête, lorsqu'on n'a ni la force, ni la tête, ni le courage nécessaire, c'est s'exposer à être l'assassin de ses frères qu'un homme plus habile pourrait sauver.

Pour juger la conduite du ministre des affaires étrangères, il faudrait se porter à l'époque où M. Delessart est entré dans ce département.

Qu'avait à faire en entrant dans ce département un homme qui eût voulu sincèrement exécuter la constitution, et préserver son pays des dangers extérieurs? Il aurait exposé à l'assemblée nationale sa situation extérieure; il lui aurait révélé les traités de diverses puissances dirigés contre la France; il aurait fait voir, d'après la circulaire même du 1er novembre, qu'il existe un concert entre elles, dont le prétexte était de défendre l'honneur des couronnes, dont le véritable objet était d'alimenter la division entre le peuple français et le roi qu'il avait choisi, de fomenter les désordres afin de pouvoir rétablir un ordre de choses plus conforme au despotisme. Il aurait chargé l'ambassadeur de France à la cour de Vienne de demander une explication sur ces conventions secrètes; en un mot, il aurait pris toutes les mesures pour prévenir les effets de ce concert menaçant. Aucune époque ne pouvait être plus favorable, en commençant cette marche dès le mois de novembre : ou l'empereur aurait répondu d'une manière satisfaisante, ou il aurait déclaré persévérer dans ce concert.

Dans le dernier cas, tous les avantages possibles favorisaient l'attaque des Français; ils pouvaient être facilement rassemblés, et nos ennemis n'étaient pas prêts à nous recevoir. En un mot, une paix honorable ou une guerre prompte, tel était le but où l'on devait tendre dès le mois de novembre. Il fallait donc tenir un langage ferme et clair, offrir la paix et l'union si l'on voulait rompre le concert en ce qui blessait la France, et la guerre, si on ne le voulait pas; il fallait surtout se garder des négociations; car le succès ne pouvait être que dans la célérité de l'attaque.

Voilà ce qu'aurait dû faire un ministre patriote et éclairé; voici ce qu'a fait M. Delessart:

D'abord il n'a point donné connaissance, ni à l'assemblée nationale ni même au comité diplomatique, des circulaires de juillet, du traité avec la Prusse, de la convention de Pilnitz, ni même de la déclaration du mois de novembre. Il a donc caché à l'assemblée nationale des pièces importantes qui auraient pu l'instruire des dangers dont on la menaçait au-dehors, des pièces qui auraient pu la déterminer à prendre des mesures vigoureuses. Premier délit, et délit très-grave; car ces traités devaient être regardés comme hostiles, puisque je vous ai démontré qu'ils étaient attentatoires à l'indépendance, à la souveraineté, à la sûreté de la nation française. M. Delessart a donc ici compromis par son silence et la sûreté et la constitution de la France.

Dira-t-il qu'il n'a pas eu connaissance de ces pièces? Mais quel est donc le devoir d'un ministre des affaires étrangères? N'est-ce pas de se procurer toutes les pièces, secrètes ou publiques, qui peuvent intéresser la sûreté ou les relations extérieures de sa patrie? Pourquoi entretient-on à grands frais tant d'ambassadeurs, envoyés, chargés d'affaires, espions de toutes les couleurs dans toutes les cours de l'Europe? Pourquoi consacre-t-on des millions à des dépenses secrètes? N'est-ce pas pour se procurer la connaissance des manœuvres secrètes des cabinets de l'Europe? Par quelle fatalité se fait-il donc qu'avec tant de moyens de connaître les secrets les plus cachés de ces cabinets, notre ministère n'ait pas pu se procurer même ce qui était public? Car la circulaire de Padoue, la convention de Pilnitz, la circulaire du mois de novembre, n'ont pas tardé à être rendues publiques, et il était impossible qu'elles ne le fussent pas, puisque, par leur nature, elles devaient tomber dans une foule de mains. Telle en a été enfin la publicité, que toutes les gazettes les ont copiées, et cependant le ministre n'en a donné aucune connaissance à l'assemblée nationale.

Dira-t-il qu'il ne devait pas lui présenter des pièces qui n'avaient d'autre authenticité que la publicité des gazettes? Mais son devoir ne lui ordonnait-il pas de prendre des renseignemens dans les diverses cours de l'Europe, et n'aurait-il pas facilement appris ce qu'il en devait penser?

Ainsi, ou M. Delessart a connu ces pièces, et il est coupable et il a trahi son devoir en ne les communiquant pas à l'assemblée nationale, en ne provoquant pas les mesures nécessaires pour le salut public; ou il ne les a pas connues, et il est encore coupable de négligence en n'ayant pas pris tous les moyens pour se les procurer, en n'ayant pas rappelé et remplacé les envoyés de France à Vienne, à Berlin, à Ratisbonne, qui lui cachaient des faits aussi importans.

Non-seulement M. Delessart nous laissait ignorer cette coalition des princes, dont l'empereur était l'ame, mais il cherchait encore à nous persuader que cet empereur était à notre égard dans les intentions les plus pacifiques. Rappelez-vous en effet ce que le roi vous disait ici dans son discours du 14 décembre: « L'empereur a rempli ce qu'on devait attendre d'un allié fidèle, en défendant et en dispersant tous rassemblemens dans ses Etats. » Il proférait ces mots dans le temps même où l'empereur violait, de la manière la plus scandaleuse, le traité de 1756, dans le temps où il refusait ses bons offices et ses troupes à la France, et les prêtait à l'électeur de Trèves.

Quinze jours après, le roi, dans sa lettre du 31 décembre, a commencé à s'apercevoir de son erreur; l'office de l'empereur du 21 décembre, lui a ouvert les yeux.... « Cet office, vous écrivait-il, m'a causé le plus grand étonnement; j'avais droit de compter sur les sentimens de l'empereur et sur son désir de conserver avec la France la bonne intelligence et tous les rapports qui doivent régner entre deux alliés.

Cet office du 21 décembre annonçait clairement le concert formé entre l'empereur et les diverses puissances.

L'empereur, y lisait-on, est trop vivement attaché à sa majesté très-chrétienne pour ne pas désirer d'éloigner cette extrémité (c'est-à-dire l'exécution de l'ordre donné au général Bender de repousser l'attaque des Français) et les suites infaillibles qu'elle entraînerait, tant de la part du chef et des États de l'empire germanique, que de *la part des autres souverains réunis en concert pour le maintien de la tranquillité publique, et pour la sûreté et l'honneur des couronnes.*

Ce langage était clair. Le croirez-vous? le ministre des affaires étrangères n'a cependant encore demandé aucuns éclaircissemens sur ce concert; car, dans la réponse que le roi vous annonçait, dans sa lettre du 31 décembre, avoir faite à l'empereur, il n'est aucunement question de ce concert; on ne parle que de l'électeur de Trèves et du désir de conserver la paix.

Il semblait que M. Delessart voulait en dérober la connaissance, ou ne la donner que le plus tard possible; il semblait se réserver cette matière nouvelle à des explications, à des négociations pour tempérer l'ardeur de la nation française, qui brûlait d'attaquer, et de se venger des outrages qu'elle avait reçus.

Rappelez-vous l'ardeur qui régnait au mois de décembre dernier, dans tous les esprits : on désirait que le ministre ne perdît aucun moment pour avoir une déclaration positive afin d'entrer en campagne, et cependant tout semblait concerté pour nous épuiser par des lenteurs perfides.

M. Delessart reçoit, le 12 ou 13 janvier, une réponse de l'empereur, du 5; il la cache avec soin au comité. On savait l'arrivée de ce courrier. Instruit par un patriote digne de foi, qu'il avait reçu des dépêches importantes, qu'on y annonçait un armement de vingt-huit mille hommes, je le presse de communiquer ces dépêches. Il dit qu'il n'en a reçu aucune, et cependant il avait reçu un office du 5 janvier; il ne l'a communiqué que le 1er mars, en balbutiant une justification ridicule, si elle n'est pas de mauvaise foi.

Un ministre dévoué aux intérêts de l'empereur aurait-il autrement agi? L'empereur n'était point préparé à la guerre : une invasion subite lui causait des pertes irréparables; on arrêtait cette invasion en mettant une grande distance dans les communications des dépêches.

Je ne relèverai point les petits traits qui marquent l'influence de l'ancien système diplomatique ; trois points essentiels frappent mon attention :

1° La faiblesse coupable avec laquelle M. Delessart parle du concert des puissances ;

2° La perfidie des communications sur l'état de notre intérieur ;

3° L'affectation coupable de demander la paix.

Et d'abord, avec quelle faiblesse le ministre parle de ce concert, dont l'existence était si bien démontrée, dont l'objet était si contraire aux intérêts de la France? Il a l'air de douter de son existence. On a été, dit-il, extrêmement frappé de ces expressions : *Ces souverains réunis en concert pour le maintien de la tranquillité publique et pour la sûreté et l'honneur des couronnes. On a cru voir l'indice d'une ligue formée à l'insu de la France, et peut-être contre elle.....* L'indice! comment une expression aussi lâche, aussi criminelle, est-elle échappée au ministre? Les preuves les plus frappantes de cette conjuration n'étaient-elles pas écrites dans la circulaire et dans le traité du mois de juillet, dans la convention de Pilnitz, dans la déclaration du mois de novembre?... Comment l'empereur n'aurait-il pas vu dans cette mollesse la preuve qu'on redoutait ses armes, la preuve de l'impuissance de la France? et comment n'aurait-il pas montré la résolution la plus ferme de persévérer dans ce concert?

On a été étonné, ajoute le ministre, que l'empereur, beau-frère et *allié du roi*, ne lui ait point fait part de ce concert formé entre les souverains de l'Europe.

L'empereur allié du roi! Le roi des Français a-t-il donc des alliés? J'imaginais avec tous les patriotes que la nation seule en avait maintenant. Cette expression a-t-elle été réfléchie, ou bien ne serait-elle que l'effet de cette habitude incurable des ministres de confondre la nation avec le roi, de subordonner celle-ci à un individu? On serait tenté de le croire lorsqu'on voit, dans le même paragraphe, le ministre placer encore le roi avant la nation, ne voir en tout que le roi, ne citer que ses sentimens et ses dispositions, comme si la nation ne comptait pour rien ! Lorsqu'on voit enfin M. Delessart n'être affligé du concert des puissances, que parce qu'il entraînait de nouveaux chagrins pour le roi ; devant un si grand intérêt, tout autre intérêt individuel ne devait-il pas s'évanouir? Cependant on oublie le premier, on ne cite que le second ; on le cite avec une chaleur plus propre à confirmer les soupçons qu'à les diminuer.

Ce n'était pas assez de dégrader la nation en élevant le roi seul; M. Delessart la trahissait manifestement en demandant des explications sur ce concert de souverains. Les explications étaient inutiles ; le ministre avait sous les yeux les deux circulaires du 6 juillet et du 1er novembre, qui contenaient les divers objets de ce concert. C'était donc demander ce qu'on savait bien, ce qu'on savait déjà ; c'était donc faire une démarche ridicule, inutile; mais on voulait gagner du temps, en donner à l'empereur; il y avait donc, encore une fois, ou ineptie ou trahison.

On a beaucoup applaudi l'éloge que le ministre a fait, dans ce paragraphe, de notre constitution ; mais analysez cet éloge avec soin, et vous y trouverez des traits de perfidie. On y lit que la *constitution est devenue, pour la grande majorité de la nation, une espèce de religion qu'elle a embrassée avec enthousiasme.*

La grande majorité de la nation! Je l'avoue, j'ai été souvent inquiet sur cette expression, que j'ai vue constamment employée par le pouvoir exécutif. Lisez la lettre du roi et ses discours, il n'y parle jamais que de cette grande majorité. N'a-t-on pas voulu réserver par ces mots un argument à la minorité dans des temps plus heureux? Je l'ignore; mais ce que je sais, c'est que cette expression est un outrage pour la nation ; car, je le demande, et je mets ici de côté les émigrans, quel est le Français qui n'a pas souscrit à cette constitution, qui ne sent pas la nécessité de la maintenir pour sa propre sûreté?

Eh! pourquoi encore ne parler que de l'enthousiasme avec lequel le peuple français a embrassé sa constitution? Employer ce mot vis-à-vis des rois étrangers, n'est-ce pas leur donner une petite mesure du sentiment qui nous attache à la constitution? car les rois ne sont-ils pas accoutumés à regarder l'enthousiasme comme une flamme légère, comme un feu follet qui peut se dissiper aisément?

Le ministre n'est-il pas encore plus coupable en communiquant confidentiellement au prince Kaunitz ses idées sur l'état intérieur de la France?... Méditez cette phrase.... « On parle de mécontents ; on exagère l'indiscipline de notre armée, la pénurie de nos finances, nos troubles intérieurs ; en un mot, on nous représente comme étant dans une impuissance absolue. »

Qui de vous n'a pas été révolté de voir un ministre français faire des aveux aussi contraires à nos intérêts, au ministre d'une puissance étrangère, et dont la malveillance était prouvée? N'est-ce pas un véritable crime de haute-trahison?

« Il a été, dit-il encore, une époque sans doute où la cause des émigrans, qui paraissait liée à celle du roi, a pu exciter l'intérêt des souverains, et plus particulièrement celui de l'empereur ; mais une fois que le roi, par l'acceptation de la constitution, s'est mis à la tête du gouvernement, les émigrés n'ont plus dû intéresser que par leur malheur.... »

Il résulterait de là, d'abord que le roi n'était point sincèrement à la tête du gouvernement avant son acceptation ; il en résulterait qu'il s'était volontairement parjuré aux mois de janvier et d'avril 1790, lorsqu'il protestait de son attachement à la constitution ; il en résulte encore que, dans l'opinion de M. Delessart, le roi, avant son acceptation, pouvait *exciter l'intérêt des souverains*, c'est-à-dire qu'ils pouvaient légalement conspirer contre la constitution.

Il en résulte enfin que, si l'avenir amenait de nouveaux événemens, ceux par exemple de l'époque citée par M. Delessart ; si, ce que je suis loin de croire, un retour sur cette même acceptation était praticable, la constitution pourrait être changée. N'en doutons pas, telle est la conséquence secrète que l'empereur a tirée de cet aveu.

Lui dire, en effet, qu'il a été une époque où la situation du roi devait exciter l'intérêt des souverains, c'est-à-dire où ils pouvaient s'armer pour lui, n'est-ce pas lui dire que si cette époque reparaît, ils peuvent, ils doivent prendre les armes pour lui?

Cette conséquence est si évidente, que le ministère autrichien l'a saisie, s'en est emparé pour justifier le concert des puissances. C'est précisément parce qu'il craint le retour de cette époque, qu'il déclare persévérer dans ce concert.

Il faut être aveugle pour ne pas voir ici que le ministère français l'encourage par ses aveux, et cet encouragement n'est-il pas une vraie trahison?

Mais il l'encourage bien plus fortement par la lâcheté avec laquelle il expose ses craintes sur la guerre.

Il croit que le vœu de la *saine partie de la nation* est pour la paix. Sans doute il est pour la paix, si elle n'est pas humiliante, si elle nous procure une satisfaction convenable et une tranquillité durable; mais s'il faut l'acheter par l'opprobre ou par des sacrifices incompatibles avec nos principes, j'ose dire, avec plus de raison, que le vœu de la saine partie de la nation, que dis-je, de la nation entière, est pour la guerre....

Comment enfin M. Delessart n'a-t-il pas senti qu'il avilissait la nation en substituant ses craintes à notre ardeur?

N'y a-t-il pas tout à la fois lâcheté et perfidie dans cette manière de présenter la question? Lâcheté, en ne présageant que des défaites; perfidie, en ne présentant pour contre-poids à la guerre que l'embarras des succès.

Ce n'est pas tout: un autre trait de perfidie doit encore soulever vos esprits d'indignation. Vous vous rappelez tous les raisonnemens présentés dans cette tribune sur les inconvéniens frappans du traité de 1756; vous vous rappelez que les partisans les plus déclarés de la maison d'Autriche n'ont pas osé nier ces inconvéniens; qu'ils se sont bornés à dire qu'on pouvait en faire disparaître les principaux. Vous vous rappelez que, frappés de ces inconvéniens, vous avez soumis ce traité à l'examen de votre comité.

M. Delessart adopte précisément un système contraire:

« Je crois, dit-il, qu'il convient à l'empereur de conserver une alliance qui désormais ne peut avoir aucun inconvénient pour lui, et qui peut lui devenir utile. » Un ministre français convient que cette alliance avait eu des inconvéniens pour l'empereur ! Il convient qu'elle ne lui avait pas toujours été utile. Eh quoi ! un ministre de l'empereur aurait-il tenu un autre langage? Il fallait avoir une profonde ignorance ou une profonde mauvaise foi pour méconnaître tous les avantages que ce traité avait apportés à la maison d'Autriche, tous les maux dont il avait écrasé la France.

Je ne sais si je m'abuse, mais une idée me saisit fortement après avoir analysé cette lettre : les intérêts de la France y sont si visiblement sacrifiés partout, on y avilit tellement la France (car elle y est partout aux pieds de l'empereur), que je suis tenté de m'écrier : Non, ce n'est pas un ministre français qui a écrit cette lettre; elle sort de la plume de l'ambassadeur autrichien; tandis que l'on est tenté d'attribuer à l'ambassadeur français la réponse de l'empereur. (On applaudit.)

M. Brissot résume les griefs qu'il dénonce contre Léopold, et propose un décret d'accusation contre M. Delessart.

Une grande partie de l'assemblée demande à aller aux voix.

M. Mailhe appuie la proposition de M. Brissot.

M. Dubayet en demande l'ajournement.

M. Lacroix propose que le ministre soit à l'instant amené à la barre.

M. Larivière appuie le décret d'accusation.

M. Isnard. Tandis que nous délibérons, le ministre fuit peut-être. Je demande donc que l'assemblée s'empresse de rendre sa décision.

Plusieurs membres sollicitent encore la parole.

On demande qu'elle ne soit accordée qu'à ceux qui déclareront vouloir parler pour le ministre.

M. Robecourt. Je veux parler pour l'assemblée.... Il est impossible qu'on ait assez suivi treize chefs d'accusation.... Je crois le ministre coupable..... (Les murmures empêchent M. Robecourt de continuer.)

On demande que la discussion soit fermée.

M. Boulanger. L'assemblée veut-elle m'entendre? Ma conscience ne me dit point que le ministre ait mérité d'être mis en état d'accusation. Aux termes de la loi, il faudrait qu'il eût commis des crimes assez graves pour mériter une peine capitale. (On murmure.) J'ai été six ans juge, et je n'ai jamais décrété aussi légèrement.

Je conclus à l'impression du discours et du projet de M. Brissot, et à l'ajournement de la discussion.

M. Aréna insiste pour que le décret d'accusation soit mis aux voix. — On demande de nouveau que la discussion soit fermée.

M. Guadet. Lorsqu'il s'agit de porter un décret d'accusation, il faut surtout se garantir de ces élans qu'excuse le patriotisme, mais qui affligent la justice; c'est donc le langage de la raison froide que je vais vous parler. Toutes les présomptions sont contre le ministre ; c'est lui qui est soupçonné d'avoir prolongé l'état alarmant dans lequel se trouve la France, d'avoir excité des ennemis au dehors pour fomenter des troubles au dedans. Il n'a qu'un seul moyen de faire éclater son innocence; c'est de paraître devant les juges. Je crois donc parler en faveur de M. Delessart en demandant contre lui le décret d'accusation. (On applaudit et on veut aller aux voix.)

M. Vergniaud. Je demande la parole pour ajouter un fait grave à ceux de M. Brissot ; mais j'observe à l'assemblée que lorsqu'elle se prépare à faire un acte aussi solennel de justice, elle doit s'abstenir de tout ce qui ressemble à la passion. M. Becquet veut parler pour le ministre. Je demande qu'il soit entendu, et je me réserve la parole pour lui répondre.

M. Becquet. Comme les premières règles de la morale m'ont appris que l'innocence doit être présumée jusqu'à la conviction du crime, ce n'est pas pour le ministre que je parle, mais pour ce que je crois être son innocence. La base de l'accusation portée contre lui repose sur une lettre écrite à M. Noailles, pour être communiquée au prince Kaunitz. Quand je me rappelle que lorsque le ministre lui-même en a fait lecture à l'assemblée, elle a été interrompue par des applaudissemens, je me dis que nous devons être défians. Si nous avons eu tort de l'applaudir, ne pourrions-nous pas avoir tort aujourd'hui de le condamner. Le comité diplomatique, chargé d'examiner la dénonciation faite contre M. Delessart, ne s'est pas cru en état de prononcer.

M. *Brissot.* Tous les membres du comité ont déclaré qu'ils désapprouvaient le ministre.

MM. Jaucourt et Britche montent précipitamment à la tribune.

M. *Jaucourt.* Je dois à la vérité de dire que le comité diplomatique s'est occupé pendant plusieurs séances de l'examen de la conduite du ministre. Souvent il a eu des raisons de le soupçonner ; mais il n'a pu acquérir de preuves. Il a pensé qu'il devait séparer tout ce qui est personnel au ministre de ce qui est relatif aux négociations. M. Brissot, qui a constamment refusé de communiquer au comité son accusation.....

M. *Brissot.* Ce n'est pas vrai.

M. *Dumas.* Que l'assemblée souffre enfin qu'on l'éclaire.....

Plusieurs membres parlent au milieu du tumulte dans diverses parties de la salle.

M. *Mailhe.* C'est la tactique de ceux qui défendent le ministre, de chercher à faire perdre de vue le véritable état de la question.....

M. *Jaucourt.* Je suis loin de vouloir éloigner l'attention de l'assemblée ; je l'appelle au contraire sur un fait important. M. Brissot ayant fait un rapport qui n'a point été communiqué au comité ; je demande que l'examen lui en soit renvoyé, et que l'assemblée fixe un jour où il lui en sera rendu compte, ne fût-ce que pour prouver que le comité diplomatique mérite sa confiance.

M. *Mailhe.* On ne cherche point à éclairer l'assemblée qui n'en a pas de besoin ; mais, je le répète, à faire perdre de vue la question. On a demandé si quelqu'un voulait parler en faveur du ministre, et personne ne s'est levé. Il n'a pas trouvé dans cette assemblée un seul homme qui le crût innocent. Je ne vois donc pas ce qui pourrait nous empêcher d'aller aux voix.

On renouvelle à grands cris la demande de fermer la discussion.

MM. Vergniaud et Gensonné demandent la parole pour des faits.

L'assemblée décide que la discussion sera continuée.

M. Becquet. Je reprends mon opinion qui avait été interrompue. Il n'y a pas dans cette assemblée dix membres qui puissent récapituler par ordre les chefs d'accusation contenus dans le projet de M. Brissot. Le premier devoir du juré, c'est de méditer long-temps. Donnons à ceux qui exerceront cette auguste fonction, un grand exemple de calme et d'impartialité. M. Brissot a disséqué la lettre du ministre, et l'a présentée sous le point de vue le plus défavorable : je demande, pour la dignité de l'assemblée et la sûreté de nos consciences, le renvoi au comité et l'ajournement.

M. Vergniaud. On demande d'une part le renvoi au comité diplomatique, pour qu'il vous fasse un rapport; de l'autre, l'ajournement, pour que les membres de l'assemblée puissent s'éclairer sur les faits contenus dans la dénonciation de M. Brissot.

Sur le renvoi au comité diplomatique, j'observerai que lorsque l'assemblée nationale a formé des comités, ce n'est pas qu'elle ait pensé qu'il lui fût impossible de délibérer sans leurs rapports, mais pour faciliter ses travaux et s'en assurer la préparation. L'assemblée nationale est-elle suffisamment éclairée par l'opinion d'un membre de l'assemblée, alors le renvoi à un comité devient superflu, et ne peut aboutir qu'à une perte de temps.

Quant à l'ajournement, je demande si M. Brissot a argumenté de faits incertains et vagues. Dans ce cas, il faudrait ajourner pour acquérir, non des preuves, car vous savez que pour rendre un décret d'accusation, des présomptions vous suffisent (on applaudit); les preuves ne sont nécessaires que pour prononcer le jugement de condamnation; mais il faudra ajourner pour se procurer les présomptions dont on a besoin pour motiver le décret d'accusation; mais ce n'est pas là le cas où se trouve l'assemblée nationale. M. Brissot a parlé d'après des pièces écrites; il a parlé d'après la négligence prouvée de M. Delessart à nous donner communication des pièces dont il importait au salut de la France que nous eussions connaissance. Il a parlé de son refus obstiné de donner des communications prescrites par les décrets de l'assemblée nationale. Il a parlé surtout de la lettre confidentielle de M. Delessart; il n'est aucun de nous dans le cœur duquel, par la perfidie et la lâcheté qui la caractérisent, elle n'ait produit la plus vive indignation.

J'ajouterai un fait qui est échappé à la mémoire de M. Brissot.

Et ici ce n'est plus moi que vous allez entendre, c'est une voix plaintive qui sort de l'épouvantable glacière d'Avignon. Elle vous crie : Le décret de réunion du Comtat à la France a été rendu au mois de septembre dernier; s'il nous eût été envoyé sur-le-champ, peut-être qu'il nous eût apporté la paix et éteint nos funestes divisions.

» Peut-être que le moment où nous aurions connu légalement notre réunion à la France, nous aurait tous réunis au même sentiment: peut-être qu'en devenant Français nous aurions abjuré l'esprit de haine, et serions devenus tous frères; peut-être enfin que nous n'aurions pas été victimes d'un massacre abominable, et que notre sol n'eût pas été déshonoré par le plus atroce des forfaits. Mais M. Delessart, alors ministre de l'intérieur, a gardé pendant plus de deux mois ce décret dans son portefeuille; et dans cet intervalle, nos dissensions ont continué; dans cet intervalle de nouveaux crimes ont souillé notre déplorable patrie; c'est notre sang, ce sont nos cadavres mutilés qui demandent vengeance contre votre ministre. (On applaudit à plusieurs reprises.)

Permettez-moi une réflexion. Lorsqu'on proposa à l'assemblée constituante de décréter le despotisme de la religion chrétienne, Mirabeau prononça ces paroles : « *De cette tribune où je vous parle, on aperçoit la fenêtre d'où la main d'un monarque français, armée contre ses sujets par d'exécrables factieux qui mêlaient des intérêts personnels aux intérêts sacrés de la religion, tira l'arquebuse qui fut le signal de la Saint-Barthélemi.* »Et moi aussi je m'écrie : De cette tribune où je vous parle, on aperçoit le palais où des conseillers pervers égarent et trompent le roi que la Constitution nous a donné, forgent les fers dont ils veulent nous enchaîner, et préparent les manœuvres qui doivent nous livrer à la maison d'Autriche. Je vois les fenêtres du palais où l'on trame la contre-révolution, où l'on combine les moyens de nous replonger dans les horreurs de l'esclavage, après nous avoir fait passer par tous les désordres de l'anarchie, et par toutes les fureurs de la guerre civile. (La salle retentit d'applaudissemens.)

Le jour est arrivé, où vous pouvez mettre un terme à tant d'audace, à tant d'insolence, et confondre enfin les conspirateurs. L'épouvante et la terreur sont souvent sorties dans les temps antiques, et au nom du despotisme, de ce palais fameux. Qu'elles y rentrent aujourd'hui au nom de la loi. (Les applaudissemens redoublent et se prolongent.) Qu'elles y pénètrent tous les cœurs. Que tous ceux qui l'habitent sachent que notre Constitution n'accorde l'inviolabilité qu'au roi. Qu'ils sachent que la loi y atteindra sans distinction tous les coupables, et qu'il n'y sera pas une seule tête, convaincue d'être criminelle, qui puisse échapper à son glaive. Je demande qu'on mette aux voix le décret d'accusation.

M. Vergniaud descend de la tribune au milieu des plus vifs applaudissemens.

M. Vaublanc. Je dois à ma conscience de relever un seul fait ; je le ferai sans réflexion. On a accusé le ministre de n'avoir point cherché à procurer à la France des alliés. Hier, le comité diplomatique a entendu une longue dépêche, qui prouve que le ministre s'occupe d'obtenir à la France un allié redoutable, qui est décidé en ce moment à rester neutre, quels que soient les événemens.

L'assemblée décide que la discussion est fermée.

On demande la question préalable sur le renvoi au comité, et l'ajournement du projet présenté par M. Brissot.

La question préalable est adoptée.

L'assemblée, consultée, rend, à une très-grande majorité, le décret d'accusation.].

— L'acte d'accusation fut présenté par Brissot, au nom du comité diplomatique, à la séance du 14. En voici la teneur :

Acte d'accusation contre Claude Delessart, ministre des affaires étrangères, prévenu d'avoir négligé et trahi ses devoirs, d'avoir compromis l'indépendance, la dignité, la sûreté et la constitution de la France.

1° En n'ayant pas donné connaissance à l'assemblée nationale des différens traités, conventions, circulaires, qui tendaient à prouver le concert formé dès le mois de juillet 1791, entre l'empereur et diverses puissances contre la France, et ayant au contraire inspiré de la sécurité à l'assemblée par les assurances sur les dispositions pacifiques de l'empereur.

2° En n'ayant pas pressé la cour de Vienne, dans l'intervalle du premier novembre au 21 janvier, de renoncer à la partie de ses traités qui blessait la souveraineté et la sûreté de la France.

3° En ayant dérobé à la connaissance de l'assemblée l'office de l'empereur, du 5 janvier 1792.

4° En n'ayant pas, dans sa note confidentielle du 21 janvier 1792, enjoint à l'ambassadeur de France de remontrer à l'empereur combien le concert de ces puissances était contraire à la souveraineté et à la sûreté de la France, et d'en demander formellement la rupture.

5° En ayant communiqué au ministre autrichien, par la note confidentielle écrite à M. Noailles, des détails faux ou dangereux sur la situation de la France, propres à provoquer plus tôt ce concert des puissances étrangères contre la France, et à compromettre ses intérêts.

6° En ayant avancé une doctrine inconstitutionnelle et dangereuse sur l'époque qui a précédé l'acceptation de la royauté constitutionnelle.

7° En ayant demandé, dans sa note du 21 janvier, d'une manière indigne d'un ministre de la nation française, la paix et la continuation de l'alliance avec une maison qui outrageait la France; en ayant, sur cette alliance, fait des aveux contraires à la dignité et aux intérêts de la nation.

8° En ayant trompé l'assemblée nationale, dans le message du roi, du 29 janvier, à l'assemblée nationale, lorsqu'il a assuré qu'il s'était conformé, depuis plus de quinze jours, aux bases de l'invitation du 25 janvier, tandis qu'il avait suivi des dispositions précisément contraires.

9° En ayant porté tant de lenteur dans la demande des déclarations sur ce concert, que la France s'est trouvée, au mois de mars 1792, précisément au même état d'incertitude où elle était en décembre, et en ayant donné aux puissances étrangères le temps de consolider leur concert, de faire des préparatifs de guerre, de fortifier leurs places, de faire marcher des troupes.

10° En ayant trahi la confiance du roi, en l'ayant, par sa conduite et par le langage qu'il a tenu en son nom, exposé au soupçon d'avoir voulu favoriser le concert des puissances étrangères, et contribué ainsi à aliéner de lui la confiance publique.

11° En n'ayant pas pris et continué les mesures nécessaires pour dissiper, d'une manière réelle et efficace, les rassemblemens des émigrés, les priver de leurs moyens hostiles et de leurs approvisionnemens.

12° En n'ayant pas instruit l'assemblée nationale du concert coupable qui existait entre plusieurs envoyés de France dans les pays étrangers et les émigrés, et en ne s'étant pas pressé de rappeler ces chargés d'affaires.

13° En n'ayant pris aucune mesure efficace, digne de la nation française, pour faire respecter et venger les Français qui ont été outragés, emprisonnés, dépouillés de leurs biens, et même exécutés dans différens pays étrangers, en Espagne, en Portugal, à Florence et dans les Pays-Bas; en n'ayant pris aucune mesure pour faire respecter le pavillon national dans tous les pays où il a été outragé, comme en Portugal et en Hollande; en n'ayant pas provoqué l'assemblée nationale à prendre des mesures vigoureuses sur ces divers outrages, en ne lui ayant pas même communiqué les faits y relatifs.

14° En ayant négligé les intérêts de la France dans ses relations extérieures avec la Porte, la Pologne et l'Angleterre.

15° En ayant refusé d'obéir aux décrets de l'assemblée nationale, qui lui enjoignent de communiquer les pièces de sa correspondance qui pouvaient être relatives à la conjuration des émigrés, et d'indiquer les agens du pouvoir exécutif qui pouvaient y tremper.

16° En ayant, comme ministre de l'intérieur, différé pendant plus d'un mois d'expédier officiellement le décret relatif aux troubles d'Avignon, et en ayant par-là contribué à la continuation de ces troubles.

L'assemblée nationale a, dans sa séance du 10 mars, décrété qu'il y avait lieu à accusation contre Claude Delessart, et en conséquence accuse, par le présent acte, devant la Cour nationale, Claude Delessart, ministre des affaires étrangères, comme prévenu d'avoir négligé et trahi ses devoirs, compromis l'indépendance, la dignité, la sûreté et la Constitution de la nation française.]

La motion faite par Charlier, dans la séance du 10, à l'égard de Narbonne, fut généralisée et adoptée. L'assemblée décréta qu'aucun ministre démissionnaire, depuis l'acceptation de la Constitution, ne pourrait quitter Paris avant d'avoir rendu ses comptes. — Le 12 au soir, Narbonne communiqua par écrit l'état des paiemens qu'il avait ordonnés pendant son ministère.

A la séance du 13, Duport-Dutertre fut admis à réfuter les griefs présentés la veille contre lui par Guadet et Lacroix. L'assemblée renvoya ses réponses au comité de législation. Le rapport définitif sur la conduite de ce ministre n'arrivera que long-temps après sa sortie de fonctions. Le 5 juin, il sera décrété que, non-seulement il n'y a pas lieu à l'accuser, mais pas même à l'improuver.

Composition d'un nouveau ministère. « Dans l'instant où presque tout le ministère est ou va devenir vacant, les prétendans se montrent en assez grand nombre, et cela doit être, la Cour étant divisée en plusieurs partis.

» Pour les affaires étrangères, les uns ne veulent point qu'on remplace M. Delessart, parce qu'ils imaginent que le tribunal voudra bien renvoyer le ministre sous quinzaine. Le comité autrichien y porte, dit-on, M. Bigot-Sainte-Croix. Les hommes qui veulent de la vigueur, des lumières et du patriotisme, désireraient y voir M. Dumouriez. — Le plus fortuné sera peut-être l'abbé Louis!!!

» On assure que la marine doit-être dirigée par *M. Brasseur*, premier commis de M. Bertrand : ce serait un pont assez commode, jusqu'au moment où la contre-révolution *ramènera* dans le ministère M. Bertrand et *son honneur*; les patriotes qui veulent enfin voir réorganiser la marine, y appellent M. Kersaint ou M. Lacoste. » (*Patriote Français* du 14.)

» On assure que le patriote Dumouriez est nommé ministre des affaires étrangères. Jamais ministre ne se trouva dans des circonstances aussi favorables au développement de ses talens et de ses vertus civiques. M. Dumouriez n'oubliera pas sans doute qu'il est cher aux patriotes, et il ne s'en souviendra que pour penser qu'ils seront pour lui des juges d'autant plus sévères, que leurs vœux l'appelaient à la place qu'il va occuper; et il se souviendra que la rigueur de la responsabilité à laquelle il va être soumis, sera en raison du patriotisme qu'il a montré.

» M. Lacoste succède à M. Bertrand. M. Lacoste, dans sa mission à la Martinique, a lutté avec courage contre le contre-révolutionnaire Béhague; il va être entouré d'ennemis plus dangereux; puisse-t-il déployer la même vigueur et la même intégrité!

» Les ennemis du bien public on fait courir le bruit, aujourd'hui, que le roi avait abdiqué, et que la reine allait être dénoncée. — On ne veut que diviser et troubler; la ruse est trop grossière. » (*Patriote Français* du 16.)

« On assure que M. Duport a donné sa démission. On ne nomme pas encore son successeur. M. Diétrich paraît remplacer M. Cahier. » (*Patriote Français* du 17.)

Le 19 mars, le nouveau ministre des affaires étrangères vint assister à la séance des Jacobins. Indépendamment de la profession de foi de Dumouriez et de la discussion qui s'en suivit, cette séance est encore intéressante par la lettre de Pétion sur les bonnets rouges. Robespierre y traita aussi la même question. L'avis de ces deux hommes prévalut ce jour-là d'une manière si subite et si absolue, qu'on regardait la mode du bonnet rouge comme anéantie pour toujours. Nous transcrivons tout entière la séance dont il s'agit.

Séance des jacobins du 19 mars. — « En l'absence de M. Mailhe, M. Doppet, secrétaire, occupe le fauteuil. Après la lecture du procès-verbal de la dernière séance, un citoyen, dont la mise annonce la plus grande pauvreté, vient remettre au bureau un portefeuille qu'il vient de trouver à la porte, et que l'on reconnaît, par la carte qu'il contient, appartenir à un membre de la société. Après plusieurs motions, toutes tendantes à témoigner à ce citoyen l'approbation que la société donne à sa conduite, on se fixe à celle de M. Santerre: une contribution volontaire dont le produit sera employé à lui procurer sur-le-champ de meilleurs vêtemens.

» M. Réal fait lecture de l'extrait de la correspondance. Pendant cette lecture, quelques applaudissemens étouffés aussitôt ont fait remarquer M. Dumouriez, ministre des affaires étrangères, entrant dans la salle; il a été s'inscrire pour prendre la parole après M. Réal.

» Il monte à la tribune, et se conforme à l'usage adopté depuis quelques jours par les orateurs de la société: il se coiffe du bonnet rouge. Cette action excite les plus vifs applaudissemens de toutes les parties de la salle.

M. Dumouriez. « Frères et amis, tous les momens de ma vie vont être consacrés à remplir la volonté de la nation, et le choix du roi constitutionnel. Je porterai dans les négociations toutes les forces d'un peuple libre, et ces négociations produiront sous peu une paix solide ou une guerre décisive (applaudi); et, dans ce dernier cas, je briserai ma plume politique, et je prendrai mon rang dans l'armée pour venir triompher ou mourir libre avec mes frères. J'ai un fort grand fardeau et très-difficile à soutenir. Mes frères, j'ai besoin de conseils : vous me les ferez passer par vos journaux. Je vous prie de me dire la vérité, les vérités les plus dures ; mais repoussez la calomnie et ne rebutez pas un zélé citoyen que vous avez toujours connu tel. » (Applaudissemens universels.)

M. le président. « Des nuages obscurcissaient notre horizon politique; mais la liberté a porté ses rayons lumineux jusque dans les antres où l'intrigue tramait ses manœuvres funestes. En vous voyant à la tête du département qui traite de nos relations avec les autres peuples, la nation française se flatte d'avance que les temps où on voulut l'humilier sont passés. Homme libre, ministre nommé dans un instant où il s'agit de montrer à l'univers trompé la sublimité de notre Constitution, le peuple français compte sur un frère aussi plein de talens et de civisme que vous l'êtes, pour faire reconnaître la souveraineté du peuple : la société se félicite de vous voir dans son sein, et se fera toujours gloire de vous compter parmi ses membres. »

« L'impression du discours du ministre, et la réponse du président, est demandée avec énergie. M. Legendre demande à parler contre l'impression. Il a peine à obtenir la parole, et lorsque, pour raison de s'opposer à cette mesure, il objecte la dépense qu'elle occasionerait, des cris horribles partent (toujours du côté de la porte), l'empêchent de motiver cette opinion, et il descend de la tribune. »

M. Collot-d'Herbois. « J'avais demandé la parole pour une réflexion bien simple. J'applaudis de tout mon cœur aux sentimens énoncés par le ministre et à la réponse de M. le président ; mais je dis à M. le président qu'il n'y avait pas de réponse à faire. Ou le ministre est monté à la tribune comme membre de la société, ou il y est monté comme un individu étranger. Si c'est comme membre, car je crois que le ministre s'honorera toujours d'être membre de cette société, il n'y avait rien à lui répondre. Certes la chose publique serait dans une situation bien alarmante, s'il fallait répondre à tous ceux qui parlent à cette tribune avec quelque patriotisme. — Si c'est à un ministre que l'on a répondu, un ministre ne doit pas venir ici pour s'entendre dire qu'on se fera gloire de le compter au nombre de la société. Dans tout ce qu'a fait le ministre, ou plutôt dans ce qu'a dit M. Dumouriez, il a agi comme tout membre de la société doit agir, il s'est mis au niveau de vos opinions. Il n'y avait qu'une réponse à faire, et lui-même devait se la faire : « J'agirai comme j'ai » parlé. » Pour moi je l'espère. »

« M. Dumouriez lève la main. »

M. Robespierre. « S'il n'avait été question que de la première demande à laquelle a donné lieu le discours de M. Dumouriez et la réponse de M. le président, je n'aurais point élevé la voix. Maintenant ce sont les principes de la société qui se trouvent en cause. Je ne suis point de ceux qui croient qu'il est absolument impossible qu'un ministre soit patriote, et même j'accepte avec plaisir les présages heureux que nous offre M. Dumouriez. Quand il aura rempli ces présages, quand il aura dissipé les ennemis armés contre nous par ses prédécesseurs, et les conjurés qui dirigent notre gouvernement, malgré l'expulsion de quelques ministres, alors, seulement alors, je serai disposé à lui décerner tous les éloges dont il sera digne ; alors néanmoins je ne penserai point qu'un bon citoyen de cette société ne soit pas son égal, et que tout membre qui montera à cette tribune pour s'élever contre l'impression du discours d'un ministre quel qu'il soit, puisse être réduit à la quitter par des cris et des clameurs confuses. C'est par amour pour la liberté, c'est par respect pour les droits du peuple, qui seul est grand, qui seul est respectable à mes yeux, et devant lequel s'évanouissent les hochets des puissances ministérielles, que je rappelle la société à ses principes. C'est pour la société, c'est pour le ministre même, que je demande que l'on n'annonce pas à son arrivée la décadence de l'esprit public. Que des ministres viennent ici pour unir leurs efforts à ceux de tous les bons citoyens qui composent cette société, qu'ils viennent demander des conseils, qu'ils en reçoivent et qu'ils les pratiquent, qu'ils méritent l'amour de la nation ; c'est à ces conditions seulement que leur présence peut être utile dans cette société, et s'il faut des conseils aux ministres, je promets pour ma part de leur en donner qui seront avantageux et pour eux et pour la chose publique.

» J'ai rempli mon objet, puisque ces principes sont gravés dans les cœurs de tous les membres de cette société, puisque rien ne pourra jamais en altérer la pureté. Aussi long-temps que M. Dumouriez par des preuves éclatantes de patriotisme et surtout par des services réels rendus à la patrie, prouvera qu'il est le frère des bons citoyens et le zélé défenseur du peuple, il ne trouvera parmi nous que des appuis.

» Je ne redoute pour cette société la présence d'aucun ministre, mais je déclare qu'à l'instant où un fonctionnaire semblable y aurait plus d'influence qu'un bon citoyen qui s'est constamment distingué par son patriotisme, il nuirait à la société, et je jure au nom de la liberté qu'il n'en sera jamais ainsi. Cette société sera toujours l'effroi de la tyrannie et l'appui de la liberté. »

— « M. Dumourier se précipite dans les bras de M. Robespierre. La société et les tribunes regardant ces embrassemens comme le présage de l'accord du ministre avec l'amour du peuple, accompagnent ce spectacle des plus vifs applaudissemens. »

M. Réal. « En approuvant de tout mon cœur les excellentes raisons qu'a données M. Collot-d'Herbois, pour prouver qu'il ne devait point être fait de réponse à M. Dumouriez, je pense qu'il faut ordonner l'impression du discours du ministre; voici mes motifs : J'ai toujours vu les ministres promettre beaucoup et tenir peu. Si jamais M. Dumouriez manquait à son devoir, je n'aurais alors qu'une réponse à lui faire : ce serait de lui envoyer chaque fois un exemplaire du discours qu'il a prononcé parmi nous. »

— « M. Doppet, le bonnet rouge sur la tête, lit une lettre que M. Pétion adresse à la société pour lui présenter quelques réflexions sur cette nouvelle mode. Au milieu de la lecture de cette lettre, le bonnet de M. le président était rentré dans sa poche, et à la fin de la lettre il n'en restait plus dans la salle. »

—Le journal des Jacobins ne donne point le texte de la lettre de Pétion. Nous empruntons cette pièce à la *Mairie de Pétion*, page 75.

« FRÈRES ET AMIS,

» Permettez-moi de vous faire part de quelques observation sur un objet qui me paraît important.

» Je n'ai pas besoin de vous dire que j'aime, que je respecte autant que personne, tous les emblêmes qui retracent les idées de liberté et d'égalité ; mais je doute que la décoration nouvelle atteigne le véritable but que le patriotisme se propose. A portée d'observer la marche de l'esprit public, voici ce que j'ai recueilli.

» La pureté de vos principes, la fermeté inébranlable de votre conduite, vous ramenaient d'une manière sensible une multitude de citoyens honnêtes, mais trompés. La société prenait cet ascendant que donnent tôt ou tard la raison et la justice. Eh bien ! le signe que vous arborez effarouche les esprits, les éloigne de vous, et sert de prétexte à la malignité de vos détracteurs.

» Un grand nombre d'excellens citoyens, d'amis sincères de la liberté, désirent que les défenseurs des droits de l'homme et de la Constitution, prennent l'attitude fière qui leur convient, mettent dans toutes leurs démarches, dans toutes leurs actions, de la dignité et de la grandeur. Vous trouverez sans doute vous-mêmes que la liberté est quelque chose d'assez sérieux, que les circonstances qui nous environnent sont assez graves, pour nous prescrire une marche tout à la fois courageuse et imposante.

» Le but des ennemis de la Constitution est de nous faire perdre ce grand caractère, cette énergie calme, si nécessaire à un peuple qui veut conserver sa liberté, en cherchant à vous distraire par des objets inutiles et frivoles. Ils voudraient bien nous faire paraître légers, pour nous persuader que la nature nous a condamnés à toujours l'être. Il voudraient bien présenter les sociétés patriotiques comme un parti, comme une faction ; et ne serait-ce pas en quelque sorte les seconder que de séparer par des signes extérieurs les citoyens qu'il faut rallier aux mêmes principes et à l'intérêt général ? Quelque vogue que ces signes puissent avoir, ils ne seront jamais adoptés par tous les patriotes ; et tel homme passionné pour le bien public, sera très-indifférent pour un bonnet rouge. Sous cette forme, la liberté ne paraît ni plus belle, ni plus majestueuse : une telle forme n'ajoutera rien à l'amour naturel que le Français a pour la Constitution. Le peuple, beaucoup plus sérieux, beaucoup plus raisonnable qu'on ne pense vulgairement, ne se contente plus des images stériles de la liberté ; il veut la liberté même. Il ne veut plus de hochets, mais des lois sages et des institutions bienfaisantes.

» Je termine par des réflexions qui fixeront sans doute votre attention. Si le torrent de la mode nouvelle n'est arrêté, qu'arrivera-t-il ? Les hommes qui paraîtront en public avec des bonnets rouges, seront désignés sous le nom de jacobins ; les ennemis de cette société seront les premiers à prendre ce costume pour la compromettre ; ils exciteront du trouble, des désordres, et on les imputera à la société.

» Nous avons le bonheur d'avoir un signe général consacré par l'opinion. Les ennemis de la liberté n'osent pas en prendre un différent ; n'y aurait-il pas dès-lors une souveraine imprudence à donner l'exemple d'un signe nouveau ? Bientôt vous verriez des bonnets verts, des bonnets blancs ; que ces bonnets de couleurs diverses se rencontrent, alors une guerre ridicule et sanglante s'engage ; l'ordre public est troublé, la paix intérieure est altérée, et peut-être la liberté compromise.

» J'abandonne ces idées à votre méditation, et avec d'autant plus de confiance, que si elles ne vous paraissent pas fondées, mes intentions vous paraîtront toujours pures et fraternelles. »

Signé, PÉTION.

Après la lecture de cette lettre, Robespierre monta à la tribune.

M. Robespierre. « Je respecte, comme le maire de Paris, tout ce qui est l'image de la liberté ; mais nous avons un signe qui nous rappelle sans cesse le serment de vivre libres ou de mourir, et ce signe, le voilà! (Il montre sa cocarde.) En déposant le bonnet rouge, les citoyens qui l'avaient pris par un patriotisme louable, ne perdront rien. Les amis de la liberté continueront à se reconnaître sans peine au même langage, au signe de la raison et de la vertu, tandis que tous les autres emblèmes peuvent être adoptés par les aristocrates et les traîtres.

» Il faut, dit-on, employer de nouveaux moyens pour ranimer le peuple. Non, car il a conservé le sentiment le plus profond de la patrie. C'est lui qui attend constamment le jour du bonheur commun, retardé par les perfides intrigues de ceux qui ont voulu le mettre dans les fers. Le peuple n'a pas besoin d'être excité, il faut seulement qu'il soit bien défendu. C'est le dégrader que de croire qu'il est sensible à des marques extérieures. Elles ne pourraient que le détourner de l'attention qu'il donne aux principes de liberté et aux actes des mandataires auxquels il a confié sa destinée.

» Je vous rappelle, au nom de la France, à l'étendard qui seul en impose à ses ennemis, le seul qui puisse rallier à vous tous ceux que l'intrigue a trompés. Ils voudraient, vos ennemis, vous faire oublier votre dignité, pour vous montrer comme des hommes frivoles et livrés à un esprit de faction. Vous devez donc vous décider à ne conserver que la cocarde et le drapeau, sous les auspices desquels est née la Constitution. — J'appuie les propositions de M. Pétion, et je demande que la société ordonne l'impression et l'envoi de sa lettre à toutes les sociétés affiliées, comme exprimant nos vrais principes. »

— « La société adopte cette proposition, en y ajoutant que M. Tallien sera invité à en faire le sujet d'une de ses affiches. »

(*Journal des Débats des Jacobins*, numéro du 21.)

Tous les journaux parlèrent de cette séance. Nous lisons dans le *Moniteur* du 23 :

[Dans les premiers jours de la semaine dernière, l'usage du *bonnet rouge* s'était introduit parmi les membres de la société des amis de la Constitution. Le président, les secrétaires, les orateurs à la tribune, en étaient coiffés. Ce signe éclatant de l'égalité se répandait déjà dans les promenades et aux spectacles ; mardi 20, au Théâtre-Français, ou de la Nation, après la représentation de la *Mort de César*, on apporta sur la scène le buste de Voltaire ; on lui mit sur la tête le *bonnet rouge*, et il resta exposé ainsi aux yeux des spectateurs pendant l'entr'acte et la seconde pièce ; mais une lettre de M. Pétion, lue à la société, le lundi 19 de ce mois, et dans laquelle il prouvait non-seulement l'inutilité, mais le danger de cette innovation, l'a fait disparaître en un instant. Tel est le pouvoir de la confiance en un magistrat estimé et chéri, qu'avant la fin même de la lecture de sa lettre, tous les bonnets étaient rentrés dans la poche de ceux des membres de la société qui avaient été les plus empressés à le porter. M. Dumouriez, ministre des affaires étrangères, et M. Degrave, ministre de la guerre, assistaient à cette séance.]

Carra, qui disait, le jour même, dans les *Annales patriotiques* (« hier dimanche, des milliers de patriotes se sont promenés dans les rues, dans les jardins publics et dans celui des Tuileries, avec le bonnet de la liberté et de l'égalité sur la tête. Les bonnets et les piques, cet appareil imposant sera utile à nos ennemis mêmes, s'il peut les rendre assez sages pour se soumettre enfin à la volonté générale. »), disait le lendemain : « La lettre du vertueux Pétion, le discours de M. Robespierre et l'arrêté des amis de la Constitution, supprimant le bonnet rouge, seront imprimés et envoyés à toutes les sociétés correspondantes. »

Brissot (*Patriote Français* du 21) rend compte de la séance des Jacobins, de manière à nous rappeler son article sur le philosophe Pigott et son apologie du bonnet. « Depuis quelques jours plusieurs patriotes avaient paru avec des bonnets rouges. Cette coiffure symbolique, outre qu'elle rappelait une idée bien chère, celle de la liberté, leur plaisait encore, parce que, abandonnée jusqu'ici à la partie la moins fortunée du peuple, et adoptée ensuite par des patriotes de tout état et de toute fortune, elle semblait détruire la plus injuste, la plus avilissante des aristocraties, celle des richesses. Ce que n'ont pu, ni les plaisanteries fades des bouffons aristocrates, ni les graves raisonnemens des philosophes ministériels, une simple lettre de M. Pétion aux Jacobins, et quelques observations de M. Robespierre, l'ont opéré. Ces deux patriotes ont fait sentir qu'il y aurait quelque inconvénient à adopter un nouveau signe de patriotisme; ils ont pensé que la cocarde nationale, et la devise *Vivre libre ou mourir*, devaient suffire aux amis de la Constitution. Ces réflexions ont été vivement applaudies, et la société a invité ses membres à s'abstenir de porter le bonnet rouge en public.

» Tandis que la froide raison proscrivait ainsi le bonnet rouge aux Jacobins, l'ardent enthousiasme le faisait triompher au Théâtre de la Nation; on donnait la *Mort de César*. Le délire le plus touchant transportait toutes les ames. Après la représentation, le buste de Voltaire a été couronné du bonnet rouge; c'est sans doute la plus glorieuse de ses couronnes. »

Du mercredi 21 mars. — » Point encore de ministre nommé. — On parle de M. Clavière pour les contributions publiques; de MM. Diétrich, Rolland de Laplatrière, Collot-d'Herbois, pour les affaires intérieures. Quant à la justice, on cite M. Garnier, avocat et auteur d'ouvrages féodaux; Abrial, commissaire du roi; Loyseau, Chauveau, etc. — Quel que soit le choix, il paraît que le ministère actuel ne veut pour collègues que de vrais patriotes. Nous devons donc tout espérer. » (*Patriote Français du 22.*)

Vendredi 23. — » Le roi a nommé M. Clavière au ministère des contributions publiques, et M. Rolland de Laplatrière à celui de l'intérieur. Les noms de ces deux ministres doivent faire concevoir les plus heureux augures pour la restauration de la prospérité et pour le maintien du gouvernement populaire. Ce sont deux fervens Jacobins qui, tous deux, réunissent lumières, activité, patriotisme et caractère bien prononcé. — Il ne faut pas confondre M. Rolland-Laplatrière avec M. Laplatrière, auteur d'une galerie de grands hommes. Le premier est un officier municipal de Lyon, écrivain connu par des ouvrages intéressans, ingénieux et utiles, et entre autres, par le dictionnaire des arts et métiers de l'encyclopédie. Il a depuis long-temps fait ses preuves de patriotisme, et ce journal en a cité quelques-unes. Il a été employé pendant plus de trois ans dans l'inspection des manufactures, et à voyager dans les états étrangers, de sorte que les détails de ce qui contribue à la prospérité des empires lui sont très-familiers. — Les patriotes doivent espérer que ces deux ministres suivront invariablement la ligne de la liberté, et qu'il sauront quitter le ministère au moment où il faudra s'en écarter; différens de ces hypocrites qui ne singent le patriotisme que pour parvenir et rester dans leurs places malgré le peuple. » (*Patriote Français du 24.*)

Nous avons pris dans le journal de Brissot le bulletin des candidatures ministérielles, parce qu'elles appartenaient toutes à son parti. Le nom seul de Collot-d'Herbois devrait peut-être en être excepté, quoique, à cette époque, Collot fut plus rapproché des Brissotins que des Robespierristes. Il était l'un des rédacteurs de la chronique du mois; son almanach du père Gérard lui avait attiré de nombreux éloges de la part de toutes les notabilités girondines, et il s'y était montré sensible à l'excès. On se rappelle les complimens que lui adresse Louvet, en lui accordant une dispense spéciale de l'obligation que s'imposèrent les Jacobins, relativement au sucre et au café. De plus, Collot avait embrassé l'opinion de la guerre d'attaque.

Maintenant que les nouveaux ministres étaient nommés, les Montagnards faisaient remarquer dans le club et dans leurs journaux, combien avait frappé juste cette allusion de Robespierre discutant contre Brissot, au moment où son parti battait en ruines l'ancien cabinet : « Pour moi, avait-il dit, qui ne spécule le ministère, ni pour moi ni pour mes amis, etc. » — Nous avons transcrit ailleurs ce discours. Au reste, l'influence de Brissot sur la composition du cabinet de mars 1792, est si peu douteuse, que nous allons bientôt la voir disposer de toutes les places et distribuer toutes les faveurs. Il faudra, comme titre de recommandation à un emploi quelconque, avoir écrit ou parlé contre Robespierre. Les charges lucratives seront partagées entre ceux qui auront péroré aux Jacobins pour la guerre d'attaque. De ce nombre sera Chépy fils qui écrivait ainsi à Dumourier dans le *Patriote Français* du 18.

» *P. Chépy à...... Dumourier, ministre des affaires étrangères.* Vous avez lu dans le temps, à la Tribune des Jacobins, un excellent plan d'organisation pour le corps diplomatique. Le choix du roi vous met dans l'heureuse possibilité de réduire votre théorie en pratique. — Je vous somme de le faire. » L'auteur de cette lettre eut une des meilleures parts dans les promotions nouvelles. *La Tribune des Patriotes* nous fournira de curieux détails le mois prochain ; Desmoulins y appelle Brissot, *Le Père Joseph* de Dumourier.

La chronique du mois célèbre avec une emphase particulière à N. Bonneville, les œuvres et le triomphe des Girondins. Dans son compte rendu des séances de l'assemblée, il dit, au sujet de l'acte d'accusation contre Delessart : « O QUATORZE, ô *grand jour! Dies sortium!* LE SERMENT-GUADET (14 janvier), et le DÉCRET BRISSOT (14 mars), sont d'éternels monumens qui déposent contre une poignée de calomniateurs et de petits tyrans qui seraient vraiment à craindre s'ils avaient le courage de Claudius et de Catilina, comme ils en ont les mœurs impures et la soif sanguinaire. » Son article sur la séance du 25 mars renferme ces mots à l'adresse de l'auteur de Faublas : « Jean-Baptiste Louvet, dont le talent finira par couvrir d'opprobre les saltimbanques de la révolution, qui se croient des hommes importans pour avoir dansé quelques instans sur la corde lâche, conjure l'assemblée de porter un décret efficace qui assure la propriété des auteurs. » Il résume ainsi les discours prononcés le 26 dans l'assemblée, par Dumouriez et ses collègues : « Les nouveaux ministres se déclarent *les hommes du peuple*, les défenseurs de ses droits, et toujours dévoués *à la majorité* de l'assemblée nationale : que le souvenir de ces applaudissemens sinistres que vous avez reçus en ce beau jour, ministres du peuple, vous préserve à jamais de l'air empoisonné que la cour exhale! Craignez les rois, ne soyez jamais sans alarmes ; l'ombre du trône est vraiment l'ombre du *Bohon-Upas!* »

Le *Journal de Prudhomme* s'exprime bien différemment sur cette même séance. Il commente l'un après l'autre les discours des ministres, et trouve chez tous beaucoup plus à blâmer qu'à louer. Il attache cette note à son examen de celui de Rolland : « M. Rolland occupait, avant sa promotion, un petit appartement garni, rue Guénégaud. Le jour où il apprit qu'il était ministre de l'intérieur, madame Rolland descendit au premier, apparemment pour y recevoir ses visites ; car on assure qu'elle n'a pas donné congé du troisième. » (*Révolution de Paris*, n° 142.)

Nous terminerons le chapitre du mouvement ministériel par la lettre de Louis XVI à l'assemblée nationale. En lui annonçant ses nouveaux choix, le roi dit explicitement qu'ils lui sont imposés, et il confirme ainsi aux yeux de l'Europe, par une démarche authentique, ce qui avait été jusqu'à ce jour l'objet de sa diplomatie secrète. Il se plaint avec beaucoup d'amertume de l'opposition qu'il est enfin obligé de subir, et déclare aussi littéralement que possible qu'il n'a plus ni liberté ni volonté. Nous placerons à la suite de la lettre du roi, la liste complète des nouveaux ministres.

Paris, 24 mars. J'ai l'honneur de vous envoyer, M. le président, une lettre que le roi m'a chargé de vous faire passer.

Signé DEGRAVE.

Paris 24 mars. Je vous envoie, M. le président, une note dont je vous prie de faire part à l'assemblée. Signé LOUIS.

» Profondément touché des désordres qui affligent la France, et du devoir que m'impose la Constitution de veiller au maintien de l'ordre et de la tranquillité publique, je n'ai cessé d'employer tous les moyens qu'elle met en mon pouvoir pour faire exécuter les lois. J'avais choisi pour mes premiers agens des hommes que l'honnêteté de leurs principes et de leur opinion rendait recommandables. Ils ont quitté le ministère ; j'ai cru devoir les remplacer par des hommes accrédités par leurs opinions populaires. Vous m'avez si souvent répété que ce parti était le seul moyen de parvenir au rétablissement de l'ordre et à l'exécution des lois, j'ai cru devoir m'y livrer, afin qu'il ne reste plus de prétexte à la malveillance de douter de mon désir sincère de concourir à la prospérité et au bonheur de mon pays. J'ai nommé au ministère des contributions M. Clavière, et au ministère de l'intérieur M. Rolland. La personne que j'avais choisie pour ministre de la justice m'ayant demandé de faire un autre choix, lorsque je l'aurai fait, j'aurai soin d'en informer l'assemblée nationale. » *Signé* Louis.

Nouveau ministère. MM. Dumouriez, aux affaires étrangères. — Rolland, à l'intérieur. — Duranton, à la justice; (ce dernier ne fut nommé que le 14 avril; Rolland occupa par intérim ce portefeuille.) — Degrave, à la guerre. — Lacoste, à la marine. — Clavière, aux contributions.

Le dernier fait important, relatif à l'histoire de l'ancien ministère pendant le mois de mars, concerne Narbonne. Dans sa séance du 31, l'assemblée reçut une dénonciation, signée Dubois-Crancé, et certifiée véritable par le prince de Hesse, commandant la dixième division, contre la municipalité de Perpignan et les administrateurs du département des Pyrénées-Orientales, ayant pour objet le dénûment des moyens de défense dans lequel le ministre Narbonne avait laissé les départemens méridionaux. Hua et Dumas demandèrent que les pièces fussent communiquées aux ministres. Mailhe et Goupillau voulaient qu'il fût mandé à la barre. Quinette et Fauchet firent arrêter un prompt rapport des comités. Duhem demanda qu'en attendant Narbonne fût gardé à vue. (Applaudissemens des tribunes, et murmures de l'assemblée qui ne prend pas de décision.)

— Voici les seuls actes diplomatiques que nous ayons à ajouter à ceux plus haut mentionnés. « *Séance du 27*. M. Ramond a présenté un assez bon rapport et un très-mauvais projet de décret sur notre situation à l'égard de l'Espagne. Il a développé l'ingratitude et la perfidie de ce gouvernement despotique, ses démarches hostiles, les persécutions qu'il a fait essuyer à une foule de citoyens français; aussi a-t-il été vivement applaudi lorsqu'il a appelé notre attention et notre vengeance sur ces outrages. Mais le projet de décret a présenté précisément le revers du rapport; la mollesse y a succédé à l'énergie : on y sollicite l'exécution du pacte de famille, comme s'il n'était pas impolitique, dangereux, inconstitutionnel... L'assemblée a ordonné l'impression et l'ajournement. » (*Patriote Français* du 28.)

A la séance du 29, Dumouriez vint communiquer des dépêches de Vienne, en date du 17 mars; elles contenaient une lettre de l'ambassadeur français, et une réplique de Kaunitz à la réponse faite par Delessart au dernier office de Léopold. Le ministre autrichien y disait que la mort de l'empereur n'avait rien changé aux intentions de son cabinet; il déclarait qu'il ne serait apporté aucun retard aux préparatifs et aux marches de troupes que nécessitaient les armemens de la France et les menées du parti jacobin dans les provinces de la Belgique; il déclarait que les princes confédérés ne pouvaient renoncer à leur concert sur les affaires de France, tant que dureraient les circonstances qui l'avaient occasioné; il se flattait que la partie principale et saine du royaume adhérerait à ce concours dont l'objet était d'assurer le salut de la monarchie française. Après cette lecture, l'assemblée passa immédiatement à l'ordre du jour.

PROVINCES.

« A l'ouverture de la séance du 3, une foule de membres se lèvent pour attester l'ardeur avec laquelle on s'enrôle de toutes parts pour aller aux frontières. Parmi les départemens et les villes qui se distinguent, on cite les départemens de Mayenne et Loire, de Lot-et-Garonne, les villes de Puy et de Lille. Le 4, on annonce que la Loire-Inférieure fournira 2,000 hommes, et que les femmes veulent se charger de la défense des villes.

» *Même séance*. Les officiers municipaux de Dunkerque écrivent que toutes les précautions prises, soit pour empêcher le débarquement des grains à l'étranger, soit pour persuader au peuple qu'ils ne sont réellement destinés qu'à l'approvisionnement des départemens du Midi, n'empêchent pas que de nouveaux rassemblemens ne menacent la tranquillité publique; que les chefs des troupes de ligne ne répondent plus des soldats; que les propriétaires prennent la fuite; qu'on menace ouvertement d'incendier le port, etc.; ils sollicitent la présence de commissaires envoyés du sein de l'assemblée nationale pour être témoins de leur conduite. Il sera fait un rapport sur cet objet. »

Même séance. « On apprend la nouvelle d'une émeute à Étampes, dans laquelle a été massacré le maire de cette ville. — Nous empruntons au *Moniteur* du 9 mars, les détails de cette affaire.

» Samedi 5, jour du meurtre, douze ou quinze hommes armés de fusils, sont entrés à cinq heures du matin dans Boissy sous-Saint-Yon, à quatre lieues d'Étampes, y ont battu la générale, réveillé le curé et sonné le tocsin. Les habitans effrayés, et les municipaux étant accourus, ces étrangers ont proclamé leur projet d'aller à Étampes faire taxer le prix du blé. Pendant que les municipaux étaient allés délibérer dans la maison commune, les instigateurs ont menacé, si l'on balançait à les suivre, d'incendier la ville à l'heure même... et l'on s'est mis à leur suite. Même manœuvre et même succès sur toute la route, jusqu'à la ville d'Étampes, où la troupe grossie a paru vers sept heures du matin....

» M. Simoneau revenu à la maison commune après sept heures d'agitations et de tumulte, et se disposant à retourner avec la municipalité sur la place du marché, malgré l'opposition et les instances de ses amis, a demandé, pour la dernière fois, à l'officier qui commandait le détachement composé de quatre-vingts hommes du 18⁰ régiment de cavalerie, ci-devant Berri : *Si lui, officier, il pouvait compter sur sa troupe*, à quoi l'officier a répondu : *Comme sur soi-même.*

» Cet officier avait demandé des cartouches dès la veille, et monsieur le maire lui en avait fait donner. Ce fait doit être remarqué.

» Vers quatre heures donc le détachement de cavalerie, ayant le maire et la municipalité dans son centre, s'avance sur la place du marché, *et il n'y avait pas un seul cavalier qui eût sa carabine*; qu'étaient donc devenues les cartouches distribuées la veille?

» Arrivé sur la place du marché, le détachement ayant toujours dans son centre le maire et la municipalité, est tourné par le peuple et tellement rompu en queue, par évolution, que des scélérats armés de bâtons, viennent frapper le maire de plusieurs coups au milieu des rangs. C'est là que le premier et le second coup de fusil ont été tirés sur le maire d'Étampes : et soudain du détachement de quatre-vingts hommes, *dont pas un n'avait un mousqueton*, malgré les cartouches données la veille, il n'est resté que les deux cavaliers, dont le malheureux maire expirant avait saisi la bride des chevaux, en criant : *A moi, mes amis!* Le dernier de ces cavaliers s'est dégagé par un coup de sabre qui a abattu le bras du maire déjà expiré. Tout le détachement de cavalerie, dont l'officier venait de répondre au maire et à ses amis, armé de sabres *et sans carabines*, a donc tourné le dos à la fois, après avoir été rompu en queue, comme nous venons de le dire, d'une manière si inconcevable, qu'il importe à l'assemblée nationale même que cette affaire soit éclaircie.

» Le meurtre commis, la troupe retirée, les scélérats sont restés maîtres de la place. Plus de vingt coups de fusils ont été tirés sur le cadavre du maire infortuné, et toutes les horreurs de cannibales ont été exercées sur ces restes défigurés et palpitans. Nul marchand n'a été pillé; on n'a pas enlevé un grain de blé. Mais les quinze scélérats ayant fait défiler leur troupe au son du tambour, sur le cadavre, seul objet de leur complot, et après avoir délibéré s'ils lui couperaient la tête; se sont retirés et sont sortis d'Étampes, tambour battant et criant : *Vive la nation!*

» Ces cannibales sont venus boire à trois quarts de lieues d'Étampes, à un village qu'on appelle *Saint-Michel*. Là, ils se sont enivrés, et, en payant une dépense assez forte, ils ont laissé voir *quantité d'assignats*. Ce fait est incontestable.

» Autre remarque essentielle. Pendant que la ville d'Étampes était occupée par ces bandits, plusieurs d'entre eux se sont présentés chez des marchands de blé, demandant qu'on le leur vendît à 24 livres. Un des marchands (M. Hamouy), le leur a, de lui-même, offert à 22 livres, et n'en a pas vendu un seul sac.

» N'oublions pas de dire que M. Simoneau, tanneur à Étampes, ayant plus de soixante ouvriers à ses ordres, et chéri d'eux tous comme un bon père, leur avait, au milieu de tant de périls, arraché la promesse qu'aucun d'eux ne se montrerait dans la ville de tout le jour, et qu'aucun d'eux surtout ne paraîtrait sur la place du marché.... Hélas! si ces braves gens eussent accompagné leur maître et leur ami, l'auraient-ils abandonné comme ces quatre-vingts cavaliers, escorte militaire accordée par la loi à l'homme de la loi, et au milieu de laquelle le généreux maire d'Étampes a été lâchement massacré? »

Note du rédacteur. « Tous ces faits nous sont envoyés par des personnes dont nous garantissons à nos lecteurs la probité et la véracité. Nous les imprimons tels qu'ils nous sont parvenus.

» En cette occasion, il est de notre devoir de remarquer que la nature de l'attentat commis à Étampes contraste étrangement avec la manière fausse et singulière dont la *Gazette Universelle*, n° 66, l'a annoncé. Voici ses expressions : « Le maire d'Étampes vient d'être massacré par une *troupe armée de piques*, de sabres et d'instrumens de labourage, et qui étaient entrés dans la ville pour faire taxer le grain. C'est là tout l'article. »

» Certes, les chefs infâmes des manœuvres que nous voyons, regretteront sans doute de n'avoir pas eu l'idée de faire armer de *piques* les quinze scélérats dont nous venons de parler; car alors eût prévalu ce déchaînement de quelques gazetiers contre le besoin que tout le peuple soit armé; alors eût prévalu cette absurde horreur que l'on inspire à d'honnêtes gens qui ont des fusils, contre d'autres honnêtes gens qui auront des *piques*. Mais nous pouvons assurer, d'après tous les renseignemens que nous avons pris, qu'il ne s'est pas montré, dans cette journée fatale d'Étampes, *un seul homme à pique*; et nous persistons à penser que le peuple français, agité, tourmenté, excité par tous les genres de trahisons et de perfidies, ne sauvera la Constitution et le royaume des coups que l'on veut leur porter, et au patriotisme et à l'ordre public, que par l'universel armement de tous les citoyens. Nous persistons donc à croire que le rempart des *piques*, joint à celui des gardes nationales du royaume, et marchant toujours de concert, est un moyen sûr, et le seul qui puisse sauver le patriotisme en France, et par conséquent, maintenir *la liberté et l'égalité* constitutionnelles. »

La société des jacobins écrivit à Simoneau fils une lettre de condoléance. « Les amis de la Constitution, dit-elle dans cette lettre, partagent vivement votre juste douleur : ils n'y trouvent d'adoucissement que dans la pensée qu'il est honorable pour eux d'avoir pu compter votre père au nombre des membres qui composent leur association patriotique. Puissions-nous faire entrer la consolation dans votre ame, en vous présentant la vertu héroïque de l'auteur de vos jours comme le modèle de tous ceux qui marcheront après lui dans la carrière des emplois publics, et comme le fondement d'une gloire impérissable pour son nom, qui laissera dans votre mémoire un souvenir propre, dans tous les temps, à adoucir l'amertume de vos regrets ! » — A la séance du 18, Jean Debry, au nom du comité d'instruction publique, fit décréter l'érection d'un monument à la mémoire de Simoneau; ce décret porte : « Il sera élevé dans la place du marché d'Étampes, une pyramide triangulaire; sur la première face seront gravés ces mots : *Guillaume Simoneau, maire d'É-tampes, mort le 3 mars* 1792; sur la seconde face : *La nation française à la mémoire d'un magistrat français qui mourut pour la loi : décret du 18 mars 1792*; sur la troisième face, on lira les dernières paroles de l'infortuné maire : *Vous pouvez me tuer, mais je mourrai à mon poste.* »

Séance du 5. Le directoire du département de l'Eure annonce un attroupement de cinq à six mille individus : celui de l'Ardèche, des rassemblemens séditieux, des amas d'armes et des enrôlemens pour les émigrés. Les mêmes troubles désolent le département du Gard. Toutes ces pièces sont renvoyées au comité de surveillance.

Séance du 6. La municipalié d'Aix écrit que les Marseillais allant à Arles pour y délivrer les patriotes, sont entrés dans la ville d'Aix avec six pièces de canon, et y ont désarmé le régiment suisse d'Ernest. — D'après la demande du ministre de la guerre, et malgré l'opposition de Bazire et Lecointre, décret qui autorise le pouvoir exécutif à placer à Versailles, Rambouillet et lieux circonvoisins, où ils seront nécessaires, un régiment de troupes à cheval et un bataillon de gardes nationales volontaires, avec quatre pièces de canon, pour servir au rétablissement de l'ordre.

Séance du 7. Le procureur-syndic du département de l'Eure annonce que sept à huit mille révoltés se sont portés au marché de Verneuil, et y ont taxé les grains.

Séance du 8. L'assemblée reçoit la nouvelle de troubles à Angoulême, dans la Loire-Inférieure, dans l'Aisne. Ce dernier département a été apaisé par les administrateurs et la gendarmerie nationale. — Le 8 au soir, on apprend la taxation des blés, faite au marché de Melun par deux cents séditieux.

Séance du 9. Tartanas, à la suite d'un rapport, propose de décréter que le ministre de l'intérieur mettra 5,760,000 livres à la disposition des directoires de département, pour subvenir aux besoins de la classe indigente du peuple. — Ajournement.

Séance du 13. Après avoir entendu Charlier, Chabot, Royer, Archier, Richard, Antonelle, Mulot, Mailhe et Guadet, l'assemblée, sur la proposition de Fauchet, décrète, comme mesures provisoires, que le directoire des Bouches-du-Rhône et du district d'Arles, la municipalité de cette ville et les commissaires que le roi y a envoyés, seront mandés à la barre; que ces trois corps seront remplacés par les conseils-généraux; que le pouvoir exécutif fera marcher vers Arles des volontaires nationaux, et rassemblera, dans la plaine de Beaucaire, un corps de troupes, pour se porter partout où la sûreté de l'État et la tranquillité publique l'appelleront.

Séance du 17 au soir. Blanc-Pascal, accusateur public du département du Gard, annonce à l'assemblée que les citoyens de Marseilles partent avec dix-huit pièces de canon pour aller attaquer la ville d'Arles ; il accuse les commissaires civils d'avoir trompé le ministre de l'intérieur. Une députation des Bouches-du-Rhône rend compte de la situation de la ville d'Arles. « Les chefs de la Chiffonne, dit l'orateur, viennent de combler la mesure de leurs iniquités, en faisant emprisonner environ soixante personnes de tout sexe et de tout âge. Depuis long-temps ils recrutent pour leur propre compte, et vomissent des horreurs contre la Constitution. Les rues de cette ville sont dépavées ; ses remparts, hérissés de canon, ont été renforcés par quelques ouvrages, ainsi que par des fossés qui en défendent l'approche. » — Le vice-président du directoire du département de l'Hérault écrit que les villes d'Arles, d'Avignon et de Carpentras sont en plein état de contre-révolution. — Le lendemain, les commissaires envoyés dans les Bouches-du-Rhône se présentèrent à la barre, et Debourges porta la parole en leur nom. Antonelle taxa leur rapport de perfidie et d'imposture ; et, sur la proposition de Lacroix, le président leur ordonna de se retirer.

Séance du 19. La discussion relative aux prisonniers d'Avignon fut terminée dans cette séance. Thuriot et Lasource demandèrent l'amnistie ; Gentil et Vaublanc, la poursuite des délits. Vergniaud prononça un discours très-animé en faveur de la première opinion. « Terminer une guerre civile par des supplices, dit-il, c'est la justice de la victoire ; c'est immoler le vaincu au vainqueur, c'est couvrir du voile de la loi les proscriptions des Marius, des Sylla et des César. » François de Neufchâteau explique, au milieu des éclats de rire, l'origine du mot *amnistie* ; il remonte à l'amnistie de Thrasybule, et vote pour qu'elle soit appliquée à la ville d'Avignon. Sur la proposition de Lacroix, l'assemblée décrète qu'il y aurait amnistie jusqu'à l'époque du 23 novembre.

Royou (*l'Ami du roi* du 21) raconte ainsi l'incident occasioné par François de Neufchâteau : — « Le petit François, né ou trouvé à Neufchâteau, a donné la comédie aux pères conscrits. « Je vais rappeler, s'est-il écrié, l'origine du mot *amnistie*. (On
» rit.) La première amnistie dans les annales du monde... (On
» rit aux éclats.) — C'est pour un fait de l'histoire ancienne que
» je demande la parole ; qu'on ne m'interrompe pas à la virgule,
» et qu'on me laisse aller jusqu'au point. (On n'y tient plus.) La
» première amnistie fut proclamée par Thrasybule, lorsqu'il ra-
» mena *la paix* dans Athènes, après l'expulsion des trente tyrans.
» Je demande qu'on l'applique à la ville d'Avignon, après l'expul-
» de son gouvernement despotique. »

» Cette érudition a été trouvée d'une gaucherie, d'une bêtise qui a décontenancé l'auditoire. Elle a rappelé que nous n'avons point de paix et que nous avons des tyrans ; que si trente ont mis Athènes en combustion, cent mille, répartis dans le Manége et les clubs, peuvent dissoudre la France. Enfin il a été impossible de trouver aucune ressemblance entre les rapines de trente tyrans et le gouvernement doux et modéré d'un légitime souverain (le pape), dépossédé par un coupe-tête (Jourdan) et ses souteneurs. L'amnistie a été décrétée ; on ne sait si c'est à la majorité des voix ; car ceux qui n'étaient pas d'avis ont réclamé un appel nominal que le président a refusé. »

Séance du 20. Deux députés extraordinaires des Bouches-du-Rhône annoncent que la ville d'Arles fait des dispositions de défense. Le ministre de l'intérieur fait passer le signe de ralliement du parti artésien connu sous le nom de *chiffonistes*. C'est un billet portant ces mots :

L'honneur, Chiffon, tu soutiendras,
Et de ton sang le scelleras.

Despierre fait adopter un décret pour le rétablissement de l'ordre dans cette ville. Ses travaux de défense seront démolis,

ses munitions, ses canons et ses armes de toute espèce enlevées et transportées dans les arsenaux les plus voisins et les plus sûrs.
— *Le 20 au soir*, la municipalité d'Épernon fait part de la conduite énergique qu'elle a tenue contre les séditieux attroupés pour taxer arbitrairement les grains. — Les administrateurs du Cantal dénoncent le meurtre commis à Aurillac, contre Colinet, père de deux émigrés. — Une députation de Poitiers donne des détails sur la révolte des ouvriers de cette ville, à l'occasion d'une surtaxe des grains. Plusieurs personnes ont été tuées dans le premier mouvement ; mais la loi martiale a été proclamée, et force est restée à la loi. La députation demande, au nom de l'humanité, une avance de 30,000 livres, pour subvenir aux besoins de la classe indigente.

Séance du 23. Le maire de Paris transmet une lettre de la municipalité de Brie-Comte-Robert, qui témoigne des inquiétudes sur les troubles près d'éclater dans le district de Corbeil. — Sur le rapport de Tardiveau : le pouvoir exécutif est autorisé à faire séjourner deux bataillons dans le département de Seine-et-Oise.

Séance du 26. Couthon fait connaître les troubles du département de la Lozère, où la Constitution est entièrement méconnue. Les chefs des rebelles sont le ci-devant évêque Castellane, Borel, Dusaillant et Servières. — Le 28 au soir, sur le rapport de Rougier de la Bergerie, un décret d'accusation fut lancé contre Borel, Bardon et Retz, officiers de la garde-nationale de Mende ; contre Dusaillant, se disant page du roi (le même que nous avons déjà vu décrété d'accusation comme complice d'une conspiration tendante à livrer Perpignan); contre l'ex-constituant Charrier, Castellane, évêque, et Jourdain-Combet, maire de Mendes.

Séance du 29. L'assemblée reçoit une nouvelle lettre des administrateurs du Cantal sur les troubles qui règnent dans ce département.

[*M. Laureau.* Les brigandages effrayans qu'on exerce dans le département du Cantal exigent enfin que vous attaquiez le mal dans sa source ; jusqu'ici vous n'avez usé que de palliatifs ; vous n'avez employé que des demi-mesures. On vous dit que ces troubles sont l'effet de la haine et des complots aristocratiques et sacerdotaux ; mais réfléchissez un moment, et voyez s'il est dans la nature que ces aristocrates fassent brûler leurs châteaux et ruiner leurs possessions ; s'il est de l'intérêt des prêtres d'armer des brigands qui veulent les égorger. Il est donc d'autres ennemis que ceux qu'on vous indique, et ces ennemis sont la licence, le brigandage, la dépravation, qui se sont emparés des mauvais citoyens ; car les bons citoyens ne ravagent pas leur patrie : or, des mauvais citoyens pillant et brûlant, sont les ennemis de l'État. Que devez-vous faire contre ces ennemis publics ? Déployer la force publique, rassurer, par sa protection, non-seulement les habitans du département du Cantal, mais ceux de tout le royaume. Il faut attaquer les séditieux, les traiter en ennemis, les poursuivre partout où ils seront, les livrer au glaive des lois, et effrayer leurs imitateurs par leur prompte punition. Pour y parvenir, je demande que cette affaire, renvoyée au Comité des douze, soit rapportée demain au matin, afin qu'on puisse apporter de prompts remèdes au mal.]

Note complémentaire.

Nous allons tracer une courte analyse des actes parlementaires que nous n'avons pas rencontrés sur la ligne des deux précédens chapitres.

1er *Mars*. — Bazire rappelle à l'assemblée une motion qu'il renouvelle inutilement, depuis quatre mois, en faveur des fils de famille qui ne peuvent jouir de leur propriétés : il propose qu'on décrète, comme principe, que les fils de famille jouiront du droit de citoyens dans toute sa latitude ; acte de justice qui attacherait une foule de jeunes gens à la Constitution. Il désirerait qu'on décernât une couronne civique à celui qui s'occuperait du code civil, et qui terminerait ce grand ouvrage pendant cette législature.

6 *Mars*. — Des citoyennes demandent à s'armer de piques pour la défense de la Constitution ; elles supplient qu'on leur permette de faire l'exercice des piques au Champ-de-Mars. — Des

citoyens du faubourg Saint-Antoine viennent à la barre « confondre des calomniateurs. Leur civisme, disent-ils, est gravé sur les débris des murs de la Bastille et sur le fer de leurs piques. Ces piques ne doivent être redoutées que des brigands et des conspirateurs. Les ministres, la liste civile, etc., périront ; mais on verra toujours triompher la Constitution, la liberté et les piques. »

9 *Mars.* — Il y aura une commission de douze membres pour aviser aux moyens de remédier aux troubles de l'intérieur.

20 *Mars.* — Le mode de décollation sera uniforme dans tout l'empire. Le corps du criminel sera couché sur le ventre entre deux poteaux barrés par le haut d'une traverse, d'où l'on fera tomber sur le col une hache convexe au moyen d'une déclique : le dos de l'instrument sera assez fort et assez lourd pour agir efficacement, comme le mouton qui sert à enfoncer des pilotis et dont la force augmente en raison de la hauteur dont il tombe. — Ceci est l'extrait d'une consultation de l'académie de chirurgie, signé : Louis, secrétaire perpétuel.

22 *Mars.* — L'abbé Chappe a fait hommage à l'assemblée de l'invention du télégraphe.

24 *Mars.* — L'assemblée nationale adopte le décret sur les colonies, présenté par Gensonné dans la séance du 22, et appuyé par Guadet dans celle du 23. L'article 2 de ce décret était ainsi conçu :

« Les personnes de couleur, mulâtres et nègres libres, jouiront, ainsi que les colons blancs, de l'égalité des droits politiques ; ils seront admis à voter, dans toutes les assemblées primaires et électorales, et seront éligibles à toutes les places lorsqu'ils réuniront d'ailleurs les conditions prescrites par l'instruction du 28 mars 1790. »

Les autres articles déterminent les pouvoirs des trois commissaires civils envoyés dans les colonies, et la forme des élections d'où procéderont de nouvelles assemblées coloniales et de nouvelles municipalités.

28 *mars.* — Le pouvoir exécutif est chargé de faire mettre en liberté les citoyens détenus par des ordres arbitraires. — Décret sur les caisses dites patriotiques :

« 1° Toutes les caisses dites patriotiques ou de secours, qui ont émis des billets de confiance, feront à la municipalité la déclaration de la somme qu'elles ont émise.

» 2° Toute nouvelle émission leur est interdite.

» 3° A l'effet de constater l'état des sommes émises par les caisses de confiance, les commissaires nommés par les municipalités, pour cet objet, après avoir visité et paraphé les registres d'émission, se feront représenter le papier préparé pour la fabrication, les planches, gravures, timbres, etc. Ces objets seront déposés dans un coffre scellé, dont la garde sera confiée à un commissaire de la municipalité et à un agent des caisses de confiance.

» 4° Les commissaires se feront aussi représenter le numéraire et les assignats qui servent de gage à l'émission. Ces sommes seront également déposées à la municipalité, dans une caisse à trois clefs. Les billets de confiance, émis par les corps administratifs eux-mêmes, seront exceptés des présentes dispositions. »

30 *Mars.* « A peine le décret sur les billets patriotiques a-t-il été rendu que l'inquiétude s'est manifestée sur ceux de la *maison de secours*; on s'y est porté en foule ; un des directeurs s'est sauvé. La municipalité s'est transportée à la caisse, y a passé la nuit dans des vérifications, et voyant que les fonds ne pouvaient pas satisfaire aux remboursemens, en attendant le recouvrement de l'actif, elle s'est adressée aux comités des finances et de surveillance, qui ont proposé à l'assemblée nationale un projet de décret pour donner des secours à la municipalité. Une discussion vive, longue, tumultueuse, s'est élevée. La question se réduisait à deux points : Prêtera-t-on des secours ? Presque tout le monde disait oui. Quelle sera la responsabilité ? On variait sur cette question. Les uns voulaient la municipalité, d'autres le département ; d'autres, et c'était l'avis de MM. Bigot et Lasource, voulaient qu'on décrétât les secours, en ajournant la question de la responsabilité. Enfin on a décrété qu'il serait mis, par la caisse de l'extraordinaire, trois millions à la disposition du ministre de l'intérieur, pour être remis au directoire du département et par lui à la municipalité, sauf le remboursement. L'inquiétude pu-

blique doit donc maintenant se calmer. — Nous avons vu avec douleur se manifester, dans cette discussion, une jalousie étroite du département, que l'esprit de fraternité devrait bannir, et une tendance à favoriser les départemens aux dépens des municipalités ; mais le génie du peuple triomphera de ces deux vices, ainsi que des malveillans qui excitent ces troubles, et sourient à leurs ravages. » (*Patriote Français* du 31.)

30 *au soir.* « De longs, de tumultueux débats sur le décret rendu le matin, relativement à la maison de secours, ont ouvert la séance. Il s'agissait de la rédaction du *considérant*. Les uns voulaient que l'on n'y fît mention que de la connaissance des besoins du département, d'autres que l'on y parlât de la notification de ces besoins faite au comité par les corps administratifs, et par le ministre de l'intérieur ; après bien des discussions, bien du bruit, après plusieurs épreuves, après la demande de l'appel nominal, on s'est décidé pour la seconde rédaction.

» On a admis sur ces objets, deux députations : l'une du département, l'autre de la municipalité. Le département a demandé que, sur les 3 millions accordés le matin, 500 mille livres fussent délivrées dans le jour, et que l'établissement de la maison de secours fût mis sous la main de la municipalité, et sous la surveillance du directoire de département.

» La municipalité a représenté combien il était urgent de verser des fonds dans la caisse de la maison de secours. « On s'y porte en foule, a dit M. Pétion, et si demain on ne rembourse pas, il y aura commotion ; des gens, qui croient sans doute que la loi martiale est la loi suprême, et qu'elle dispense de recourir à d'autres mesures, ont murmuré de la franchise du maire patriote. — Messieurs, s'est-il écrié, nous venons de parler en hommes libres, sûrs de ne point déplaire à des législateurs justes et généreux. » Ces paroles ont été couvertes d'applaudissemens. — Après des débats, l'assemblée a décrété que, sur les 3 millions accordés le matin, il sera délivré dans le jour une somme de 500,000 livres. » (*Patriote Français* du 1er avril.)

N. B. Les séances du 5, du 8, du 11, du 12, du 22 et du 23, furent consacrées, en partie, à discuter et à décréter le mode d'exécution pour le séquestre des biens des émigrés. — Presque toutes les séances du mois renferment quelque preuve de l'activité et du grand nombre des enrôlemens volontaires.

PRESSE.

Royalistes. Le journal de l'abbé Royon n'est plus maintenant qu'une suite d'injures adressées à la législative à l'occasion de chacun de ses actes. A chaque page, il menace, il maudit, il appelle « une prompte et terrible vengeance sur la tête de ces forcenés qui ont changé la salle du manége en la caverne des furies. » Dans son compte rendu de la séance du 10 mars, il dit : « M. Delessart est accusé ; par qui ? par Brissot ! quel préjugé pour son innocence ! il est accusé de ne pas aimer les jacobins : c'est un crime dont l'univers est coupable. Cette faction est devenue l'exécration du genre humain. » — Dans la séance du 11, en parlant de la nouvelle famine à laquelle le royaume allait se trouver en proie, il accuse « le perfide Necker et Philippe d'Orléans d'avoir suscité celle de 1789. » — Il ouvre ainsi la séance du 15 : « Le temps est venu, dit M. Reboul, de faire *main-basse* sur tous les clochers. C'est avec cette bassesse que s'expriment nos modernes Lycurgues ; des brigands qui se donnent rendez-vous pour détrousser les voyageurs ne parlent pas autrement. » — A la séance du 20, il résume en une phrase les travaux des législateurs depuis deux mois : « ils consument le temps à des discussions scandaleuses, à des opérations tyranniques, et négligent les premiers besoins de l'État ; ils ont vexé les prêtres, dépouillé les émigrés, tourmenté les ministres, tracassé et contrarié le pouvoir exécutif : quelles mesures ont-ils prises pour soulager la misère du peuple, pour prévenir les séditions et les attroupemens, pour faire baisser le prix des denrées par la concurrence et par l'abondance ? Ils s'amusent à entendre raconter des malheurs et des désastres, et ne songent pas même à y remédier. » — Nous pourrions ajouter à ces citations, la nomenclature des formules récemment adoptées par Royon, et dont les plus douces sont : « Le nommé Gensonné, président de la bande; » mais il nous faudrait consacrer une trop grande place à ce vocabulaire. — Les nouvelles qu'il donne se composent de rétractations des prêtres assermentés, et de lettres d'émigrés où sont décrits les préparatifs de l'invasion, où sont circonstanciés les armemens des puissances étrangères, où l'on dit que « bientôt les trompettes de la noblesse française entonneront à leur tour, l'air *ça ira.* »

On peut juger de ce que devait être le ton des feuilles moins graves que celles de l'abbé Royon. Dans les derniers jours de février, la municipalité avait dénoncé à l'accusateur public le *Journal de la Cour et de la Ville,* pour une provocation directe au meurtre et à l'assassinat. Gautier s'écriait en parlant à la garde nationale. « Qu'attendez-vous ? faut-il que le sang ruisselle de toutes parts ! ne perdez pas de temps ! mettez double charge dans vos fusils ! faites marcher vos canons ! volez à l'affreux repaire des jacobins ! et exterminez-les tous jusqu'au dernier. »

Feuillans. Les journaux de ce parti continuent d'imputer les désordres aux sociétés populaires et aux conspirations royalistes. Lorsque la division éclate dans le conseil de Louis XVI, entre les ministres constitutionnels et les ministres de la cour, ils remplissent leurs colonnes de chaudes apologies en faveur de Narbonne, de Cahier et de Duport-Dutertre. Aussitôt que la retraite de ceux-ci est assurée, leur colère contre Delessart et Bertrand ne le cède pas à celle des Jacobins. On se rappelle qu'à la séance du 10, Ramond fait la motion d'accuser le ministère en masse. Cette étrange démarche du député feuillant est très-bien expliquée par les ouvertures et les propositions de la presse dont il s'agit; elle demandait que les agens du pouvoir fussent interpellés et même accusés, persuadé qu'à la première question et à la première réponse, toutes les fausses mesures qu'on pouvait leur reprocher tomberaient sur les deux ministres de la contre-révolution.

Lorsque le nouveau ministère est composé, pendant même

qu'il se compose, les journaux feuillans gardent presque le silence; ils ne font aucune réflexion sur la lettre du roi, du 24; ils ne relèvent ni sa plainte si formelle de subir le despotisme de l'assemblée, ni les termes douloureux par lesquels il se décharge de toute responsabilité sur les hommes qui lui font la loi.

La polémique des Feuillans se borne à de violentes attaques contre la personne des meneurs les plus influens. Brissot est particulièrement dévoué à toute espèce de récriminations; on fouille à pleines mains dans son passé, et on y trouve souvent des doctrines et des actes qui ne laissent, en effet, de choix qu'entre le mépris et l'invective. De Pange, Roucher et André Chénier, consacrent à cette guerre de nombreux supplémens du *Journal de Paris*. Nous allons dire les accusations et les réponses.

Le supplément du *Journal de Paris*, du 6 mars, contient un article de huit colonnes intitulé : *De la doctrine de J. P. Brissot sur les droits de l'homme*. Le rédacteur puise ses extraits dans un ouvrage de Brissot qui traite de la propriété et du vol, et qui fait partie d'un recueil imprimé en 1782, sous le titre de *Bibliothéque du Législateur.*

Voici les définitions de Brissot. « La propriété est la faculté qu'a l'animal de se servir de toute la matière pour conserver son mouvement. Cette conservation est le point central de ses besoins. Ses besoins sont donc en même temps le but et le titre de sa propriété. » (Page 274.)

« Le besoin étant le seul titre de notre propriété, il en résulte que lorsqu'il est satisfait, l'homme n'est plus propriétaire. » (Page 326.)

« Deux besoins essentiels résultent de la constitution de l'animal, la nutrition et l'évacuation. » (Page 280.)

Le droit de propriété, fondé sur le besoin de nutrition, s'étend à tout. « La faim, voilà le titre : Citoyens dépravés, montrez-en un plus puissant! vous avez achetez, payé, dites-vous... malheureux! qui avait droit de vous vendre ? » (Page 322.)

« Les hommes peuvent-ils se nourrir de leurs semblables ?

Un seul mot résout cette question, et ce mot est dicté par la nature même : les êtres ont droit de se nourrir de toute matière propre à satisfaire leurs besoins. — Si le mouton a droit d'avaler des milliers d'insectes qui peuplent les herbes des prairies ; si le loup peut dévorer le mouton, si l'homme a la faculté de se nourrir d'autres animaux, pourquoi le mouton, le loup et l'homme n'auraient-ils pas également le droit de faire servir leurs semblables à leurs appétits ? » (Page 513.)

Théorie du besoin d'évacuation. — « C'est dans l'animal une fois développé que naît ce besoin terrible : l'amour, besoin de l'homme comme le sommeil et la faim, que la nature lui ordonne impérieusement de satisfaire. » (Page 282.) — « Le taureau vieux et usé, qui ne sent plus l'aiguillon de l'amour, combat-il encore pour des génisses qu'il ne saurait satisfaire ? Non. La nature dit à ces animaux comme à l'homme sauvage : ta propriété finit avec ton besoin ; mais l'homme social n'écoute point la nature, il étend sa propriété au-delà de ses besoins, il se cantonne, il s'isole, et il a l'audace d'appeler cette propriété sacrée. » (Page 322.)

« Homme de la nature, suis son vœu, écoute ton besoin : c'est ton seul maître, ton seul guide. Sens-tu s'allumer dans tes veines un feu secret à l'aspect d'un objet charmant ? éprouves-tu ces heureux symptômes qui t'annoncent que tu es homme ? La nature a parlé, cet objet est à toi, jouis ; tes caresses sont innocentes, tes baisers sont purs. L'amour est le seul titre de la jouissance, comme la faim l'est de la propriété. » (Page 284.)

Conclusion. — « La société civile ne peut forcer ses membres à renoncer à la propriété primitive naturelle, à moins, ou qu'elle ne supprime les besoins de l'homme, ou qu'elle ne lui donne un moyen d'y satisfaire, aussi sacré, aussi invariable que sa propriété primitive. Une pareille renonciation est nulle, antinaturelle, et personne n'est tenu de l'observer. » (Page 331.)

Nous laissons à penser le parti qu'à dû tirer de ces textes le rédacteur du *Journal de Paris*. Encore avons-nous dû restreindre nos emprunts aux aphorismes de Brissot, et négliger plu-

sieurs de ses corollaires transcrits et commentés par le critique.
— Ce supplément n'est pas signé.

Brissot (*Patriote Français* du 8 mars) répond à cette attaque ; il dit : « La scélératesse de l'anonyme perce dans quatre points principaux : 1° en appliquant à l'état social ce que j'ai dit de l'état naturel ; 2° en écartant des citations qui auraient pu prouver que loin de justifier le vol, je le condamnais. » (Là-dessus Brissot cite un passage de son ouvrage, p. 333. « Sans doute, il faut que celui qui a travaillé jouisse du fruit de son travail ; sans cette faveur attachée à la culture, point de denrées, point de commerce, point de richesses. Défendons, protégeons donc la propriété civile, mais ne disons pas qu'elle ait son fondement dans le droit naturel ; mais, sous le prétexte que c'est un droit sacré, n'outrageons pas la nature, ne punissons pas si cruellement les voleurs). » 3° En concluant d'un pamphlet imprimé en 1778 et peu connu, que je veux bouleverser la société en 1792 ; 4° en imprimant cet article dans un moment où les malintentionnés ne cessent d'alarmer les Français sur le respect des propriétés, et où l'on cherche à accumuler les haines sur les amis de la liberté, parce qu'en voulant ce respect, ils veulent pourtant aussi qu'on ne prodigue pas avec tant de légèreté le sang de millions de français qui n'ont aucune propriété et qui ont des besoins. » — Brissot finit en disant : « Si je voulais soulever le voile de l'anonyme, ou je me trompe fort, ou je trouverais un lâche courtisan des Lenoir et des Vergennes, homme dont le nom seul annonce la bassesse ; je trouverais un agent du pouvoir exécutif qui, si justice se faisait, mériterait l'échafaud. »

L'anonyme (cet article n'étant ni de Chénier, ni de F. de Pange, nous pensons qu'il est du poète Roucher) ; insère une réplique dans le supplément du *Journal de Paris*, numéro du 16 mars. Il débute par cette épigraphe : *Interest reipublicæ cognosci malos.* Ce sont huit nouvelles colonnes écrites avec autant de verve et de mordante raillerie que les précédentes. Les quatre points de Brissot y sont disséqués d'une manière accablante. Sur le 1°, le critique dit : « J'avais ôté d'avance au sieur Brissot le subterfuge qu'il cherche dans la distinction de l'état de nature et de l'état de société, en observant que sa propriété *primitive naturelle*, manifestement incompatible avec la propriété de l'état civil, est selon lui *inaliénable*; que la renonciation qu'en ferait l'homme dans l'état de société, serait *nulle, et que personne ne serait tenu de l'observer.* » Le critique passant au second point de Brissot, fait remarquer qu'il peut y avoir des incohérences et des contradictions dans les ouvrages de ce *philosophe*, ce qui ajoute une qualité de plus à l'extravagance et à l'absurdité qu'il y avait déjà relevée. « Eh! mon ami, si tu n'as voulu que me dire que mon blé, ma maison, mon champ, sont à moi, par quel travers étrange d'esprit as-tu fait, si longuement et avec tant d'emphase, et sous tant de formes différentes, l'apologie du vol et la satire de la propriété? Pourquoi me dis-tu que mes portes, mes serrures, mes murs ne prouvent que ma tyrannie; que ma propriété finit avec mon besoin, et tant d'autres maximes de Rolando dans la caverne de Gil-Blas?

» M. Brissot me reproche, en troisième lieu, d'avoir cité un pamphlet imprimé, dit-il, pour la première fois en 1778, et peu connu, pour en conclure qu'il veut bouleverser la société en 1792. J'observerai d'abord que M. Brissot, en rapportant la première publication de son traité en 1778, ne dit pas la vérité, puisque lui-même nous apprend expressément, dans la préface de l'édition de 1782 : « Cet essai a paru en 1780. » — Ensuite, quel avantage peut-il tirer de cette infidélité? Il ne peut avoir eu pour but, en cela, que de faire mettre au nombre des péchés et des ignorances de sa jeunesse un ouvrage extravagant et immoral. Mais pour cela l'époque n'est pas assez reculée; car M. Brissot, étant aujourd'hui âgé de 46 à 48 ans, en avait 34 ou 36 en 1778 ou en 1780, et à cet âge on n'est plus enfant. »

Le critique répond au quatrième point par une peinture de l'anarchie sociale, et demande « s'il était possible de choisir une époque plus opportune pour signaler les doctrines de ceux qui tiennent le timon, doctrines d'ailleurs si conformes aux faits que déplorent, à l'heure même, les honnêtes gens. »

— Dans l'intervalle de la réponse de Brissot à la réplique que nous venons d'analyser, le *Journal de Paris* (supplément du 13 mars) publia un article signé F. D. P., qui fut, pour l'auteur du *Patriote Français*, un second sujet de colère. L'examen portait cette fois sur un discours couronné en 1780, par l'académie de Châlons, et imprimé en 1781 chez Seneuse, à Châlons-sur-Marne. La question proposée était celle-ci : Quels sont les moyens de prévenir les crimes ? Le critique prouve, par des extraits, que Brissot se montre dans cet ouvrage le flagorneur des ministres, l'apologiste de la police, l'ami des rois en général, et de Louis XVI en particulier, et surtout l'ennemi des révolutions. Voici les preuves :

« La philosophie préside aux conseils, elle échauffe de son feu sacré l'ame des ministres. Que d'actions de graces ne devons-nous pas au Sully de notre siècle (Necker), dont la sage administration a valu à la France plus que des conquêtes et des victoires ! Nos ennemis mêmes admirent ses sublimes opérations. » (P. 93.) — Ici le critique fait observer que Necker, après sa disgrace, fut outragé sans mesure dans la feuille de Brissot.

« La philosophie gouverne dans presque tous les cabinets de l'Europe ; elle en a banni l'absurde machiavélisme pour y substituer une politique plus douce et mieux raisonnée. » (P. 33.)

« La police est une institution admirable, dont on a pu quelquefois déplorer les abus ; mais aujourd'hui, entre les mains d'un ministre ami de l'humanité, elle est une arme dirigée avec des précautions scrupuleuses sur le coupable dont le crime l'attire. »

— Ce ministre, ami de l'humanité, était M. Lenoir. Le rédacteur offre ce passage à ceux qui ont avancé que M. Brissot avait appartenu à la police.

« A la tête des crimes publics on doit placer ceux qui tendent à la subversion de la forme du gouvernement. — S'il est une contrée sur la terre où les mœurs du peuple et la bonté du gouvernement puissent facilement prévenir ces crimes énormes, c'est sans doute l'heureux pays que nous habitons. Renommée par la douceur de son caractère, la nation française l'est encore plus par son amour inaltérable pour ses rois, par sa persévérance à porter les chaînes légères de la monarchie tempérée. » (P. 54.)

Le critique finit ainsi : « Ceux que les prestiges du sieur Brissot avaient séduits, savent enfin quel chef ils ont l'humilité de suivre. Ce n'est point un républicain, ce n'est point un royaliste ; c'est un trafiquant de pensées, qui toujours a consulté le goût public pour n'étaler que celles dont le débit est avantageux. »

Brissot (*Patriote Français* du 16 mars.) répond à F. D. P., qu'il ne s'amusera pas à réfuter les dissections ministérielles qu'on fait de ses premiers écrits ; qu'avant la révolution il écrivait contre les despotes avec autant d'énergie qu'à présent ; qu'il n'a jamais flagorné les ministres, et pour preuve, il renvoie ses lecteurs à la théorie des lois criminelles, à son traité de la vérité, à son examen critique de Chatellux, à sa lettre à l'empereur sur le droit de révolte des peuples. — Il ne dit pas un mot du discours allégué par F. D. P. Quant à l'insinuation relative à ses services dans l'ancienne police, il porte à son adversaire le défi qu'il a porté dans le temps à Théodore Lameth et à Gouy, celui de citer un seul fait et de le signer de son nom.

Le numéro du 18 mars, du *Journal de Paris*, renferme la note suivante de l'adversaire de Brissot.

« J'ai publié, dans un supplément de ce journal, quelques opinions professées par J. P. Brissot, lorsqu'il était royaliste. Je les avais trouvées dans son discours couronné par l'académie de Châlons, en 1780 ; il répond qu'elles ne sont pas dans son traité de la vérité, ni dans sa théorie des lois criminelles, ni dans son examen critique de Chatellux, ni dans sa lettre à l'empereur. J'ai extrait de son livre l'éloge de tous les ministres en général, et de deux en particulier. Il répond que, loin d'avoir encensé les ministres, il les a constamment poursuivis. J'ai copié, dans ce volume de ses œuvres, deux pages de lâches et serviles déclamations. Il répond qu'il a toujours été libre et indépendant. C'est me réfuter d'une manière que je puis appeler satisfaisante.

» Il me défie de soutenir ce que j'ai avancé dans le dernier supplément. Je n'ai rien avancé que je n'avoue et ne répète. —

Il me défie encore de signer mon nom ; je me nomme *François de Pange.* » — Cette note fut suivie d'un article d'André Chénier, inséré dans le supplément du lendemain. « Je vois aujourd'hui (16 mars), dans le *Patriote Français*, que « le sang de Brissot bouillonne, et qu'il défie F. D. P. de prouver qu'il ait été au service de l'ancienne police. » — F. D. P. n'a pas dit cela; il a dit que la lecture du livre du sieur Brissot rendait plus vraisemblable ce bruit vrai ou faux, et il a dit une chose évidente. Le sieur Brissot a dit que l'on fait de ses écrits des *dissections ministérielles*. Que signifie *ministérielles* ? Cela veut-il dire qu'elles sont infidèles et fausses ? voilà ce qu'il faudrait prouver. Au nom de Dieu, monsieur Brissot, avez-vous ou n'avez-vous pas écrit les infamies qu'on vous attribue ? OUI, ou NON ! Si vous ne les avez pas écrites, alors vous avez raison de vous plaindre, et ceux qui vous attaquent sont en effet des *calomniateurs*. Si vous les avez écrites, alors vous *mentez* effrontément quand vous assurez que de tout temps vous écriviez contre les despotes avec la même énergie qu'à présent, et vous seul êtes un calomniateur. De grace, monsieur Brissot, un mot de réponse à ce dilemme, et ne faites plus bouillonner votre sang; cessez de nous importuner de votre éloge auquel personne ne répond que par le silence du mépris et de l'indignation; et épargnez-vous tout ce plat pathos qui vous rend aussi ridicule que vous-vous êtes déjà rendu odieux. »

Brissot (*Patriote Français* du 20 mars.) répond à de Pange, sans relever le dilemme d'André Chénier. Voici sa réponse :

« François Pange a déclaré son nom. Son petit acharnement n'a rien qui m'étonne ; il se souvient du comité des recherches qui dérangeait si cruellement les combinaisons patriotiques de ses protégés. *Castigantem remordet.* Sans m'amuser à ses malices innocentes sur mon royalisme auquel on ne croira pas plus qu'à son patriotisme, sans m'amuser à feuilleter mes ouvrages, pour prouver ma haine éternelle contre les despotes, je viens droit au fait, et je vais prouver à François Pange qu'il n'est qu'un calomniateur. Il a insinué que j'étais aux gages de l'ancienne police. Je l'ai sommé : 1° de se signer ; 2° de répéter ; 3° de fournir ses preuves. Or, il signe, ne dit pas un mot de la calomnie, ne cite aucune preuve : donc il est constitué par son silence même un calomniateur.

» François Pange et compagnie veulent venger sur mes ouvrages de jeunesse l'opprobre dont j'ai couvert leurs amis, les ministres, les intrigans, les modérés ; mais ce n'est pas avec des piqûres d'épingle que l'on répond à de profonds coups de sabre. — Non, ces petites fureurs, ces misérables coalitions ne m'arrêteront pas dans ma carrière. LE PEUPLE TRIOMPHE, et sous un régime populaire, l'homme du peuple qui joint au talent une ame brûlante et une austérité inflexible, cet homme est au-dessus des calomnies. Qu'il daigne se lever, et les scélérats disparaissent. Un seul de ses beaux jours dissipe tous les nuages... Le 10 mars m'a vengé d'une foule de libelles, et l'*homme du* 10 *mars* ne s'éteindra dans moi qu'avec la vie. J. P. BRISSOT. »

Ici finit la polémique de Brissot. Il n'a pas tenu à nous de lui voir faire une meilleure figure entre les mains de ses adversaires du *Journal de Paris*. Nous avons produit son argumentation avec un soin scrupuleux. Nous n'avons négligé de ses réponses que les déclamations et les injures.

Pour terminer l'histoire de cette querelle, nous aurions encore à analyser un dernier article de F. de Pange. (*Journal de Paris* du 25 mars.) Nous nous bornerons à en extraire les passages suivans :

« Cessez de citer votre haine éternelle contre les despotes, ou je ne cesserai de vous répéter : cette haine n'est pas éternelle, puisque j'ai montré l'époque où elle n'existait pas. — J'ai insinué, dites-vous, que vous avez été aux gages de l'ancienne police ; telle est la base de votre reproche. Or, ce n'est pas moi qui l'ai insinué, J.-P. Brissot, c'est vous-même, vous, qui avez appelé la police régnante *une institution admirable*, la police détruite une institution exécrable ; vous qui admiriez la philosophie des ministres quand ils pouvaient vous faire du bien, et qui les poursuivez avec un vil acharnement quand c'est un autre moyen de fortune; vous qui avez érigé en vertu, tantôt *notre persévérance à porter des chaînes*, tantôt notre ardeur à les briser; vous enfin qui, ayant montré dans tous vos principes une versatilité si méprisable, insinuez assez par vos écrits ce qu'ont pu être vos œuvres. Ce sont donc vos seules paroles qui vous accusent, et je me suis borné à en remarquer l'effet.— Mais pourquoi repoussez-vous si vivement un simple soupçon, tandis que vous supportez sans murmures des accusations formelles? Vous prenez la peine de démontrer que ce que j'ai donné pour vraisemblable n'est pas prouvé, et ce que j'ai prouvé, vous n'en parlez pas. Croyez-vous ces derniers reproches moins flétrissans que les bruits dont vous vous plaignez, et trouvez-vous de l'avantage à persuader que vous n'avez pas appartenu à l'ancienne police, si l'on reste convaincu que vous avez été digne de lui appartenir? — Je vous ai accusé d'une honteuse versatilité; j'ai dit que vous n'étiez qu'un trafiquant de pensées; j'ai prouvé que l'ancien régime a eu en vous un vil adulateur; j'ai cité vos textes à l'appui de mes assertions. Niez la fidélité de mes citations, ou la justesse des conséquences que j'en tire ! M. André Chénier vous a déjà porté le même défi; mais j'avais prévu que vous ne lui répondriez pas.— Vous terminez votre diatribe par l'énumération des talens et des vertus que vous vous connaissez. *Le peuple triomphe*, dites-vous, et vous êtes l'*homme du peuple*. Ce dévouement à la cause victorieuse n'étonne point ceux qui vous connaissent; ils vous attendent toujours à la suite du char de triomphe, quel que soit le nom du triomphateur. »

CLUB DES JACOBINS.

Thuriot et Mailhe sont les deux présidens du mois.

La séance du 2 mars fut très-agitée. Il s'agissait d'une adresse proposée par Grangeneuve à l'occasion de l'office de l'empereur lu la veille à l'assemblée nationale. Collot d'Herbois, parlant des attaques dirigées par Léopold contre les Jacobins, s'écria : « N'oublions jamais, messieurs, que nous fûmes les premières recrues de cette phalange redoutable et sacrée. Jurons d'en être les vétérans ; jurons que le dernier de nous qui sera frappé par les tyrans mourra en s'enveloppant dans les débris du drapeau de la liberté. » A ces mots, la société tout entière et les tribunes se levèrent ensemble, et répétèrent le serment parmi les démonstrations du plus vif enthousiasme. Collot d'Herbois termina son discours par l'éloge des peuples républicains. Robespierre parla ensuite : « Ne jurons pas de mourir, mais de vaincre. Je n'ai entendu parler ici que de Léopold. Léopold n'est que l'instrument et le prête-nom d'une autre puissance; et cette puissance quelle est-elle ? le roi ? non ; les ministres ? non ; les aristocrates de Coblentz ? non : — tout ce qui existe en France d'ennemis de l'égalité, d'ennemis de la révolution, d'ennemis du peuple, voilà ceux qui déclarent la guerre aux Jacobins. — Gardez-vous bien, dans ce moment où l'on cherche à ranimer contre vous tous les ennemis de l'égalité, gardez-vous bien de donner prise par quelque imprudence ! écartez ce qui pourrait blesser d'honnêtes gens, mais peu éclairés ; écartons ce mot de républicains (Bravos); le mot républicain n'est rien, ne nous donne rien des avantages que présente la chose, que nous assure notre Constitution ; je crois qu'il nous convient, dans les circonstances actuelles, de déclarer tout haut que nous sommes les amis décidés de la Constitution, jusqu'à ce que la volonté générale, éclairée par une plus mûre expérience, se prononce pour un bonheur plus grand. Je déclare, moi, et je le fais au nom de la société, qui ne me démentira pas, que je préfère l'individu que le hasard, la naissance, les circonstances nous ont donné pour roi à tous les rois que l'on voudrait nous donner. » (Applaudissemens universels.) (*Journal du club* du 4 mars.)

A la séance du 4, le duc de Chartres (le roi actuel) prit la parole et dit : « Je viens de recevoir une lettre du département du Nord qui m'apprend qu'à Maubeuge M. Rochambeau fils a découvert que M. de Guini, lieutenant-colonel du dixième régiment, enrôlait pour Coblentz. Sur la dénonciation de M. Rochambeau, il a été arrêté, le scellé mis sur ses papiers, et les juges de ce district sont en possession des informations. » — Collot d'Herbois dit que les mauvaises nouvelles d'une partie de la correspondance disparaissent sous le grand nombre de celles qui annoncent la levée volontaire de la jeunesse française. — Théroïgne de Méricourt, à la tête d'une députation de la société fraternelle séante aux Jacobins, présente un plan de fête nationale. Broussonet et Restout sont chargés de l'examiner. — La société fraternelle des Minimes vient témoigner aux Jacobins l'attachement le plus inviolable : «Avant qu'on détruise les sociétés patriotiques, il faudra qu'on passe par-dessus nos cadavres; nous en ferons, jusqu'au dernier soupir, un rempart pour vous défendre. » — Un membre de la société fraternelle des Jacobins annonce que Buot, juge de paix de la section Poissonnière, a arrêté Hébert et Tremblay, auteurs du *Père Duchêne* et du *Journal du soir*, pour avoir invité, dans un de leurs numéros, les femmes à s'armer et à prendre la défense des sociétés patriotiques. Il demande que la société donne des défenseurs officieux à ces deux citoyens; elle nomme MM. Collot d'Herbois, Réal et Polverel père. (*Journal du club* du 6 mars.) —Les détenus ayant été relaxés presque immédiatement, l'entremise des défenseurs fut inutile.

A la séance du 5, le citoyen *Barbarousse* (Barbaroux) donna des détails sur Marseille : « Les Marseillais sont en marche (applaudi); lorsqu'on veut écraser le peuple, le peuple se lève et il écrase les tyrans (applaudi). » — Le 6, un député de Marseille parut encore à la tribune des Jacobins. Il accusa le pouvoir exécutif et la majorité de l'assemblée nationale. — « Vous trouverez toujours, dit-il en finissant, les Marseillais prêts à se lever. Ils espèrent que les Parisiens de 1792 seront bientôt les Parisiens de 1789. »

— Les séances qui se succèdent jusqu'à celle du 26 mars sont consacrées à des discussions sur l'office de l'empereur, sur les affaires d'Avignon, sur les ministres. On y recueille de nombreuses souscriptions pour les Suisses de Château-Vieux, auxquels on prépare une fête qui aura lieu en avril. Nous remarquons, parmi les souscripteurs, la famille royale elle-même. A la séance du 4 mars, le bataillon des Feuillans, section des Tuileries, déposa sur le bureau quatorze cents livres, et annonça que la famille royale avait contribué à la quête pour la somme de cent dix livres. Danton s'opposait à ce que le don royal fût reçu. Sur cette réflexion de Robespierre : « ce que la famille royale fait comme individu, ne nous regarde pas, » la société passa à l'ordre du jour. Cette offrande du Château est d'autant plus extraordinaire que les royalistes et les Feuillans ne cessaient de ridiculiser et même de condamner le soin que les Jacobins se donnaient pour les victimes de Nancy. Royou ne les appelle jamais autrement que les galériens de Château-Vieux. Nous rapporterons avec le recit de la fête, les opinions émises à ce sujet par André Chénier et Roucher. — Nous n'avons qu'à emprunter un dernier fait aux séances dont nous parlons. Ce fut à celle du 14 que le bonnet rouge parut pour la première fois à la tribune des Jacobins. Grangeneuve y monta avec cette coiffure, et le président Thuriot en tira en même temps une de sa poche et s'en couvrit la tête. (*Journal du club*, numéro du 16.)

Nous passons à la séance du 26. — Ce dut être une grande et terrible séance, si nous en jugeons par ce que nous en a conservé la feuille grossière où les débats des Jacobins sont si pauvrement et si gauchement racontés. Une adresse présentée par Robespierre et attaquée par Guadet, souleva la question de Dieu. Le choc entre les matérialistes et les spiritualistes du club fut violent et brutal. Un intérêt extrêmement grave s'attache à la profession de foi improvisée en cette occasion par Robespierre. Il défend avec une telle chaleur d'ame et une telle force de volonté les principes éternels de la morale sociale, et cela en 1792, et cela sans autre but que celui d'expliquer le bien qui s'est fait et d'augmenter celui qui doit se faire, il confesse Dieu avec un désintéressement politique si manifeste, qu'il faut à coup sûr ou ignorer cet acte, ou être thermidorien, pour oser dire que Robespierre ne croyait pas, et qu'il commit plus tard, en proclamant l'Être suprême, une imposture qu'il jugeait politiquement utile.

Le journal des débats des Jacobins ne contient que la première partie de l'adresse lue par Robespierre. Voici les fragmens qui donnèrent lieu aux objections de Guadet.

« Frères et amis, une conspiration formidable se tramait dès long-temps contre notre liberté et était prête à éclater. La guerre civile s'allumait, la guerre étrangère menaçait l'empire. Les prêtres secouaient les torches du fanatisme et de la discorde ; des directoires perfides soutenaient les complots de tous les ennemis de la révolution ; des traîtres occupaient dans l'armée les grades les plus considérables ; la cour nous trahissait. Des cris de guerre se faisaient entendre, mais on n'avait pris aucune mesure certaine, soit pour la faire avec succès, soit pour la prévenir. On ne songeait, ni à soulager le peuple, ni à protéger les soldats patriotes, chassés, persécutés par le ministre de Narbonne, ni à forcer ce ministre audacieux à donner des armes aux gardes nationales, ni à pourvoir à la sûreté des frontières. D'un côté la faiblesse et l'ignorance, de l'autre, le despotisme, l'hypocrisie et la haine de la vérité, semblaient obscurcir le génie de la France.

» Sans le courage inébranlable des citoyens, sans la patience invincible du sublime caractère du peuple, il était permis à l'homme le plus ferme de désespérer du salut public, lorsque la Providence, qui veille toujours sur nous beaucoup mieux que notre propre sagesse, en frappant Léopold, paraît déconcerter pour quelque temps les projets de nos ennemis. Ce délai suffit pour que la liberté puisse écarter à jamais les fléaux dont elle est menacée.

» Nous tenons dans la main la paix ou la guerre ; nous sommes les maîtres de notre destinée et de celle du monde, pourvu que nous ne retombions pas encore une fois dans notre léthargie ordinaire ; pourvu que nous ne nous lassions pas d'entendre la voix de la prudence et de la raison ; que, mettant à profit l'occasion unique qui nous est offerte, nous forcions les choses à prendre une tournure franche et plus sincère que la politique de nos tyrans ; que nous mettions dans l'impuissance de nous insulter à l'avenir ceux qui nous trompent. Craignons, sans cela, de lasser la bonté céleste, qui jusqu'ici s'est obstinée à nous sauver malgré nous.

» ..... On répète que les nouveaux ministres sont Jacobins. A Dieu ne plaise que j'attende de quelques hommes la destinée de la nation, qui est immortelle. La liberté repose sur des bases plus fermes et plus élevées : elle repose sur la justice et la sagesse des lois, sur l'opinion publique, la force souveraine parce qu'elle est la lumière du peuple ; sur la défiance même des amis de la Constitution, justifiée dès long-temps par ce qui s'est passé ; sur la défiance, seule égide de la liberté jusqu'à ce que la révolution soit terminée, jusqu'à ce que tous vos ennemis soient confondus. Au reste, louer le nouveau ministère serait une flagornerie d'autant plus maladroite, que bientôt leurs actions pourront les mettre au-dessus de tout éloge. Nous verrons si ce changement est, de la part de la cour, l'effet de la peur ou de la vertu ; s'il est le triomphe de l'intrigue ou celui de la liberté !... »

— L'impression et l'envoi de cette adresse sont demandés à grand cris, dit le *Journal du club*, et repoussés de même ; au milieu d'un tumulte impossible à décrire. L'évêque de Paris, qui occupe le fauteuil, se couvre ; enfin le calme renaît, et Guadet paraît à la tribune ; il demande, et fonde sur trois motifs, le renvoi de l'impression à trois commissaires.

» *M. Guadet.* Premièrement, dire, comme l'a fait M. Robespierre, que l'on demande la guerre sans but et sans préparatifs, me paraît être une critique amère de toutes les sociétés patriotiques qui ont été de l'avis de la guerre, et de celle-ci en particulier. Comment pourrait-on douter que le vœu général de la nation soit pour la guerre, lorsque, en dépouillant les registres des départemens, on trouve plus de six cent mille citoyens inscrits pour marcher à l'ennemi.

» Secondement, j'ai entendu souvent, dans cette adresse, répéter le mot Providence, je crois même qu'il y est dit que la Providence nous a sauvés malgré nous. J'avoue que, ne voyant aucun sens à cette idée, je n'aurais jamais pensé qu'un homme qui a travaillé avec tant de courage, pendant trois ans, pour tirer le peuple de l'esclavage du despotisme, pût concourir à le remettre ensuite sous l'esclavage de la superstition. (Brouhahas, murmures, applaudissemens.)

» En troisième lieu, il me semble que dire, comme l'a fait M. Robespierre, que nous sommes maîtres de la paix et de la guerre, c'est en quelque sorte donner d'avance un tort au ministère, dans le cas où nous serions forcés à faire la guerre, et cependant il serait possible que nous fussions dans cette position. N'est-ce point élever la défiance des sociétés contre un ministère patriote, et semer le découragement parmi elles en leur montrant la paix comme le seul moyen de salut ; enfin j'avoue que je n'attendais rien de pareil de M. Robespierre.

» *M. Robespierre.* Je ne viens pas combattre un législateur distingué..... (*Plusieurs voix :* Il n'y en a pas.) Je veux dire un législateur distingué par ses talens ; mais je viens prouver à M. Guadet qu'il m'a mal compris. Je viens combattre pour des principes communs à M. Guadet et à moi ; car je soutiens que tous les patriotes ont mes principes : il est impossible qu'ils n'admettent les principes éternels que j'ai énoncés. Quand j'aurai terminé ma courte réponse, je suis sûr que M. Guadet se rendra lui-même à mon opinion ; j'en atteste et son patriotisme et sa gloire, choses vaines et sans fondement si elles ne s'appuyaient sur les vérités immuables que je viens de proposer.

» L'objection qu'il m'a faite tient trop à mon honneur, à mes sentimens et aux principes reconnus par tous les peuples du monde, et par les assemblées de tous les peuples et de tous les temps, pour que je ne croie pas mon honneur engagé à les soutenir de toutes mes forces.

» La première objection sur ce que j'aurais commis la faute d'induire les citoyens dans la superstition après avoir combattu le despotisme. La superstition, il est vrai, est un des appuis du despotisme, mais ce n'est pas induire les citoyens dans la superstition que de prononcer le nom de la Divinité. J'abhorre, autant que personne, toutes ces sectes impies qui se sont répandues dans l'univers pour favoriser l'ambition, le fanatisme et toutes les passions, en se couvrant du pouvoir sacré de l'Éternel qui a créé la nature et l'humanité ; mais je suis bien loin de la confondre avec ces imbéciles dont le despotisme s'est armé.

» Je soutiens, moi, ces éternels principes sur lesquels s'étaie la faiblesse humaine pour s'élancer à la vertu. Ce n'est point un vain langage dans ma bouche, pas plus que dans celle de tous les hommes illustres qui n'en avaient pas moins de morale, pour croire à l'existence de Dieu. (Plusieurs voix : — A l'ordre du jour ! — Brouhahas.)

» Non, messieurs, vous n'étoufferez pas ma voix, il n'y a pas d'ordre du jour qui puisse étouffer cette vérité : je vais continuer de développer un des principes puisés dans mon cœur, et avoués par tous les défenseurs de la liberté ; je ne crois pas qu'il puisse jamais déplaire à aucun membre de l'assemblée nationale d'entendre ces principes, et ceux qui ont défendu la liberté à l'assemblée constituante ne doivent pas trouver d'oppositions au sein des amis de la Constitution. Loin de moi d'entamer ici aucune discussion religieuse qui pourrait jeter de la division parmi ceux qui aiment le bien public, mais je dois justifier tout ce qui est attaché sous ce rapport à l'adresse présentée à la Société.

» Oui, invoquer la Providence et omettre l'idée de l'Être éternel qui influe essentiellement sur les destins des nations, qui me paraît à moi veiller d'une manière toute particulière sur la révolution française, n'est point une idée trop hasardée, mais un sentiment de mon cœur, un sentiment qui m'est nécessaire à moi, qui, livré dans l'assemblée constituante à toutes les passions et à toutes les viles intrigues, et environné de si nombreux ennemis, me suis toujours soutenu. Seul avec mon ame, comment aurais-je pu suffire à des luttes qui sont au-dessus de la force humaine, si je n'avais point élevé mon ame à Dieu. Sans trop approfondir cette idée encourageante, ce sentiment divin m'a bien dédommagé de tous les avantages offerts à ceux qui voulaient trahir le peuple.

» Qu'y a-t-il dans cette adresse, une réflexion noble et touchante, adoptée par ceux qui ont écrit avec l'inspiration de ce sentiment sublime: je nomme Providence ce que d'autres aimeront peut-être mieux appeler hasard, mais ce mot Providence convient mieux à mes sentimens.

» On a dit que j'avais fait une injure aux sociétés populaires. Ah! certes, messieurs, je vous en atteste tous, s'il est un reproche auquel je sois inaccessible, c'est celui qui me prête des injures au peuple, et cette injure consiste en ce que j'ai cité aux sociétés la Providence et la Divinité. Certes, je l'avoue, le peuple français est bien pour quelque chose dans la révolution : sans lui nous serions encore sous le joug du despotisme. J'avoue que tous ceux qui étaient au-dessus du peuple auraient volontiers renoncé pour cet avantage à toute idée de la Divinité, mais est-ce faire injure au peuple et aux sociétés affiliées que de leur parler de la protection de Dieu, qui, selon mon sentiment, nous sert si heureusement.

» Oui, j'en demande pardon à tous ceux qui sont plus éclairés que moi, quand j'ai vu tant d'ennemis avancer contre le peuple, tant d'hommes perfides employés pour renverser l'ouvrage du peuple, quand j'ai vu que le peuple lui-même ne pouvait agir et qu'il était obligé de s'abandonner à des traîtres, alors plus que jamais j'ai cru à la Providence, et je n'ai pu insulter ni le peuple, ni les sociétés populaires, soit en parlant, comme je l'ai fait, des mesures qu'il faut prendre pour la guerre ou pour la paix ; soit dans le retour que j'ai fait sur ce qui s'est passé.

» En disant que la demande de la guerre ne me semblait avoir ni place, ni objet déterminé, je n'ai point insulté les sociétés populaires, car on n'a pas recueilli leur vœu : Celle-ci même n'a pas émis une opinion positive. Je n'ai point insulté le peuple. — J'ai demandé la guerre, s'il faut avoir la guerre ; et la paix, si on peut l'avoir, et je crois qu'il est possible d'avoir la paix. je n'ai insulté personne quand j'ai dit que l'on parlait plus de guerre que des moyens de la faire avec succès. Serait-ce les patriotes de l'assemblée nationale, seraient-ce les législateurs patriotes! en est-il un qui puisse nier qu'avant la mort de Léopold,

Narbonne et La Fayette, étaient présentés comme les héros qui devaient sauver la nation? en est-il un qui puisse nier que de toutes les parties de la France, s'adressaient ici des plaintes que les gardes nationales n'étaient point armées, que les officiers aristocrates commandaient, qu'on demandait en vain leur expulsion? En est-il un qui puisse dire qu'un général qui, les mains teintes du sang de ses concitoyens, devait les mener au combat, pût inspirer la confiance? En est-il un qui puisse dire qu'ils avaient pris des mesures nécessaires pour déjouer les conspirations ourdies par nos ennemis communs. Oui, c'est la Providence qui a fait tomber leurs correspondances en nos mains; j'applaudis à ce qu'a fait l'assemblée nationale, à condition que sa démarche sera soutenue, et que la paix et le bonheur du peuple en seront le résultat. Est-il quelqu'un qui puisse me reprocher d'avoir offensé les patriotes et les députés, qui ont la preuve personnelle que je les estime; et quand j'étais investi du caractère sacré de représentant du peuple, m'a-t-on vu trouver mauvais que des citoyens courageux présentassent à l'assemblée constituante des observations rigoureuses sur les fautes où elle était tombée?

» J'atteste que je n'ai pas trouvé de plaisir plus doux que lorsque au milieu de ces plates flagorneries qui inondaient la salle, je voyais percer quelques pétitions qui montraient le véritable vœu du peuple français, trop long-temps outragé, trop long-temps oublié. Comment y aurait-il un citoyen qui pût adopter d'autres sentimens que ceux que je viens d'exprimer?

» Je passe à la troisième objection. Je n'ai point loué d'avance le ministère nouveau; je n'estime que ce que je connais, et je n'applaudis qu'au bien qui est fait. Parmi les ministres, il en est tel que je ne nomme pas, qui a les intentions les plus droites: je souhaite qu'il ne soit contredit par aucun obstacle. Mais comme il leur est très-facile de prouver tout cela, je ne veux point les louer. Les circonstances et le bien public les mettront au-dessus de tout éloge. Sur les intrigues de la cour, rien ne nous permet de jeter des idées anticipées. Je ne veux en parler ni en bien ni en mal. J'ai dit que les ministres étaient jacobins, et que cela ne nous en imposait aucunement; j'ai dit que le ministère s'annonçait avec des circonstances heureuses; voilà ce que j'ai dit. Je ne pourrais rien dire de plus; ma conscience y répugne.

» Rien de ce que j'ai dit ne peut décourager le peuple; le peuple a triomphé jusqu'ici des plus grands dangers, et il triompherait encore des plus grands obstacles, s'il s'en présentait. Est-ce décourager les sociétés que de présenter le tableau civique des vertus; n'est-ce pas du patriotisme que dépend le succès des révolutions? Le patriotisme n'est point une convenance, ce n'est point un sentiment qui se ploie aux intérêts, mais c'est un sentiment aussi pur que la nature, aussi inaltérable que la vérité.

« Je conclus et je dis que c'était pour l'établissement de la morale de la politique que j'avais écrit l'adresse que j'ai lue à la Société. Je demande qu'elle décide si les principes que j'annonce sont les siens. »

— « Les cris les plus violens, dit le journal, empêchent long-temps M. le président de mettre aux voix l'impression de l'adresse de M. Robespierre. M. Sillery propose par amendement d'en arrêter l'impression comme d'une opinion de M. Robespierre et non comme d'une adresse de la société. — La question préalable sur cet amendement est demandée. L'épreuve paraît douteuse à quelques membres qui en demandent une seconde. — Le plus grand tumulte succède à cette demande. M. le président est obligé de se couvrir. Enfin, il explique une seconde fois la délibération, et la question préalable est rejetée. Il veut mettre l'amendement aux voix et se donne la peine d'en rappeler le sujet, lorsqu'une voix partie du côté de la porte s'écrie: Point de capucinade, monsieur le président ! — A ces mots toute l'assemblée indignée veut savoir le nom de l'indiscret qui a lâché ce propos; il reste inconnu. Le plus grand désordre règne dans la société et M. le président lève la séance. » (*Journal des Débats des Jacobins*, numéro du 28.)

A la séance du 28, Santonax fut signalé comme étant celui qui avait si grossièrement apostrophé le président à la fin de la précédente séance. Le rapporteur du comité de présentation proposa la radiation et l'exclusion de ce membre. Chépy fils sollicita l'indulgence de la société pour un patriote, dit-il, connu par ses talens, et Santonax parut ensuite à la tribune, où il fit ses excuses publiques. — La société les accepta et passa à l'ordre du jour. — A la séance du 30, comme il s'agissait de faire une seconde lecture de l'adresse de Robespierre, un membre tint contre lui un propos injurieux qui fut relevé par Santerre. Il s'ensuivit un violent tumulte. Robespierre profita du premier moment de tranquillité pour annoncer qu'il ne pouvait se résoudre à voir l'assemblée ainsi troublée à son occasion, et qu'en conséquence il retirait son projet d'adresse, ayant en ses mains d'autres moyens de produire sur l'esprit public le bon effet qu'il en attendait : — Robespierre voulait parler de son *défenseur de la Constitution*, qu'il ne tarda pas en effet à publier.

Un incident de la séance du 25 sera le dernier fait que nous fournira l'histoire du club des Jacobins. — « Hier, dit le *Patriote Français*, sous la rubrique du 26, il y eut un banquet civique, auquel se trouvèrent un grand nombre de vainqueurs de la Bastille, d'habitans du faubourg Saint-Antoine, de forts de la Halle, de membres de l'assemblée nationale et de la société des amis de la Constitution. Le rendez-vous était à la *Halle-Neuve* : on s'est rendu de là aux Champs-Élysées, lieu du repas, au son des tambours et de la musique, et précédés du bonnet de la liberté, porté sur une pique aux couleurs nationales. Une gaieté franche et vive, un abandon fraternel, ont présidé à cette fête, qu'aucun désordre n'a troublée. Un grand nombre de toasts patriotiques ont été portés, et l'on n'y a pas oublié les *citoyens de couleur*, dont l'assemblée nationale venait de reconnaître les droits. *Les forts pour la patrie* (c'est le nom qu'ont pris les forts de la halle, et qu'ils soutiendront toujours avec gloire), les forts pour la patrie ont lu un discours où respirait le civisme le plus pur et le plus ardent. La présence de M. Pétion a jeté un nouvel intérêt sur la fin du repas ; il a été reçu comme un bon père à un banquet de famille. Un vainqueur de la Bastille, se livrant à son enthousiasme, a juré, au nom de ses camarades, *fidélité au maire chéri*. « Citoyens, s'est écrié M. Pétion, ce n'est pas à un homme que vous devez jurer fidélité, c'est à la nation, c'est à la Constitution. » Il s'est ensuite retiré au milieu des applaudissemens et des bénédictions d'un peuple immense. Après le repas on a été à la société des amis de la Constitution. » — Nous interrompons ici le récit du *Patriote Français*, pour insérer un passage du *Journal des Jacobins*, n° du 27.

« On annonce le faubourg Saint-Antoine réuni aux forts de la Halle. La musique qui précède leur marche se fait entendre. Toute la société, chapeau bas, témoigne, par des applaudissemens cadencés, le plaisir de voir ses frères au milieu d'elle, marcher au son de l'air favori, *Ça ira*.

» M. Santerre est à leur tête ; arrivé en face du bureau, il prononce le discours suivant : « Les vainqueurs de la Bastille et les forts de la halle se sont réunis aujourd'hui pour la première fois. Leur fête était incomplète : il leur manquait la présence de la société des Jacobins. Nous sommes fâchés de vous avoir interrompus, mais notre plaisir est au comble. »

» L'air, *Où peut-on être mieux qu'au sein de sa famille*, joué par la musique, exprime le sentiment de la société et des membres qui composent cette marche civique, qui défilent au milieu des acclamations universelles. On remarque, parmi les forts de la Halle, M. de Saint-Hurugues, avec un chapeau blanc ; et parmi les vainqueurs de la Bastille, on applaudit à M. l'évêque du Calvados et à M. le procureur de la commune de Paris, qui en font partie. »

Nous reprenons le récit de Brissot. — « La femme d'un tambour du faubourg Saint-Antoine était accouchée la veille. Le mari se trouvait à la fête ; on n'a cru pouvoir mieux la terminer qu'en assistant au baptême de l'enfant. C'était une fille ; elle a été baptisée par M. Fauchet ; elle a été tenue sur les fonts baptismaux par M. Thuriot, député, l'un des vainqueurs de la Bastille, et par mademoiselle Calon, fille de M. Calon, député. La petite fille a été nommée Pétion-Nationale-Pique; et son père a prêté le serment civique en son nom. Un drapeau de la Bastille et le bonnet de la liberté étaient sur les fonts, et des airs patriotiques ont été joués pendant toute la cérémonie, qui a fini par un repas fraternel, donné par M. Santerre, président de la fête, au père, au parrain, à la marraine et à plusieurs autres patriotes. »

Pour ne rien omettre d'essentiel parmi les matériaux historiques qui appartiennent au mois de mars 1792, nous devons mentionner la prestation de serment de la garde constitutionnelle du roi, la publicité des séances du corps municipal, les nombreuses lettres du procureur-syndic Rœderer sur les contribuables retardataires (presque tous sont riches ou nobles), et la formation de la première liste du jury.

N.B. L'abondance des matières nous force à remettre au volume prochain la publication de la liste de la société des Jacobins.

FIN DU TREIZIÈME VOLUME.

TABLE DES MATIÈRES

DU TREIZIÈME VOLUME.

PRÉFACE. — Considérations sur le caractère des révolutions sociales dans les temps modernes.
HISTOIRE PARLEMENTAIRE. — JANVIER 1792. Considérations générales sur le caractère révolutionnaire de cette année, p. 1. — Opinion de Marat sur le même sujet, p. 3. — Du parti de Robespierre et du parti Brissot, p. 5. — Délibérations sur la guerre, p. 8. — Actes diplomatiques, p. 9. — Gensonné propose la mise en accusation des princes émigrés, p. 11. — Disposition des partis dans la salle de l'assemblée nationale, p. 14.— Message de l'électeur de Trèves, p. 15. — Rapport du ministre de la guerre, Narbonne, sur l'état des frontières, p. 17.— Observations de la presse sur ce rapport, p. 38. — Claqueurs soldés dans les tribunes de l'assemblée nationale, p. 41. — Complot pour l'enlèvement du roi, p. 45. — Rapport sur la situation politique de la France avec l'empereur d'Autriche, à ce sujet, p. 46. — Bruits sur un congrès futur, p. 47. — Craintes sur les intentions de l'Espagne, p. 49. — Proposition de Brissot sur le message à adresser à l'empereur, p. 51. — Discussion sur ce sujet, p. 51. — Lamarque propose le séquestre des biens des émigrés, p. 54. — Discussion sur le recrutement de l'armée, p. 56.—Décret sur un message à l'empereur, p. 60. — Réponse approbative du roi, p. 61. — Loi sur les passeports, p. 63.

— Loi sur les passeports, attaquée par la presse royaliste, défendue par la presse révolutionnaire, p. 66. — Dénonciation contre Narbonne, madame de Lamballe, de Staël et la reine, p. 69, 72. — Dissolution des gardes-françaises, p. 72. — Organisation de la haute Cour nationale, p. 77. — Dénonciation contre Bertrand de Malleville, ministre de la marine, p. 82. — Liste des députés ministériels, p. 91. — Émeutes de Paris; accapareurs de sucre; réclamations sur le prix du pain, p. 92. — Coalition des épiciers, p. 98. — Projet de fuite de Louis XVI, p. 99. — Séance de l'assemblée sur le sujet des émeutes, p. 101. — Députation du faubourg Saint-Antoine à la barre, p. 109. — Paroles du roi sur les événemens du jour, p. 111. — *Provinces.* — État du Midi, p. 112. — Affaire de Perpignan, p. 114. — Affaire de Caen, p. 116. — *Club des Jacobins.* — Dénonciation contre La Fayette, p. 121. — Discours de Robespierre contre la guerre et contre Brissot, p. 122. — Proposition de Carra, p. 142. — Discussion sur les Feuillans, p. 142. — Carrier, journaliste à Lyon, p. 144. — Louvet parle pour la guerre, p. 145. — Nouveau discours de Robespierre sur la guerre, p. 146. — Discussion entre Brissot et Robespierre, p. 166, 169. — Louvet contre Robespierre, p. 167. — Discours de Billaud-Varennes contre la guerre, p. 169. — Discussion sur les émeutes de Paris, p. 170. — Danton, membre de la commune, p. 173.

FÉVRIER 1792. — Partis qui divisent l'assemblée, p. 173. — Membres de la commune de Paris, p. 174. — Partis qui divisent la presse, p. 175. — Manifeste des Girondins, par Pétion, p. 177. — Réflexions de la Gazette à ce sujet, p. 181. — Affiche de Desmoulins, p. 183. — Réflexions du *Patriote Français* sur cette affiche, p. 186. — *Brissot démasqué*, brochure par Camille Desmoulins, p. 187. — *Mouvement révolutionnaire de Paris.* — Les piques, p. 214. — *Les bonnets rouges*, p. 216. — Arrêté de la commune sur les piques, p. 222. — Royer-Collard, secrétaire-greffier de Pétion, p. 224. — Attroupemens à l'occasion de la cherté du sucre, p. 224. — La politique au théâtre, p. 225. — Dénonciation à l'assemblée sur ce sujet, p. 233. — Club des Jacobins, p. 233. — Les sociétés populaires sont mises en cause à l'assemblée nationale, p. 234, 235, 239. — Journaux anti-jacobins, p. 237, 248. — Journaux jacobins, p. 246. — Députés gagnés par la Cour, p. 246. — Article anti-jacobin d'André Chénier, p. 250. — Mademoiselle Théroigne aux Jacobins, p. 259. — Patriotisme de Bazire et Chabot, p. 260. — Carra annonce que la Cour a voulu l'acheter, p. 261. — Sur le danger de la patrie, p. 266. — Mise en liberté des soldats de Château-Vieux, p. 267. — Discussion relative aux dénonciations faites à l'assemblée nationale contre les sociétés populaires, p. 269. — Actes diplomatiques de l'assemblée nationale, p. 275. Maison militaire du roi, p. 279. — Rapport du ministre de l'intérieur sur l'état du royaume, p. 282. — Dénonciation contre la maison militaire du roi, p. 294. — Actes administratifs, p. 292. —

Adresse de l'assemblée aux Français, p. 295. — Mouvemens révolutionnaires dans les provinces, p. 315.
MARS 1792. — Terreur, p. 320. — Analyse des négociations avec l'empire, p. 326. — Communications ministérielles sur ce sujet, p. 332. — Projets des Cours étrangères, p. 358. — Plaintes de l'assemblée contre le ministre de la marine, p. 366. — Démission de Narbonne et de Cahier de Gerville, p. 368. — Nouveau ministre de la guerre, p. 369. — Brissot propose de mettre Delessart, ministre des affaires étrangères, en accusation, p. 370. — Décret d'accusation, p. 399. — Composition du nouveau ministère, p. 401, 411, 414. — Dumourier aux Jacobins, p. 403. — Lettre de Pétion sur les bonnets rouges, p. 407. — Discours de Robespierre sur le même sujet, p. 408. — Influence politique de Brissot, p. 412. — Dénonciation contre Narbonne, p. 415. — Nouveaux rapports diplomatiques, p. 415. — *Provinces*, p. 416. — Émeute à Étampes, p. 417. — Troubles dans le Midi, p. 421. — Attaque d'Arles, par les Marseillais, p. 422. — Discussion sur l'amnistie à l'occasion des affaires d'Avignon, p. 422. — Appellation des insurgés d'Arles, p. 423. — Troubles dans le Cantal, p. 424. — Pétition des femmes pour être autorisées à porter des piques, p. 425. — Décret d'institution de la guillotine, p. 426. — Décret sur les hommes de couleur, p. 426. — Caisses patriotiques et de secours, p. 427. — Presse royaliste, p. 429. — Presse feuillantine, p. 430. — Doctrine de Brissot, sur les Droits de l'homme et la propriété, p. 431. — Brochures ministérielles de Brissot, p. 435. — Club des Jacobins, p. 439. — Le duc de Chartres, aux Jacobins, p. 440. — Discussion sur l'existence de Dieu, p. 442. — Objections de Guadet, p. 444. — Discours de Robespierre, p. 445. — Tumulte violent à l'occasion de ce discours, p. 449. — Banquet civique, p. 450.

FIN DE LA TABLE DES MATIÈRES.

www.ingramcontent.com/pod-product-compliance
Lightning Source LLC
Chambersburg PA
CBHW070201240426
43671CB00007B/511